Ich entdecke die Bibel

Die Gute Nachricht des Alten und Neuen Testaments
Eine Auswahl in heutigem Deutsch

herausgegeben von den Bibelgesellschaften
und Bibelwerken im deutschsprachigen Raum

Deutsche Bibelstiftung Stuttgart

Die Herausgeber:
Evangelisches Bibelwerk
  in der Bundesrepublik Deutschland
Katholisches Bibelwerk Stuttgart
Österreichische Bibelgesellschaft
Österreichisches Katholisches Bibelwerk
Schweizerische Bibelgesellschaft
Schweizerisches Katholisches Bibelwerk

Bibeltexte aus dem Neuen Testament nach der Übersetzung «Die Gute Nachricht». Die alttestamentlichen Texte bilden die erste Stufe einer Übersetzung des Alten
Testaments nach den Prinzipien der «Guten Nachricht».
Die Übersetzer kommen aus dem gesamten deutschsprachigen Raum. Weitere Stücke aus dem Alten Testament sind inzwischen veröffentlicht in: «Die Gute Nachricht – Altes Testament. Eine Auswahl in heutigem
Deutsch mit Erklärungen» (Stuttgart 1977).

ISBN 3 438 01549 8 Fester Einband
     3 438 01550 1 Taschenbuch

© 1975 Deutsche Bibelstiftung Stuttgart
Umschlag Hans Haderek
Druck und Verarbeitung: Ebner Ulm
Alle Rechte vorbehalten
Printed in Germany

1984   83   82   81   80

ZU DIESEM BUCH

Die Bibel ist eine Entdeckungsreise wert. Wer sich in dieses weithin unbekannte Land aufmacht, auf den wartet eine Fülle unvergeßlicher Geschichten, eine Kette spannender Auseinandersetzungen; er begegnet Menschen, die einen Ruf vernommen haben, der ihr Leben verwandelt hat, aber auch Menschen in Angst, Versagen und Zweifel. Und schließlich trifft er auf den Einen, auf den alle Linien zulaufen: den Mann aus Nazaret, in dem Gott uns nahegekommen ist, der die Antwort ist auf unsere Fragen, die Erfüllung unserer geheimsten Sehnsucht, die Herausforderung an unsere Trägheit und Gedankenlosigkeit.

Die Bibel ist eine Entdeckungsreise wert – aber es ist ein ganzer Kontinent, der da entdeckt werden will. Mancher hat sich schon von der Größe des Unternehmens abschrecken lassen, oder er hat auf halbem Wege entmutigt aufgegeben. Das muß nicht so sein. Wer ein fremdes Land kennenlernen will, wird gut tun, sich einem kundigen Reiseführer anzuvertrauen, damit er ihn an sinnvoll ausgewählte Orte bringt. Dann wird er anhand von Beispielen einen Überblick über das Ganze gewinnen und doch nicht von der Masse der fremdartigen Einzelheiten verwirrt oder überfordert werden.

Dieses Taschenbuch möchte ein solcher «Reiseführer» in das weite Land der Bibel sein. Was eigentlich eine ganze Bibliothek von Büchern ist, wurde durch sorgfältige Auswahl zu einem handlichen Band, den man nicht mühsam studieren muß, sondern lesen kann fast wie einen Roman. Eine «Bibel im kleinen», in der vom

Bericht über die Erschaffung der Welt bis zum Ausblick auf ihre Vollendung alle wesentlichen Teile mit beispielhaften Texten vertreten sind.

Bei einer so knappen Auswahl wird es nicht ausbleiben, daß der eine dies, der andere jenes vermißt, was ihm lieb und wichtig ist. Das ist vielleicht sogar gut so, denn es macht deutlich: Diese Auswahl kann und will die Bibel als ganze nicht ersetzen oder verdrängen. Sie möchte vielmehr zu ihr hinführen und Mut machen zu weiteren und größeren Entdeckungsreisen in diese ausgedehnte, ja unermeßliche Landschaft.

Die Anordnung der Texte folgt im allgemeinen der Reihenfolge der biblischen Bücher. Doch wurden im ersten, alttestamentlichen Teil die Worte der Propheten in zeitlicher Folge in den Geschichtsbericht eingefügt und die Psalmen ans Ende gestellt. Im neutestamentlichen Teil wurde der Versuch gemacht, den Stoff der drei ersten Evangelien in einen Ablauf ohne Wiederholungen zusammenzufassen, und zwar so, daß – von Ausnahmen abgesehen – jeweils ein Evangelist für einen größeren Zusammenhang das Wort bekommt. Ein Nachweis der ausgewählten Bibeltexte findet sich am Ende des Buches.

Ist schon die Auswahl der Texte unter dem Gesichtspunkt getroffen, ein für alle zugängliches Lese-Buch zu schaffen, so wird diese Absicht noch unterstützt durch die Übersetzung. Im Neuen Testament ist die Übersetzung der «Guten Nachricht» gewählt worden, die sich bemüht, Treue gegenüber dem Originaltext mit leichter Zugänglichkeit für Leser unserer Zeit zu verbinden. Die Texte aus dem Alten Testament bilden die erste Stufe einer Neuübersetzung dieses Teils der Bibel nach den Prinzipien der «Guten Nachricht». Sie werden hier zum ersten Mal veröffentlicht.

INHALT

SCHÖPFUNG UND MENSCHHEITSGESCHICHTE

Gott erschafft die Welt

Am Anfang schuf Gott Himmel und Erde, die ganze Welt. Auf der Erde war es noch wüst und ungeordnet; es war finster, und Wasserfluten bedeckten alles. Stürme brausten über das Wasser. Da befahl Gott: «Licht soll aufstrahlen!», und es wurde hell. Gott hatte Freude daran. Er trennte das Licht von der Dunkelheit und nannte das Licht Tag, die Dunkelheit Nacht. Es wurde Abend und wieder Morgen: der erste Tag.

Dann befahl Gott: «Im Wasser soll ein Gewölbe entstehen, das die Wassermassen trennt!» Er machte ein Gewölbe und trennte das Wasser über dem Gewölbe von dem Wasser, das die Erde bedeckte. Das Gewölbe nannte er Himmel. Es wurde Abend und wieder Morgen: der zweite Tag.

Dann befahl Gott: «Das Wasser auf der Erde soll sich sammeln, damit das Land sichtbar wird.» So geschah es, und er hatte Freude daran. Er nannte das Land Erde, und das Wasser nannte er Meer. Dann befahl er: «Die Erde soll grün werden, alle Arten von Pflanzen sollen darauf wachsen und Samen und Früchte tragen!» Die Erde brachte alle Arten von Pflanzen hervor, bis hin zu den großen Bäumen, und Gott hatte Freude daran. Es wurde Abend und wieder Morgen: der dritte Tag.

Dann befahl Gott: «Am Himmel sollen Lichter entstehen, die Tag und Nacht voneinander scheiden und nach denen man Tage, Jahre und Festzeiten bestimmen kann. Sie sollen am Himmel leuchten und der Erde Licht geben.» Er machte zwei große Lichter: die Sonne für den Tag und den Mond für die Nacht, und dazu das Heer der Sterne. Er setzte sie an das Himmelsgewölbe, damit sie der Erde Licht geben, über den Tag und die Nacht herrschen und Licht und Finsternis voneinander scheiden. Gott hatte Freude daran. Es wurde Abend und wieder Morgen: der vierte Tag.

Dann befahl Gott: «Im Wasser soll sich Leben regen, und in der Luft sollen Vögel fliegen!» Er schuf die großen Seeungeheuer, alle Arten von Wassertieren und alle Vögel. Er hatte Freude daran und segnete sie. Zu den Wassertieren sagte er: «Vermehrt euch und füllt die Meere!» und zu den Vögeln: «Vermehrt euch auf der Erde!» Es wurde Abend und wieder Morgen: der fünfte Tag.

Dann befahl Gott: «Die Erde soll Leben hervorbringen: Vieh, wilde Tiere und alles, was auf dem Boden kriecht.» Er machte alle Arten von Tieren, und er hatte Freude daran.

Dann sagte Gott: «Nun wollen wir den Menschen machen, ein Wesen, das uns ähnlich ist. Er soll Macht haben über die Fische im Meer, die Vögel in der Luft und über alle anderen Tiere.» Gott schuf den Menschen nach seinem Bild, er schuf Mann und Frau. Er segnete die Menschen und sagte zu ihnen: «Vermehrt euch und breitet euch über die Erde aus! Nehmt sie in Besitz und herrscht über die Fische, die Vögel und alle anderen Tiere!» Er fügte hinzu: «Ihr könnt die Früchte aller Pflanzen und Bäume essen; den Vögeln und Landtieren aber gebe ich Gras und Blätter zur Nahrung.»

Gott sah alles an, was er geschaffen hatte, und er hatte große Freude daran; alles war sehr gut. Es wurde Abend und wieder Morgen: der sechste Tag.

So entstanden Himmel und Erde mit allem, was lebt. Am siebten Tag hatte Gott sein Schöpfungswerk vollendet und ruhte von seiner Arbeit aus. Deshalb segnete er den siebten Tag und erklärte: «Dieser Tag ist heilig, er

gehört mir.» So entstanden Himmel und Erde; Gott hat
sie geschaffen. (1.Mose 1 und 2)

Lob des Schöpfers

Den Herrn will ich preisen:
Herr, mein Gott, wie bist du so groß!
Du kleidest dich in Hoheit und Pracht,
du hüllst dich in Licht wie in einen Mantel.
Du spannst den Himmel aus wie ein Zeltdach,
über dem Himmelsozean hast du deine Wohnung
    gebaut.
Du nimmst die Wolken als Wagen
oder fliegst auf den Flügeln des Windes.
Der Sturm ist dein Bote und das Feuer dein Gehilfe.

Du hast die Erde auf Pfeilern erbaut,
nun steht sie fest und wird niemals wanken.
Die Fluten hatten das Land bedeckt,
über den höchsten Bergen stand das Wasser.
Vor deiner Stimme bekam es Angst;
es ergriff die Flucht vor deinem Donnergrollen.
Von den Bergen floß es ab in die Täler,
dorthin, wo du es haben wolltest.
Dann hast du dem Wasser Grenzen gesetzt,
nie wieder darf es die Erde bedecken.

Du läßt Quellen entspringen, zu Bächen werden;
zwischen den Bergen suchen sie ihren Weg.
Sie dienen dem Wild als Tränke,
Wildesel löschen dort ihren Durst.
An den Ufern nisten die Vögel,
aus dichtem Laub ertönt ihr Gesang.
Vom Himmel schickst du Regen herab auf die Berge,
du sorgst dafür, daß die Erde sich satttrinkt.
Du läßt Gras wachsen für das Vieh
und Pflanzen, die der Mensch anbauen kann,

damit die Erde ihm Nahrung gibt:
Der Wein macht ihn froh,
das Öl läßt seine Haut glänzen,
und das Brot gibt ihm Kraft.

Auch die großen Bäume können sich satttrinken:
die Zedern im Libanon, die du gepflanzt hast.
In den Zweigen nisten die Vögel,
hoch in den Wipfeln hausen die Störche.
Das Hochland gehört den Bergziegen,
Klippdachse finden Zuflucht in den Felsen.

Du hast den Mond gemacht, um die Zeit zu messen.
Die Sonne weiß, wann sie untergehen muß.
Schickst du Dunkelheit, so wird es Nacht,
und die Tiere im Dickicht werden lebendig.
Junge Löwen brüllen nach Beute,
sie erwarten von Gott, daß er sie sattmacht.
Geht dann die Sonne auf, ziehen sie sich zurück
und ruhen sich in ihren Schlupfwinkeln aus.
Nun erwacht der Mensch; er geht an die Arbeit
und müht sich bis zum Abend.

Was für Wunderdinge hast du vollbracht, Herr!
Du hast alles weise geordnet.
Die Erde ist voll von deinen Geschöpfen.
Da ist das weite, unermeßliche Meer;
darin wimmelt es von Lebewesen,
von großen und kleinen Tieren.
Schiffe ziehen dort ihre Bahn
und die gefährlichen Meerungeheuer –
du hast sie geschaffen, um damit zu spielen.
Alle deine Geschöpfe warten darauf,
daß du ihnen Nahrung gibst zur rechten Zeit.
Sie nehmen, was du ihnen ausstreust.
Du öffnest deine Hand, und sie werden reichlich satt.

Doch wenn du dich abwendest, sind sie verstört.
Wenn du den Lebenshauch wegnimmst, kommen sie um
und werden wieder zu Staub.
Schickst du aufs neue deinen Atem, so entsteht wieder
    Leben.
Du gibst der Erde ein neues Gesicht.

Der Ruhm des Herrn nehme kein Ende,
der Herr freue sich an dem, was er geschaffen hat!
Er sieht die Erde an, und sie bebt;
Er berührt die Berge, und sie rauchen.

Ich will dem Herrn singen mein Leben lang;
solange ich atme, will ich meinen Gott preisen.
Mein Lied möge ihm Freude machen,
so wie ich mich über den Herrn freue.
Wer sich gegen den Herrn auflehnt, soll von der Erde
    verschwinden!
Es soll keine Übeltäter mehr geben.
Ich will den Herrn preisen.
Lobt den Herrn! (Psalm 104)

Ein zweiter Schöpfungsbericht

Der Glaube, daß Gott die Welt und alles Leben geschaffen hat,
hängt nicht von einem bestimmten Weltbild ab. Deshalb kann
und muß die Schöpfungsgeschichte immer wieder neu erzählt
werden. Das war schon zu biblischen Zeiten so. Der früheste
Schöpfungsbericht war nicht der großartige, Himmel und Erde,
Meer und Land umfassende Aufriß der Schöpfungswerke, mit
dem die Bibel beginnt. Ein älterer Bericht beschreibt die Schöpfung aus der begrenzten Sicht des Steppenbewohners: seine Umwelt ist es, die hier erschaffen wird. In der Bibel steht dieser ältere
Bericht an zweiter Stelle, denn er bildet zugleich die Einleitung
zu einer Geschichtserzählung, die in unvergeßlichen Bildern den
inneren Weg der Menschheit nachzeichnet.

Als Gott, der Herr, Erde und Himmel schuf, gab es eine
Zeit, da wuchs noch kein Busch und kein Gras in der

Steppe; denn Gott hatte es noch nicht regnen lassen. Es war auch noch niemand da, der das Land bebauen konnte. Nur aus der Erde stieg Wasser auf und tränkte den Boden. Da nahm Gott Erde, formte daraus den Menschen und blies ihm den Lebenshauch in die Nase. So wurde der Mensch lebendig.

Dann legte Gott im Osten, in Eden, einen Garten an. Er ließ aus der Erde alle Arten von Bäumen wachsen. Es waren prächtige Bäume, und ihre Früchte schmeckten gut. In der Mitte des Gartens wuchsen zwei besondere Bäume: ein Baum, dessen Früchte Leben schenken, und einer, dessen Früchte Wissen verleihen. In diesen Garten brachte Gott den Menschen; der Mensch sollte ihn durch seine Arbeit pflegen und bewahren. «Du darfst von allen Bäumen des Gartens essen», sagte Gott zum Menschen, «nur nicht von dem Baum, dessen Früchte Wissen verleihen. Sonst mußt du sterben.»

Gott dachte: «Es ist nicht gut, wenn der Mensch allein ist. Ich will ihm einen Gefährten geben, der zu ihm paßt.» Er formte aus Erde die Landtiere und die Vögel; dann brachte er sie zu dem Menschen, um zu sehen, wie er sie nennen würde. Der Mensch gab dem Vieh, den wilden Tieren und den Vögeln ihre Namen, aber er fand keinen Gefährten darunter, der zu ihm paßte.

Da versetzte Gott, der Herr, den Menschen in einen tiefen Schlaf, nahm eine seiner Rippen heraus und schloß die Stelle wieder. Aus der Rippe machte er eine Frau und brachte sie zu dem Menschen. Der freute sich und rief: «Endlich jemand wie ich! Sie gehört zu mir, weil sie von mir selbst genommen ist.» Deshalb verläßt ein Mann Vater und Mutter, um mit seiner Frau zu leben. Die zwei sind dann ein Leib.

Sie waren beide nackt und schämten sich nicht voreinander. (1.Mose 2)

Der Mensch erhebt sich gegen den Schöpfer
(Der Sündenfall)

Die Schlange war das klügste von allen Tieren, die Gott, der Herr, gemacht hatte. Sie fragte die Frau: «Hat Gott wirklich gesagt: ‹Ihr dürft die Früchte von den Bäumen im Garten nicht essen›?»

«Natürlich dürfen wir sie essen», erwiderte die Frau, «nur nicht die Früchte von dem Baum in der Mitte des Gartens. Gott hat gesagt: ‹Eßt nicht davon, berührt sie nicht, sonst müßt ihr sterben!›»

«Glaubt doch das nicht», sagte die Schlange, «ihr werdet auf keinen Fall sterben! Aber Gott weiß: Sobald ihr davon eßt, werden euch die Augen aufgehen, und ihr werdet alles wissen, genau wie Gott.»

Die Frau sah den Baum an: er war prächtig, seine Früchte sahen verlockend aus, und man sollte auch noch klug davon werden! Sie pflückte eine Frucht und biß davon ab, gab sie ihrem Mann, und auch er aß davon. Da gingen ihnen die Augen auf, und sie wurden sich bewußt, daß sie nackt waren. Beide flochten sich aus Feigenblättern einen Lendenschurz.

Am Abend, als es kühler wurde, hörten sie, wie Gott, der Herr, durch den Garten ging. Sie versteckten sich zwischen den Bäumen. Aber Gott rief den Menschen: «Wo bist du?»

Der Mann antwortete: «Ich hörte dich kommen, da bekam ich Angst und versteckte mich; ich bin doch nackt.»

«Wer hat dir das gesagt?» fragte Gott. «Hast du etwa von den verbotenen Früchten gegessen?»

Der Mann erwiderte: «Die Frau da, die du mir gegeben hast, gab mir eine Frucht, da habe ich gegessen.»

Gott fragte die Frau: «Warum hast du das getan?»

Sie antwortete: «Die Schlange ist schuld, sie hat mich dazu verführt.»

Da sagte Gott, der Herr, zu der Schlange: «Du sollst verflucht sein! Auf dem Bauch wirst du kriechen und Erde fressen, du allein von allen Tieren. Du und die Frau, deine Nachkommen und ihre Nachkommen werden einander feind sein. Sie werden euch den Kopf zertreten, und ihr werdet sie in die Ferse beißen.»

Zur Frau aber sagte er: «Du wirst viele Beschwerden haben, wenn du schwanger bist, und unter Schmerzen wirst du deine Kinder zur Welt bringen. Es wird dich zu deinem Mann hinziehen, aber er wird dein Herr sein.»

Zum Mann sagte er: «Weil du auf deine Frau gehört und mein Verbot übertreten hast, soll der Acker verflucht sein. Dornen und Disteln werden darauf wachsen. Dein Leben lang wirst du hart arbeiten müssen, damit du dich von seinem Ertrag ernähren kannst. Viel Mühe und Schweiß wird es dich kosten. Zuletzt aber wirst du wieder zur Erde zurückkehren, von der du genommen bist. Staub von der Erde bist du, und zu Staub mußt du wieder werden.»

Adam nannte seine Frau Eva, denn sie sollte die Mutter aller Menschen werden. Gott machte für sie beide Kleider aus Fellen. Dann vertrieb er den Menschen aus dem Garten Eden. Denn er dachte: «Nun ist der Mensch wie Gott geworden, er weiß alles. Es darf nicht sein, daß er auch noch vom Baum des Lebens ißt. Sonst wird er ewig leben! Er soll den Ackerboden bebauen, aus dem er gemacht worden ist.»

Den Eingang des Gartens ließ Gott durch die Keruben und das flammende Schwert bewachen. Kein Mensch sollte zum Baum des Lebens gelangen. (1.Mose 3)

Der Bruder erhebt sich gegen den Bruder
(Kain und Abel)

Adam verkehrte mit seiner Frau Eva, und sie wurde schwanger. Sie brachte einen Sohn zur Welt und sagte:

«Mit Hilfe des Herrn habe ich einen Sohn geboren.» Darum nannte sie ihn Kain. Später bekam sie einen zweiten Sohn, den nannte sie Abel. Abel wurde ein Hirt, Kain ein Bauer.

Einmal brachte Kain von seinem Ernteertrag dem Herrn ein Opfer dar. Abel tat es ihm gleich: er nahm die Erstgeborenen unter seinen Lämmern, schlachtete sie und brachte die besten Stücke davon Gott als Opfer dar.

Der Herr hatte Gefallen an Abel und seinem Opfer, aber Kain und sein Opfer schaute er nicht an. Kain stieg das Blut in den Kopf, und er starrte verbittert vor sich hin. Der Herr sah es und fragte Kain: «Warum brütest du vor dich hin? Was hast du vor? Wenn du Gutes im Sinn hast, kannst du den Kopf frei erheben; aber wenn du Böses im Sinn hast, lauert die Sünde vor der Tür deines Herzens und will dich verschlingen. Du mußt Herr über sie sein!»

Kain sagte zu seinem Bruder: «Komm und sieh dir einmal meine Felder an!» Als sie aber draußen waren, fiel er über seinen Bruder her und schlug ihn tot.

Der Herr fragte Kain: «Wo ist dein Bruder Abel?»

«Ich weiß es nicht», antwortete Kain. «Soll ich etwa den Hirten hüten?»

«Warum hast du das getan?» fragte der Herr. «Hörst du nicht, wie das Blut deines Bruders von der Erde zu mir schreit und Vergeltung fordert? Du stehst nun unter einem Fluch. Wenn du den Acker bebauen willst, wird er dir den Ertrag verweigern. Du hast ihn mit dem Blut deines Bruders getränkt, deshalb mußt du das fruchtbare Land verlassen und als heimatloser Flüchtling umherirren.»

Kain sagte zum Herrn: «Diese Strafe ist zu hart. Du vertreibst mich vom fruchtbaren Land und aus deiner Nähe. Als heimatloser Flüchtling muß ich umherirren; ich bin vogelfrei, jedermann kann mich ungestraft töten.» Der Herr antwortete: «Nein! Sondern wer dich tötet, soll siebenfach dafür büßen.» Er machte Kain ein Zeichen auf die Stirn, damit jeder wußte: Kain steht unter dem Schutz des Herrn. Dann mußte Kain aus der Nähe des Herrn weggehen. Er wohnte östlich von Eden im Land Nod. (1.Mose 4)

Gott hält Gericht über die sündige Menschheit (Die Sintflut)

In den folgenden Generationen nimmt die Auflehnung gegen den Schöpfer und mit ihr die Zerstörung der menschlichen Lebensordnungen weiter zu. In diesem Sinn wird von Lamech erzählt, daß er ohne das geringste Bewußtsein der Schuld maßlose Rache übt: «Einen Mann erschlug ich für meine Wunde, einen Jüngling für meine Strieme. Kain wird siebenmal gerächt, aber Lamech siebenundsiebzigmal!» Schließlich ist das Maß voll.

Der Herr sah, wie weit es mit den Menschen gekommen war: Sie kümmerten sich nicht um das, was recht ist; ihr Denken und Handeln war durch und durch böse. Das tat ihm weh, und er bereute, daß er sie geschaffen hatte. Er sagte: «Ich will die Menschen wieder ausrotten – und nicht nur die Menschen, sondern auch alle Tiere, die auf dem Land und in der Luft leben. Es wäre besser gewesen, wenn ich sie gar nicht erst geschaffen hätte.»

Nur an Noach hatte der Herr Freude. Noach war ein rechtschaffener Mann und stand in enger Verbindung mit Gott. Unter seinen Zeitgenossen fiel er durch seine vorbildliche Lebensführung auf. Er hatte drei Söhne: Sem, Ham und Jafet. Alle anderen Menschen konnten vor Gott nicht bestehen. Wohin Gott auch sah, überall herrschte Unrecht und Gewalt. Keiner kümmerte sich um den Willen Gottes.

Da sagte Gott zu Noach: «Mein Beschluß ist unwiderruflich: Mit den Menschen ist es zu Ende. Ich will sie alle vernichten; denn die Erde ist voll von dem Unrecht, das sie getan haben. Bau dir ein Schiff aus Holz und dichte es innen und außen mit Pech ab. Es soll verschiedene Räume haben. Mach es 150 Meter lang, 25 Meter breit und 15 Meter hoch. Mach ein Dach darüber, zieh zwei Zwischendecken ein, so daß es dreistöckig wird, und bring an der Seite eine Tür an. Ich werde eine Flut über die Erde hereinbrechen lassen, in der alles Leben umkommen soll. Weder Mensch noch Tier wird mit dem Leben davonkommen. Mit dir aber will ich meinen Bund schließen: Du sollst gerettet werden. Geh mit deiner Frau, deinen Söhnen und Schwiegertöchtern in das Schiff. Nimm von allen Tieren ein Männchen und ein Weibchen mit, damit sie mit dir gerettet werden. Ich will, daß das Leben erhalten bleibt. Deshalb sollst du von jeder Tierart ein Paar in das Schiff bringen, große und kleine Landtiere und Vögel. Nimm jedem Tier sein Futter mit, und auch genug zu essen für dich und deine Familie.» Noach tat alles, was Gott ihm befohlen hatte.

Noach war sechshundert Jahre alt, als die große Flut über die Erde hereinbrach. Es war am siebzehnten Tag des zweiten Monats, da öffneten sich die Schleusen des Himmels, und die Quellen der Tiefe brachen aus der Erde hervor. An diesem Tag ging Noach mit seiner Frau, seinen Söhnen Sem, Ham und Jafet und deren Frauen in das Schiff, dazu je ein Paar von allen Tierarten: Vögel, Vieh, wilde Tiere und alles, was auf der Erde kriecht. So hatte Gott es befohlen. Der Herr aber schloß hinter Noach die Tür.

Das Wasser stieg und hob das Schiff vom Boden ab. Als es weiterstieg, schwamm das Schiff frei auf dem Wasser. Schließlich waren sogar die Berge bedeckt; das Wasser stand mehr als fünf Meter über den höchsten Gipfeln. Alles, was auf der Erde gelebt hatte, ertrank: die Landtiere, die Vögel und auch die Menschen. So vernichtete der Herr alles Leben auf der Erde. Nur Noach und alle, die bei ihm im Schiff waren, wurden gerettet.

Hundertfünfzig Tage lang stieg das Wasser auf der

Erde. Da dachte Gott an Noach und all die Tiere, die bei ihm im Schiff waren. Er ließ einen Wind über die Erde wehen, so daß das Wasser fiel. Die Quellen der Tiefe versiegten, und die Schleusen des Himmels schlossen sich. Gott ließ es nicht länger regnen. So fiel das Wasser im Lauf von hundertfünfzig Tagen. Am siebzehnten Tag des siebten Monats setzte das Schiff auf einem Gipfel des Araratgebirges auf. Das Wasser fiel ständig weiter, bis am ersten Tag des zehnten Monats die Berggipfel sichtbar wurden.

Nach vierzig Tagen öffnete Noach das Fenster und ließ einen Raben hinaus. Der flog so lange hin und her, bis alles Wasser auf der Erde versickert war. Dann ließ Noach eine Taube fliegen, um zu erfahren, ob das Wasser abgeflossen war. Sie fand keine Stelle, wo sie sich niederlassen konnte; denn die ganze Erde war noch von Wasser bedeckt. Deshalb kehrte sie zum Schiff zurück. Noach streckte die Hand aus und holte sie wieder herein. Er wartete noch einmal sieben Tage, dann ließ er die Taube zum zweitenmal fliegen. Diesmal kam sie gegen Abend zurück und hielt ein frisches Blatt von einem Ölbaum im Schnabel. Da wußte Noach, daß das Wasser abgeflossen war. Er wartete noch einmal sieben Tage, dann ließ er die Taube zum drittenmal fliegen. Diesmal kehrte sie nicht zurück.

Noach öffnete das Dach und hielt Ausschau. Da sah er, daß auf der Erde kein Wasser mehr stand. An diesem Tag wurde Noach sechshundertundein Jahr alt, es war der erste Tag des neuen Jahres. Am siebenundzwanzigsten Tag des zweiten Monats war die Erde schließlich ganz trocken.

Da sagte Gott zu Noach: «Verlaß das Schiff mit deiner Frau, deinen Söhnen und Schwiegertöchtern. Laß auch alle Tiere hinaus, die im Schiff sind, die Vögel, das Vieh und die Kriechtiere. Sie sollen sich vermehren und die Erde füllen.» (1. Mose 6–8)

Gott segnete Noach und seine Söhne und sagte zu ihnen: «Vermehrt euch und bevölkert die Erde! Alle Tiere werden sich vor euch fürchten müssen: Landtiere, Wassertiere und Vögel. Ich gebe sie in eure Gewalt. Ihr dürft von jetzt ab das Fleisch von Tieren essen, nicht nur Früchte und Gemüse; alle Tiere gebe ich euch als Nahrung. Nur Fleisch, in dem noch Blut ist, sollt ihr nicht essen; denn im Blut ist das Leben. Euer eigenes Blut darf auf keinen Fall vergossen werden. Ich wache darüber und fordere Leben für Leben, von Tier und Mensch. Wer einen Menschen tötet, der muß von Menschenhand sterben; denn der Mensch ist nach dem Bild Gottes geschaffen. Vermehrt euch und bevölkert die Erde!»

Weiter sagte Gott zu Noach und seinen Söhnen: «Ich schließe meinen Bund mit euch und euren Nachkommen und mit allen Tieren, die im Schiff waren. Ich verspreche euch: Ich will das Leben auf der Erde nicht ein zweites Mal vernichten. Die Flut soll nicht noch einmal über die Erde hereinbrechen. Diese Zusage, die ich euch und allen lebenden Wesen mache, soll für alle Zeiten gelten. Als Zeichen dafür setze ich meinen Kriegsbogen in die Wolken. Jedesmal, wenn ich Regenwolken über der Erde zusammenziehe und der Regenbogen in den Wolken erscheint, will ich an das Versprechen denken, das ich euch und allen lebenden Wesen gegeben habe. Wenn ich den Bogen in den Wolken sehe, soll er mich an den ewigen Bund erinnern, den ich mit euch geschlossen habe. Dieser Bogen», sagte Gott zu Noach, «ist das Zeichen für den Bund, den ich jetzt mit allen lebenden Wesen schließe.» (1.Mose 9)

Die Menschheit faßt selbstherrliche Pläne
(Der Turmbau in Babel)

Von den drei Söhnen Noachs, Sem, Ham und Jafet, werden sämtliche Völker der alten Welt hergeleitet. Mit dem Bau eines Turms als Zeichen menschlicher Selbstherrlichkeit erreicht die Auflehnung der Menschen gegen Gott einen neuen Höhepunkt.

Die Menschen hatten damals noch eine einzige, allen gemeinsame Sprache. Als sie nun von Osten aufbrachen, kamen sie in das Land Schinar und schlugen in der Ebene ihre Zelte auf. Dann sagten sie zueinander: «Los, wir machen Ziegelsteine!» Sie wollten die Ziegel als Bausteine verwenden und Asphalt als Mörtel. Sie sagten: «Los, wir bauen uns eine Stadt mit einem Turm, der bis an den Himmel reicht! Dann werden wir in aller Welt berühmt. Dieser Bau wird uns zusammenhalten, so daß wir nicht über die ganze Erde zerstreut werden.»

Der Herr kam vom Himmel herab, um zu sehen, was sie bauten. Denn er sagte sich: «Wohin wird das noch führen? Sie sind ein einziges Volk und sprechen alle dieselbe Sprache. Wenn sie diesen Bau vollenden, wird ihnen nichts mehr unmöglich sein. Sie werden alles ausführen, was ihnen in den Sinn kommt. Los, wir steigen hinab und verwirren ihre Sprache, damit keiner mehr den anderen versteht!»

So zerstreute sie der Herr über die ganze Erde, und sie mußten ihre Pläne aufgeben. Darum wird diese Stadt Babel genannt, denn dort hat der Herr die Sprache der Menschen verwirrt und sie von dort aus über die ganze Erde zerstreut. (1.Mose 11)

GOTT ERWÄHLT EIN VOLK

Ein neuer Anfang mit Abraham

Auch die folgende Geschichte spielt zu Beginn noch in Mesopotamien, dem Land zwischen Euphrat und Tigris. Mit seinen Verwandten lebt Abraham in Haran im oberen Zweistromland. Eine wichtige Voraussetzung für alles folgende ist die Tatsache, daß Abrahams Frau Sara kinderlos ist.

Der Herr sagte zu Abraham: «Verlaß deine Heimat, deine Sippe und die Familie deines Vaters und zieh in ein Land, das ich dir zeigen werde. Ich will dich zum Vater eines großen Volkes machen. Dadurch wird dein Name in aller Welt bekannt. Wenn man einander Glück wünscht, wird man sagen: ‹Es ergehe dir wie Abraham!› Gutes tun will ich allen, die dir Gutes wünschen, und Böses allen, die dir Böses wünschen. Bei allen Völkern der Erde wird man sagen: ‹Gott segne dich wie Abraham!›»

Abraham folgte dem Befehl des Herrn. Er war fünfundsiebzig Jahre alt, als er seine Heimatstadt Haran verließ. Seine Frau Sara und Lot, der Sohn seines Bruders, begleiteten ihn. Sie nahmen ihren ganzen Besitz mit, auch die Sklaven, die sie in Haran erworben hatten, und zogen in das Land Kanaan, in dem damals noch die Kanaaniter wohnten. Sie durchquerten das Land bis zu dem heiligen Baum bei Sichem.

Dort erschien der Herr dem Abraham und sagte zu ihm: «Dieses Land will ich deinen Nachkommen geben!» Abraham baute dem Herrn einen Altar an der Stelle, wo er ihm erschienen war.

Abraham war sehr reich. Er besaß große Viehherden und viel Silber und Gold. Auch Lot, der mit ihm zog, hatte viele Schafe, Ziegen und Rinder und zahlreiche Knechte und Mägde. Das Weideland reichte nicht aus für die Viehherden der beiden; sie konnten auf die Dauer nicht zusammenbleiben. Außerdem wohnten damals noch die Kanaaniter und die Periziter im Land. Als es zwischen den Hirten Abrahams und den Hirten Lots wieder einmal Streit gegeben hatte, sagte Abraham zu seinem Neffen: «Es soll kein Streit zwischen uns sein, auch nicht zwischen unseren Hirten. Wir sind doch Brüder, und das Land ist groß genug! Das beste ist, wir trennen uns. Ich lasse dir die Wahl: Willst du nach Norden, so gehe ich nach Süden; willst du lieber nach Süden, so ist es mir auch recht.»

Lot schaute sich nach allen Seiten um. Er sah, daß es in der Jordanebene reichlich Wasser gab und alles grün war bis hinab nach Zoar. Bevor der Herr Sodom und Gomorra zerstörte, war es dort wie im Paradies oder im Niltal. Lot entschied sich für die Jordangegend, und die beiden trennten sich. Abraham blieb im Land Kanaan; Lot zog nach Osten ins Gebiet der Jordanstädte. Nach und nach kam er mit seinen Zelten bis nach Sodom. Die Bewohner Sodoms aber führten ein schändliches Leben, das dem Herrn mißfiel. (1.Mose 12 und 13)

Lot wird aus dem untergehenden Sodom gerettet

Gott hat den Untergang Sodoms (und Gomorras) beschlossen. Auch die Fürbitte Abrahams kann das Gericht über die sündigen Städte nicht aufhalten. Nur Lot und seine Familie sollen gerettet werden. Deshalb schickt Gott zwei himmlische Boten in der Gestalt einfacher Wanderer zu Lot. Die Art, wie die Sodomiter die beiden Fremden behandeln, ist ein Beispiel für die sprichwörtlich gewordene Sünde Sodoms.

Es war schon gegen Abend, als die beiden Engel nach Sodom kamen. Lot saß gerade beim Tor der Stadt. Als er sie kommen sah, ging er ihnen entgegen, warf sich vor ihnen nieder und sagte: «Ich bin euer Diener, mein Haus steht euch offen! Ihr könnt eure Füße baden und euch erfrischen. Dann bleibt die Nacht über bei mir! Morgen früh könnt ihr weiterziehen.» «Wir wollen lieber im Freien übernachten», sagten sie. Aber Lot redete ihnen so lange zu, bis sie mit ihm kamen. Er ließ ein Mahl für sie bereiten, und sie aßen.

Die beiden wollten sich eben schlafen legen, da liefen alle Männer von Sodom zusammen, junge und alte, und umstellten das Haus. «Lot, Lot», riefen sie, «wo sind die Männer, die heute abend zu dir gekommen sind? Gib sie heraus, wir wollen mit ihnen Verkehr haben!»

Lot trat vor das Haus und zog die Tür hinter sich zu. «Begeht doch nicht ein solches Verbrechen!» rief er. «Ich habe zwei Töchter, die noch kein Mann berührt hat. Ich will sie euch herausbringen; macht mit ihnen, was ihr wollt. Aber die beiden Männer tastet mir nicht an; sie sind meine Gäste und stehen unter meinem Schutz.»

Sie aber schrien: «Mach, daß du wegkommst! Du bist ein Fremder und willst uns Vorschriften machen? Wir werden dir noch ganz anders mitspielen als denen!» Sie fielen über Lot her und versuchten, die Tür aufzubrechen. Da griffen die beiden Männer heraus, zogen Lot ins Haus und verschlossen die Tür. Sie schlugen die Leute von Sodom mit Blindheit, so daß sie die Tür nicht mehr finden konnten.

Dann sagten sie zu Lot: «Der Herr hat uns hergeschickt, um diese Stadt zu vernichten. Es sind schwere Klagen über ihre Bewohner vor den Herrn gekommen. Nimm deine ganze Familie und führe sie aus der Stadt. Hast du vielleicht noch einen Schwiegersohn oder andere Verwandte hier?» Da ging Lot zu den Verlobten seiner Töchter und sagte zu ihnen: «Rettet euch, verlaßt diese Stadt, denn der Herr wird sie vernichten.» Aber sie lachten ihn aus.

Als die Morgenröte kam, drängten die beiden Lot zur Eile: «Schnell, nimm deine Frau und deine Töchter, sonst trifft euch die Strafe für diese Stadt mit!» Während Lot noch überlegte, packten sie ihn und seine Angehörigen bei der Hand und führten sie aus der Stadt. Denn der Herr wollte Lot retten. Erst draußen vor der Stadt ließen sie ihn wieder los.

Als die Sonne aufging, war Lot bis nach Zoar gekommen. Da ließ der Herr auf Sodom und Gomorra Schwefel und Feuer herabfallen. Sämtliche Städte in der Jordanebene wurden zerstört, ihre Bewohner getötet und das Land verwüstet, so daß nichts mehr darauf wuchs. (1. Mose 19)

Abraham muß glauben lernen

Der Herr erschien Abraham und sagte zu ihm: «Erschrick nicht, Abraham! Ich werde dich beschützen und reich belohnen.»

«Ach Herr, mein Gott», erwiderte Abraham, «womit willst du mich belohnen? Du hast mir keine Kinder gegeben, und ein Sklave, mein Hausverwalter Eliëser aus Damaskus, wird mich beerben.»

«Nein», sagte der Herr, «du wirst einen Sohn bekommen, der soll dein Erbe sein.» Er führte Abraham aus dem Zelt. «Sieh die Sterne am Himmel!» sagte er. «Kannst du sie zählen? So unzählbar werden deine Nachkommen sein.»

Abraham vertraute auf die Zusage des Herrn, und so fand er Gottes Anerkennung.

Abrahams Frau Sara hatte eine ägyptische Sklavin namens Hagar. Da sie selbst kinderlos geblieben war, sagte sie zu ihrem Mann: «Du siehst, der Herr hat mir keine Kinder geschenkt. Aber vielleicht kann dir meine Sklavin an meiner Stelle einen Sohn gebären. Ich überlasse sie

dir.» Abraham war einverstanden, und Sara gab ihm ihre ägyptische Sklavin zur Frau. Er war damals schon zehn Jahre im Land Kanaan.

Abraham schlief mit Hagar, und sie wurde schwanger. Als sie merkte, daß sie ein Kind bekommen sollte, begann sie auf ihre Herrin herabzusehen. Da sagte Sara zu ihrem Mann: «Ich habe dir meine Sklavin überlassen. Seit sie weiß, daß sie ein Kind bekommt, verachtet sie mich. Diese Kränkung kannst du nicht auf mir sitzenlassen! Du bist dafür verantwortlich. Ich rufe den Herrn als Richter an!» Abraham erwiderte: «Sie ist deine Sklavin. Mach mit ihr, was du willst!» Sara ließ Hagar die niedrigsten Arbeiten verrichten; da lief sie ihr davon.

In der Wüste rastete Hagar bei der Quelle, die am Weg nach Schur liegt. Da kam der Engel des Herrn zu ihr und fragte sie: «Hagar, Sklavin Saras! Woher kommst du? Wohin gehst du?»

«Ich bin meiner Herrin davongelaufen», antwortete sie.

«Geh zu deiner Herrin zurück und ordne dich ihr unter», sagte der Engel. «Der Herr wird dir so viele Nachkommen geben, daß man sie nicht zählen kann. Du wirst einen Sohn bekommen und ihn Ismael nennen; denn der Herr hat deinen Hilferuf gehört. Ungezügelt wie ein Wildesel wird er leben. Er wird gegen jeden kämpfen und jeder gegen ihn. Alle seine Brüder fordert er heraus.»

Hagar rief: «Habe ich wirklich den gesehen, der mich anschaut?» Und sie gab dem Herrn, der mit ihr gesprochen hatte, den Namen «Du bist der Gott, der mich anschaut». Darum nennt man den Brunnen Beer-Lahai-Roi, das heißt, «Brunnen des Lebendigen, der mich anschaut». Er liegt zwischen Kadesch und Bered.

Hagar gebar einen Sohn, und Abraham nannte ihn Ismael. Abraham war damals sechsundachtzig Jahre alt.

Abraham wohnte bei den Eichen von Mamre. Eines Tages, als er um die Mittagszeit am Eingang seines Zeltes saß, erschien ihm der Herr. Abraham sah plötzlich wenige Schritte vor sich einen Fremden mit zwei Begleitern stehen. Sofort lief er ihm entgegen, verneigte sich bis zur Erde und sagte: «Herr, wenn du mir eine Gunst erweisen willst, dann geh nicht an meinem Haus vorüber! Ich stehe euch zu Diensten. Ich will sogleich Wasser bringen lassen. Wascht euch die Füße und macht es euch unter dem Baum bequem; ich will inzwischen eine Erfrischung holen, damit ihr gestärkt euren Weg fortsetzen könnt. Wozu sonst seid ihr hier vorbeigekommen?»

«Es ist gut», sagten die Fremden. «Tu, was du vorhast.»

Abraham lief ins Zelt und sagte zu Sara: «Schnell, nimm drei Krug von deinem besten Mehl und backe Brotfladen!» Dann ging er zum Vieh und suchte ein schönes, gesundes Kalb aus. «Schnell, bereite es zu», befahl er dem Knecht. Als es gar war, nahm er noch Milch und saure Sahne und trug alles hinaus unter den Baum. Er bediente seine Gäste, und sie ließen es sich schmecken.

Als sie gegessen hatten, fragten sie Abraham: «Wo ist deine Frau Sara?» «Drinnen im Zelt», erwiderte er. Der Herr sagte: «Nächstes Jahr um diese Zeit komme ich wieder zu dir, dann wird deine Frau einen Sohn haben.»

Sara stand im Rücken Abrahams am Zelteingang und hörte es. Lautlos lachte sie in sich hinein. Abraham und Sara waren nämlich schon alt, und Sara wußte, daß sie keine Kinder mehr bekommen konnte. «Aus den Jahren bin ich heraus», dachte sie, «und mein Mann ist auch zu alt. Die Zeit der Liebe ist vorbei.»

Da sagte der Herr zu Abraham: «Warum lacht Sara? Warum zweifelt sie daran, daß sie noch ein Kind bekommen wird? Für den Herrn ist nichts unmöglich! Nächstes Jahr um diese Zeit komme ich wieder, dann hat Sara einen Sohn.» (1.Mose 15; 16; 18)

Der Herr vergaß Sara nicht; er schenkte ihr, was er versprochen hatte. Sie wurde schwanger und gebar Abraham noch in seinem Alter einen Sohn. Es war um die Zeit, die Gott angegeben hatte. Abraham nannte den Sohn, den Sara ihm geboren hatte, Isaak.

Als Isaak größer geworden war, wollte Gott Abraham auf die Probe stellen. «Abraham!» rief er. «Ja, ich höre», erwiderte Abraham. «Nimm deinen Sohn», sagte Gott, «deinen einzigen, der dir ans Herz gewachsen ist, den Isaak! Geh mit ihm ins Land Morija auf einen Berg, den ich dir nennen werde, und bringe ihn dort als Brandopfer dar.»

Am nächsten Morgen stand Abraham früh auf. Er spaltete Holz für das Opferfeuer, belud seinen Esel und machte sich mit seinem Sohn Isaak auf den Weg zu einem Berg, den Gott ihm nannte. Auch zwei Knechte nahm er mit. Am dritten Tag erblickte er den Berg in der Ferne. Da sagte er zu den Knechten: «Bleibt hier mit dem Esel! Ich gehe mit dem Jungen auf den Berg dort drüben, um zu Gott zu beten; dann kommen wir wieder zurück.»

Abraham packte seinem Sohn die Holzscheite auf den Rücken; er selbst nahm das Becken mit glühenden Kohlen und das Messer. So gingen die beiden miteinander.

Nach einer Weile sagte Isaak: «Vater!»

«Ja, mein Sohn!»

«Feuer und Holz haben wir, aber wo ist das Lamm für das Opfer?»

Abraham antwortete: «Gott wird schon für ein Opferlamm sorgen, mein Sohn!»

Sie gingen miteinander weiter.

Als sie auf den Berg kamen, baute Abraham einen Altar und schichtete die Holzscheite auf. Dann fesselte er Isaak und legte ihn auf den Altar, oben auf den Holzstoß. Schon faßte er nach dem Messer, um seinen Sohn zu

schlachten, da rief der Engel des Herrn vom Himmel her:
«Abraham! Abraham!»

«Ja, ich höre!»

«Halt ein! Tu dem Jungen nichts zuleide! Jetzt weiß
ich, daß du Gott gehorsam bist. Du warst bereit, mir
sogar deinen einzigen Sohn zu opfern.»

Als Abraham aufblickte, sah er einen Widder, der sich
mit seinen Hörnern im Gestrüpp verfangen hatte. Er
ging hinüber, nahm das Tier und opferte es anstelle seines
Sohnes auf dem Altar. (1.Mose 21 und 22)

Gott erwählt den, der es nicht verdient
(Esau und Jakob)

Als Isaak vierzig Jahre alt war, heiratete er Rebekka, die
Tochter des Aramäers Betuel aus Mesopotamien, eine
Schwester Labans. Rebekka aber bekam keine Kinder.
Isaak betete zum Herrn, und der Herr erhörte seine Bitte.
Rebekka empfing Zwillinge; die Kinder stießen einander
im Mutterleib. Da sagte sie: «Wenn das so weitergehen
soll, weiß ich nicht, wozu ich schwanger geworden bin.»
Sie fragte den Herrn, was es bedeuten sollte. Der Herr
gab ihr die Antwort:

«Du trägst zwei Völker in deinem Leib;
zwei Nationen werden von dir ausgehen.
Das eine Volk wird das andere unterwerfen;
der Ältere muß dem Jüngeren dienen.»

Als die Zeit der Entbindung kam, brachte Rebekka
tatsächlich Zwillingsbrüder zur Welt. Der erste war am
ganzen Körper mit rötlichen Haaren bedeckt, darum
nannte man ihn Esau. Der zweite hielt seinen Bruder an
der Ferse fest; darum nannte man ihn Jakob. Ihr Vater
Isaak war sechzig Jahre alt, als die beiden geboren wurden.

Die Kinder wuchsen heran. Esau wurde ein Jäger, der
am liebsten in der Steppe umherstreifte. Jakob wurde ein

Hirt, der bei den Zelten blieb. Ihr Vater, der gerne gebratenes Wild aß, hatte eine Vorliebe für Esau; Jakob aber war der Liebling der Mutter.

Als Esau einmal erschöpft nach Hause kam, hatte Jakob gerade Linsen gekocht. «Gib mir schnell etwas von dem roten Zeug da», rief Esau, «ich bin ganz erschöpft!» (Daher bekam Esau den Beinamen Edom, d. h. der Rote.)

Jakob sagte: «Du kriegst es nur, wenn du mir dafür auf der Stelle dein Erstgeburtsrecht abtrittst!»

«Ich bin am Verhungern», erwiderte Esau, «was nützt mir da meine Erstgeburt!»

«Das mußt du mir zuerst schwören!» sagte Jakob.

Esau schwor es ihm und verkaufte so sein Erstgeburtsrecht an seinen Bruder. Da gab Jakob ihm Linsen und Brot. Als Esau gegessen und getrunken hatte, stand er auf und ging weg. Sein Erstgeburtsrecht war ihm gleichgültig.

Isaak war alt geworden und konnte nicht mehr sehen. Da rief er eines Tages seinen älteren Sohn zu sich. «Was willst du, Vater?» fragte Esau. Isaak sagte: «Ich bin alt und weiß nicht, wie lange ich noch lebe. Deshalb nimm Bogen und Pfeile, jage mir ein Stück Wild und bereite es mir zu, wie ich es gern habe. Ich will mich stärken, damit ich dich segnen kann, ehe ich sterbe.»

Rebekka hatte das Gespräch mitangehört. Als nun Esau gegangen war, um für seinen Vater ein Wild zu jagen, sagte sie zu Jakob: «Ich habe gerade gehört, wie dein Vater zu deinem Bruder Esau sagte: ‹Jage mir ein Stück Wild und bereite es gut zu. Ich will mich stärken und dir den Segen des Herrn weitergeben, ehe ich sterbe.› Darum hör auf mich, mein Sohn, und tu, was ich dir sage: Hol mir von der Herde zwei schöne Ziegenböckchen! Ich werde sie zubereiten, wie es dein Vater gern hat, und dann bringst du sie ihm, damit er sich stärkt und dich vor seinem Tod segnet.»

«Aber Esaus Haut ist behaart und meine glatt», wandte Jakob ein. «Wenn mich nun mein Vater betastet, merkt er den Betrug, und statt mich zu segnen, verflucht er mich.»

Seine Mutter beruhigte ihn: «Den Fluch nehme ich auf mich. Tu, was ich dir gesagt habe, und bring mir die Böckchen!» Jakob holte sie, und seine Mutter bereitete sie zu, wie es sein Vater gern hatte. Dann holte Rebekka das Festgewand ihres Älteren, das sie bei sich aufbewahrte, und zog es Jakob an. Die Felle der Böckchen legte sie ihm um die Handgelenke und um den glatten Hals. Dann gab sie ihm den Braten und dazu frisches Brot.

Jakob ging zu seinem Vater und begrüßte ihn. «Welcher von meinen Söhnen bist du?» fragte Isaak.

«Esau, dein Erstgeborener», erwiderte Jakob. «Ich habe deinen Wunsch erfüllt. Setz dich auf und iß von meinem Wild, damit du mich segnen kannst.»

«Wie hast du so schnell etwas gefunden, mein Sohn?» fragte Isaak, und Jakob erwiderte: «Der Herr, dein Gott hat es mir über den Weg laufen lassen.»

«Tritt näher», sagte Isaak, «ich will fühlen, ob du wirklich mein Sohn Esau bist.»

Jakob trat zu seinem Vater. Der betastete ihn und sagte: «Der Stimme nach ist es Jakob, aber den Händen nach Esau.» Er erkannte ihn nicht; denn seine Hände waren behaart wie die seines Bruders. Darum wollte er ihn segnen. Aber noch einmal fragte Isaak: «Bist du wirklich mein Sohn Esau?»

Jakob antwortete: «Ja.»

«Dann bring mir das Gericht!» sagte Isaak. «Ich will von deinem Wild essen und dich dann segnen.»

Jakob gab es ihm, und sein Vater aß; dann reichte er ihm Wein, und er trank. Dann sagte Isaak: «Komm her, mein Sohn, und küsse mich!» Jakob tat es. Als Isaak den Duft seiner Kleider roch, sprach er das Segenswort:

«Ja, mein Sohn duftet wie die Flur, die der Herr gesegnet hat.

Gott gebe dir Tau vom Himmel und fruchtbare Erde,
daß du reich wirst an Korn und Most.
Völker sollen dir dienen,
Nationen sich vor dir niederwerfen.
Du wirst über deine Brüder herrschen;
die Nachkommen deiner Mutter werden vor dir im
    Staub liegen.
Unglück komme über jeden, der dir Böses wünscht,
Segen über jeden, der dir Gutes wünscht!»

So segnete Isaak seinen Sohn Jakob. Kaum aber war
Jakob hinausgegangen, da kam Esau von der Jagd zurück. Auch er bereitete ein gutes Gericht, brachte es zu
seinem Vater und sagte: «Setz dich auf, mein Vater, und
iß von meinem Wild, damit du mich segnen kannst.»

«Wer bist denn *du*?» fragte Isaak.

«Dein Sohn Esau, dein Erstgeborener», bekam er zur
Antwort.

Isaak begann vor Schreck heftig zu zittern und fragte
weiter: «Wer war dann der, der von mir ging, ehe du
kamst? Auch er hat ein Wild gejagt und es mir gebracht;
ich habe gegessen und ihn gesegnet – und ich kann mein
Wort nicht mehr zurücknehmen!»

Als Esau das hörte, schrie er voll Schmerz und Bitter-
keit auf. «Vater», rief er, «segne mich auch!»

Aber Isaak erwiderte: «Dein Bruder hat dich mit List
um deinen Segen gebracht.»

«Zu Recht trägt er den Namen Jakob», sagte Esau.
«Schon zum zweitenmal hat er mich betrogen: Erst nahm
er mir das Erstgeburtsrecht, und jetzt auch noch den
Segen. Hast du denn keinen Segen mehr für mich
übrig?»

Isaak antwortete: «Ich habe ihn zum Herrscher über
dich gemacht; alle seine Brüder müssen ihm dienen. Mit
Korn und Most habe ich ihn reichlich versehen. Was
bleibt mir da noch für dich, mein Sohn?»

Esau sagte: «Hast du denn nur *einen* Segen, Vater?

Segne auch mich!» Und er begann laut zu weinen. Da sagte Isaak:

«Fern vom fruchtbaren Land mußt du wohnen;
kein Tau wird auf deine Felder fallen.
Du wirst von der Beute deines Schwertes leben
und deinem Bruder dienen müssen.
Aber schließlich wirst du sein Joch abwerfen.»
(1.Mose 25 und 27)

Jakob auf der Flucht
(Die Himmelsleiter)

Esau konnte es Jakob nicht vergessen, daß er ihn um den väterlichen Segen gebracht hatte. Er faßte den Plan, seinen Bruder umzubringen. «Ich warte nur noch, bis mein Vater unter der Erde ist», sagte er. Als Rebekka davon erfuhr, ließ sie Jakob rufen und sagte zu ihm: «Dein Bruder Esau will sich an dir rächen und dich umbringen. Darum tu, was ich dir sage: Flieh nach Haran zu meinem Bruder Laban. Bleib einige Zeit dort, bis sich der Zorn deines Bruders legt und er nicht mehr daran denkt, was du ihm angetan hast. Ich werde dir Nachricht schicken, wenn du wieder zurückkehren kannst. Ich will euch doch nicht beide an einem Tag verlieren!»

Jakob machte sich auf den Weg von Beerscheba nach Haran. Als die Sonne unterging, beschloß er, an dem Platz, an dem er gerade war, zu übernachten. Unter den Kopf legte er einen der Steine, die dort herumlagen.

Während er schlief, sah er im Traum eine breite Treppe, die von der Erde bis zum Himmel reichte. Engel kamen auf ihr zur Erde herunter, andere kehrten gerade zum Himmel zurück. Der Herr stand auf der Treppe und sagte zu ihm: «Ich bin der Herr, der Gott deiner Väter, der Gott Abrahams und Isaaks. Das Land, auf dem du liegst, will ich dir und deinen Nachkommen geben. Deine Nachkommen werden so zahlreich sein wie die Staubkörner auf der Erde, und sie werden sich nach allen Himmelsrichtungen ausbreiten. Bei allen Völkern wird man, wenn man einander Glück wünscht, sagen: ‹Gott segne dich wie Jakob und seine Nachkommen!› Ich werde dir beistehen. Ich bewahre dich, wo du auch hingehst, und bringe dich wieder in dieses Land zurück. Ich lasse dich nicht im Stich. Alles, was ich versprochen habe, werde ich tun.»

Jakob erwachte. «Der Herr wohnt an diesem Ort», rief er, «und ich wußte es nicht! Man muß sich diesem Platz in Ehrfurcht nähern. Hier ist wahrhaftig das Haus Gottes, das Tor des Himmels!»

Früh am Morgen stand Jakob auf. Den Stein, auf dem er gelegen hatte, stellte er als Gedenkstein auf und goß Öl darüber, um ihn dem Herrn zu weihen. Er nannte die Stätte Bet-El; vorher hieß der Ort Lus. Dann legte Jakob ein Gelübde ab. «Wenn der Herr mir beistehen wird», sagte er, «und mich bewahren wird auf dem Weg, den ich jetzt antrete, wenn er mir Nahrung und Kleidung gibt und mich wohlbehalten wieder nach Hause zurückbringt, dann soll er allein mein Gott sein. Der Stein, den ich zur Erinnerung aufgestellt habe, soll dann der Ort seiner Gegenwart sein. Von allem Besitz, den er mir schenken wird, werde ich ihm den zehnten Teil geben.» (1.Mose 27 und 28)

Jakob dient bei Laban um Lea und Rahel

Jakob machte sich auf den Weg und wanderte weiter nach Osten, der Heimat seiner Mutter zu. Eines Tages kam er am Rand der Steppe zu einem Brunnen, aus dem die Hirten der Gegend ihr Vieh tränkten. Drei Herden Schafe und Ziegen lagerten dort; aber der große Stein lag noch auf dem Brunnenloch. Erst wenn alle Herden beisammen waren, schoben die Hirten gemeinsam den Stein weg und tränkten die Tiere; danach schoben sie den Stein wieder an seinen Platz.

«Wo seid ihr zu Hause?» fragte Jakob die Hirten.

«In Haran», antworteten sie.

Er fragte weiter: «Kennt ihr dort Laban, den Sohn Nahors?»

«Gewiß», sagten sie.

«Geht es ihm gut?» wollte Jakob wissen.

«O ja», war die Antwort; «da drüben kommt gerade seine Tochter Rahel mit ihrer Herde!»

«Warum wartet ihr eigentlich hier?» sagte Jakob. «Die Sonne steht noch hoch, und es ist zu früh, um die Herden zusammenzutreiben. Tränkt sie und laßt sie wieder weiden!»

Die Hirten erwiderten: «Erst müssen alle Herden hier sein. Der Stein ist auch viel zu schwer für uns. Wir schieben ihn immer gemeinsam weg und geben dann dem Vieh zu trinken.»

Inzwischen war Rahel mit der Herde herangekommen. Laban hatte ihr seinen ganzen Viehbesitz anvertraut. «Ihr Vater ist der Bruder meiner Mutter», dachte Jakob, «und dies ist seine Herde!» Er ging zum Brunnen, schob allein den Stein zur Seite und tränkte Labans Vieh. Dann küßte er Rahel. Er war so bewegt, daß ihm die Tränen kamen. Er sagte ihr, daß er ein Sohn Rebekkas und mit ihrem Vater verwandt sei, und sie lief zu ihrem Vater und erzählte es ihm.

«Der Sohn meiner Schwester!» rief Laban und lief Jakob entgegen. Er umarmte und küßte ihn und nahm ihn mit sich in sein Haus. Jakob erzählte ihm, was ihn herführte. Als Laban alles gehört hatte, sagte er zu Jakob: «Ja, du bist wirklich mein eigen Fleisch und Blut!»

Als Jakob etwa einen Monat lang im Haus seines Onkels gewesen war, sagte Laban eines Tages zu ihm: «Du arbeitest ja für mich. Du sollst es nicht umsonst tun, nur weil du mein Verwandter bist. Was willst du als Lohn haben?»

Nun hatte Laban zwei Töchter, die ältere hieß Lea, die

jüngere Rahel. Lea hatte glanzlose Augen, Rahel aber war überaus schön. Jakob liebte die Jüngere, und so sagte er: «Gib mir Rahel! Ich will ihretwegen sieben Jahre für dich arbeiten.»

Laban sagte: «Ich gebe sie lieber dir als einem Fremden. Bleib die Zeit bei mir!»

Jakob arbeitete sieben Jahre, um Rahel zu bekommen, und weil er sie so sehr liebte, kamen ihm die Jahre wie Tage vor. Danach sagte er zu Laban: «Die Zeit ist um. Gib mir jetzt die Frau, um die ich gearbeitet habe! Ich will heiraten.»

Laban lud alle Leute im Ort zur Hochzeit ein. Aber am Abend führte er Lea statt Rahel ins Brautgemach, und Jakob schlief mit ihr. Als Dienerin gab Laban ihr seine Magd Silpa.

Am Morgen erkannte Jakob, daß es Lea war. Er stellte Laban zur Rede: «Warum hast du mir das angetan? Ich habe doch um Rahel gearbeitet! Warum hast du mich betrogen?»

«Es ist bei uns nicht Sitte», erwiderte Laban, «die Jüngere vor der Älteren wegzugeben. Feiere nur mit Lea die Hochzeitswoche, dann gebe ich dir Rahel noch dazu. Du wirst dann für sie noch einmal sieben Jahre arbeiten.»

Jakob ging darauf ein. Als die Woche um war, gab Laban ihm auch Rahel zur Frau. Als Dienerin gab er Rahel seine Sklavin Bilha. Jakob schlief nun auch mit Rahel, und er hatte sie lieber als Lea. Er blieb noch einmal sieben Jahre lang bei Laban. (1.Mose 29)

Jakobs Heimkehr

Nachdem Jakob lange Jahre bei Laban gedient und dabei im Laufe der Zeit – durch Tüchtigkeit, aber auch durch gewisse Tricks – einen stattlichen Herdenbesitz an sich gebracht hat, entschließt er sich zur Heimkehr ins Land Kanaan. Seine beiden Frauen und deren Mägde, seine Nebenfrauen, haben ihm elf Söhne geboren, die als Stammväter des Volkes Israel gelten:

Ruben, Simeon, Levi, Juda, Dan, Naftali, Gad, Ascher, Issachar, Sebulon, Josef (dazu später Benjamin). Laban läßt Jakob nur widerwillig ziehen; doch sie scheiden zuletzt versöhnt. Nun steht ihm noch das schwerste bevor: das Wiedersehen mit seinem Bruder Esau. Und wie steht Gott selbst zu seinem Erwählten, der zwar in der Fremde manches abgebüßt hat, aber noch lange kein Heiliger geworden ist – und es nie sein wird?

Jakob sandte Boten voraus zu seinem Bruder Esau, der sich im Gebirge Seïr im Land Edom aufhielt. Sie sollten seinem Bruder ausrichten: «Dein ergebener Diener Jakob läßt dir sagen: ‹Ich bin die ganze Zeit bei Laban gewesen und komme jetzt zurück. Ich habe reichen Besitz erworben: Rinder, Esel, Schafe und Ziegen, Sklaven und Sklavinnen. Ich lasse es dir, meinem Herrn, melden und hoffe, daß du mich freundlich aufnimmst.»

Die Boten kamen zurück und berichteten Jakob: «Wir haben Esau deine Botschaft ausgerichtet. Er ist schon auf dem Weg zu dir; vierhundert Mann hat er bei sich.»

Als Jakob das hörte, erschrak er. Er verteilte Leute und Vieh – auch die Kamele – auf zwei Karawanen; denn er dachte: Wenn Esau auf die eine trifft und alles niedermetzelt, wird wenigstens die andere gerettet. Dann betete Jakob: «Gott meines Großvaters Abraham und meines Vaters Isaak! Du hast zu mir gesagt: ‹Kehr in deine Heimat und zu deiner Familie zurück; ich beschütze dich und lasse es dir gutgehen.› Herr, ich bin es nicht wert, daß du mir so viel Gutes getan und deine Zusage wahrgemacht hast. Ich besaß nur einen Wanderstock, als ich den Jordan überschritt, und nun komme ich zurück mit zwei Karawanen. Rette mich doch jetzt vor meinem Bruder Esau! Ich habe solche Angst. Er wird uns alle umbringen, auch die Frauen und Kinder. Du hast mir doch versprochen: ‹Ich beschütze dich; ich lasse es dir gutgehen. Deine Nachkommen sollen so zahlreich werden wie die Sandkörner am Meeresstrand, die niemand zählen kann.›»

Jakob wollte die Nacht über an diesem Ort bleiben. Er stellte aus seinem Besitz ein Geschenk für seinen Bruder zusammen. Er nahm zweihundert Ziegen und zweihundert Schafe, dazu zwanzig Ziegenböcke und zwanzig Schafböcke, dreißig Kamelstuten mit ihren Jungen, vierzig Kühe, zehn Stiere, zwanzig Eselinnen und zehn Esel. Er gab sie seinen Knechten, jedem eine Herde, und befahl ihnen: «Zieht voraus und laßt einen Abstand zwischen den Herden!» Zum ersten sagte er: «Wenn mein Bruder Esau dir entgegenkommt, wird er dich fragen: ‹Wer ist dein Herr? Wohin ziehst du? Wem gehört das Vieh, das du vor dir hertreibst?› Antworte ihm: ‹Es gehört Jakob, deinem ergebenen Diener. Er möchte es dir, meinem Herrn, schenken; er selbst kommt gleich hinterher.»

Dasselbe befahl er allen übrigen. Er schärfte ihnen ein: «Ihr dürft nicht vergessen zu sagen: ‹Dein ergebener Diener Jakob kommt dort gleich hinter uns her.»› Er dachte nämlich: «Ich will zurückbleiben und ihn erst mit meinen Geschenken günstig stimmen; vielleicht nimmt er mich dann freundlich auf.» Jakob blieb also die Nacht über am Lagerplatz, während die Herden, die als Geschenk für seinen Bruder bestimmt waren, vorauszogen. (1.Mose 32)

Jakobs Ringen mit Gott

Mitten in der Nacht aber stand Jakob auf und überschritt mit seiner ganzen Familie an einer seichten Stelle den Jabbokfluß. Seine Frauen und Nebenfrauen, die elf Söhne und dazu alle seine Herden brachte er glücklich auf die andere Seite. Nur er allein blieb zurück.

Da trat ihm ein Mann in den Weg und kämpfte mit ihm bis zum Morgengrauen. Als er sah, daß sich Jakob nicht niederringen ließ, gab er ihm einen Schlag auf das Hüftgelenk, so daß es sich ausrenkte. Dann sagte er zu Jakob: «Laß mich los; es wird schon Tag!»

Aber Jakob erwiderte: «Ich lasse dich erst los, wenn du mich gesegnet hast.»

«Wie heißt du?» fragte er, und Jakob nannte seinen Namen. «Du sollst von nun an nicht mehr Jakob heißen», sagte der andere. «Du hast mit Gott und mit Menschen gekämpft und hast gesiegt; darum wird man dich Israel nennen.»

Jakob bat ihn: «Sag mir deinen Namen!»

Aber er sagte nur: «Warum fragst du?» und segnete ihn.

«Ich habe Gott selbst gesehen», rief Jakob, «und ich lebe noch!» Darum nannte er den Ort Penuel. Als Jakob den Kampfplatz verließ, ging eben die Sonne auf. Er hinkte aber wegen seiner Hüfte. (1. Mose 32)

Die Begegnung mit Esau

Da kam auch schon Esau mit seinen vierhundert Mann. Als Jakob ihn sah, stellte er die Kinder zu ihren Müttern. Er ließ die Nebenfrauen mit ihren Kindern vorangehen, dahinter kam Lea mit ihren Kindern, und am Schluß Rahel mit Josef. Er selbst ging an der Spitze des Zuges und warf sich siebenmal zu Boden, bis er zu seinem Bruder kam.

Esau aber lief ihm entgegen, umarmte und küßte ihn. Beide weinten vor Freude. Als Esau die Frauen mit ihren Kindern sah, fragte er seinen Bruder: «Wen bringst du denn da mit?»

«Das sind die Kinder, die Gott mir geschenkt hat», antwortete Jakob. Die Nebenfrauen mit ihren Kindern traten herzu und warfen sich vor Esau nieder, ebenso Lea mit ihren Kindern, und zuletzt Rahel und Josef.

«Was wolltest du denn mit den Herden, die du mir entgegengeschickt hast?» fragte Esau seinen Bruder.

«Ich wollte dir, meinem Herrn, ein Geschenk machen, damit du mich freundlich aufnimmst», erwiderte Jakob.

«Lieber Bruder», sagte Esau, «ich habe selbst genug. Behalte es doch!»

«Nein, nein!» sagte Jakob. «Wenn du mir nichts nachträgst, mußt du mein Geschenk annehmen. Als ich dich erblickte, war mir, als sähe ich Gott selbst, so freundlich bist du mir begegnet. Nimm also die Willkommensgabe an, die ich dir zugeschickt habe. Gott hat mir Glück gegeben, ich bin sehr reich geworden.» Jakob drängte seinen Bruder so lange, bis er alles annahm.

Dann schlug Esau vor: «Wir wollen weiterziehen! Ich werde dich begleiten.» Aber Jakob wehrte ab: «Du siehst selbst, daß die Kinder nicht so schnell gehen können. Außerdem muß ich die säugenden Schafe und Rinder schonen. Wenn ich sie nur einen Tag lang zu schnell treibe, wird mir die ganze Herde eingehen. Zieh darum ruhig voraus; ich werde dir nach Seïr folgen, so schnell es die Kinder und die Tiere erlauben.» Esau wollte ihm wenigstens ein paar von seinen Leuten als Begleitung zurücklassen, aber Jakob sagte: «Ich brauche sie wirklich nicht. Es genügt mir, wenn du mir auch künftig freundlich begegnest.»

Esau machte sich auf den Rückweg nach Seïr, und Jakob zog weiter nach Sukkot. Dort baute er sich ein Haus; für das Vieh machte er Schutzdächer aus geflochtenen Zweigen. Davon hat der Ort seinen Namen. Schließlich kam Jakob wohlbehalten nach Sichem. Hier war er am Ziel seiner Reise, die in Paddan in Mesopotamien begonnen hatte. Auf freiem Feld vor der Stadt schlug er seine Zelte auf und kaufte das Grundstück für den Lagerplatz um hundert Silberstücke von den Söhnen Hamors, der die Stadt gegründet hatte. Er errichtete dort einen Altar und gab ihm den Namen «Gott ist der Gott Israels». (1. Mose 33)

Josefs Träume

Jakob hatte von allen seinen Söhnen Josef am liebsten, weil er ihm erst im Alter geboren worden war. Deshalb ließ er ihm ein prächtiges Gewand machen. Als seine

Brüder sahen, wie der Vater ihn vor allen bevorzugte, wurden sie so neidisch, daß sie kein freundliches Wort mehr mit ihm redeten.

Einmal hatte Josef einen Traum. Als er ihnen den erzählte, wurden sie erst recht böse auf ihn. «Ich will euch sagen, was ich geträumt habe», fing Josef an. «Wir waren miteinander auf dem Feld, schnitten Getreide und banden die Ähren zu Garben zusammen. Plötzlich stellte sich meine Garbe auf und blieb stehen. Eure Garben stellten sich im Kreis um sie herum und verneigten sich tief vor meiner Garbe.» Seine Brüder sagten zu ihm: «Du willst wohl noch König werden und über uns Herr sein?» Weil er ihnen diesen Traum erzählt hatte, haßten sie ihn noch mehr.

Wieder hatte Josef einen Traum, und auch den erzählte er ihnen. «Ich habe noch einmal geträumt», sagte er. «Ich sah die Sonne, den Mond und elf Sterne, und alle verneigten sich tief vor mir.» Als er diesen Traum seinem Vater und seinen Brüdern erzählte, wurde sein Vater unwillig und sagte zu ihm: «Was für Unsinn träumst du da? Du glaubst wohl, daß dein Vater, deine Mutter und deine Brüder sich vor dir in den Staub werfen?» Die Brüder waren eifersüchtig auf Josef; sein Vater aber mußte immer wieder über den Traum nachdenken. (1.Mose 37)

Josef wird nach Ägypten verkauft

Einmal waren Josefs Brüder unterwegs; sie weideten die Schafe und Ziegen ihres Vaters in der Nähe von Sichem. Da sagte Jakob zu Josef: «Du weißt, deine Brüder sind mit den Herden bei Sichem. Ich möchte dich zu ihnen schicken.»

«Ich bin bereit», sagte Josef.

Sein Vater gab ihm den Auftrag: «Erkunde, wie es deinen Brüdern geht. Sieh, ob bei den Herden alles in Ordnung ist, und bring mir dann Bescheid!» So schickte er Josef aus dem Tal von Hebron nach Sichem.

Dort konnte Josef seine Brüder nicht finden; überall suchte er sie vergeblich. Ein Mann, der ihm begegnete, fragte ihn nach seinem Ziel, und Josef sagte: «Ich suche meine Brüder, kannst du mir sagen, wo sie ihre Herden weiden?» Der Mann antwortete: «Sie sind nicht mehr hier. Ich hörte, wie sie sagten: ‹Wir wollen nach Dotan gehen!›» Da ging Josef ihnen nach und fand sie in Dotan.

Die Brüder sahen Josef schon von weitem. Während er sich näherte, faßten sie den Plan, ihn zu töten. Sie sagten zueinander: «Da kommt der Kerl, dem seine Träume zu Kopf gestiegen sind! Schlagen wir ihn doch tot und werfen ihn in die nächste Zisterne! Wir sagen einfach: Ein Raubtier hat ihn gefressen. Dann wird man schon sehen, was aus seinen Träumen wird!»

Ruben aber wollte Josef retten. «Ihr müßt ihn am Leben lassen», sagte er. «Vergießt nur ja kein Blut! Werft ihn in die Zisterne da drüben in der Steppe, aber tut ihm nichts zuleide.» Er hatte die Absicht, Josef heimlich herauszuziehen und zu seinem Vater zurückzubringen.

Als Josef bei ihnen ankam, zogen sie ihm sein Prachtgewand aus, packten ihn und warfen ihn in die Zisterne. In der Zisterne war gerade kein Wasser. Dann setzten sich die Brüder zum Essen. Auf einmal sahen sie eine Karawane mit ismaelitischen Kaufleuten aus der Richtung von Gilead herankommen. Die Ismaeliter waren auf dem Weg nach Ägypten; ihre Kamele waren mit den kostbaren Harzen Tragakant, Mastix und Ladanum beladen. Da sagte Juda zu seinen Brüdern: «Was nützt es uns, wenn wir unseren Bruder umbringen? Wir werden nur schwere Blutschuld auf uns laden. Wir wollen ihn schonen und ihn den Händlern verkaufen; er ist doch unser Bruder!» Die anderen waren einverstanden. So verkauften sie Josef für zwanzig Silberstücke an die Ismaeliten, die ihn nach Ägypten mitnahmen.

Als nun Ruben wieder zur Zisterne kam, war Josef verschwunden. Entsetzt zerriß er seine Kleider, ging zu seinen Brüdern und rief: «Der Junge ist nicht mehr da! Wie soll ich das verantworten?» Die Brüder schlachteten einen Ziegenbock und tauchten Josefs Prachtgewand in das Blut. Dann schickten sie es zu ihrem Vater und ließen ihm sagen: «Das haben wir gefunden! Ist es vielleicht das Gewand deines Sohnes?»

Als Jakob es genau untersucht hatte, schrie er auf: «Es ist von meinem Sohn! Ein Raubtier hat ihn gefressen. Josef ist tot!» Er zerriß seine Kleider, legte als Trauergewand einen groben Lendenschurz an und betrauerte Josef lange Zeit. Seine Söhne und Töchter kamen, um ihn zu trösten, aber er wollte sich nicht trösten lassen. «Ich werde so lange um ihn trauern, bis ich selbst zu ihm in die Totenwelt komme», beharrte er. So sehr hatte ihn der Verlust getroffen. (1.Mose 37)

Josef im Haus Potifars

Die Ismaeliten brachten Josef nach Ägypten. Dort verkauften sie ihn an einen Einheimischen, nämlich Potifar, einen Hofbeamten des Pharao, den Befehlshaber der königlichen Leibwache.

Josef wurde im Haus beschäftigt und war so immer in Potifars Nähe. Gott half Josef, so daß ihm alles glückte, was er tat. Das fiel Potifar auf. Er bevorzugte Josef und machte ihn zu seinem persönlichen Diener; er übergab ihm sogar die Aufsicht über sein Hauswesen und vertraute ihm die Verwaltung seines ganzen Besitzes an. Von da an lag der Segen des Herrn auf Potifar: Josef zuliebe ließ der Herr alles gedeihen im Haus und auf den Feldern. Potifar überließ Josef alles und kümmerte sich zu Hause nur noch um sein eigenes Essen.

Weil Josef sehr schön war, fand die Frau seines Herrn Gefallen an ihm. Eines Tages forderte sie ihn auf: «Komm, schlaf mit mir!»

Josef wies sie ab: «Mein Herr hat mir seinen ganzen Besitz anvertraut und kümmert sich selbst um nichts mehr in seinem Haus. Ich habe hier genauso viel zu sagen wie er. Nur eines hat er mir vorenthalten: dich, seine Frau. Wie könnte ich da ein so großes Unrecht begehen und tun, was Gott verboten hat?»

Tag für Tag redete sie auf Josef ein, aber er gab ihr nicht nach. Einmal hatte Josef im Haus zu tun; außer ihnen beiden war gerade niemand da. Da hielt sie ihn an seinem Gewand fest und sagte: «Schlaf jetzt mit mir!» Er riß sich los und lief hinaus; das Gewand ließ er in ihrer Hand zurück.

Sofort rief sie die Diener herbei und sagte: «Da schaut her! Mein Mann hat uns diesen Hebräer ins Haus gebracht, der nun seinen Mutwillen mit uns treibt. Er drang bei mir ein und wollte mich vergewaltigen. Als ich schrie, lief er schnell davon. Da ist sein Gewand, das er zurückgelassen hat!»

Dann legte sie Josefs Gewand neben sich und wartete, bis ihr Mann nach Hause kam. Auch ihm berichtete sie, wie sein hebräischer Knecht zu ihr gekommen sei, um ihr Gewalt anzutun, und wie er auf ihr Geschrei hin sein Gewand zurückgelassen und die Flucht ergriffen habe.

Als Potifar das hörte, packte ihn der Zorn. Er ließ Josef festnehmen und in das Gefängnis bringen, in dem die Gefangenen des Königs in Haft lagen.

Aber auch im Gefängnis half Gott Josef und verschaffte ihm die Gunst des Gefängnisverwalters. Der Verwalter vertraute Josef die Aufsicht über alle anderen Gefangenen an. Alle Arbeiten im Gefängnis geschahen unter seiner Leitung. Der Verwalter vertraute Josef völlig und gab ihm freie Hand, denn er sah, daß Gott, der Herr, ihm beistand und alles gelingen ließ, was er tat. (1.Mose 39)

Josef im Gefängnis

Bald danach ließen sich zwei höhere Beamte des Pharao, der Mundschenk und der oberste Bäcker, etwas gegen ihren Herrn zuschulden kommen. Der Pharao entzog ihnen seine Gunst und ließ sie im Haus des Befehlshabers seiner Leibwache in Haft halten, in dem Gefängnis, in dem auch Josef war. Der Befehlshaber der Leibwache teilte ihnen Josef als Diener zu.

Nach einiger Zeit hatte jeder der beiden eines Nachts einen Traum, der ihm besonders wichtig erschien. Als Josef am Morgen bei ihnen eintrat, sah er, daß sie bedrückt waren. «Warum laßt ihr heute den Kopf hängen?» fragte er sie.

«Wir haben geträumt», antworteten sie, «und hier im Gefängnis haben wir keinen Traumdeuter, der uns sagen kann, was es bedeutet.»

Josef sagte: «Nur Gott weiß, was Träume bedeuten. Erzählt mir doch einmal, was ihr geträumt habt!»

Zuerst erzählte der Mundschenk seinen Traum: «Ich sah vor mir einen Weinstock mit drei Ranken. Der Saft stieg in die Knospen, sie blühten auf, und schon reiften die Trauben. Ich hatte den Becher des Pharao in der Hand. Ich nahm die Trauben, preßte sie über dem Becher aus und reichte ihn dem Pharao.»

Josef erklärte ihm den Traum: «Die drei Ranken bedeuten drei Tage. Heute in drei Tagen wird der Pharao dich erhöhen und dich wieder in dein Amt einsetzen. Dann wirst du ihm genau wie früher den Becher reichen. Aber vergiß mich nicht, wenn es dir gut geht! Tu mir den Gefallen und empfiehl mich dem Pharao, damit er mich aus diesem Haus befreit. Ich bin ohne jede Schuld im Gefängnis. Man hat mich aus dem Land der Hebräer entführt, und auch hier in Ägypten habe ich nichts Unrechtes getan.»

Als der oberste Bäcker sah, daß Josef dem Traum des anderen eine so günstige Deutung gegeben hatte, sagte er: «Ich hatte einen ganz ähnlichen Traum. Ich trug auf dem Kopf drei aufeinandergestellte Körbe mit Gebäck. Im obersten Korb lagen Backwaren für die Tafel des Pharao. Da kamen Vögel und fraßen den Korb leer.»

Josef gab ihm die Erklärung: «Die drei Körbe bedeuten drei Tage. Heute in drei Tagen wird der Pharao dich erhöhen und an einen Baum hängen. Dann werden die Vögel dein Fleisch fressen.»

Drei Tage später feierte der Pharao seinen Geburtstag. Er lud alle seine Hofbeamten zu einem Festmahl ein. Da erhöhte er den Mundschenk und den obersten Bäcker vor allen: den einen setzte er wieder in sein Amt ein und ließ sich von ihm den Becher reichen, den anderen ließ er aufhängen, genau wie Josef es vorausgesagt hatte.

Aber der Mundschenk dachte nicht an Josef; er hatte ihn schon vergessen. (1.Mose 40)

Josef deutet die Träume des Pharao

Zwei Jahre später hatte der Pharao einen Traum. Er stand am Ufer des Nils, so träumte er. Da stiegen sieben schöne, wohlgenährte Kühe aus dem Fluß und weideten in dem Schilf, das am Ufer wuchs. Nach ihnen stiegen sieben häßliche, magere Kühe aus dem Nil und stellten sich neben sie. Die mageren Kühe fielen über die fetten her und fraßen sie auf.

Der Pharao wachte auf und schlief noch einmal ein. Wieder hatte er einen Traum. Er sah, wie auf einem einzigen Halm sieben schöne, volle Ähren wuchsen. Dann sah er sieben kümmerliche, vom Ostwind ausgedörrte Ähren aufwachsen. Die vertrockneten Ähren verschlangen die vollen. Da erwachte der Pharao und merkte, daß er geträumt hatte.

Er war über seine Träume sehr beunruhigt. Gleich am Morgen ließ er alle Gelehrten und Wahrsager Ägyptens rufen. Er erzählte ihnen, was er geträumt hatte, aber keiner von ihnen konnte ihm sagen, was es bedeuten sollte.

Da wandte sich der Mundschenk an den Pharao: «Ich muß den Pharao heute an meine früheren Verfehlungen erinnern. Mein Herr, der Pharao, war unzufrieden mit seinen Dienern, mit mir und dem obersten Bäcker, und ließ uns im Haus des Befehlshabers der Leibwache gefangenhalten. Dort hatten wir eines Nachts beide einen Traum, der uns besonders wichtig erschien. Wir hatten als Diener einen jungen Hebräer, einen Sklaven des Befehlshabers der Leibwache; dem erzählten wir unsere Träume, und er erklärte jedem, was sein Traum bedeutete. Und es ist alles genauso eingetroffen, wie er es vorausgesagt hatte: ich wurde wieder in mein Amt eingesetzt, und der andere wurde aufgehängt.»

Sofort ließ der Pharao Josef zu sich rufen. Man holte ihn schnell aus dem Gefängnis; er ließ sich die Haare schneiden, zog seine guten Kleider an und trat so vor den Pharao. Der sagte zu Josef: «Ich habe etwas geträumt, und niemand kann mir sagen, was es bedeutet. Man hat mir gesagt, daß du jeden Traum auf der Stelle deuten kannst.»

«Nicht ich», erwiderte Josef; «das kann nur Gott. Er wird dem Pharao gewiß Gutes ankündigen.»

Da erzählte der Pharao, wie er im Traum am Nil stand und die sieben schönen, wohlgenährten Kühe aus dem Wasser steigen sah. «Und dann stiegen sieben andere Kühe heraus», fuhr er fort, «ganz elend und bis auf die Knochen abgemagert; ich habe in ganz Ägypten noch nie etwas so Abstoßendes gesehen. Die mageren Kühe fraßen die fetten; aber es half ihnen nichts, sie blieben so dürr und häßlich wie zuvor. Da wachte ich auf.» Weiter erzählte der Pharao seinen Traum von den Ähren: wie die sieben kümmerlichen und vertrockneten die sieben prächtigen und vollen verschlangen. «Ich habe es schon den Wahrsagern erzählt», sagte er, «aber keiner kann mir sagen, was es bedeutet.»

Da sagte Josef: «Gott hat dem Pharao im Traum gezeigt, was geschehen wird. Beide Träume bedeuten dasselbe; es ist eigentlich ein einziger Traum. Die sieben fetten Kühe und die sieben prächtigen Ähren bedeuten sieben fruchtbare Jahre. Die sieben mageren, häßlichen Kühe und die sieben kümmerlichen, vertrockneten Ähren bedeuten ebensoviele Hungerjahre. Ich habe es schon gesagt: Damit will Gott dem Pharao ankündigen, was er in Kürze geschehen läßt. In den nächsten sieben Jahren wird in ganz Ägypten Überfluß herrschen. Aber dann kommen sieben Hungerjahre, da wird der ganze Überfluß vergessen sein. Der Mangel wird nichts von ihm übriglassen, und drückende Hungersnot wird im Land herrschen. Daß der Pharao zweimal das gleiche geträumt hat, bedeutet: Gott ist fest entschlossen, seinen Plan unverzüglich auszuführen. Darum rate ich dem Pharao, einen klugen, einsichtigen Mann zu suchen und ihm Vollmacht über ganz Ägypten zu geben. Der Pharao sollte in den kommenden guten Jahren den fünften Teil der Ernte als Abgabe erheben. Er sollte durch eigens dafür bestellte Beamte das Getreide in den Städten sammeln und aufspeichern lassen. Dann ist ein Vorrat da für die sieben schlechten Jahre, und das Volk wird nicht vor Hunger zugrunde gehen.»

Josef wird der Stellvertreter des Pharao

Der Vorschlag überzeugte den Pharao und seine Berater. «Gott hat diesem Mann seinen Geist gegeben», sagte der Pharao zu ihnen. «Wir finden keinen, der es mit ihm aufnehmen kann.» Zu Josef sagte er: «Gott hat dir dies alles enthüllt. Daran erkenne ich, daß keiner so klug und einsichtig ist wie du. Du sollst mein Stellvertreter sein, und mein ganzes Volk soll dir gehorchen. Nur die Königswürde will ich dir voraushaben. Ich gebe dir die Vollmacht über ganz Ägypten.»

Mit diesen Worten zog er seinen Siegelring vom Finger und steckte ihn Josef an. Dann ließ er ihn in feinstes Leinen kleiden und legte ihm eine goldene Halskette um. Er ließ ihn den Wagen des königlichen Stellvertreters besteigen, und die Läufer, die vor ihm her den Weg bahnten, riefen den Leuten zu: «Abrek! Aus dem Weg!»

So machte der Pharao Josef zum Herrn über Ägypten. «Ich bin und bleibe der Pharao», sagte er zu ihm; «aber ohne deine Erlaubnis darf niemand in ganz Ägypten auch nur die Hand oder den Fuß bewegen.» Er gab Josef den Namen Zafenat-Paneach und verheiratete ihn mit Asenat, der Tochter des Priesters Potifera von On. So wurde Josef Herr über ganz Ägypten. Er war damals, als der Pharao ihm dieses Amt übertrug, dreißig Jahre alt.

Josef bereiste sofort das ganze Land. Es begannen jetzt die sieben fruchtbaren Jahre, in denen die Felder reiche Erträge brachten. Josef ließ während dieser Jahre alles Getreide, das geerntet wurde, in die Städte bringen, und zwar in jede Stadt den Ertrag der in ihrer Umgebung liegenden Felder. In den Speichern häufte sich das Getreide wie der Sand am Meer. Josef mußte schließlich darauf verzichten, es abmessen zu lassen, weil man nicht mehr damit nachkam.

Im letzten Jahr vor der Hungersnot gebar Asenat dem Josef zwei Söhne. «Gott hat mich alle Not und sogar das Heimweh vergessen lassen», sagte er und nannte den Erstgeborenen Manasse. Den zweiten nannte er Efraim, denn er sagte: «Gott hat mir in der Fremde Kinder geschenkt.» (1.Mose 41)

Josefs Brüder reisen nach Ägypten

Als die sieben reichen Jahre vorüber waren, brachen die Hungerjahre an, genau wie Josef es vorausgesagt hatte. In allen Ländern herrschte Hungersnot.

Auch in Ägypten hungerten die Menschen und verlangten vom Pharao Brot. Da ließ er im ganzen Land verkünden: «Wenn ihr Brot wollt, dann wendet euch an Josef und tut, was er euch sagt.»

Die Hungersnot wurde immer drückender. Josef ließ die Kornspeicher öffnen, so daß die Ägypter Getreide kaufen konnten. Aber auch aus den anderen Ländern kam man zu Josef nach Ägypten; denn überall herrschte schwere Hungersnot.

Als Jakob erfuhr, daß es in Ägypten Getreide gab, sagte er zu seinen Söhnen: «Was steht ihr untätig herum? Ich habe gehört, daß man in Ägypten Getreide bekommen kann. Reist hin und kauft uns welches, sonst werden wir noch verhungern!»

Da reisten alle Brüder Josefs nach Ägypten, nur Benjamin, der andere Sohn Rahels, blieb zu Hause. Aus Angst, daß auch ihm etwas zustoßen könnte, hielt sein Vater ihn zurück.

Weil im Land Kanaan Hungersnot herrschte, zogen viele den gleichen Weg. Mit ihnen kamen die Söhne Jakobs nach Ägypten. Josef hatte die Macht im Land; bei ihm mußten alle vorsprechen, die Getreide kaufen wollten. Als nun seine Brüder hereinkamen und sich vor ihm zu Boden warfen, erkannte er sie sofort. Er ließ sich aber nichts anmerken und behandelte sie wie Fremde.

«Woher kommt ihr?» fragte er sie streng.

«Wir kommen aus dem Land Kanaan», sagten sie, «wir möchten Getreide kaufen.»

Die Brüder erkannten ihn nicht. Als Josef sie sah, fiel ihm ein, was er einst von ihnen geträumt hatte. Er fuhr sie an: «Spione seid ihr! Ihr wollt nur erkunden, wo das Land ungeschützt ist.»

«Nein, nein Herr», riefen sie. «Wir sind nur hierher gekommen, um Getreide zu kaufen. Wir sind Brüder, lauter ehrliche Leute, wir sind keine Spione!»

Aber Josef blieb hart: «Das ist nicht wahr», sagte er; «ihr wollt erkunden, wo das Land ungeschützt ist.»

Sie verteidigten sich: «Wir sind deine ergebenen Diener. Wir sind alle Brüder, unser Vater lebt im Land Kanaan. Eigentlich sind wir zwölf, aber der Jüngste blieb bei unserem Vater, und einer ist tot.»

Aber Josef sagte: «Ich bleibe dabei: Ihr seid Spione!

Wenn ihr mir das Gegenteil beweisen wollt, muß euer jüngster Bruder hierher; sonst kommt ihr nie mehr nach Hause. Das schwöre ich beim Pharao! Einer von euch soll euren Bruder holen; ihr anderen bleibt solange gefangen. Dann wird man sehen, ob ihr die Wahrheit gesagt habt. Aber beim Pharao: Ihr seid ja doch Spione!»

Josef ließ sie ins Gefängnis bringen. Am dritten Tag sagte er zu ihnen: «Ich verehre Gott. Ich will nicht, daß eure Familien verhungern. Wenn ihr wirklich ehrliche Leute seid, so laßt mir einen von euch als Geisel im Gefängnis zurück, während ihr anderen euren hungernden Familien Getreide bringt. Wenn ihr mir dann euren jüngsten Bruder herschafft, will ich euch glauben und euch das Leben schenken.»

Die Brüder waren damit einverstanden. Sie sagten zueinander: «Das ist die Strafe für das, was wir unserem Bruder Josef angetan haben. Seine Todesangst ließ uns ungerührt. Er flehte uns um Erbarmen an, aber wir hörten nicht darauf. Dafür müssen wir nun selbst solche Angst ausstehen.» Ruben erinnerte die anderen: «Ihr wolltet ja nicht hören, als ich zu euch sagte: ‹Vergreift euch nicht an dem Jungen!› Jetzt werden wir dafür bestraft, daß wir ihn umkommen ließen.»

Sie ahnten nicht, daß Josef alles verstand, denn er sprach mit ihnen durch einen Dolmetscher. Josef kamen die Tränen, und er mußte sich abwenden. Als er wieder sprechen konnte, ließ er Simeon festnehmen und vor ihren Augen fesseln. Dann befahl er seinen Leuten, die Säcke der Brüder mit Getreide zu füllen, aber jedem das Geld, mit dem er bezahlt hatte, wieder oben in den Sack zu legen. Er ließ ihnen auch Verpflegung für die Reise mitgeben. Als das geschehen war, luden die Brüder ihre Säcke auf die Esel und machten sich auf den Heimweg.

Am Abend öffnete einer von ihnen in der Herberge seinen Sack, um seinen Esel zu füttern. Da sah er obenauf sein Geld liegen. «Der Ägypter hat mir mein Geld

zurückgegeben!» berichtete er seinen Brüdern. «Hier
liegt es in meinem Sack!» Da erschraken sie. Ganz nieder-
geschlagen sahen sie einander an und sagten: «Warum hat
Gott uns das angetan?»

Als sie zu ihrem Vater Jakob nach Kanaan kamen, berichteten sie ihm alles, was sie erlebt hatten. «Der Mann,
der die Macht in Ägypten hat, empfing uns sehr un-
gnädig», erzählten sie. «Wir seien Spione, sagte er. Wir
wehrten uns: Wir seien ehrliche Leute, zwölf Brüder,
von denen einer tot und der Jüngste bei unserem Vater
im Land Kanaan geblieben sei. Da verlangte er, daß wir
zum Beweis unseren jüngsten Bruder mitbringen sollten.
Simeon hat er als Geisel behalten. Aber Getreide gab er
uns mit und ließ uns unbehelligt abziehen.»

Als sie die Säcke leeren wollten, fand jeder seinen
Geldbeutel oben im Sack. Jakob stand dabei, und alle erschraken. Jakob sagte: «Ihr raubt mir meine Kinder!
Josef ist weg, Simeon ist weg, und jetzt wollt ihr mir
auch noch Benjamin nehmen. Nichts bleibt mir erspart!»

Da sagte Ruben zu seinem Vater: «Wenn ich Benjamin
nicht gesund zurückbringe, darfst du meine beiden Söhne
töten. Vertraue ihn mir an! Ich bringe ihn dir bestimmt
wieder.» Aber Jakob ließ sich nicht umstimmen.

«Ich lasse Benjamin nicht mit euch gehen», beharrte er.
«Sein Bruder Josef ist tot, er ist der letzte von den Söhnen
Rahels. Ich bin ein alter Mann; wenn ihm unterwegs
etwas zustößt, würde ich es nicht überleben. Das hättet
dann ihr auf dem Gewissen.» (1.Mose 41 und 42)

Josefs Brüder reisen zum zweitenmal nach Ägypten

Nach einiger Zeit war der Vorrat, den Josefs Brüder aus
Ägypten mitgebracht hatten, aufgezehrt; aber die Hungersnot hielt weiter an. Da sagte Jakob zu seinen Söhnen:
«Geht wieder nach Ägypten und kauft uns neues Getreide!»

Aber Juda gab zu bedenken: «Der Ägypter hat ausdrücklich erklärt: ‹Ihr dürft nicht ohne euren Bruder zurückkommen.› Deshalb gehen wir nur, wenn du uns Benjamin mitgibst, sonst bleiben wir hier. Ohne ihn dürfen wir uns nicht vor dem Mann sehen lassen.»

«Warum habt ihr ihm auch verraten, daß ihr noch einen Bruder habt», klagte Jakob.

Sie verteidigten sich: «Er hat sich so genau nach uns und nach unserer Familie erkundigt. ‹Lebt euer Vater noch?› wollte er wissen. ‹Habt ihr noch einen Bruder?› Da haben wir ihm wahrheitsgemäß Auskunft gegeben. Wir konnten doch nicht wissen, daß er verlangen würde: ‹Bringt euren Bruder her!›»

Juda schlug seinem Vater vor: «Vertrau den Jungen mir an, damit wir gehen können und nicht alle vor Hunger umkommen! Ich verbürge mich dafür, daß du ihn wiederbekommst. Die ganze Schuld soll mich treffen, wenn ich ihn dir nicht hierher zurückbringe. Wir wären schon zweimal wieder da, wenn wir nicht so lange gezögert hätten!»

Ihr Vater erwiderte: «Wenn es unbedingt sein muß, dann nehmt ihn mit. Bringt aber dem Ägypter als Geschenk etwas von den Schätzen unseres Landes: Honig, Pistaziennüsse, Mandeln und dazu die kostbaren Harze Mastix, Tragakant und Ladanum. Nehmt auch doppelt Geld mit, damit ihr das, was ihr in euren Säcken wiedergebracht habt, zurückgeben könnt; vielleicht war es ein Versehen. Und dann nehmt euren Bruder Benjamin und macht euch auf den Weg. Ich bete zu Gott, der alle Macht hat, daß der Ägypter Erbarmen mit euch hat und Simeon und Benjamin wieder mit euch heimkehren läßt. Ach, ich verliere ja doch noch alle meine Kinder!»

Die Brüder nahmen das Geld und die Geschenke und reisten mit Benjamin zu Josef nach Ägypten. Als Josef sah, daß sie Benjamin mitgebracht hatten, sagte er zu seinem Hausverwalter: «Führe diese Männer in meinen

Palast! Sie sind heute mittag meine Gäste. Schlachte ein Kalb für sie und bereite es zu!»

Als der Verwalter die Brüder in den Palast führen wollte, bekamen sie Angst und sagten zueinander: «Das ist wegen des Geldes, das wieder in unsere Säcke geraten ist! Die Ägypter werden über uns herfallen, unsere Esel wegnehmen und uns zu Sklaven machen.» Noch vor dem Tor sprachen sie den Hausverwalter an: «Auf ein Wort, Herr! Wir waren früher schon einmal hier, um Getreide zu kaufen. Als wir auf der Heimreise in der Herberge unsere Säcke aufmachten, fanden wir obenauf das ganze Geld liegen, das wir bezahlt hatten. Wir wissen nicht, wie es dorthin kam. Wir haben alles wieder mitgebracht, und dazu neues Geld für das Getreide, das wir jetzt kaufen wollen.»

«Beruhigt euch», erwiderte der Verwalter, «und macht euch keine Gedanken darüber. Euer Gott, der Gott eures Vaters, hat es euch heimlich in eure Säcke gelegt. Ich habe euer Geld erhalten.» Dann brachte er Simeon zu ihnen heraus. Sie erfuhren jetzt auch, daß sie zu Mittag Josefs Gäste sein sollten.

Nachdem sie in den Palast eingetreten waren, ließ der Verwalter ihnen Wasser bringen, damit sie ihre Füße waschen konnten. Ihren Eseln ließ er Futter geben. Während die Brüder auf Josef warteten, legten sie ihre Geschenke zurecht.

Als nun Josef nach Hause kam und sie rufen ließ, brachten sie ihm die Geschenke und warfen sich vor ihm nieder. Josef fragte nach ihrem Ergehen. «Und wie geht es eurem alten Vater, von dem ihr mir erzählt habt?» wollte er wissen. «Lebt er noch?»

Sie antworteten: «Unserem Vater, deinem ergebenen Diener, geht es gut; er ist noch am Leben.» Noch einmal verneigten sie sich und warfen sich vor Josef nieder.

Da erblickte er Benjamin, seinen leiblichen Bruder. «Das ist also euer jüngster Bruder, von dem ihr mir erzählt habt», sagte er, und zu Benjamin: «Gott segne dich, mein Sohn!»

Mehr brachte er nicht heraus. Er war den Tränen nahe, so bewegte ihn das Wiedersehen mit seinem Bruder. Rasch ging er in sein Privatzimmer, um sich auszuweinen. Dann wusch er sich das Gesicht und kam zurück. Er nahm sich zusammen und befahl seinen Dienern: «Tragt das Essen auf!»

Josef aß allein an einem Tisch, die Brüder an einem anderen, und an einem dritten die Ägypter, die Josef eingeladen hatte. Die Ägypter essen nicht an einem Tisch mit den Hebräern, weil sie glauben, daß sie dadurch unrein werden. Die Brüder saßen Josef gegenüber. Man hatte ihnen die Plätze genau nach ihrem Alter angewiesen. Als sie es bemerkten, sahen sie einander verwundert an. Josef ließ ihnen von den Gerichten servieren, die auf seinem eigenen Tisch aufgetragen waren. Benjamin erhielt fünfmal soviel wie die anderen Brüder. Josef trank mit ihnen Wein, bis sie fröhlich und ausgelassen wurden. (1.Mose 43)

Josef stellt seine Brüder auf die Probe

Als die Brüder in ihr Quartier gegangen waren, befahl Josef seinem Hausverwalter: «Fülle ihre Säcke mit Getreide! Gib ihnen so viel, wie sie gerade noch tragen können. Das Geld kommt wieder obendrauf. Und in den Sack des Jüngsten legst du dazu meinen Becher, du weißt, den silbernen!»

Der Verwalter machte es so, wie Josef befohlen hatte. Früh am Morgen durften die Brüder mit ihren Eseln abreisen. Sie waren noch nicht weit von der Stadt entfernt, da befahl Josef seinem Hausverwalter: «Los, jag ihnen nach und halte sie an!» Und er gab ihm genaue Anweisungen, was er sagen sollte.

Als der Verwalter sie eingeholt hatte, stellte er sie zur

Rede: «Warum habt ihr Gutes mit Bösem vergolten? Ihr habt den Becher mitgenommen, aus dem mein Herr trinkt und aus dem er die Zukunft voraussagt! Da habt ihr ein ganz schlimmes Unrecht begangen!»

«Wie kannst du uns das zutrauen? So etwas fiele uns nicht einmal im Traum ein! Das Geld, das wir in unseren Säcken fanden, haben wir aus dem Land Kanaan wieder mitgebracht – wie kämen wir darauf, aus dem Haus deines Herrn Silber oder Gold zu stehlen? Wenn sich der Becher bei einem von uns findet, dann soll der sterben, und wir anderen wollen deine Sklaven sein.»

«Gut», sagte der Verwalter, «wir wollen sehen. Der, bei dem ich den Becher finde, wird mein Sklave; ihr anderen könnt unbehelligt weiterreisen.»

So schnell sie konnten, luden sie ihre Säcke ab und öffneten sie. Der Verwalter ging der Reihe nach vom Ältesten bis zum Jüngsten; und er fand den Becher im Sack Benjamins.

Die anderen Brüder zerrissen entsetzt ihre Kleider, beluden ihre Esel und kehrten mit Benjamin in die Stadt zurück. So kamen sie zu Josef, der in seinem Palast wartete, und warfen sich, Juda voran, vor ihm zu Boden.

«Was habt ihr euch eigentlich gedacht?» sagte Josef zu ihnen. «Ihr mußtet doch wissen, daß einem Mann von meinen Fähigkeiten so etwas nicht verborgen bleiben kann?»

«Was sollen wir sagen, Herr?» ergriff Juda das Wort. «Gott hat unsere Schuld ans Licht gebracht; wir können sie nicht ableugnen. Wir alle sind jetzt deine Sklaven, genau wie der, bei dem sich der Becher gefunden hat.»

Aber Josef sagte: «So ungerecht werde ich nicht handeln! Der, bei dem der Becher gefunden wurde, soll mein Sklave sein; ihr anderen könnt ruhig zu eurem Vater heimkehren.»

Da trat Juda vor und sagte: «Erlaube, mein Herr, daß ich untertänigst das Wort an dich richte. Du stehst ja dem

Pharao gleich, zürne mir trotzdem nicht, wenn ich dir alles offen erkläre. Du hast uns das letzte Mal nach Vater und Bruder gefragt, und wir haben pflichtgemäß geantwortet: ‹Wir haben zu Hause noch einen alten Vater und einen Bruder, der ihm im Alter geboren wurde. Seine Mutter war die Lieblingsfrau unseres Vaters, und der Junge ist der letzte von ihren beiden Söhnen; der ältere ist tot, darum hängt der Vater so an seinem Jüngsten.› Da befahlst du uns, ihn herzubringen; aber wir gaben untertänigst zu bedenken: ‹Es wäre der Tod für unseren Vater, wenn er den Jungen hergeben müßte. Er muß bei seinem Vater bleiben.› Doch du bestandest darauf: ‹Ohne ihn dürft ihr mir nicht wieder unter die Augen kommen!› Als wir nach Hause kamen, berichteten wir das alles unserem Vater. Und als er uns dann wieder zum Getreidekauf hierherschicken wollte, wandten wir ein: ‹So können wir unmöglich reisen. Benjamin muß mit. Sonst dürfen wir uns vor dem Ägypter nicht mehr sehen lassen.› Da sagte unser Vater, dein ergebener Diener: ‹Ihr wißt doch, daß meine Lieblingsfrau mir nur zwei Söhne geboren hat. Der eine ist fort, ein Raubtier muß ihn zerrissen haben; bis heute habe ich ihn nicht wiedergesehen. Nun wollt ihr mir auch noch den zweiten wegnehmen. Ich bin ein alter Mann. Wenn ihm unterwegs etwas zustößt – den Verlust würde ich nicht überleben!› So sprach dein ergebener Diener, unser Vater. Wenn wir nun zu ihm zurückkommen und er sieht, daß der Junge, an dem er so hängt, nicht bei uns ist, wird er auf der Stelle tot umfallen. Dann haben wir es auf dem Gewissen, wenn der Kummer unseren Vater unter die Erde bringt. Außerdem habe ich mich dafür verbürgt, daß ich den Jungen wieder zurückbringe, und habe die ganze Schuld auf mich genommen. Erlaube mir also, Herr, daß ich anstelle meines Bruders hierbleibe und dein Sklave werde, und laß ihn mit den anderen heimkehren. Ich kann nicht ohne den Jungen heimkommen. Ich bringe es nicht

fertig, meinem Vater ein so schweres Leid anzutun.»
(1.Mose 44)

Josef gibt sich seinen Brüdern zu erkennen

Da konnte Josef nicht länger an sich halten. Er wies alle
Ägypter aus dem Raum. Kein Fremder sollte dabeisein,
wenn er sich seinen Brüdern zu erkennen gab. Als er mit
ihnen allein war, brach er in Tränen aus. Er weinte so
laut, daß die Ägypter es hörten, und bald wußte der
ganze Hof des Pharao davon. «Ich bin Josef!» sagte er zu
seinen Brüdern. «Lebt mein Vater noch?»

Aber sie brachten kein Wort heraus, fassungslos standen sie da.

Er rief sie näher zu sich und wiederholte: «Ich bin euer
Bruder Josef, den ihr nach Ägypten verkauft habt. Er-
schreckt nicht und macht euch keine Vorwürfe deswegen.
Gott hat mich hierher nach Ägypten gebracht, um euer
Leben zu retten. Zwei Jahre herrscht nun schon Hungersnot, und es kommen noch fünf Jahre, in denen man die
Felder nicht bestellen und keine Ernte einbringen kann.
Deshalb hat Gott mich vorausgeschickt. Es ist sein Plan,
euch hier in diesem Land das Leben zu erhalten, damit
eure Nachkommen einst eine große Befreiung erleben.
Nicht ihr habt mich hierhergebracht, sondern Gott. Er
hat es so eingerichtet, daß ich die rechte Hand des Pharao
geworden bin und sein ganzer Hof und ganz Ägypten
mir anvertraut ist. Macht euch schnell auf den Weg und
bringt meinem Vater die Botschaft: ‹Dein Sohn Josef läßt
dir sagen: Gott hat mich zum Herrn über ganz Ägypten
gemacht. Komm hierher zu mir, besinn dich nicht lange!
Bring deine Kinder und Enkel mit, deinen Besitz und all
dein Vieh, Schafe, Ziegen und Rinder. Du kannst in der
Provinz Goschen wohnen, ganz in meiner Nähe. Die
Hungersnot dauert noch fünf Jahre. Ich werde für euch
sorgen, damit ihr keine Not leidet.› Ihr seht doch mit

eigenen Augen», fuhr Josef fort, «daß ich es bin, der mit euch redet. Du erkennst mich doch, mein Bruder Benjamin! Ihr müßt meinem Vater alles erzählen, was ihr hier gesehen habt. Sagt ihm, was für eine Stellung ich hier in Ägypten habe. Bringt ihn hierher, so schnell es geht!»

Dann umarmte Josef seinen Bruder Benjamin, und beide weinten dabei vor Freude. Danach küßte er unter Tränen auch die anderen. Erst jetzt kam den Brüdern die Sprache wieder, und sie redeten mit Josef.

Als am Hof des Pharao bekannt wurde, daß Josefs Brüder gekommen waren, freuten sich der Pharao und seine Minister. Der Pharao ließ Josef rufen und gab ihm die Anweisung: «Sag deinen Brüdern, sie sollen ihre Tiere beladen, ins Land Kanaan reisen und ihren Vater und ihre Familien mitbringen. Sie dürfen im fruchtbarsten Gebiet Ägyptens wohnen und bekommen das Beste zu essen, was in Ägypten wächst. Gib ihnen auch Wagen mit für ihre Frauen und die kleinen Kinder und besonders für euren Vater, damit sie bequem hierherreisen können. Sie sollen ihren Hausrat ruhig zurücklassen. Sie werden dafür hier das Beste bekommen, was Ägypten zu bieten hat.»

Die Brüder folgten der Weisung des Pharao. Josef gab ihnen Wagen und Verpflegung für die Reise mit. Er schenkte jedem ein Festgewand, Benjamin aber bekam fünf Festgewänder und noch 300 Silberstücke dazu. Seinem Vater schickte er zehn Lastesel mit den kostbarsten Erzeugnissen Ägyptens und zehn Eselinnen mit Getreide, Brot und anderen Lebensmitteln für die Reise. Dann verabschiedete Josef seine Brüder, und sie machten sich auf den Weg. «Streitet euch nicht unterwegs», rief er ihnen noch nach.

Die Brüder kamen zu ihrem Vater Jakob und berichteten ihm: «Josef lebt! Er ist Herr über ganz Ägypten!»

Aber ihr Vater saß starr und ohne jede Bewegung; er glaubte ihnen nicht.

Sie erzählten ausführlich, wie es ihnen ergangen war und was Josef ihnen aufgetragen hatte, und zeigten ihm die Wagen, die er für ihn mitgeschickt hatte. Da endlich kam Leben in Jakob. «Kein Wort mehr!» rief er. «Josef lebt noch? Ich muß hin und ihn sehen, ehe ich sterbe!» (1.Mose 45)

Jakob und seine Söhne kommen nach Ägypten

Jakob machte sich auf den Weg; seinen ganzen Besitz nahm er mit. Als er nach Beerscheba kam, brachte er dem Gott seines Vaters Isaak Opfer dar. In der Nacht hörte er die Stimme Gottes: «Jakob! Jakob!»

«Ja?» antwortete er.

Da sagte Gott zu ihm: «Ich bin der Gott deines Vaters. Zieh unbesorgt nach Ägypten. Ich will deine Nachkommen dort zu einem großen Volk machen. Ich werde mit dir gehen und dich auch wieder zurückbringen, und wenn du stirbst, wird Josef dir die Augen zudrücken.»

Von Beerscheba aus ging die Reise weiter. Die Söhne Jakobs setzten ihren Vater, ihre Frauen und kleinen Kinder in die Wagen, die der Pharao zu diesem Zweck geschickt hatte. Mit ihren Herden und ihrem ganzen Besitz, den sie im Land Kanaan erworben hatten, kamen sie nach Ägypten, Jakob und seine ganze Familie, seine Söhne und Töchter, Enkel und Enkelinnen.

Josef ging zum Pharao und berichtete ihm: «Mein Vater und meine Brüder sind aus dem Land Kanaan hierhergekommen. Ihre Herden und ihren ganzen Besitz haben sie mitgebracht. Sie sind in der Provinz Goschen.»

Josef hatte fünf von seinen Brüdern mitgebracht und stellte sie dem Pharao vor. «Was ist euer Beruf?» fragte der Pharao, und sie antworteten: «Wir sind Schafhirten, großer König, wie es schon unsere Vorfahren waren. Wir möchten gerne eine Zeitlang in Ägypten leben, weil unsere Herden im Land Kanaan keine Weide mehr finden; es wächst dort vor Trockenheit kein Grashalm mehr. Erlaube uns, mächtiger Herr, daß wir uns in der Provinz Goschen aufhalten.»

Der Pharao sagte zu Josef: «Dein Vater und deine Brüder sind also angekommen! Du kannst über das ganze Land verfügen, aber am besten haben sie es in der Provinz Goschen; laß sie dort wohnen. Und wenn unter deinen Brüdern tüchtige Leute sind, so bestelle sie zu Aufsehern über die Hirten, die für meine eigenen Herden verantwortlich sind.»

Josef brachte auch seinen Vater zum Pharao und stellte ihn vor. Jakob begrüßte den Herrscher mit einem Segenswunsch. Der Pharao fragte ihn nach seinem Alter, und Jakob erwiderte: «Hundertunddreißig Jahre lebe ich jetzt als Fremder auf dieser Erde. Mein Leben ist kurz und leidvoll im Vergleich zu dem meiner Vorfahren, die heimatlos wie ich auf dieser Erde lebten.» Jakob verabschiedete sich vom Pharao mit einem Segenswunsch.

Wie der Pharao befohlen hatte, ließ Josef seinen Vater und seine Brüder in der Gegend von Ramses, im besten Teil des Landes, wohnen und gab ihnen dort Grundbesitz. Er sorgte auch dafür, daß seine Angehörigen Brot zugeteilt bekamen, jede Familie nach ihrer Kopfzahl. (1.Mose 46 und 47)

Jakobs Ende

Als Jakob sein Ende nahen fühlte, ließ er Josef rufen und sagte zu ihm: «Wenn du mich liebst, dann tu mir den Gefallen und begrabe mich nicht in Ägypten. Versprich es mir! Wenn ich gestorben bin, sollst du mich in das Land Kanaan bringen und im Grab meiner Väter beisetzen.»

Josef sagte: «Ich werde genau nach deinem Wunsch handeln.»

«Das mußt du mir schwören», verlangte Jakob, und

Josef tat es. Dann kniete Jakob auf seinem Lager nieder und beugte sich über das Kopfende seines Lagers.

Jakob ruft auch die übrigen Söhne zusammen und sagt jedem ein Segenswort. Von besonderem Gewicht ist das Wort an Juda; denn aus seinem Stamm wird einst König David kommen und der «Sohn Davids»: Christus.

«Juda, alle deine Brüder werden dir zujubeln!
Du wirst deine Feinde in den Staub treten,
und auch deine Brüder werden sich vor dir
    niederwerfen.
Deine Feinde wirst du in die Flucht schlagen;
sie werden dir nicht entrinnen.
Du bist wie ein junger Löwe,
der sein Opfer erbeutet hat.
Wie ein Löwe hast du dich gelagert;
wer wagt es, dich aufzureizen?
Immer wird einer deiner Nachkommen König sein,
bis der wahre König kommt, den Gott bestimmt hat;
alle Völker werden sich ihm unterwerfen.
Weinberge wirst du in Hülle und Fülle haben,
so daß du deinen Esel achtlos an Weinstöcken
    festbinden
und deine Kleider in Wein waschen kannst.
Der Wein wird deine Augen strahlend machen
und die Milch deine Zähne weiß.»

So nahm Jakob Abschied von seinen Söhnen und gab jedem sein besonderes Segenswort mit. Als letzten Willen fügte er noch hinzu: «Begrabt mich im Land Kanaan, dort wo meine Vorfahren begraben sind: in der Höhe beim Hain Mamre, auf dem Grundstück Machpela, das Abraham von dem Hetiter Efron als Familiengrab erworben hat! Meine Eltern und meine Großeltern liegen dort begraben, und auch Lea habe ich dort beigesetzt».

Jakob hatte die ganze Zeit auf dem Rand seines Lagers

gesessen. Jetzt legte er sich wieder hin. Kurz danach starb er.

Josef warf sich über seinen Vater, küßte ihn und weinte. Dann befahl er den Ärzten, die in seinem Dienst standen, Jakob einzubalsamieren. Wie üblich brauchten sie dazu vierzig Tage. Noch dreißig weitere Tage trauerte ganz Ägypten um Josefs Vater. Danach wandte sich Josef an den Hofmarschall des Pharao und bat ihn, dem Pharao auszurichten: «Ich mußte meinem Vater schwören, ihn im Land Kanaan beizusetzen, in dem Grab, das er für sich selbst vorbereitet hat. Deshalb möchte ich nun hinreisen und ihn begraben; dann werde ich wieder zurückkommen.» Der Pharao ließ ihm antworten: «Tu, wie du deinem Vater geschworen hast!»

Josef machte sich auf den Weg, und die hohen Beamten des Pharao und alle führenden Männer Ägyptens begleiteten ihn. Auch alle Angehörigen kamen mit, die Familie Josefs und seine Brüder mit ihren Familien, nur die kleinen Kinder und das Vieh ließ man in der Provinz Goschen zurück. Eine Abteilung Elitetruppen mit pferdebespannten Kampfwagen gab dem Toten das Geleit, so daß es ein stattlicher Trauerzug wurde.

Nachdem Josef seinen Vater begraben hatte, kehrte er mit seinen Brüdern und allen, die ihn begleitet hatten, nach Ägypten zurück. (1.Mose 47; 49; 50)

Gott hat alles zum Guten gewendet

Da nun ihr Vater tot war, gerieten die Brüder Josefs in Sorge. «Wenn nur Josef uns nichts mehr nachträgt!» sagten sie zueinander. «Sonst wird er uns jetzt heimzahlen, was wir ihm einst angetan haben.» Sie ließen Josef ausrichten: «Dein Vater hat uns vor seinem Tod die Anweisung gegeben: ‹Bittet Josef, daß er euch verzeiht und euch nicht nachträgt, was ihr ihm angetan habt.› Deshalb bitten wir dich: Verzeih uns unser Unrecht! Wir bitten

dich bei dem Gott deines Vaters, dem auch wir dienen!»
Als Josef das hörte, mußte er weinen.

Danach gingen die Brüder selbst zu Josef, warfen sich vor ihm zu Boden und sagten: «Wir wollen deine Sklaven sein!»

Aber Josef erwiderte: «Habt keine Angst! Ich werde doch nicht Gottes eigenes Urteil umstoßen! Es stimmt, daß ihr mir Böses antun wolltet, aber Gott hat es zum Guten gewendet; denn er wollte auf diese Weise vielen Menschen das Leben retten. Das war sein Plan, und so ist es geschehen. Habt also keine Angst! Ich werde für euch und eure Kinder sorgen.» So beruhigte Josef seine Brüder und gab ihnen wieder Mut.

Josef blieb mit allen Nachkommen seines Vaters in Ägypten. Er wurde hundertundzehn Jahre alt und sah noch die Enkel seines Sohnes Efraim; er erlebte es auch noch, wie seinem Enkel Machir, dem Sohn Manasses, Söhne geboren wurden, und adoptierte sie. Als Josef sein Ende kommen fühlte, sagte er zu seinen Brüdern: «Gott wird euch nicht vergessen. Er wird euch wieder in das Land zurückbringen, das er Abraham, Isaak und Jakob mit einem Eid zugesagt hat. Wenn das geschehen wird, nehmt auch meine sterblichen Überreste von hier mit.» Die Brüder mußten es Josef schwören. Dann starb er. Sein Leichnam wurde einbalsamiert und in Ägypten in einen Sarg gelegt. (1.Mose 50)

Die Nachkommen Josefs werden in Ägypten unterdrückt

Josef und seine Brüder waren gestorben; von ihrer ganzen Generation lebte niemand mehr. Aber sie und ihre Nachkommen, die Israeliten, hatten viele Kinder. Sie vermehrten sich sehr und wurden so zahlreich, daß sie das ganze Land bevölkerten.

Ein neuer Herrscher kam in Ägypten an die Macht, der von Josef nichts mehr wußte. Er sagte zu seinen Leuten: «Die Israeliten sind so zahlreich und stark, daß sie uns gefährlich werden. Wir müssen achtgeben und etwas unternehmen, damit sie nicht noch stärker werden. Sonst könnten sie sich im Fall eines Krieges mit unseren Feinden verbünden, gegen uns kämpfen und das Land an sich reißen.» Die Ägypter setzten deshalb Aufseher ein, die die Israeliten mit Zwangsarbeit beständig unter Druck halten sollten. Sie mußten für den Pharao die Vorratsstätte Pitom und Ramses bauen. Je mehr man aber die Israeliten unterdrückte, um so zahlreicher wurden sie und um so mehr breiteten sie sich aus. Die Ägypter bekamen Angst vor ihnen. Darum ließen sie die Israeliten wie Sklaven für sich arbeiten, mißhandelten sie und machten ihnen das Leben zur Hölle. Sie zwangen sie, auf ihren Bauplätzen und Feldern zu arbeiten.

Doch nicht genug damit: Der König von Ägypten befahl den beiden hebräischen Hebammen Schifra und Pua: «Wenn ihr den hebräischen Frauen Geburtshilfe leistet, dann achtet auf das Geschlecht der Neugeborenen. Ist es ein Junge, so sorgt dafür, daß er bei der Geburt stirbt. Ist es ein Mädchen, kann es am Leben bleiben.» Die Hebammen aber gehorchten Gott und nicht dem König. Sie ließen auch die Jungen am Leben.

Da ließ der König die Hebammen kommen und fragte sie: «Warum widersetzt ihr euch meinem Befehl und laßt die Jungen am Leben?»

Sie antworteten dem Pharao: «Die israelitischen Frauen sind anders als die ägyptischen. Sie bringen ihre Kinder leichter zur Welt. Wenn die Hebamme zu ihnen kommt, haben sie schon geboren.» Weil die Hebammen Gott gehorchten, war er gut zu ihnen und gab ihnen Nachkommen. Die Israeliten vermehrten sich weiter und wurden immer stärker. Da gab der Pharao seinem ganzen Volk den Befehl: «Werft jeden Jungen, der den Hebräern geboren wird, in den Nil. Nur die Mädchen dürfen am Leben bleiben.» (2. Mose 1)

Mose wird geboren

Ein Mann aus dem Stamm Levi heiratete eine Frau aus demselben Stamm. Die Frau wurde schwanger und brachte einen Sohn zur Welt. Als sie sah, daß es ein schönes Kind war, versteckte sie es drei Monate lang. Länger konnte sie es nicht verborgen halten. Darum besorgte sie ein Kästchen aus Binsen, machte es mit Pech wasserdicht und legte das Kind hinein. Dann setzte sie das Kästchen ins Schilf am Ufer des Nils. Die Schwester des Kindes blieb in der Nähe, um zu sehen, was mit ihm geschehen würde.

Da kam die Tochter des Pharao und wollte im Nil baden. Ihre Dienerinnen sollten inzwischen am Ufer auf und ab gehen. Auf einmal sah sie das Kästchen im Schilf. Sie schickte eine der Dienerinnen hin und ließ es holen. Als sie es öffnete, sah sie das weinende Kind. Sie bekam Mitleid mit ihm und sagte: «Das ist einer von den Hebräerjungen!»

Da sprach seine Schwester sie an: «Soll ich dir eine hebräische Frau rufen, die das Kind für dich stillen kann?»

«Ja, tu das», antwortete sie.

Das Mädchen ging und holte die Mutter des Kindes. Die Tochter des Pharao sagte zu ihr: «Nimm dieses Kind an dich und stille es für mich. Ich werde dich dafür bezahlen.» So kam es, daß die Frau ihr eigenes Kind mit nach Hause nehmen und stillen konnte. Als der Junge groß genug war, brachte sie ihn wieder zur Tochter des Pharao, die ihn als ihren Sohn adoptierte. Die Tochter des Pharao sagte: «Ich habe ihn aus dem Wasser gezogen.» Darum nannte sie ihn Mose. (2. Mose 2)

Mose muß fliehen

Als Mose erwachsen war, ging er einmal zu seinen Landsleuten hinaus und sah, wie schwer sie arbeiten mußten. Er kam dazu, wie ein Ägypter einen Hebräer totschlug. Mose schaute sich nach allen Seiten um, und als er sah, daß niemand in der Nähe war, erschlug er den Ägypter und verscharrte ihn im Sand.

Am nächsten Tag ging er wieder hinaus. Da sah er zwei Hebräer, die miteinander stritten. Er sagte zu dem, der im Unrecht war: «Warum schlägst du deinen eigenen Landsmann?» Der aber antwortete: «Wer hat dich zu unserem Schiedsmann und Richter ernannt? Willst du mich etwa auch umbringen wie den Ägypter?»

Da bekam Mose Angst, denn er dachte: «Es ist also doch bekannt geworden!» Als der Pharao von dem Vorfall erfuhr, ließ er Mose suchen, um ihn zu töten.

Mose floh in das Land Midian und blieb dort. Eines Tages ruhte er sich an einem Brunnen aus. Da kamen die sieben Töchter des Priesters von Midian. Sie wollten die Schafe und Ziegen ihres Vaters tränken und schöpften für sie die Wassertröge voll. Aber ein paar Hirten kamen und drängten die Mädchen beiseite. Da kam Mose ihnen zu Hilfe und tränkte ihre Tiere.

Als die Mädchen zu ihrem Vater Jitro zurückkamen, fragte er: «Warum seid ihr heute schon so früh wieder da?»

Sie antworteten: «Ein Ägypter hat uns vor den Hirten in Schutz genommen, er hat sogar das Wasser geschöpft und die Tiere getränkt.»

«Wo ist er?» fragte Jitro seine Töchter. «Warum habt ihr ihn nicht mitgebracht? Ruft ihn! Er soll mit uns essen.»

Mose ließ sich überreden, dortzubleiben. Und Jitro gab ihm seine Tochter Zippora zur Frau. (2.Mose 2)

Gott beruft Mose zum Retter Israels

Die Berufung Moses findet an einem Berg statt, mit dem der Gott Israels in besonderer Weise verbunden ist. Der Berg ist als Sinai bekannt; in der folgenden Geschichte heißt er Horeb. Moses Frage nach dem Namen Gottes macht deutlich, daß der Gott

Israels zur Unterscheidung von den Göttern der Umwelt einen Eigennamen trägt. Dieser Name hat mit großer Sicherheit Jahwe gelautet, was durch die Auskunft an Mose als «Ich bin für euch da» (wörtlich: Ich bin, der ich bin) gedeutet wird. Schon im Judentum wurde dieser Name nicht mehr ausgesprochen und durch das Wort «Herr» ersetzt, das auch in dieser Übersetzung für «Jahwe» steht. Durch die Verbindung der Selbstlaute des hebräischen Wortes für Herr (*adonaj*) mit den Mitlauten des Gottesnamens Jahwe (*J-h-v-h*; das Schluß-h wird nicht ausgesprochen) entstand der Name Jehovah, der in Israel so niemals gebraucht wurde.

Mose hütete die Schafe und Ziegen seines Schwiegervaters Jitro, des Priesters von Midian. Einmal trieb er die Herde durch die Steppe bis zum Horeb, dem Berg Gottes. Dort erschien ihm der Engel des Herrn in Gestalt einer Flamme, die mitten aus einem Dornbusch kam.

Als Mose genauer hinsah, bemerkte er, daß der Busch zwar brannte, aber nicht verbrannte. «Das ist doch seltsam», dachte er. «Warum verbrennt der Busch nicht? Das muß ich mir aus der Nähe ansehen!»

Als der Herr sah, daß Mose näherkam, rief er ihn aus dem Busch heraus an: «Mose, Mose!»

«Ja?» antwortete er.

Gott sagte: «Komm nicht näher! Zieh deine Schuhe aus, denn du stehst auf heiligem Boden. Ich bin der Gott deiner Vorfahren, der Gott Abrahams, Isaaks und Jakobs.»

Da bedeckte Mose sein Gesicht, denn er fürchtete sich, Gott anzusehen. Dann sagte der Herr: «Ich habe gesehen, wie mein Volk in Ägypten mißhandelt wird. Ich habe gehört, wie es um Hilfe gegen seine Unterdrücker schreit. Ich weiß, was es auszustehen hat. Ich bin herabgekommen, um das Volk von den Ägyptern zu befreien. Ich will es aus diesem Land herausführen in ein fruchtbares und großes Land, in ein Land, in dem Milch und Honig fließen. Noch ist das Land besetzt von den Kanaanitern, Hetitern, Amoritern, Perisitern, Hiwitern und Jebusitern. Ich habe den Hilfeschrei der Israeliten gehört, und ich habe gesehen, wie grausam die Ägypter sie unterdrücken. Geh! Ich schicke dich zum Pharao. Du sollst mein Volk, die Israeliten, aus Ägypten herausführen.»

Aber Mose wandte ein: «Ich? Wer bin ich denn schon! Wie kann ich zum Pharao gehen und die Israeliten aus Ägypten führen!»

Gott antwortete: «Ich bin bei dir. Du wirst das Volk aus Ägypten herausführen, und dann werdet ihr an diesem Berg zu mir beten. Das wird die Bestätigung dafür sein, daß ich dich gesandt habe.»

Mose sagte zu Gott: «Wenn ich nun zu den Israeliten gehe und zu ihnen sage: ‹Der Gott eurer Vorfahren hat mich zu euch geschickt›, dann werden sie mich fragen: ‹Wie heißt er?› Was soll ich ihnen dann sagen?»

Gott antwortete Mose: «Ich bin für euch da», und fuhr fort: «Sage den Israeliten: ‹Der Ich-bin-für-euch-da hat mich zu euch geschickt!› Und Gott fügte hinzu: «Sage zu den Israeliten: ‹Der Herr hat mich zu euch geschickt. Es ist der Gott eurer Väter, der Gott Abrahams, Isaaks und Jakobs.› Denn das ist mein Name für alle Zeiten. So sollen mich auch die kommenden Generationen nennen. Die Israeliten werden deinen Worten glauben. Dann mußt du mit ihren Ältesten zum König von Ägypten gehen und zu ihm sagen: ‹Der Herr, der Gott der Hebräer, ist uns erschienen. Erlaube uns, drei Tagemärsche weit in die Wüste zu gehen und dort dem Herrn, unserem Gott, Opfer zu bringen.›»

Aber Mose sagte zum Herrn: «Es hat keinen Sinn, Herr! Ich bin nie ein guter Redner gewesen und bin es auch nicht geworden, seitdem du mit mir sprichst. Ich bin beim Reden viel zu schwerfällig und unbeholfen.»

Der Herr erwiderte: «Wer hat dem Menschen den Mund gegeben? Wer macht den Menschen stumm oder taub? Wer macht ihn sehend oder blind? Ich bin es – der Herr! Und jetzt geh! Ich werde dir helfen zu sprechen. Ich werde dir sagen, was du reden sollst.»

Doch Mose antwortete: «Entschuldige bitte, Herr! Schick wen du willst, aber nicht mich!»

Da wurde der Herr zornig auf Mose und sagte: «Du hast doch noch einen Bruder, den Leviten Aaron. Ich weiß, daß er ein gewandter Redner ist. Er ist auf dem Weg zu dir und wird sich freuen, wenn er dich sieht. Du wirst ihm sagen, was er reden soll. Ich werde euch beiden helfen zu sprechen und euch zeigen, was ihr tun sollt.» (2. Mose 3 und 4)

Die Israeliten werden noch härter ausgebeutet

Dann gingen Mose und Aaron zum Pharao und sagten: «Der Herr, der Gott Israels, läßt dir sagen: ‹Laß mein Volk gehen, damit es mir zu Ehren in der Wüste ein Fest feiern kann.›»

«Wer ist der Herr?» fragte der Pharao. «Warum sollte ich auf ihn hören und die Israeliten gehen lassen? Ich kenne euren Herrn nicht und denke gar nicht daran, Israel gehen zu lassen.»

Mose und Aaron sagten: «Der Gott der Hebräer ist uns erschienen. Erlaube uns, drei Tagemärsche weit in die Wüste zu gehen, damit wir dort dem Herrn, unserem Gott, Opfer bringen. Sonst wird er uns mit Krankheit oder Krieg strafen.»

Der Pharao herrschte sie an: «Was fällt euch ein, euer Volk von der Arbeit abzuhalten? Macht, daß ihr wieder an eure Arbeit kommt!» Er dachte: «Trotz der Zwangsarbeit ist dieses Volk noch zahlreicher geworden. Und da soll ich sie auch noch feiern lassen!»

Am gleichen Tag befahl der Pharao den ägyptischen Aufsehern und den israelitischen Vorarbeitern: «Liefert dem Volk kein Stroh mehr zum Herstellen der Ziegelsteine. Sie sollen es sich selbst suchen. Aber die Zahl der Ziegelsteine, die täglich abzuliefern sind, muß dieselbe bleiben. Ihr dürft sie nicht verringern; denn die Israeliten sind faul, und nur deswegen schreien sie: ‹Wir wollen gehen und unserem Gott Opfer bringen.› Die Leute müssen mehr Arbeit haben. Dann sind sie beschäftigt und werden nicht auf verführerische Reden hören.» Die Aufseher und Vorarbeiter gingen hin und gaben den Befehl an die Bevölkerung weiter: «Der Pharao hat gesagt: ‹Ich lasse euch von jetzt an kein Stroh mehr geben. Geht selbst und sucht euch welches! Ihr müßt aber nach wie vor dieselbe Anzahl von Ziegeln abliefern.›»

So suchte das Volk im ganzen Land Ägypten Stroh zusammen. Die ägyptischen Aufseher trieben die Leute an: «Ihr müßt genauso viele Ziegel herstellen wie früher, als noch Stroh angeliefert wurde!» Zu den Vorarbeitern, die sie über die Israeliten eingesetzt hatten, sagten sie: «Warum habt ihr heute nicht die vorgeschriebene Anzahl abgeliefert?» Und sie schlugen sie.

Da beschwerten sich die Vorarbeiter der Israeliten beim Pharao: «Warum tust du uns das an? Man hat unseren Leuten kein Stroh geliefert, und doch sollen sie Ziegel herstellen. Sogar geschlagen hat man uns. Aber die Schuld liegt bei deinen eigenen Leuten!»

Der Pharao antwortete: «Faul seid ihr, ganz einfach faul. Deswegen wollt ihr auch, daß ich euch gehen lasse, um dem Herrn Opfer zu bringen. Macht, daß ihr wieder an eure Arbeit kommt! Stroh bekommt ihr nicht; aber die vorgeschriebene Anzahl Ziegel wird abgeliefert!»

Da sahen die Vorarbeiter der Israeliten, daß es keinen Ausweg gab; sie mußten die gleiche Menge Ziegel fertigstellen wie bisher. Als sie vom Pharao kamen, trafen sie Mose und Aaron, die auf sie gewartet hatten. Sie warfen den beiden vor: «Ihr habt uns beim Pharao und seinen Leuten nur verhaßt gemacht! Ihr habt ihnen eine Waffe in die Hand gegeben, mit der sie uns töten werden. Der Herr soll euch dafür strafen!»

Da wandte sich Mose an den Herrn und sagte: «Herr, warum handelst du so schlecht an deinem Volk? Wozu hast du mich überhaupt hierher geschickt? Seitdem ich zum Pharao gegangen bin und in deinem Auftrag gesprochen habe, hat er das Volk noch mehr mißhandelt. Und du hast nichts getan, um dein Volk zu retten!»

Darauf sagte der Herr zu Mose: «Jetzt wirst du erleben, was ich mit dem Pharao machen werde. Ich werde ihn zwingen, die Israeliten gehen zu lassen. Ich werde ihn sogar zwingen, sie aus seinem Land zu vertreiben.» (2.Mose 5)

Der Pharao läßt die Israeliten ziehen. Das Passafest

Da der Pharao sich weigert, das Volk Israel ziehen zu lassen, läßt Gott die Ägypter durch eine Reihe von Plagen heimsuchen: Verwandlung des Wassers in Blut, verschiedene Ungeziefer und Krankheiten, Hagel und schließlich eine große Finsternis (die «ägyptische Finsternis» ist wie die «ägyptischen Plagen» insgesamt zum geflügelten Wort geworden). Als der Pharao immer noch nicht nachgeben will, läßt Gott ihm durch Mose eine zehnte und letzte Plage ankündigen.

Mose sagte zum Pharao: «Der Herr läßt dir sagen: ‹Um Mitternacht werde ich durch Ägypten gehen. Dann werden alle Erstgeborenen in Ägypten sterben, angefangen vom erstgeborenen Sohn des Pharao, der sein Nachfolger auf dem Thron werden sollte, bis hin zum Erstgeborenen der Sklavin, die hinter der Handmühle sitzt. Auch beim Vieh werden alle Erstgeburten sterben. In ganz Ägypten wird es ein Wehklagen geben, wie man es noch nie gehört hat und auch nie wieder hören wird. Aber den Israeliten soll niemand ein Haar krümmen, auch den Tieren wird nichts geschehen. Daran wirst du erkennen, daß ich, der Herr, einen Unterschied mache zwischen Ägypten und Israel.» Und Mose fügte hinzu: «Dann werden alle deine Minister zu mir kommen und mich auf den Knien anflehen: ‹Geh endlich weg, du und dein ganzes Volk!› Und dann werde ich gehen.»

Mose verließ den Pharao voll Zorn.

Der Herr sagte zu Mose und Aaron: «Dieser Monat soll der erste Monat des Jahres für euch sein. Sagt der ganzen Gemeinde der Israeliten, daß jeder Familienvater am zehnten Tag dieses Monats für seine Familie ein Lamm auswählen soll. Ist die Familie zu klein, um ein ganzes Tier zu essen, so soll sie sich mit der Nachbarfamilie zusammentun. Sie müssen überlegen, wieviel jeder davon essen kann, damit nichts übrigbleibt. Ihr könnt ein Schaflamm oder ein Ziegenlamm nehmen, aber es muß männlich und ein Jahr alt sein und darf keine Fehler haben. Am vierzehnten Tag des Monats, wenn es Abend wird, sollen alle Israeliten ihre Lämmer schlachten. Sie sollen etwas von dem Blut nehmen und es an die beiden Türpfosten und an den oberen Türbalken der Häuser streichen, in denen die Lämmer gegessen werden. In der Nacht sollen sie das Fleisch am Feuer braten und mit ungesäuertem Brot und bitteren Kräutern essen. Ihr dürft nichts von dem Lamm roh oder gekocht essen. Es muß am Feuer gebraten sein, und zwar ganz, mit Kopf, Beinen und Innereien. Ihr dürft nichts davon bis zum anderen Morgen aufheben. Was übrigbleibt, müßt ihr verbrennen. Beim Essen sollt ihr reisefertig gekleidet sein, die Sandalen an den Füßen und den Wanderstab in der Hand. Beeilt euch mit dem Essen! Es ist das Passafest für mich, den Herrn.

In dieser Nacht werde ich durch Ägypten gehen und jeden Erstgeborenen töten, bei Menschen und Vieh. An allen Göttern Ägyptens werde ich mein Gericht vollstrecken, ich, der Herr. Das Blut an euren Häusern wird ein Zeichen zu eurem Schutz sein. Wenn ich es sehe, werde ich an euch vorübergehen, und ihr werdet verschont bleiben, wenn ich die Ägypter strafe. Dieser Tag soll für euch ein Gedenktag sein. Er soll in allen Generationen als Festtag für mich gefeiert werden. Dies ist eine Anweisung für alle Zeiten.»

Um Mitternacht tötete der Herr alle Erstgeborenen in

Ägypten, angefangen vom ältesten Sohn des Pharao, der zum Thronerben bestimmt war, bis hin zum ältesten Sohn des Gefangenen im Kerker, auch jede Erstgeburt beim Vieh. In jener Nacht wurden der Pharao, seine Minister und alle Ägypter aus dem Schlaf aufgeschreckt. Lautes Wehgeschrei erhob sich; denn es gab nicht ein Haus bei den Ägyptern, in dem kein Toter war.

Noch in derselben Nacht ließ der Pharao Mose und Aaron rufen und drängte sie: «Schnell, verlaßt das Land, geht weg von meinem Volk, ihr und die anderen Israeliten. Geht und opfert eurem Herrn, wie ihr verlangt habt. Nehmt auch eure Schafe, Ziegen und Rinder mit, wie ihr es vorhattet, aber geht! Betet auch für mich!» Die Ägypter drängten das Volk, schleunigst das Land zu verlassen. «Sonst kommen wir noch alle um», sagten sie.

Die Israeliten zogen von Ramses nach Sukkot. Es waren etwa sechshunderttausend, die Frauen und Kinder nicht mitgezählt. Auch eine erhebliche Zahl von Fremden schloß sich ihnen an. Große Herden Schafe, Ziegen und Rinder führten sie mit. Aus dem Teig, den sie aus Ägypten mitgebracht hatten, backten sie Brotfladen; denn sie hatten so plötzlich aus Ägypten aufbrechen müssen, daß der Teig noch nicht durchsäuert war. Sie hatten auch keine Zeit mehr gehabt, für Reiseverpflegung zu sorgen. (2. Mose 11 und 12)

Gott rettet sein Volk vor den Ägyptern
(Der Durchzug durchs Schilfmeer)

In der Befreiung aus Ägypten und der wunderbaren Rettung am Schilfmeer sah Israel stets die entscheidenden, für seine Existenz grundlegenden Heilstaten seines Gottes. Darum wurden die Berichte darüber von Generation zu Generation weitergegeben und dabei im Laufe der Zeit auch in verschiedenen Fassungen erzählt. Während das Meer nach der ältesten Fassung durch einen Ostwind zurückgetrieben und trockengelegt wird, entsteht nach einer späteren auf dem Meeresgrund ein Weg, zu dessen beiden Seiten das Wasser wie eine Mauer steht. In dem biblischen Bericht sind beide Fassungen ineinander verwoben. Die Lage des «Schilf-meeres» kann nicht sicher bestimmt werden.

Als dem König von Ägypten gemeldet wurde, die Israeliten seien geflohen, bereuten er und seine Minister ihre Nachgiebigkeit, und sie sagten: «Warum haben wir sie nur gehen lassen? Jetzt haben wir keine Zwangsarbeiter mehr!»

Der Pharao ließ seinen Streitwagen anspannen und bot seine Truppen auf. Alle verfügbaren Streitwagen Ägyptens nahm er mit, einschließlich der sechshundert besten; jeder Wagen hatte drei Mann Besatzung. Der Herr ließ den Pharao so starrsinnig werden, daß er die Israeliten verfolgte, obwohl sie unter dem Schutz des Herrn das Land verließen. Die ganze ägyptische Armee mit allen Streitwagen und Wagenkämpfern verfolgte die Israeliten und holte sie ein, als sie sich gerade am Meer gelagert hatten, bei Pi-Hahirot gegenüber Baal-Zefon.

Als die Israeliten sahen, wie der Pharao mit den Ägyptern heranrückte, packte sie die Angst, und sie schrien zum Herrn. Zu Mose sagten sie: «Mußtest du uns zum Sterben in die Wüste bringen? Gibt es denn in Ägypten keine Gräber? Wozu hast du uns aus Ägypten herausgeführt? Haben wir dir nicht gleich gesagt, du solltest uns in Ruhe lassen, wir wollten lieber den Ägyptern dienen? Es wäre weit besser für uns, Sklaven der Ägypter zu sein, als hier in der Wüste zu sterben!»

Aber Mose antwortete ihnen: «Laßt euch keine Angst einjagen! Wartet ab und seht zu, wie der Herr euch heute retten wird. So wie ihr die Ägypter heute seht, werdet ihr sie nie wieder sehen. Der Herr selbst wird für euch kämpfen, ihr braucht gar nichts zu tun.»

Der Herr sagte zu Mose: «Warum schreist du zu mir um Hilfe? Sage den Israeliten, sie sollen weiterziehen. Du aber hebe deinen Stock hoch und halte ihn über das Meer. Dann wird es sich teilen, und die Israeliten können mitten hindurch gehen, auf trockenem Grund. Ich werde die Ägypter so starrsinnig machen, daß sie ihnen folgen. Dann will ich mir Ehre verschaffen durch meinen Sieg über den Pharao und seine ganze Heeresmacht, seine Streitwagen und seine Wagenkämpfer. Die Ägypter sollen erkennen, daß ich der Herr bin.»

Mose streckte seine Hand über das Meer aus, und der Herr trieb das Wasser durch einen starken Ostwind zurück, der die ganze Nacht über nicht nachließ. So verwandelte sich das Meer in trockenes Land. Das Wasser teilte sich, und die Israeliten gingen trockenen Fußes mitten durchs Meer. Das Wasser stand auf beiden Seiten wie eine Mauer.

Die Ägypter verfolgten sie; alle Streitwagen des Pharao mit den Pferden und Wagenkämpfern jagten hinter ihnen her ins Meer hinein.

Da sagte der Herr zu Mose: «Strecke deine Hand über das Meer aus, und das Wasser wird zurückfluten und die ägyptischen Streitwagen und Wagenkämpfer unter sich begraben.» Mose streckte seine Hand aus. Da bedeckte das Wasser die Streitwagen und ihre Besatzungen und die gesamte Armee des Pharao, die den Israeliten ins Meer gefolgt war; nicht einer von ihnen blieb am Leben. Die Israeliten aber waren auf trockenem Grund mitten durchs Meer gegangen, während links und rechts das Wasser wie eine Mauer stand.

So rettete der Herr an diesem Tag die Israeliten vor den Ägyptern. Als die Israeliten die Ägypter tot am Strand liegen sahen, erkannten sie, daß der Herr durch seine große Macht die Ägypter vernichtet hatte. Deshalb fürchtete das Volk den Herrn und vertraute ihm und seinem Diener Mose. (2. Mose 14)

Gott versorgt sein Volk in der Wüste

Gott ist auch auf dem weiteren Weg bei seinem Volk. In Gestalt einer Wolkensäule bei Tag und einer Feuersäule bei Nacht zieht er sichtbar vor ihm her. Er sorgt auch in der Wüste für Nahrung und Wasser, aber so, daß er zugleich das Vertrauen und den Gehorsam des Volkes auf die Probe stellt.

In der Wüste beklagte sich die ganze Gemeinde der Israeliten bei Mose und Aaron: «Hätte uns doch der Herr getötet, als wir noch in Ägypten waren! Dort saßen wir vor vollen Fleischtöpfen und konnten uns an Brot sattessen. Aber ihr habt uns in diese Wüste geführt und wollt nun die ganze Gemeinde verhungern lassen!»

Mose und Aaron sagten zu allen Israeliten: «Heute abend werdet ihr erkennen, daß es der Herr war, der euch aus Ägypten herausgeführt hat. Und morgen früh werdet ihr die Herrlichkeit des Herrn sehen. Er hat eure Anklage gegen ihn gehört. Ja, ihn habt ihr angeklagt, nicht uns; denn wir führen nur seine Weisungen aus.»

Am Abend kamen Wachteln und ließen sich überall im Lager nieder, und am Morgen lag Tau rings um das Lager. Als der Tau verdunstet war, blieben auf dem Wüstenboden feine Körner liegen, die aussahen wie Reif. So etwas hatten die Israeliten noch nie gesehen, und einer fragte den anderen: «Was ist das?» Mose erklärte es ihnen: «Das ist das Brot, das der Herr euch zu essen gibt. Er hat angeordnet: ‹Sammelt davon so viel, wie jeder zum Essen braucht, etwa dreieinhalb Liter pro Kopf. Jeder Familienvater darf so viel sammeln, wie seine Familie verzehren kann.›»

Die Israeliten gingen und sammelten, die einen viel, die anderen weniger. Als sie es aber abmaßen, hatten die, die viel gesammelt hatten, nicht zu viel, und die, die wenig gesammelt hatten, hatten nicht zu wenig. Jeder hatte gerade soviel gesammelt, wie er zum Essen brauchte. Mose sagte zu ihnen: «Niemand soll etwas davon für morgen aufheben.» Aber einige hörten nicht auf ihn und legten etwas für den anderen Tag zurück. Am Morgen war es voller Würmer und stank. Da wurde Mose zornig. Morgen für Morgen sammelte nun jeder so viel, wie er brauchte. Aber sobald die Sonne höher stieg, zerschmolz es. Die Israeliten nannten es Manna. Es war weiß wie Koriandersamen und schmeckte wie Honigkuchen. (2.Mose 16)

Gott schließt mit seinem Volk einen Bund
(Die Zehn Gebote)

Zwei Monate und einen Tag, nachdem die Israeliten Ägypten verlassen hatten, kamen sie in die Wüste Sinai. Sie waren von Refidim aus dorthin aufgebrochen und lagerten sich in der Nähe des Berges Sinai.

Mose stieg zu Gott auf den Berg. Da rief der Herr ihm zu: «Sage den Israeliten, den Nachkommen Jakobs: ‹Ihr habt gesehen, was ich mit den Ägyptern gemacht habe. Euch aber habe ich getragen, wie ein Adler seine Jungen auf den Flügeln trägt, und habe euch hierher zu mir gebracht. Wenn ihr mir nun treu bleibt und auf mich hört, sollt ihr das Volk sein, das ganz zu mir gehört. Die ganze Welt ist mein Eigentum, aber euch habe ich unter allen Völkern ausgewählt. Ihr sollt Menschen sein, die mir als Priester dienen, ein Volk, über das ich allein verfüge.› Das sollst du den Israeliten sagen.»

Als Mose zurückkam, rief er die Ältesten zusammen und richtete ihnen aus, was der Herr ihm aufgetragen hatte. Das ganze Volk stimmte zu: «Wir werden alles tun, was der Herr gesagt hat!»

Mose brachte dem Herrn die Antwort des Volkes. Darauf sagte der Herr zu ihm: «Ich werde mich in einer Wolke verbergen und zu dir kommen. Dann kann das Volk hören, was ich mit dir rede, und wird dich ein für allemal anerkennen.» Weiter sagte er: «Geh zum Volk und sorge dafür, daß sie sich heute und morgen auf die Begegnung mit mir vorbereiten. Sie sollen ihre Kleider waschen. Übermorgen werde ich, der Herr, auf den Berg Sinai herabkommen, wo das ganze Volk mich sehen kann. Du mußt rund um den Berg eine Grenze ziehen und zu dem Volk sagen: ‹Keiner darf auf den Berg hinauf! Ihr dürft nicht einmal die Grenze überschreiten. Wer es tut, wird mit dem Tod bestraft.›»

Am Morgen des dritten Tages begann es zu donnern und zu blitzen, und eine dichte Wolke legte sich auf den Berg. Man hörte eine gewaltige Posaune. Das Volk im Lager zitterte vor Angst. Mose aber führte sie alle aus dem Lager heraus Gott entgegen. Am Fuß des Berges stellten sie sich auf. Der ganze Berg Sinai war in Rauch gehüllt, weil der Herr im Feuer auf ihn herabgekommen war. Der Rauch stieg auf wie der Rauch eines Schmelzofens, und der ganze Berg bebte. Die Posaune wurde immer lauter. Mose rief, und Gott antwortete ihm mit Donner.

Dann gab Gott dem Volk seine Gebote. Er sagte: «Ich bin der Herr, dein Gott. Ich habe dich aus der Sklaverei in Ägypten befreit. Diene keinem anderen Gott – nur mir!

Fertige dir kein Bild von mir an, auch nicht ein Bild von irgend etwas anderem im Himmel, auf der Erde oder im Meer, um es anzubeten. Denn ich bin der Herr, dein Gott, und verlange von dir ungeteilte Liebe. Wenn sich jemand gegen mich wendet, dann bestrafe ich auch seine Kinder, sogar seine Enkel und Urenkel. Wenn mich aber jemand liebt und meine Anweisungen befolgt, dann werde ich ihm und seinen Nachkommen Liebe und Treue erweisen über tausende von Generationen hin.

Gebrauche den Namen des Herrn, deines Gottes, nicht, ohne zu bedenken, was du damit tust; denn der Herr wird jeden bestrafen, der seinen Namen mißbraucht.

Vergiß nicht den Tag der Ruhe; er gehört dem Herrn. Sechs Tage in der Woche hast du Zeit, um alle Arbeit zu tun. Der siebte Tag aber soll ein Ruhetag sein, der dem Herrn, deinem Gott, gehört. An diesem Tag sollst du nicht arbeiten, auch nicht deine Kinder, deine Sklaven, dein Vieh oder irgendein Fremder, der bei dir lebt. In sechs Tagen hat der Herr Himmel, Erde und Meer geschaffen, dazu alles, was lebt. Am siebten Tag aber ruhte er. Deshalb hat er den siebten Tag gesegnet und ihn zu einem besonderen Tag erklärt.

Ehre Vater und Mutter! Dann kannst du lange in dem Land leben, das dir der Herr, dein Gott, gibt.

Töte niemand!

Zerstöre keine Ehe!

Vergreife dich nicht an fremdem Eigentum!

Rede nichts Unwahres über deinen Mitmenschen!

Suche nichts an dich zu bringen, was einem anderen gehört, weder seine Frau, noch seine Sklaven, seine Rinder und Esel, noch irgend etwas anderes, das ihm gehört.»

Als das ganze Volk erlebte, wie es blitzte und donnerte, die Posaune ertönte und der Berg rauchte, bekam es große Angst und blieb zitternd in weiter Ferne stehen. Sie sagten zu Mose: «Rede du mit uns, wir wollen auf dich hören. Aber wenn Gott mit uns spricht, müssen wir sterben.» (2.Mose 19 und 20)

Zeltheiligtum und Bundeslade

Die Anweisungen für den Bau eines transportablen Zeltheiligtums werden in dieser Auswahl nicht im einzelnen wiedergegeben. Das wichtigste der heiligen Geräte war für das frühe Israel die «Lade des Bundes», die an Tragstangen getragen werden konnte und dem Volk überall, auch im Kampf, die Gegenwart seines Gottes verbürgte. Später fand sie ihren Ort im Jerusalemer Tempel, bei dessen Zerstörung 587 v. Chr. sie unterging.

Der Herr sagte zu Mose: «Sage den Israeliten, sie sollen eine Abgabe für mich erheben. Jeder, der etwas geben möchte, soll es bringen. Es kann Gold, Silber und Bronze sein, blaue, rote und karmesinrote Wolle, Leinen und Ziegenhaar, rotgefärbte Widderhäute, feines Leder,

Akazienholz, Öl für die Lampen, wohlriechende Zutaten für das Salböl und für das Räucheropfer, Karneolsteine und andere Edelsteine zum Schmuck für Stola und Brusttasche des Obersten Priesters. Die Israeliten sollen ein Heiligtum für mich errichten, denn ich will unter ihnen wohnen. Ich zeige dir ein Modell des Heiligtums und der dazugehörigen Geräte, damit ihr es genau nach diesem Muster herstellen könnt.

Sie sollen auch eine Lade aus Akazienholz anfertigen: zweieinhalb Ellen lang und eineinhalb breit und hoch. Laß sie außen und innen mit reinem Gold überziehen. Oben soll ringsherum eine Goldleiste angebracht werden. Laß vier Ringe aus Gold gießen und sie an den vier Ecken anbringen, so daß zwei Ringe an jeder Längsseite sind. Dann laß Stangen aus Akazienholz machen und sie mit reinem Gold überziehen. Die Stangen sollen durch die Ringe an den Seiten der Lade gesteckt werden, damit man sie tragen kann. Die Stangen müssen in den Ringen der Lade bleiben und dürfen nicht entfernt werden. In die Lade legst du die zwei Tafeln mit meinen Geboten, die ich dir geben werde. Laß einen Deckel aus reinem Gold herstellen: zweieinhalb Ellen lang und eineinhalb breit, und zwei geflügelte Figuren aus getriebenem Gold an den beiden Enden des Deckels. Sie sollen mit dem Deckel ein Stück bilden. Und so sollen die Figuren aussehen: Mit ihren ausgebreiteten Flügeln beschirmen sie den Deckel. Ihre Gesichter sind einander zugekehrt, aber so, daß ihr Blick auf den Deckel gerichtet ist. In die Lade legst du die zwei Tafeln mit den Geboten. Dann verschließt du die Lade mit dem Deckel. Dort will ich dir begegnen und mit dir sprechen. Von der Stelle zwischen den beiden Figuren auf dem Deckel aus werde ich mit dir reden und dir alle Anweisungen für die Israeliten geben.» (2. Mose 25)

Das Sabbatjahr

Die Mosebücher des Alten Testaments enthalten eine Fülle von Gesetzen und gesetzesähnlichen Bestimmungen, die nicht alle auf Mose selbst zurückgehen. Wenn im Lauf der Zeit die Verhältnisse sich wandelten, wurden neue Gesetze notwendig. Zum Zeichen, daß sie im Geiste Moses formuliert waren, legte man sie diesem selbst in den Mund. Ein Beispiel für den Wandel der Verhältnisse bietet die Einrichtung des Sabbatjahrs: Die ursprüngliche Bestimmung war, daß das Ackerland alle sieben Jahre brachliegen sollte, zum Zeichen, daß Gott der eigentliche Besitzer des Landes ist. Da davon nur der Landmann betroffen war, der zudem unter den wirtschaftlichen Verhältnissen leicht eine Beute von Gläubigern werden konnte, schafft das Gesetz einen Ausgleich, indem es auch dem Kapitalbesitzer im siebten Jahr ein Opfer abverlangt.

Alle sieben Jahre sollt ihr ein Sabbatjahr einhalten. Dafür gelten die folgenden Bestimmungen:

Wer seinem notleidenden Landsmann Geld geliehen hat, soll ihm die Schuld erlassen. Er soll das Geld von seinem Landsmann, der ja sein Bruder ist, nicht eintreiben. Denn in diesem Jahr gehört das ganze Land dem Herrn allein. Von einem Ausländer könnt ihr die Schuld eintreiben; aber was der eigene Landsmann euch schuldet, müßt ihr ihm erlassen.

Wenn unter euren Landsleuten jemand Not leidet, irgendwo in dem Land, das der Herr euch geben wird, so sollt ihr nicht hartherzig sein und eure Hand nicht vor eurem verarmten Bruder verschließen. Seid freigebig und leiht ihm gerne, was er in seiner Not braucht. Begegnet ihm nicht unfreundlich und laßt ihn nicht vergeblich bitten, weil ihr denkt: ‹Das siebte Jahr ist nicht mehr fern, dann werden alle Schulden erlassen!› Wenn er sich beim Herrn darüber beklagen muß, fällt schwere Schuld auf euch. Gebt ihm also, und laßt es euch nicht leid sein. Der Herr, euer Gott, wird euch dafür alles gelingen lassen, was ihr unternehmt. Es wird in eurem Land immer Arme geben; deshalb befehle ich euch: Unterstützt eure armen und notleidenden Landsleute!

Wenn sich einer deiner Landsleute als Sklave oder Sklavin an dich verkauft, soll er dir sechs Jahre dienen; im siebten Jahr sollst du ihn wieder freigeben. Laß ihn aber nicht mit leeren Händen weggehen, sondern gib ihm von dem, was der Herr dir geschenkt hat, Schafe, Korn und Wein, einen ordentlichen Anteil mit. Denk daran, daß ihr alle in Ägypten Sklaven gewesen seid und daß der Herr, euer Gott, euch befreit hat. Deshalb gebe ich euch heute dieses Gebot.

Aber vielleicht ging es deinem Sklaven bei dir so gut, daß er dich und deine Familie lieb gewonnen hat. Wenn er dann zu dir sagt: «Ich will bei dir bleiben», dann nimm die Ahle und stich sie durch sein Ohr in die Haustür. Dann ist er für immer dein Sklave. Und mit deiner Sklavin sollst du es ebenso machen.

Betrachte es nicht als Zumutung, wenn du ihn frei-geben mußt! Schließlich hat er dir sechs Jahre treu ge-dient, und du hast die ganze Zeit den Lohn eines Tage-löhners gespart. Außerdem wird dir der Herr dafür alles gelingen lassen, was du tust. (5.Mose 15)

Gesetze für den Krieg

Menschen des 20. Jahrhunderts mag es befremden, mit welcher Selbstverständlichkeit Gott auch als oberster Kriegsherr Israels gilt. Insbesondere machen uns die grausamen Vorschriften über die Ausrottung besiegter Feinde im Rahmen des sogenannten «Heiligen Krieges» zu schaffen. Es ist wichtig zu wissen, daß es sich dabei um uralte religiöse Bräuche handelt, die genauso in der Umgebung Israels geübt wurden. Der folgende Text zeigt das Bemühen, die strengen Vorschriften zu mildern oder sie aus der Rücksicht auf die Reinheit des Glaubens Israels zu begründen. Daneben überraschen Ausnahmeregelungen für zum Kriegsdienst Berufene, die eine Humanität zeigen, wie sie allem modernen Militarismus fremd ist.

Wenn ihr gegen Feinde ins Feld zieht, die zahlreicher sind als ihr und auch noch mit pferdebespannten Kampfwa-gen ausgerüstet, sollt ihr euch trotzdem nicht fürchten.

Der Herr, euer Gott, der euch aus Ägypten hierher geführt hat, steht euch bei. Aber ehe es zum Kampf kommt, soll der Priester vor die aufgebotenen Israeliten treten und zu ihnen sagen: «Männer von Israel, ihr zieht jetzt in den Kampf gegen eure Feinde. Verliert nicht den Mut! Habt keine Angst vor ihnen, laßt euch nicht von ihrer Stärke beeindrucken, weicht nicht zurück, wenn sie angreifen! Der Herr, euer Gott, zieht mit euch. Er kämpft für euch und hilft euch gegen eure Feinde.»

Danach sollen die Beamten, die mit der Musterung des Heeres beauftragt sind, zu den versammelten Israeliten sagen: «Ist jemand da, der ein neues Haus gebaut und noch nicht eingeweiht hat? Er soll heimkehren, damit nicht, wenn er fällt, ein anderer es an seiner Stelle bezieht. Oder ist jemand da, der einen neuen Weinberg angelegt und noch nicht davon geerntet hat? Er soll heimkehren, damit nicht, wenn er fällt, ein anderer die erste Lese hält. Oder ist jemand da, der sich mit einer Frau verlobt, sie aber noch nicht geheiratet hat? Er soll heimkehren, damit nicht, wenn er fällt, ein anderer seine Frau bekommt.» Schließlich sollen die Beamten noch hinzufügen: «Ist jemand da, der Angst hat und sich vor dem Feind fürchtet? Er soll heimkehren, damit er nicht die anderen ansteckt und auch ihnen den Mut nimmt.» Wenn die Beamten ausgeredet haben, sollen sie Truppenführer ernennen und ihnen den Befehl übergeben.

Ehe ihr eine Stadt angreift, sollt ihr zuerst mit den Bewohnern verhandeln und ihnen ein friedliches Abkommen vorschlagen. Gehen sie darauf ein und öffnen euch ihre Tore, so müssen sie euch gehorchen und euch Frondienste leisten. Lehnen sie es ab und suchen die Entscheidung im Kampf, so belagert sie. Wenn der Herr, euer Gott, euch siegen läßt, müßt ihr alle wehrfähigen Männer töten. Frauen, Kinder und Greise, das Vieh und der ganze Besitz gehören euch als Beute. Ihr dürft alles behalten; der Herr hat es euch geschenkt. So könnt ihr immer verfahren, wenn die Stadt weit von eurem Wohnsitz entfernt ist. Wenn es sich aber um eine Stadt in dem Land handelt, das der Herr, euer Gott, euch geben wird, dürft ihr niemand am Leben lassen. Die Hetiter, Amoriter, Kanaaniter, Perisiter, Hiwiter und Jebusiter stehen unter dem Bann und müssen ausgerottet werden, wie es der Herr, euer Gott, befohlen hat. Sonst verführen sie euch dazu, daß ihr ihm untreu werdet und all die Scheußlichkeiten mitmacht, die sie zu Ehren ihrer Götter begehen.

Wenn ihr eine Stadt lange belagern müßt, ehe ihr sie erobert, sollt ihr die Obstbäume in ihrer Umgebung schonen. Ihr dürft davon essen, aber sie nicht umhauen. Die Bäume auf dem Feld sind doch nicht eure Feinde! Nur Bäume, die keine eßbaren Früchte tragen, dürft ihr abhauen. Ihr könnt daraus Belagerungsanlagen bauen, um die Stadt zu erobern, die sich euch nicht ergeben will. (5.Mose 20)

Das Volk bricht den Bund
(Der Tanz ums «Goldene Kalb»)

Mose schrieb alles auf, was der Herr zu ihm gesagt hatte. Am nächsten Morgen errichtete er am Fuß des Berges einen Altar und stellte zwölf Gedenksteine auf, für jeden der zwölf Stämme Israels einen. Er beauftragte einige junge Männer, dem Herrn Brandopfer darzubringen und als Gemeinschaftsopfer junge Stiere zu schlachten. Die Hälfte des Blutes tat Mose in Schalen, die andere Hälfte goß er an den Altar. Dann nahm er das Buch, in dem er die Anweisungen des Herrn aufgeschrieben hatte, und las es den Israeliten laut vor. Sie versprachen: «Wir wollen alles tun, was der Herr gesagt hat!» Dann besprengte Mose das Volk mit dem übrigen Blut und sagte dazu: «Durch dieses Blut wird der Bund besiegelt, den der Herr mit euch aufgrund aller dieser Gebote geschlossen hat.»

Dann sagte der Herr zu Mose: «Steige zu mir auf den

Berg herauf und bleib eine Zeitlang hier. Ich werde dir die Steintafeln geben, auf die ich alle meine Gebote geschrieben habe, damit das Volk sich danach richten kann.»

Mose und sein Diener Josua machten sich bereit, auf den Berg zu Gott zu steigen. Zu den Ältesten sagte Mose: «Wartet hier auf uns, bis wir zurückkommen. Aaron und Hur sind ja bei euch. Wenn jemand eine Streitsache zu regeln hat, soll er sich an sie wenden.»

Als die Israeliten sahen, daß Mose immer noch nicht von dem Berg zurückgekommen war, versammelten sie sich um Aaron und sagten zu ihm: «Wir wissen nicht, was aus diesem Mose geworden ist, der uns aus Ägypten herausgeführt hat. Darum mach uns einen Gott, der uns anführt!»

Aaron sagte zu ihnen: «Nehmt euren Frauen, Söhnen und Töchtern die goldenen Ringe ab, die sie an den Ohren tragen, und bringt sie mir her!» Da nahmen alle ihre goldenen Ohrringe ab und brachten sie zu Aaron. Er nahm sie, schmolz sie ein, goß das Gold in eine Form und machte daraus ein Stierbild. Da riefen alle Israeliten: «Das ist unser Gott, der uns aus Ägypten geführt hat!»

Aaron errichtete vor dem goldenen Stierbild einen Altar. Dann rief er für den folgenden Tag ein Fest zu Ehren des Herrn aus. Früh am nächsten Morgen brachten sie Tiere, die als Brandopfer dargebracht wurden; andere wurden als Gemeinschaftsopfer geschlachtet. Dann setzten sie sich zum Essen und Trinken nieder, und bald artete ihr Fest zu einer Orgie aus.

Mose stieg wieder den Berg hinunter. In der Hand hatte er die zwei Steintafeln, die auf beiden Seiten mit den Geboten Gottes beschrieben waren. Die Tafeln hatte Gott selbst gemacht und die Schrift mit eigener Hand eingeritzt.

Als Josua das Lärmen und Schreien des Volkes hörte, sagte er zu Mose: «Im Lager ist Kriegsgetöse!»

«Nein,» widersprach Mose, «das hört sich nicht nach Siegesjubel an, auch nicht nach Klagegeschrei über eine Niederlage. Ich höre festliche Lieder.»

Als er dem Lager näherkam, sah er das Stierbild und die tanzenden Leute. Da packte ihn der Zorn, und er zerschmetterte die Tafeln, die er in der Hand trug, am Fuß des Berges. Das Götterbild, das sie gemacht hatten, zerstörte er im Feuer und zerrieb es dann zu feinem Pulver. Das vermischte er mit Wasser und gab es den Israeliten zu trinken.

Zu Aaron aber sagte er: «Was hat dir das Volk getan, daß du ihm eine so große Schuld aufgeladen hast?»

Aaron antwortete: «Sei nicht zornig, mein Gebieter; du weißt ja, wie sehr das Volk zum Bösen neigt. Sie drängten mich: ‹Mach uns einen Gott, der uns anführt; denn wir wissen nicht, was aus diesem Mose geworden ist, der uns aus Ägypten herausgeführt hat.› Da sagte ich zu ihnen: ‹Wer goldenen Schmuck hat, soll ihn ablegen.› Sie gaben mir das Gold, ich warf es ins Feuer, und herausgekommen ist dieser Stier.»

Am folgenden Tag sagte Mose zum Volk: «Ihr habt schwere Schuld auf euch geladen. Darum will ich jetzt zum Herrn hinaufsteigen. Vielleicht kann ich erreichen, daß er euch die Schuld vergibt.» Und Mose ging zum Herrn zurück und sagte: «Ach, Herr, das Volk hat eine große Sünde begangen. Einen Gott aus Gold haben sie sich gemacht. Bitte, vergib doch ihre Schuld! Wenn nicht, dann streiche auch meinen Namen aus deinem Buch, in dem die Namen deines Volkes eingetragen sind.»

Der Herr aber sagte: «Ich streiche nur den Namen dessen aus meinem Buch, der gegen mich schuldig geworden ist. Und jetzt geh! Führe das Volk an den Ort, den ich dir gesagt habe. Vergiß nicht, mein Engel geht vor dir her. Wenn die Zeit fürs Gericht gekommen ist, werde ich mit diesem Volk abrechnen.» (2.Mose 24 und 32)

Vom Berg Sinai bricht das Volk auf und nähert sich dem «gelob-
ten», d. h. verheißenen Land. Mose sendet zwölf Boten aus, um
die Fruchtbarkeit des Landes und die Stärke seiner Bewohner zu
erkunden. Die Kundschafter ernten Granatäpfel und Feigen und
schneiden eine Weintraube ab, die so groß ist, daß sie von zwei
Männern an einer Stange getragen werden muß.

Die Kundschafter berichteten Mose: «Wir haben das
Land durchzogen, in das du uns geschickt hast, und wir
haben gesehen: Es ist wirklich ein Land, in dem Milch
und Honig fließen. Sieh hier seine Früchte! Aber das
Volk, das dort wohnt, ist stark, und die Städte sind groß
und befestigt. Außerdem gibt es Riesen im Land!»

Kaleb aber ermutigte das Volk und rief: «Wir können
das Land sehr wohl erobern! Wir sind stark genug!»

Doch die anderen Kundschafter sagten: «Wir können
es nicht! Sie sind viel stärker als wir!»

Die Israeliten weinten die ganze Nacht. Einige gaben
schon die Parole aus: «Wir wählen einen neuen Anführer
und kehren nach Ägypten zurück!» Da sagte der Herr zu
Mose: «Wie lange will mich dieses Volk noch verhöhnen?
Ich habe vor ihren Augen so viele Wunder getan, und
noch immer vertrauen sie mir nicht. Ich will die Pest unter sie schicken und sie ausrotten, und dann mache ich
dich zum Stammvater eines neuen und noch größeren
Volkes!»

Aber Mose erwiderte: «Was werden die Ägypter sagen, wenn sie davon erfahren? Sie haben gesehen, wie du
dieses Volk durch deine Macht aus ihrem Land heraus und
bis hierher geführt hast. Und was werden die Bewohner
der umliegenden Länder sagen? Sie haben gehört, daß du,
Herr, selbst mitten unter diesem Volk bist, daß du ihnen
persönlich erscheinst, daß deine Wolke über ihnen steht,
und daß du vor ihnen hergehst, bei Tag in einer Wolkensäule und in einer Feuersäule bei Nacht. Wenn du nun
dieses Volk auf einen Schlag tötest, werden die Völker,

die von dir und deinen Taten gehört haben, sagen: ‹Er war zu schwach! Er hat es nicht geschafft, dieses Volk in das Land hineinzubringen, das er ihnen mit einem Eid zugesagt hatte. Deshalb hat er sie in der Wüste abgeschlachtet.› Herr, laß deine Macht an uns sichtbar werden! Du hast uns doch zugesagt: ‹Ich habe Geduld; meine Liebe hat keine Grenzen; ich vergebe Schuld und Auflehnung. Doch lasse ich Verfehlungen nicht ganz ungestraft: noch Enkel und Urenkel müssen für die Schuld ihrer Vorfahren büßen.› Weil nun deine Güte so groß ist, darum vergib diesem Volk seine Schuld. Du hast ihm ja auch bisher vergeben, während der ganzen Zeit, seit du es aus Ägypten herausgeführt hast!»

Der Herr antwortete Mose: «Weil du mich darum bittest, will ich ihnen vergeben. Aber so gewiß ich lebe und meine Herrlichkeit die ganze Erde erfüllen wird: Diese Generation wird nicht in das Land kommen, das ich ihren Vorfahren versprochen habe. Sie haben meine Herrlichkeit gesehen und die Wunder, die ich in Ägypten und in der Wüste getan habe, und trotzdem haben sie mich nun zehnmal auf die Probe gestellt und sich gegen mich aufgelehnt. Keiner von denen, die mich mißachtet haben, wird das Land betreten. Nur meinen Diener Kaleb will ich in das Land bringen, das er erkundet hat, und seine Nachkommen sollen dort wohnen. Denn in ihm war ein anderer Geist, er war gehorsam und hat mir vertraut. Morgen kehrt ihr um in die Wüste und macht euch auf den Weg zurück zum Schilfmeer!»

Als Mose den Israeliten die Entscheidung des Herrn verkündete, begann das Volk zu weinen und zu klagen. Am anderen Morgen aber rüsteten sich die Männer Israels, um ins Bergland hinaufzuziehen. Sie sagten zu Mose: «Wir sind jetzt bereit, dem Herrn zu gehorchen und in das Land zu ziehen. Es war nicht recht, was wir gestern getan haben.»

Aber Mose erwiderte: «Warum wollt ihr gegen den

ausdrücklichen Befehl des Herrn handeln? Das kann nicht gutgehen. Ich sage euch: Zieht nicht hinauf; der Herr wird nicht mit euch gehen. Die Feinde werden euch in die Flucht schlagen. Die Amalekiter und Kanaaniter sind gerüstet und warten auf euch; ihr werdet alle umkommen. Ihr habt euch vom Herrn abgewendet; denkt nur nicht, daß er euch jetzt beistehen wird!»

Sie aber hatten sich in den Kopf gesetzt, ins Bergland hinaufzuziehen. Mose ging nicht mit, und auch die Bundeslade blieb im Lager. Die Amalekiter und die Kanaaniter, die das Bergland bewohnten, griffen sie von oben her an, schlugen sie in die Flucht und verfolgten sie bis nach Horma. (4.Mose 13 und 14)

Moses Nachfolger und Tod

Am Ende der langen Wüstenwanderung steht Mose mit dem Volk wieder vor den Toren des verheißenen Landes; aber auch er darf das Land wegen eines früheren Mangels an Vertrauen nicht selbst betreten. Er ermahnt das Volk noch einmal zum Gehorsam gegen Gott.

Als Mose seine Ermahnungen an die Israeliten beendet hatte, sagte er: «Ich bin jetzt hundertundzwanzig Jahre alt und kann nicht mehr mit euch weiterziehen. Außerdem hat der Herr zu mir gesagt: ‹Du wirst den Jordan, der da vor dir liegt, nicht mehr überschreiten!› Aber der Herr, euer Gott, wird euch voranziehen und euch hinüberführen. Er selbst wird die Völker im Land vernichten, so daß ihr es in Besitz nehmen könnt. Er hat befohlen, daß Josua euch hinüberführen soll. Der Herr wird diese Völker genauso vernichten, wie Sihon und Og, die Könige der Amoriter. Er wird sie in eure Hand geben. Dann müßt ihr mit ihnen so verfahren, wie ich euch in seinem Auftrag befohlen habe. Seid mutig und entschlossen! Habt keine Angst! Erschreckt nicht vor ihnen! Der Herr, euer Gott, wird selbst mit euch ziehen. Er wird euch gewiß nicht im Stich lassen.»

Dann rief er Josua und sagte zu ihm vor allen Israeliten: «Sei mutig und entschlossen! Denn du wirst dieses Volk in das Land bringen, das der Herr ihren Vorfahren mit einem Eid zugesagt hat, du wirst es auch unter sie aufteilen. Und der Herr wird selbst vor dir herziehen. Er wird dir helfen und dich niemals im Stich lassen. Hab keine Angst! Laß dich von keinem Gegner einschüchtern!»

Mose stieg von den Steppen des Landes Moab hinauf auf den Berg Nebo, der östlich von Jericho liegt. Dort zeigte ihm der Herr das ganze Land: das Gebiet von Gilead bis hinauf nach Dan, das ganze Naftali, das Gebiet von Efraim und Manasse und das ganze Gebiet von Juda bis zum Meer im Westen, ebenso das Südland und die Jordanebene von der Palmenstadt Jericho bis nach Zoar. Er sagte zu ihm: «Hier siehst du das Land, das ich Abraham, Isaak und Jakob mit einem Eid versprochen und von dem ich zu ihnen gesagt habe: ‹Euren Nachkommen will ich es geben!› Du hast es jetzt mit eigenen Augen gesehen, aber du selbst darfst es nicht mehr betreten.»

So starb Mose, der Diener Gottes, dort im Land Moab, wie der Herr es bestimmt hatte. Gott selbst begrub ihn dort im Tal gegenüber von Bet-Pegor. Bis heute weiß niemand, wo sein Grab ist. (5.Mose 31 und 34)

Die Eroberung des verheißenen Landes

Mose, der Diener Gottes, war gestorben. Da sagte der Herr zu Josua, dem Sohn Nuns, dem Helfer Moses: «Mein Diener Mose ist tot. Nun ist es soweit: Geh mit dem ganzen Volk Israel über den Jordan in das Land, das ich euch jetzt geben will. Jeden Flecken Erde, den ihr betreten werdet, gebe ich euch zum Besitz, wie ich es Mose versprochen habe. Solange du lebst, wird niemand dir standhalten können; denn ich werde dir beistehen, genauso wie ich Mose zur Seite gestanden habe. Niemals werde ich dir meine Hilfe entziehen und dich im Stich lassen. Sei mutig und entschlossen, denn du sollst diesem Volk das Land aufteilen, das ich ihren Vorfahren mit einem Eid zugesagt habe. Denk immer an meinen Befehl, mutig und entschlossen zu sein! Laß dich durch nichts erschrecken und verliere nie den Mut; denn ich, der Herr, dein Gott, bin bei dir, wohin du auch gehst!»

Die Stadt Jericho hatte alle Tore fest verriegelt, als die Israeliten heranrückten. Niemand konnte hinein, und niemand kam heraus. Da sagte der Herr zu Josua: «Jetzt gebe ich Jericho mit seinem König und allen kampftüchtigen Männern in deine Gewalt.»

Josua rief die Priester zu sich und sagte zu ihnen: «Nehmt die Bundeslade auf eure Schultern. Sieben von euch gehen mit Signalhörnern vor ihr her.» Dem Volk befahl er: «Auf! Zieht rings um die Stadt! Die bewaffneten Männer gehen der Bundeslade des Herrn voraus.»

Wie Josua befohlen hatte, gingen die Krieger voraus. Ihnen folgten die sieben Priester, die ständig ihre Hörner bliesen. Dann kam die Bundeslade und zum Schluß das übrige Volk. Josua hatte dem Volk befohlen, sich ganz still zu verhalten und erst auf seinen Befehl das Kriegsgeschrei anzustimmen. So ließ er den ganzen Zug mit der Bundeslade des Herrn einmal um die Stadt marschieren. Dann kamen sie ins Lager zurück und übernachteten.

Früh am nächsten Morgen gab Josua wieder den Befehl zum Aufbruch. Die Priester hoben die Bundeslade auf ihre Schultern. Dann zogen sie los: zuerst die Krieger, dann die Priester, die ständig ihre Hörner bliesen, hinter ihnen her die Bundeslade und schließlich das übrige Volk. Auch an diesem zweiten Tag marschierten sie einmal rund um die Stadt. So taten sie es sechs Tage lang.

Am siebten Tag brachen sie beim Morgengrauen in derselben Ordnung auf. An diesem Tag umzogen sie die Stadt siebenmal. Beim siebten Mal, als die Priester ihre

Hörner geblasen hatten, befahl Josua dem Volk: «Jetzt schreit los! Der Herr hat die Stadt in eure Hand gegeben. Sie steht unter seinem Bann mit allem, was in ihr ist. Zerstört alles! Kein Mensch und kein Tier darf am Leben bleiben. Hütet euch, etwas von dem Gebannten für euch selbst zu nehmen, sonst kommt der Bannfluch über das ganze Lager Israels und stürzt euch ins Verderben. Alles Gold und Silber und alle Geräte aus Bronze und Eisen gehören dem Herrn und kommen in seinen Schatz.»

Das Volk erhob ein lautes Kriegsgeschrei, und die Priester stießen in ihre Hörner. Da stürzte die ganze Mauer zusammen, und alle Israeliten, jeder da wo er gerade stand, drangen in die Stadt ein und eroberten sie.

Der Herr gab den Israeliten das ganze Land, das er ihren Vorfahren mit einem Eid zugesagt hatte. Sie nahmen es in Besitz und besiedelten es. Der Herr verschaffte ihnen Ruhe und Frieden an allen Grenzen, wie er es ihren Vorfahren versprochen hatte.

Er hatte sie alle Feinde besiegen lassen, niemand hatte sie aufhalten können. All das Gute, das der Herr dem Volk Israel zugesagt hatte, war eingetroffen. Nicht ein Wort von dem, was der Herr versprochen hatte, war unerfüllt geblieben. (Josua 1; 6; 21)

Josua stellt sein Volk vor die Entscheidung

Josua berief eine Versammlung aller Stämme Israels nach Sichem ein. Er ließ alle Ältesten, Anführer, Richter und Amtleute kommen, und sie stellten sich beim Heiligtum auf. Dann sagte Josua zu allen: «Der Herr, der Gott Israels, läßt euch sagen: ‹Ich habe euch ein Land gegeben, dessen Felder ihr nie zuvor bestellt habt, und Städte, die ihr nicht gebaut habt. Nun wohnt ihr darin und eßt Trauben von Weinstöcken und Oliven von Bäumen, die ihr nicht gepflanzt habt.› Darum ehrt und achtet den

Herrn», fuhr Josua fort, «folgt ihm mit ganzer Treue und Aufrichtigkeit. Trennt euch von den Göttern, die eure Vorfahren jenseits des Euphrats und in Ägypten verehrt haben, und gehorcht dem Herrn. Aber vielleicht gefällt es euch nicht, dem Herrn zu dienen. Dann entscheidet euch heute, wem sonst ihr dienen wollt: den Göttern, die eure Vorfahren verehrt haben, oder den Göttern der Amoriter, in deren Land ihr jetzt lebt. Was meine Familie und mich betrifft, wir sind entschlossen, dem Herrn, dem Gott Israels, zu dienen.»

Das Volk antwortete: «Wie kämen wir dazu, den Herrn zu verlassen und anderen Göttern zu gehorchen? Der Herr, unser Gott, hat unsere Väter und uns aus der Sklaverei in Ägypten herausgeführt, und wir haben all die großen Wunder gesehen, die er dabei getan hat. Auf dem ganzen Weg hierher, quer durch das Gebiet fremder Völker, hat er uns beschützt. Während wir vorrückten, hat er die Völker vertrieben, auch die Amoriter, die vor uns hier wohnten. Darum wollen auch wir dem Herrn dienen; er ist unser Gott.»

Da sagte Josua zu ihnen: «Ihr werdet es nicht durchhalten, dem Herrn zu dienen; denn er ist ein heiliger Gott, der ungeteilten Gehorsam fordert. Er wird eure Vergehen und Sünden nicht vergeben. Wenn ihr ihn verlaßt und anderen Göttern folgt, wird er sich gegen euch wenden und euch hart bestrafen. Er wird euch vernichten, obwohl er euch bisher so viel Gutes erwiesen hat.»

Aber das Volk antwortete: «Doch! Wir wollen dem Herrn dienen!»

Da sagte Josua: «Ihr seid Zeugen gegen euch selbst, daß ihr euch für den Herrn entschieden habt und ihm dienen wollt.»

«So ist es», antworteten sie.

«Dann schafft die fremden Götter fort, die ihr noch bei euch habt», sagte Josua. «Verpflichtet euch zur Treue gegen den Herrn, den Gott Israels!»

Das Volk antwortete: «Wir wollen dem Herrn, unserem Gott, dienen und ihm gehorchen.»

So schloß Josua an diesem Tag als Vertreter des Volkes einen Bund mit dem Herrn. Dort in Sichem gab er ihnen eine Verfassung und Rechtsordnung. Er schrieb alle Bestimmungen in das Gesetzbuch Gottes. Dann nahm er einen großen Stein und stellte ihn unter der Eiche beim Heiligtum des Herrn in Sichem auf. «Seht diesen Stein!» sagte er zum Volk. «Er soll unser Zeuge sein, denn er hat alles gehört, was zwischen dem Herrn und uns abgemacht worden ist. Er wird Zeuge gegen euch sein, damit ihr eurem Gott nicht untreu werdet.» (Josua 24)

Gott straft den Ungehorsam seines Volkes

Als Josua die Versammlung auflöste, gingen alle Israeliten in die ihnen zugeteilten Gebiete, um sie in Besitz zu nehmen. Solange Josua lebte, dienten sie dem Herrn, und auch noch nach seinem Tod, solange die Führer des Volkes lebten, die die großen Taten Gottes für Israel mit eigenen Augen gesehen hatten.

Josua, der Sohn Nuns, der Diener Gottes, starb im Alter von hundertundzehn Jahren. Man begrub ihn auf seinem Landanteil in Timnat-Heres auf dem Efraimgebirge, nördlich vom Berg Gaasch.

Als seine ganze Generation gestorben war, folgte eine neue Generation, die vom Herrn und all seinen Taten für Israel nichts mehr wußte. So blieb es nicht aus, daß die Israeliten taten, was dem Herrn mißfiel. Sie verließen den Herrn, den Gott ihrer Väter, der sie aus Ägypten herausgeführt hatte, und folgten fremden Göttern. Sie fingen an, die Götter ihrer Nachbarvölker anzubeten und beleidigten damit den Herrn. Weil sie anstelle des Herrn dem Gott Baal und der Göttin Astarte Ehre erwiesen, wurde der Herr zornig auf sie. Darum ließ er Räuberhorden über die Israeliten kommen, die sie ausplünderten.

Er gab sie auch in die Gewalt der umliegenden Völker, so daß sie ihren Feinden nicht mehr standhalten konnten. Alle Kriegszüge der Israeliten ließ er fehlschlagen, wie er es ihnen geschworen hatte. So gerieten sie in schwere Bedrängnis. (Richter 2)

Gott hilft seinem Volk durch Gideon

Wieder einmal taten die Israeliten, was dem Herrn mißfiel. Darum gab er sie in die Gewalt der Midianiter, die Israel sieben Jahre lang unterdrückten. Aus Angst vor den Midianitern versteckten sich die Israeliten in Höhlen und unzugänglichen Schluchten und verschanzten sich auf den Bergen. Jedesmal, wenn die Israeliten gesät hatten, fielen die Midianiter, die Amalekiter und auch Beduinen aus dem Osten ins Land ein und verwüsteten die Felder bis hin nach Gaza. Sie ließen nichts zu essen übrig, auch alle Schafe, Rinder und Esel wurden geraubt. Mit ihren Herden zogen sie heran, keiner konnte sie und ihre Kamele zählen. Auch ihre Zelte brachten sie mit. Wie die Heuschrecken kamen sie über das Land und verwüsteten es. Durch die midianitischen Raubzüge wurden die Israeliten bettelarm. In ihrer Not wandten sie sich wieder dem Herrn zu.

Der Engel des Herrn kam und setzte sich unter die Eiche bei Ofra. Dieser Ort gehörte Joasch, einem Mann aus der Sippe Abiëser. Sein Sohn Gideon war gerade dabei, in der Weinkelter Weizen zu dreschen, weil ihn dort die Midianiter nicht entdecken konnten. Da zeigte sich ihm der Engel des Herrn und sagte: «Der Herr stehe dir zur Seite, du tüchtiger Krieger!»

Gideon erwiderte: «Verzeihung, mein Herr! Steht Gott wirklich auf unserer Seite? Wie ist es dann möglich, daß so viel Unglück über uns gekommen ist? Unsere Väter haben uns immer wieder erzählt: ‹Der Herr hat uns aus

Ägypten hierher geführt.› Wo sind denn alle seine Wundertaten geblieben? Nein, der Herr hat uns im Stich gelassen und in die Hand der Midianiter gegeben!»

Da wandte sich der Herr ihm zu und sagte: «Du bist stark. Darum gebe ich dir jetzt den Auftrag: Geh und rette Israel aus der Gewalt der Midianiter!»

«Aber mein Herr», erwiderte Gideon, «wie sollte gerade ich Israel befreien? Meine Familie ist die kleinste im ganzen Stamm Manasse, und ich bin der Jüngste im Haus!»

Da sagte der Herr zu ihm: «Ich werde dir beistehen, und du wirst die Midianiter schlagen, als wäre es nur ein einziger Mann.»

Die Midianiter schlossen sich mit den Amalekitern und den Beduinen aus dem Osten zusammen, rückten über den Jordan vor und schlugen in der Ebene von Jesreel ihr Lager auf. Da ergriff der Geist des Herrn Besitz von Gideon. Gideon blies das Signalhorn und rief so die ganze Sippe Abiëser zusammen; alle folgten ihm. Er schickte Boten durch das Gebiet des Stammes Manasse; die Männer folgten seinem Ruf und schlossen sich ihm an. Auch zu den Stämmen Ascher, Sebulon und Naftali schickte er Boten, und sie alle kamen ihm zu Hilfe.

Früh am Morgen brach Gideon mit seinem ganzen Heer auf. Bei der Quelle Harod errichteten sie ihr Lager. Das Lager der Midianiter befand sich nördlich von ihnen in der Ebene, nahe beim Hügel More.

Aber der Herr sagte zu Gideon: «Dein Heer ist zu groß. Wenn ich die Midianiter so in eure Gewalt gebe, werden die Israeliten sich selbst den Sieg zuschreiben und nicht mir. Darum rufe im ganzen Lager aus, daß alle, die Angst haben, nach Hause gehen sollen.»

Gideon musterte sein Heer, und zweiundzwanzigtausend gingen wieder heim, nur zehntausend blieben bei ihm.

Doch der Herr sagte zu Gideon: «Das Heer ist immer noch zu groß. Führe die Männer hinunter zur Quelle, dort will ich selbst die Auswahl treffen. Ich werde dir sagen, wer mit dir gehen soll und wer nicht.»

Gideon führte das Heer zur Quelle. Dort sagte der Herr zu ihm: «Wer sich hinwirft und das Wasser mit der Zunge aufleckt wie ein Hund, den stell auf die eine Seite; und wer sich zum Trinken hinkniet, den stell auf die andere Seite.»

Dreihundert Männer warfen sich zu Boden und leckten das Wasser aus der Quelle, alle übrigen knieten sich hin und schöpften das Wasser mit der Hand.

Der Herr sagte zu Gideon: «Durch die dreihundert Männer, die das Wasser aufgeleckt haben, will ich Israel retten und die Midianiter in deine Gewalt geben. Alle anderen sollen nach Hause gehen.»

Gideon schickte sie zurück, nur die dreihundert Ausgewählten behielt er bei sich. Diese übernahmen von den anderen die Vorratskrüge und die Signalhörner.

Das Lager der Midianiter befand sich unten in der Ebene. In der Nacht sagte der Herr zu Gideon: «Steh auf, geh hinunter zum Lager der Midianiter, ich gebe es in deine Hand. Aber wenn du Angst hast, allein zu gehen, dann nimm deinen Burschen Pura mit. Im Lager wirst du hören, was sie miteinander bereden. Das wird dir Mut geben, sie zu überfallen.»

Gideon und sein Bursche gingen hinab, und sie schlichen sich bis an die äußersten Lagerwachen heran. Die Midianiter, Amalekiter und Beduinen aus dem Osten, die dort lagerten, waren so zahlreich wie die Heuschrecken, und ihre Kamele waren unzählbar wie die Sandkörner am Meeresstrand. Als nun Gideon bei den Wachtposten ankam, erzählte gerade einer seinem Kameraden einen Traum. «Stell dir vor», sagte er, «ich habe im Traum gesehen, wie ein Gerstenbrot vom Berg herab in unser Lager rollte. Es stieß an ein Zelt, warf es um und kehrte das unterste zuoberst.» Sein Kamerad antwortete: «Das kann nur eins bedeuten: Der Israelit Gideon wird uns besiegen; Gott hat uns und unser Lager in seine Gewalt gegeben.»

Als Gideon den Traum und seine Deutung gehört hatte, warf er sich nieder und dankte Gott. Dann kehrte er ins israelitische Lager zurück und rief: «Steht auf! Der Herr hat das Lager der Midianiter in eure Hand gegeben.»

Gideon teilte seine dreihundert Männer in drei Gruppen auf; alle bekamen Signalhörner und Krüge mit Fackeln. Gideon befahl ihnen: «Paßt auf, was ich tue, und macht es ebenso, sobald wir an den Rand des Lagers kommen! Wir stellen uns rings um das Lager auf. Wenn ihr mich und die Männer, die bei mir sind, das Horn blasen hört, dann blast auch ihr die Hörner und ruft: ‹Für den Herrn und für Gideon!›»

Mitten in der Nacht kam Gideon mit seinen Männern an den Rand des Lagers. Die Midianiter hatten gerade die Wachen gewechselt. Da blies er sein Horn und zerschlug seinen Krug. Alle drei Abteilungen folgten seinem Beispiel: sie bliesen die Hörner und zerschlugen die Krüge. In der linken Hand hielten sie die Fackel und in der rechten das Horn. Sie riefen: «Wir kämpfen für den Herrn und für Gideon!» Dabei standen sie rings um das Lager, jeder an seinem Platz.

Im Lager entstand ein großes Durcheinander. Die Midianiter rannten hin und her, schrien vor Angst und suchten zu fliehen. Als die dreihundert Männer ihre Hörner bliesen, ließ der Herr im Lager eine Panik entstehen. Die Midianiter gingen mit dem Schwert aufeinander los. Schließlich floh das ganze Heer. (Richter 6 und 7)

KÖNIGE UND PROPHETEN

Eine Frau erbittet von Gott einen Sohn

Im Bergland von Efraim lebte ein Mann mit Namen Elkana. Er hatte zwei Frauen, Hanna und Peninna. Peninna hatte viele Kinder, Hanna war kinderlos.

Elkana ging mit seiner Familie jedes Jahr zum Fest nach Schilo, um zum Herrn, dem Gott Israels, zu beten und ihm Opfer darzubringen. In Schilo versahen die beiden Söhne Elis, Hofni und Pinhas, den Priesterdienst.

Wenn Elkana sein Opfer darbrachte, gab er jedem von den Seinen einen Anteil vom Opferfleisch; Hanna aber bekam ein Extrastück. Er liebte sie mehr, obwohl der Herr ihr Kinder versagt hatte. Dann stichelte Peninna und suchte Hanna wegen ihrer Kinderlosigkeit zu kränken. Das wiederholte sich jedes Jahr, wenn Elkana zum Tempel des Herrn ging: Peninna kränkte Hanna so sehr, daß sie weinte und nichts essen konnte. Elkana fragte sie dann: «Warum weinst du? Warum ißt du nichts? Was bedrückt dich? Hast du an mir nicht mehr als an zehn Söhnen?»

So geschah es wieder einmal. Nachdem man gegessen und getrunken hatte, stand Hanna auf und ging zum Eingang des Tempels. Neben der Tür saß der Priester Eli auf seinem Stuhl. Hanna war ganz verzweifelt. Unter Tränen betete sie: «Herr, du Gott Israels, hab doch Erbarmen und nimm diese Schande von mir! Schenk mir einen Sohn! Ich verspreche dir, daß er dir gehören soll; sein Haar soll niemals geschnitten werden.»

Hanna betete lange, und Eli beobachtete sie. Er sah, wie sie die Lippen bewegte; aber weil sie still für sich betete, konnte er nichts hören. Darum hielt er sie für betrunken. «Wie lange willst du dich hier so aufführen?» fuhr er sie an. «Schlaf erst einmal deinen Rausch aus!»

«Nein, Herr», erwiderte Hanna, «ich habe nichts getrunken; ich bin nur unglücklich und habe mein Herz vor dem Herrn ausgeschüttet. Halte mich nur nicht für zuchtlos! Ich habe großen Kummer, ich bin ganz verzweifelt. Deshalb habe ich hier so lange gebetet.»

«Geh in Frieden», sagte Eli zu ihr. «Der Gott Israels wird deine Bitte erfüllen.» Hanna verabschiedete sich und ging weg. Sie aß wieder und war nicht mehr traurig.

Am nächsten Morgen standen Elkana und seine Familie früh auf, beteten noch einmal im Tempel des Herrn und kehrten nach Rama zurück. Als Elkana das nächste Mal mit Hanna schlief, erhörte der Herr ihr Gebet. Sie wurde schwanger und gebar einen Sohn. Sie sagte: «Ich habe ihn vom Herrn erbeten» und nannte ihn deshalb Samuel.

Als der Junge ein paar Jahre alt war, brachte seine Mutter ihn zum Tempel des Herrn nach Schilo. Auch einen dreijährigen Stier, einen kleinen Sack Mehl und einen Schlauch Wein nahm sie mit. Nachdem die Eltern den Stier geschlachtet hatten, brachten sie den Jungen zu Eli. «Erinnerst du dich, Herr?» sagte Hanna. «Ich bin die Frau, die einmal an dieser Stelle stand und betete. Hier ist das Kind, um das ich gebetet habe; der Herr hat mein Gebet erhört. Auch ich will nun mein Versprechen erfüllen: das Kind soll für sein ganzes Leben dem Herrn gehören.» Und alle warfen sich zum Gebet vor dem Herrn nieder. (1. Samuel 1)

Gott beruft Samuel zum Propheten

Elkana kehrte nach Rama zurück. Der junge Samuel blieb am Tempel in Schilo und wurde von Eli in den Priesterdienst eingeführt. Elis eigene Söhne waren mißraten; sie kümmerten sich nicht um den Willen des Herrn und waren nicht zufrieden mit dem, was die Priester vom Volk fordern durften. Wenn jemand aus dem Volk ein Schlachtopfer darbrachte und das Fleisch noch nicht einmal gargekocht war, schickten sie ihren Diener mit einer großen Gabel. Er stach damit in die Töpfe, und was daran steckenblieb, nahmen sie für sich.

So machten es die Söhne Elis bei allen Israeliten, die nach Schilo kamen. Sogar noch ehe man die Fettstücke auf dem Altar des Herrn opferte, kam der Diener des Priesters und sagte zu dem, der das Opfer darbringen wollte: «Gib mir ein Stück von dem Fleisch zum Braten; der Priester nimmt es nur roh, nicht gekocht!» Wenn der Mann einwandte: «Erst muß für den Herrn das Fett verbrannt werden; danach kannst du nehmen, was du willst», sagte der Diener: «Sofort gibst du es her, sonst nehme ich es mit Gewalt!» Auf diese Weise luden die Söhne Elis schwere Schuld auf sich. Sie beleidigten den Herrn, weil sie die Opfer nicht achteten, die ihm dargebracht wurden.

Unterdessen tat Samuel seinen Dienst vor dem Herrn. Obwohl er noch so jung war, trug er schon das leinene Priesterhemd. Seine Mutter machte ihm dazu jedes Jahr ein neues Obergewand und brachte es mit, wenn sie mit Elkana zum Opferfest kam.

Eli war fast erblindet. Eines Nachts schlief er an seinem gewohnten Platz, und auch Samuel schlief im Tempel, ganz in der Nähe der Bundeslade. Die Lampe im Heiligtum brannte noch. Da rief der Herr: «Samuel!»

«Ja», antwortete Samuel, lief schnell zu Eli und sagte: «Hier bin ich, du hast mich gerufen.»

«Nein», sagte Eli, «ich habe nicht gerufen. Geh wieder schlafen!» Samuel ging und legte sich wieder.

Ein zweites Mal rief der Herr: «Samuel!», und wieder stand Samuel auf, ging zu Eli und sagte: «Hier bin ich, du hast mich gerufen.»

Aber Eli wiederholte: «Ich habe dich nicht gerufen, geh nur wieder schlafen!»

Samuel wußte nicht, daß es der Herr war; denn er hatte seine Stimme noch nie gehört. Der Herr rief Samuel zum dritten Mal, und wieder ging der Junge zu Eli und meldete sich. Da erkannte Eli, daß es der Herr war, der Samuel rief, und er sagte zu ihm: «Geh wieder schlafen, und wenn du noch einmal gerufen wirst, dann antworte: ‹Sprich, Herr, ich höre!›»

Samuel ging und legte sich wieder hin. Da trat der Herr zu ihm und rief wie zuvor: «Samuel! Samuel!» Und er antwortete: «Sprich, Herr, ich höre!» Der Herr sagte: «Ich werde in Israel etwas tun; wer davon hört, wird sich entsetzen. Alles wird eintreffen, was ich Eli und seiner Familie angedroht habe. Er wußte, daß seine Söhne mich beleidigten, und hat sie doch nicht gehindert. Damit hat er sich schuldig gemacht. Deshalb werde ich seine Familie unwiderruflich auslöschen. Ich habe ihm das schon lange ankündigen lassen. Ich habe geschworen, daß ich die Schuld seiner Familie niemals vergeben werde. Es gibt kein Opfer, durch das sie jemals gesühnt werden kann.»

Samuel legte sich wieder hin. Am Morgen öffnete er die Türen des Heiligtums. Er scheute sich, Eli von seinem Erlebnis zu berichten. Aber Eli rief ihn: «Samuel, komm her, mein Junge!» «Da bin ich», antwortete Samuel. Eli fragte: «Was hat er dir gesagt? Verschweige mir nichts! Gott soll dich strafen, wenn du mir nicht alles berichtest, was er dir gesagt hat.»

Da erzählte Samuel ihm alles. Eli aber sagte: «Er ist der Herr. Er weiß, was er tut. Ich beuge mich.»

Samuel wuchs heran. Der Herr stand ihm bei und ließ alles in Erfüllung gehen, was er ihm angekündigt hatte. Ganz Israel von Dan bis Beerscheba erkannte, daß der Herr ihn zu seinem Propheten bestimmt hatte. Der Herr erschien Samuel auch weiterhin in Schilo und gab ihm Weisungen. In ganz Israel hörte man auf Samuel. (1.Samuel 2 und 3)

Die Israeliten verlangen einen König

Als Samuel alt wurde, setzte er seine Söhne als Richter über die Israeliten ein. Der Ältere hieß Joel, der Jüngere Abija. Sie übten ihr Richteramt in Beerscheba aus. Doch sie folgten nicht dem Vorbild ihres Vaters, sondern suchten sich zu bereichern. Sie ließen sich bestechen und verdrehten das Recht.

Da kamen alle Ältesten Israels zusammen und gingen zu Samuel nach Rama. Sie sagten zu ihm: «Du bist alt geworden, und deine Söhne folgen nicht deinem Beispiel. Gib uns einen König, wie ihn alle Völker haben! Der soll bei uns für Recht sorgen.»

Samuel gefiel es nicht, daß sie einen König haben wollten. Er wandte sich an den Herrn, aber der antwortete ihm: «Erfülle ihnen nur ihren Wunsch! Nicht dich lehnen sie ab, sondern mich. Ich soll nicht länger ihr König sein. Seit ich sie aus Ägypten herausgeführt habe, sind sie mir immer wieder untreu geworden und haben sich anderen Göttern zugewandt. Das ist bis heute so geblieben. Jetzt ergeht es dir ebenso. Tu ihnen den Willen! Aber sage ihnen zuvor in aller Deutlichkeit, was ein König für Rechte hat und was er mit ihnen tun kann.»

Samuel tat, was der Herr ihm aufgetragen hatte. Er sagte zum Volk: «Ihr seid euch doch im klaren darüber, welche Rechte ein König für sich in Anspruch nehmen wird! Er wird eure Söhne in seinen Dienst holen, damit sie seine Wagen und Pferde warten und vor ihm herlaufen, wenn er ausfährt. Einen Teil wird er zu Offizieren und Unteroffizieren machen, andere müssen seine Felder bestellen und abernten, wieder andere Waffen und Kampfwagen herstellen. Auch eure Töchter wird er holen, damit sie für ihn kochen und backen und ihm

Salben bereiten. Die besten Felder, Weinberge und Öl-pflanzungen wird er euch nehmen und seinen Beamten geben. Von dem Ertrag eurer Felder und Weinberge wird er den zehnten Teil eintreiben und damit seine Hof-leute und Diener bezahlen. Auch von euren Schafen und Ziegen wird er den zehnten Teil für sich nehmen. Eure Knechte und Mägde, eure besten jungen Leute und auch eure Esel wird er für sich arbeiten lassen. Ihr alle werdet seine Sklaven sein! Dann würdet ihr den König, den ihr selbst verlangt habt, gerne wieder loswerden. Ihr werdet deshalb zum Herrn schreien, aber er wird euch nicht helfen.»

Doch das Volk wollte nicht auf Samuel hören. Alle riefen: «Wir wollen einen König! Es soll bei uns genauso sein wie bei den anderen Völkern! Ein König soll uns Recht sprechen und uns im Krieg anführen!»

Samuel sagte alles dem Herrn. Der Herr antwortete ihm: «Gib ihnen nach und setze einen König ein!»

Samuel verabschiedete die Ältesten Israels und ließ sie wieder nach Hause gehen. (1. Samuel 8)

Gott erwählt Saul zum ersten König Israels

Im Gebiet des Stammes Benjamin lebte ein wohlhabender und angesehener Mann namens Kisch. Er hatte einen Sohn, der hieß Saul. Der war jung und stattlich, schöner als alle anderen jungen Männer in Israel und einen Kopf größer als alle.

Einmal waren seinem Vater alle Eselinnen weggelau-fen. Da sagte er zu Saul: «Nimm einen Knecht mit und suche sie!»

Die beiden durchstreiften das Gebirge Efraim und fanden sie nicht; sie suchten in der Gegend von Scha-lischa – ohne Erfolg, dann in der Gegend von Schaalim – auch nichts; sie durchzogen das Gebiet von Jemini – es war alles vergeblich. Als sie in die Gegend von Zuf ka-men, sagte Saul zu seinem Knecht: «Wir kehren lieber um! Sonst macht sich mein Vater um uns noch mehr Sorgen als um die Eselinnen.»

Doch der Knecht erwiderte: «In der Stadt da drüben lebt ein angesehener Mann Gottes. Alles, was er voraussagt, trifft ein. Wir wollen zu ihm gehen, vielleicht kann er uns helfen.»

«Aber was sollen wir ihm mitbringen?» fragte Saul. «Unsere Beutel sind leer, das Brot ist aufgegessen; und sonst haben wir nichts.»

Der Knecht sagte: «Ich habe noch ein kleines Silberstück bei mir, das will ich ihm geben; dann wird er uns schon sagen, wo wir suchen sollen.»

«Gut», sagte Saul, «gehen wir!» Und sie machten sich auf den Weg. Als sie die Straße zur Stadt hinaufgingen, begegneten ihnen einige Mädchen, die Wasser holen wollten. Sie fragten die Mädchen: «Ist der Seher in der Stadt?»

Die Mädchen antworteten: «Ja, er ist in der Stadt. Gerade heute ist er gekommen, weil das Volk auf der Höhe über der Stadt ein Opferfest feiert. Beeilt euch, dann werdet ihr ihn noch treffen, bevor er zum Opfermahl hinaufgeht. Alle warten auf ihn; erst wenn er das Opfer gesegnet hat, dürfen die Festteilnehmer davon essen. Geht schnell, dann trefft ihr ihn!»

Die beiden gingen weiter zur Stadt hinauf. Als sie ans Tor kamen, wollte Samuel gerade die Stadt verlassen und zur Opferstätte hinaufgehen. Der Herr hatte ihn am Tag zuvor auf die Begegnung mit Saul vorbereitet und zu ihm gesagt: «Morgen um diese Zeit werde ich einen Mann aus dem Stamm Benjamin zu dir senden. Den sollst du zum Anführer meines Volkes Israel salben. Er soll es von der Herrschaft der Philister befreien. Ich habe den Hilferuf der Israeliten gehört und will ihnen helfen.» Als nun Samuel Saul erblickte, sagte der Herr zu ihm: «Das ist der Mann, von dem ich gesprochen habe. Er soll mein Volk regieren.»

Am Stadttor traf Saul auf Samuel und fragte ihn: «Kannst du mir sagen, wo der Seher wohnt?»

Samuel antwortete: «Ich bin es selbst. Kommt mit mir auf die Höhe! Ihr seid heute meine Gäste. Morgen früh darfst du weiterziehen; dann sage ich dir alles, was du wissen willst. Wegen der Eselinnen, die dir vor drei Tagen weggelaufen sind, mach dir keine Gedanken; sie sind gefunden. Aber es gibt wichtigeres: Ganz Israel setzt seine Hoffnung auf dich und deine Familie!»

«Wie kannst du so etwas sagen?» erwiderte Saul. «Ich gehöre doch zum Stamm Benjamin, dem kleinsten aller Stämme Israels, und meine Sippe ist die geringste im ganzen Stamm!»

Samuel brachte Saul und seinen Begleiter in die Halle des Heiligtums und setzte sie an die Ehrenplätze der Tafel. Etwa dreißig Gäste waren geladen. Dann befahl er dem Koch: «Bring das Stück her, das ich dich zurücklegen ließ!» Der Koch brachte eine Keule und legte sie Saul vor. Samuel sagte: «Das ist für dich zurückgelegt worden, damit du an diesem Festmahl teilnehmen kannst. Laß es dir schmecken!»

Nachdem sie miteinander gegessen hatten, ging Samuel mit Saul wieder zur Stadt hinunter. Auf dem Dach des Hauses bereitete man ein Lager für Saul, und er legte sich schlafen. Früh am nächsten Morgen rief Samuel hinauf: «Steh auf, ich will dich ein Stück begleiten!» Saul stand auf, und sie machten sich auf den Weg. Als sie an die Grenze der Stadt kamen, sagte Samuel zu ihm: «Bleib noch einen Augenblick hier und schick deinen Knecht voraus. Ich habe dir eine Botschaft von Gott zu sagen.» Der Knecht ging voraus.

Samuel hatte ein Gefäß mit Öl mitgenommen. Er goß es Saul auf den Kopf, küßte ihn und sagte: «Hiermit hat der Herr dich als Anführer seines Volkes Israel eingesetzt.» Weiter sagte Samuel: «Wenn du jetzt weggehst, wirst du am Grab Rahels bei Zelzach im Gebiet des Stammes

Benjamin zwei Männer treffen. Sie werden dir sagen: ‹Die Eselinnen sind gefunden. Aber dein Vater sorgt sich jetzt um dich, weil du so lange wegbleibst.› Wenn du dann weitereilst und zur Eiche von Tabor kommst, werden dir drei Männer begegnen, die nach Bet-El zum Heiligtum gehen. Der eine trägt drei Böckchen, der andere drei Brote und der dritte einen Schlauch mit Wein. Sie werden dich freundlich grüßen und dir zwei von den Broten geben. Nimm sie an! Dann wirst du nach Gibeat-Elohim kommen, wo die Philister ihren Stützpunkt haben. Vor der Stadt wirst du einer Prophetenschar begegnen, die von der Opferstätte auf der Anhöhe herabkommt. Sie werden auf Harfen, Pauken, Flöten und Lauten spielen und von ekstatischer Begeisterung ergriffen sein. Dann wird der Geist des Herrn auch auf dich kommen, und ihre Begeisterung wird auf dich übergreifen. Von da an wirst du ein ganz neuer Mensch sein. Wenn dir das alles begegnet, dann besinn dich nicht lange. Tu, wozu es dich drängt! Gott wird dir beistehen.» Samuel fügte hinzu: «Geh mir voraus nach Gilgal und warte sieben Tage auf mich. Ich werde dorthin kommen und dem Herrn Opfer darbringen. Dann will ich dir alles sagen, was du tun sollst.»

Und Saul machte sich auf den Weg.

Samuel berief eine Volksversammlung ein. Alle Männer Israels kamen zum Heiligtum in Mizpa. Dort sagte er zu ihnen: «Der Herr, der Gott Israels, hat euch aus Ägypten herausgeführt, er hat euch aus der Gewalt der Ägypter und aller anderen Feinde befreit und euch aus aller Not und Bedrängnis gerettet. Ihr aber habt euch heute von ihm losgesagt und habt verlangt, daß ich einen König über euch einsetze. Ihr sollt euren Willen haben. Ordnet euch nach Stämmen und Sippen und stellt euch hier vor dem Herrn auf!»

Samuel ließ die Oberhäupter der einzelnen Stämme

vortreten und befragte den Herrn durch das Los. Es fiel auf den Stamm Benjamin. Dann ließ er die Sippenhäupter des Stammes Benjamin vortreten. Das Los fiel auf die Sippe Matris, und unter den Männern dieser Sippe fiel es auf Saul, den Sohn Kischs. Aber als man Saul nach vorn holen wollte, war er nirgends zu finden.

Sie fragten den Herrn: «Sind vielleicht noch nicht alle da?» Aber der Herr antwortete: «Sucht ihn, er hat sich im Lager versteckt!»

Sie liefen hin und holten ihn. Als er in der Mitte stand, sah man: er war einen Kopf größer als alle. Samuel sagte zum Volk: «Hier ist der Mann, den der Herr ausgewählt hat. Seht ihn euch an! Keiner im ganzen Volk ist wie er.» Da riefen alle: «Der König lebe hoch!»

Samuel machte dem Volk die Rechte des Königs bekannt. Er schrieb sie auf und verwahrte die Urkunde im Heiligtum des Herrn. Dann löste er die Versammlung auf, und jeder ging nach Hause. (1.Samuel 9 und 10)

Gott verstößt Saul wegen seines Ungehorsams

Der erste König Israels ist nach anfänglichen Erfolgen im Kampf gegen die Feinde des Volkes mehr und mehr zu einem glücklosen Herrscher geworden. Daran hat wohl eine krankhafte Verdüsterung seines Gemüts entscheidenden Anteil gehabt, die in Mißtrauen und Eifersucht zum Ausdruck kam. Den tiefsten Grund aber für das Scheitern Sauls berührt die folgende Geschichte, die ihn noch auf der Höhe des Erfolgs zeigt.

Samuel kam zu Saul und sagte: «Der Herr gab mir damals den Auftrag, dich zum König über sein Volk Israel zu salben. Darum gehorche jetzt seinem Befehl! Er läßt dir sagen: ‹Ich bin der Herr der Heere Israels! Ich habe nicht vergessen, was die Amalekiter meinem Volk Israel angetan haben. Sie versperrten ihm den Weg, als es aus Ägypten kam. Darum zieh gegen sie ins Feld und bring ihnen eine vernichtende Niederlage bei. Alles, was zu ihnen gehört, steht unter dem Bann. Darum vernichte ohne Erbarmen Männer und Frauen, Kinder und Säuglinge, Rinder, Schafe, Kamele und Esel.»

Saul rief die wehrfähigen Männer nach Telam zusammen. Dort musterte er sie; es waren 200000 Mann Fußvolk, dazu kamen noch 10000 Mann aus Juda. Mit ihnen drang Saul zur Hauptstadt der Amalekiter vor. In einem Tal sammelte er sein Heer zum Angriff. Den Kenitern ließ Saul sagen: «Zieht fort, trennt euch von den Amalekitern, damit ihr nicht zusammen mit ihnen ausgerottet werdet. Ihr seid uns Israeliten freundlich begegnet, als wir aus Ägypten kamen.» Da verließen die Keniter das Gebiet der Amalekiter. Saul griff die Amalekiter an und schlug sie vernichtend von Hawila bis Schur an der ägyptischen Grenze. Alle wurden mit dem Schwert niedergemacht. Ihren König Agag nahm Saul gefangen und ließ ihn am Leben. Die Israeliten verschonten auch die besten Schafe, Ziegen, Rinder, Kälber und Lämmer, und was sonst noch wertvoll war. Nur an den minderwertigen Tieren vollstreckten sie den Bann.

Da sagte der Herr zu Samuel: «Es reut mich, daß ich Saul zum König gemacht habe. Er hat sich von mir abgewandt und meine Befehle nicht befolgt.»

Samuel war schmerzlich betroffen. Die ganze Nacht schrie er zum Herrn, um ihn umzustimmen. Früh am Morgen machte er sich auf den Weg zu Saul. Er hörte, Saul sei in der Stadt Karmel gewesen und habe dort ein Siegeszeichen aufgerichtet, dann sei er nach Gilgal weitergezogen. Dort fand ihn Samuel.

Saul begrüßte ihn und sagte: «Ich habe den Befehl des Herrn ausgeführt!»

«Aber ich höre doch Schafe blöken und Rinder brüllen», wandte Samuel ein.

Saul erwiderte: «Meine Leute haben sie mitgebracht. Sie haben die besten Schafe und Rinder am Leben gelassen, um sie dem Herrn, deinem Gott, als Opfer darzubringen. Alles übrige haben wir vernichtet.»

«Kein Wort weiter!» rief Samuel. «Hör, was der Herr mir in dieser Nacht gesagt hat!»

«Was ist es?» fragte Saul.

Samuel antwortete: «Du bist der Anführer der Stämme Israels. Obwohl du selbst dich nicht für würdig hieltest, hat der Herr dich zu ihrem König gemacht. Und er hat dich zu den Amalekitern geschickt und dir befohlen: ‹Kämpfe gegen sie, bis du sie vernichtet hast. Vollstrecke den Bann an ihnen, denn sie haben mich beleidigt.› Warum hast du dem Herrn nicht gehorcht? Warum hast du getan, was ihm mißfällt, und dich auf die Beute gestürzt?»

«Ich habe doch gehorcht», erwiderte Saul. «Ich habe gegen die Amalekiter gekämpft, wie der Herr mir befohlen hatte, und habe sie alle umbringen lassen. Ihren König habe ich gefangen hierhergebracht. Meine Leute aber ließen die besten Schafe und Rinder am Leben, um sie hier in Gilgal dem Herrn, deinem Gott, zu opfern.»

Doch Samuel erwiderte: «Was meinst du: Was gefällt dem Herrn besser: Brandopfer und Schlachtopfer, oder Gehorsam gegenüber seinem Befehl? Laß dir gesagt sein: Wenn du dem Herrn gehorchst, freut es ihn mehr als das beste Opfer. Trotz gegen Gott ist ebenso schlimm wie Zauberei, Auflehnung gegen ihn so schlimm wie Götzendienst. Weil du gegen den Befehl des Herrn verstoßen hast, wird der Herr auch dich verstoßen: Du kannst nicht länger König über sein Volk sein.»

Saul sah sein Unrecht ein. «Ich habe mich schuldig gemacht», bekannte er. «Ich habe den Befehl des Herrn und deine Anweisungen nicht befolgt. Ich hatte Angst vor meinen Männern und ließ ihnen ihren Willen. Vergib mir meine Schuld und komm mit mir, damit wir zusammen das Opfer darbringen.»

Aber Samuel erwiderte: «Ich kann nicht mit dir kommen. Du hast gegen den Befehl des Herrn verstoßen, darum hat der Herr dich verstoßen. Du kannst nicht mehr König über Israel sein.»

Samuel wollte weggehen. Da hielt Saul ihn an seinem Mantel fest, und ein Stück davon riß ab. Samuel sagte: «Wie du mir dieses Stück von meinem Mantel abgerissen hast, so entreißt dir der Herr heute die Königsherrschaft über Israel und gibt sie einem anderen, der würdiger ist als du. Gott, der mächtige Beschützer Israels, steht zu seinem Urteil und nimmt es nicht zurück. Er ist nicht wie ein Mensch, der seinen Sinn ändert und seine Entscheidung bereut.»

«Es stimmt», wiederholte Saul, «ich habe mich schuldig gemacht. Aber stelle mich vor meinem Volk und seinen Ältesten nicht bloß und erweise mir jetzt die gebührende Ehre. Komm mit mir, damit ich dem Herrn, deinem Gott, das Opfer darbringen kann!»

Samuel ließ sich umstimmen und ging mit. Als Saul das Opfer dargebracht hatte, befahl Samuel: «Bringt mir Agag, den König der Amalekiter!» Trotzig ging Agag auf Saul zu und sagte: «Jetzt fürchte ich den Tod nicht mehr!» Aber Samuel sagte: «Dein Schwert hat viele Mütter kinderlos gemacht. So soll jetzt auch deine Mutter kinderlos werden!» Und er schlug Agag vor dem Altar in Gilgal in Stücke.

Dann kehrte Samuel nach Rama zurück, und auch Saul ging nach Hause in die Königsstadt Gibea. Samuel mied Saul für den Rest seines Lebens, aber er trauerte um ihn. Dem Herrn tat es leid, daß er Saul zum König über Israel gemacht hatte. (1.Samuel 15)

Gott erwählt David zum Nachfolger Sauls

Der Herr sagte zu Samuel: «Wie lange trauerst du noch um Saul? Ich habe ihn verstoßen; er kann nicht länger König über Israel sein. Fülle jetzt dein Horn mit Salböl und geh nach Betlehem zu Isai. Unter seinen Söhnen habe ich mir einen als König ausgewählt.»

«Aber wie kann ich das?» wandte Samuel ein. «Wenn Saul es erfährt, bringt er mich um!»

Der Herr antwortete: «Nimm ein Kalb mit und sage, du kommst, um ein Opfer darzubringen. Lade auch Isai dazu ein. Ich sage dir dann, welchen von seinen Söhnen du zum König salben sollst.»

Samuel gehorchte dem Herrn und machte sich auf den Weg. In Betlehem kamen ihm die Ältesten der Stadt besorgt entgegen und fragten: «Bedeutet dein Kommen Glück oder Unglück?»

«Es bedeutet Glück», antwortete Samuel. «Ich komme, um dem Herrn ein Opfer darzubringen. Macht euch bereit und kommt dann mit mir zum Opfermahl!» Er lud auch Isai und seine Söhne ein und forderte sie auf, sich zur Teilnahme am Opfer vorzubereiten.

Als Isai und seine Söhne kamen, fiel Samuels Blick auf Eliab, und er dachte: «Das ist gewiß der, den der Herr ausgewählt hat!»

Doch der Herr sagte zu Samuel: «Laß dich nicht davon beeindrucken, daß er groß und stattlich ist. Er ist nicht der Erwählte. Ich urteile anders als die Menschen. Ein Mensch sieht, was ins Auge fällt; ich aber sehe in das Herz.»

Isai rief Abinadab und führte ihn Samuel vor. Aber Samuel sagte: «Auch ihn hat der Herr nicht ausgewählt.» Dann ließ Isai Schima vortreten, aber Samuel wiederholte: «Auch ihn hat der Herr nicht ausgewählt.» So ließ Isai alle sieben Söhne an Samuel vorbeigehen, aber Samuel sagte: «Keinen von ihnen hat der Herr ausgewählt.»

Dann fragte er Isai: «Sind das alle deine Söhne?»

Isai antwortete: «Der Jüngste fehlt noch, David; der hütet die Schafe.»

«Laß ihn holen», sagte Samuel, «wir fangen mit dem Opfermahl nicht an, bevor er hier ist!»

Isai schickte einen Boten, und David kam. Er war

schön und kräftig, und seine Augen leuchteten. «Er ist es, salbe ihn!» sagte der Herr zu Samuel. Da nahm Samuel das Horn mit dem Öl und salbte ihn zum König vor den Augen seiner Brüder. Da ergriff der Geist des Herrn Besitz von David und verließ ihn nicht mehr. Samuel aber kehrte nach Rama zurück.

Der Herr hatte seinen Geist von Saul genommen und ihm einen bösen Geist geschickt, der ihn oft quälte. Da sagten seine Leute zu Saul: «Du weißt selbst, daß ein böser Geist dich heimsucht. Sollen wir uns nicht nach einem Mann umsehen, der die Harfe spielen kann? Du brauchst nur zu befehlen! Wenn dann der böse Geist über dich kommt, kannst du dir etwas vorspielen lassen; das wird dich aufmuntern.»

«Ja», antwortete Saul, «sucht mir einen geschickten Harfenspieler und bringt ihn zu mir!»

Einer von den jungen Leuten sagte: «Ich kenne jemand: Isai in Betlehem hat einen Sohn, der Harfe spielen kann. Er ist von guter Familie und von angenehmem Äußeren. Er ist ein tüchtiger Kämpfer, und er versteht, zur rechten Zeit das rechte Wort zu sagen. Der Herr steht ihm bei.»

Da sandte Saul Boten zu Isai und ließ ihm sagen: «Schick mir doch deinen Sohn David, der die Schafe hütet!»

Isai gab David einen Esel mit Broten und einem Schlauch Wein mit, dazu einen jungen Ziegenbock. So kam David an den Königshof. Saul ließ ihn immer in seiner Nähe sein. Er fand Gefallen an ihm und machte ihn zu seinem Waffenträger. Isai ließ er sagen: «Laß David in meinem Dienst bleiben! Ich bin mit ihm sehr zufrieden.»

Immer, wenn der böse Geist über Saul kam, griff David zur Harfe. Dann wurde es Saul leichter ums Herz, und der böse Geist verließ ihn. (1.Samuel 16)

David besiegt den Philister Goliat

Die Philister versammelten ihre Streitmacht bei Socho im Gebiet des Stammes Juda. Sie hatten ihr Lager in Efes-Dammim zwischen Socho und Aseka. Saul hatte die wehrfähigen Männer Israels aufgeboten. Sie hatten ihr Lager im Eichental. Als sie zum Kampf ausrückten, stellten sie sich am einen Abhang des Tales auf, die Philister am anderen; die Talsohle lag zwischen ihnen.

Da kam aus dem Lager der Philister ein einzelner Krieger. Er hieß Goliat und stammte aus Gat. Er war über drei Meter groß. Er trug Helm, Brustpanzer und Beinschienen aus Bronze; der Panzer allein wog mehr als einen Zentner. Über seiner Schulter hing eine bronzene Lanze. Der Schaft seines Spießes war so dick wie ein Weberbaum, und die eiserne Spitze wog fast vierzehn Pfund. Ein Soldat trug den großen Schild vor ihm her.

Goliat trat vor und rief den Israeliten zu: «Warum stellt ihr euch denn zur Schlacht auf? Ich stehe für die Philister, und ihr steht für Saul. Wählt einen von euch aus! Er soll zu mir herabkommen und mit mir kämpfen. Wenn er mich besiegt und tötet, wollen wir eure Sklaven sein. Wenn aber ich siege und ihn töte, sollt ihr unsere Sklaven werden und uns dienen.» Dann fing er an zu höhnen: «Habt ihr es gehört? Schickt mir einen Mann, damit wir miteinander kämpfen. Aber ihr findet ja doch keinen!»

Als Saul und die Männer Israels das hörten, erschraken sie und hatten große Angst.

Der Efratiter Isai aus Betlehem war um diese Zeit schon zu alt, um noch in den Krieg zu ziehen. Doch die drei ältesten seiner acht Söhne, Eliab, Abinadab und Schamma, waren dem Aufgebot Sauls gefolgt. Der Jüngste war David. Er kam immer wieder vom Königshof nach Hause und hütete die Schafe seines Vaters.

Vierzig Tage lang trat Goliat morgens und abends vor

und forderte die Israeliten zum Zweikampf heraus. Eines Tages sagte Isai zu David: «Geh zu deinen Brüdern ins Lager! Bring ihnen dieses Säckchen mit gerösteten Körnern und diese zehn Brote. Dem Hauptmann nimmst du diese zehn Käse mit. Sieh nach, wie es deinen Brüdern geht. Und laß dir irgend etwas von ihnen geben als Zeichen dafür, daß sie wohlauf sind. Sie sind mit Saul und allen Männern Israels im Eichental und kämpfen gegen die Philister.»

David übergab die Schafe einem Hüter. Früh am nächsten Morgen packte er seine Last auf und machte sich auf den Weg. Als er zum Lager kam, rückte das Heer gerade aus und stellte sich zum Kampf auf. Die Männer stimmten den Schlachtruf an. Die Schlachtreihen der Israeliten und der Philister standen sich gegenüber. Da ließ David sein Gepäck bei der Lagerwache und lief an die Front zu seinen Brüdern. Während er mit ihnen sprach, trat wieder der riesige Philister vor und forderte die Israeliten zum Zweikampf heraus. Auch David hörte seine Worte. Sobald die Männer Israels den Philister sahen, bekamen sie große Angst und wichen vor ihm zurück.

«Hast du ihn gesehen? Da kommt er!» riefen sich die Israeliten zu. «Und wie er Israel verhöhnt! Wer ihn tötet, den macht der König zum reichen Mann; er soll sogar die Königstochter bekommen, und seine ganze Familie wird von der Steuer befreit!»

David erkundigte sich bei den Männern, die in seiner Nähe standen: «Was für eine Belohnung bekommt der, der den Philister tötet und diese Schande von Israel nimmt? Dieser Unbeschnittene darf doch nicht das Heer des lebendigen Gottes verhöhnen!»

Man erklärte ihm noch einmal, was der König als Belohnung ausgesetzt hatte. Als sein ältester Bruder Eliab ihn so mit den Männern reden hörte, wurde er zornig und sagte: «Was hast denn du hier zu suchen! Unsere ärmlichen paar Schafe läßt du allein in der Wildnis; wer wird nun auf sie aufpassen? Ich kenne dich, du Nichtsnutz, du eingebildeter! Du bist nur gekommen, um einmal den Krieg zu sehen.»

David erwiderte: «Was habe ich denn getan? Ich habe doch nur gefragt!» Er drehte sich um und fragte den nächsten, und wieder bekam er dieselbe Antwort.

Es sprach sich herum, daß David so interessiert nach der Belohnung fragte. Man berichtete es auch Saul, und er ließ ihn zu sich rufen.

«Mein König!» sagte David. «Laß dich von diesem Philister nicht einschüchtern! Ich werde mit ihm kämpfen.»

«Wo denkst du hin», erwiderte Saul. «Du bist ja fast noch ein Kind, und er ist ein Mann, der von Jugend auf mit den Waffen umgeht!»

«Mein König», sagte David, «als ich die Schafe meines Vaters hütete, kam es vor, daß ein Löwe oder Bär sich ein Tier von der Herde holen wollte. Dann lief ich ihm nach, schlug auf ihn ein und rettete das Opfer aus seinem Rachen. Wenn er sich wehrte und mich angriff, packte ich ihn an der Mähne und schlug ihn tot. Mit Löwen und Bären bin ich fertiggeworden. Diesem unbeschnittenen Philister soll es nicht besser ergehen! Er wird dafür büßen, daß er das Heer des lebendigen Gottes verhöhnt hat! Der Herr hat mich vor den Krallen der Löwen und Bären geschützt, er wird mich auch vor diesem Philister beschützen.»

«Gut», sagte Saul, «kämpfe mit ihm; der Herr wird dir beistehen.» Er zog ihm seine eigene Rüstung an, den Brustpanzer und den großen Helm. David hängte sich das Schwert um und machte ein paar Schritte. Aber es fiel ihm zu schwer.

«Ich kann darin nicht gehen», sagte er zu Saul, «ich habe noch nie eine Rüstung getragen.» Er legte alles wieder ab und nahm Hirtenstock und Schleuder. Im Bachbett suchte er fünf glatte Kieselsteine und steckte sie in seine Hirtentasche. Mit der Schleuder in der Hand ging er dem Philister entgegen.

Auch Goliat rückte vor; sein Schildträger ging vor ihm her. Als er nahe genug war, sah er, wer ihm da entgegenkam: ein Halbwüchsiger, kräftig und schlank. Voll Verachtung brüllte er ihn an: «Was willst du mit dem Stock? Bin ich vielleicht ein Hund?» Er rief den Fluch seiner Götter auf David herab. «Komm nur her», spottete er, «dein Fleisch will ich den Raubvögeln und Raubtieren zu fressen geben!»

Doch David antwortete: «Du trittst gegen mich an mit Schwert, Spieß und Lanze. Ich aber komme mit dem Beistand des allmächtigen Gottes, des Herrn der Heere Israels. Du hast ihn verhöhnt. Dafür gibt er dich heute in meine Gewalt. Ich werde dich töten und dir den Kopf abschlagen, und die Leichen der anderen Philister werde ich den Raubvögeln und Raubtieren zu fressen geben. Dann wird jedermann erkennen, daß das Volk Israel einen Gott hat, der für es eintritt. Auch die hier versammelten Israeliten sollen sehen, daß der Herr nicht Schwert und Spieß braucht, um sein Volk zu retten. Der Herr selbst führt diesen Krieg und wird euch Philister in unsere Gewalt geben.»

Goliat rückte vor und ging auf David zu. David eilte ihm entgegen, holte einen Stein aus seiner Tasche und traf Goliat am Kopf. Der Stein drang in die Stirn ein, und der Philister stürzte vornüber zu Boden. Ohne Schwert, nur mit Schleuder und Stein, hatte David ihn besiegt und getötet. Er lief zu dem Gestürzten hin, zog dessen Schwert aus der Scheide und schlug ihm den Kopf ab.

Als die übrigen Philister sahen, daß ihr stärkster Mann tot war, liefen sie davon. Die Männer Israels und Judas aber stimmten den Schlachtruf an und verfolgten sie bis nach Gat und bis an die Stadttore von Ekron. Auf dem ganzen Weg von Schaarajim bis nach Gat und Ekron lagen die Leichen der erschlagenen Philister. (1.Samuel 17)

Jonatan nimmt David vor Saul in Schutz

David wird von Saul mit militärischen Aufträgen betraut. Aber die Erfolge, die er auch hier erringt, wecken die krankhafte Eifersucht des Königs, die David mehrfach in Lebensgefahr bringt. Der Königssohn Jonatan hat mit David Freundschaft geschlossen und sucht zu vermitteln. Als die Lage sich zuspitzt, treffen die beiden Freunde heimlich zusammen.

David fragte Jonatan: «Was habe ich deinem Vater angetan? Warum will er mich umbringen? Was wirft er mir vor?»

«Er will dich nicht umbringen», erwiderte Jonatan. «Das kann nicht sein. Er sagt mir doch immer, was er vorhat, sogar die unbedeutendsten Kleinigkeiten. Warum sollte er mir ausgerechnet dies verheimlichen? Glaube mir, es ist nichts daran.»

«Aber dein Vater weiß doch genau, daß du mein bester Freund bist», wandte David ein. «Er will dich schonen, deshalb sagt er dir nichts. So gewiß der Herr lebt und so gewiß du selbst lebst: Ich stehe schon mit einem Fuß im Grab.»

«Meinst du nicht, daß ich dir helfen kann?» fragte Jonatan.

«Du kannst es versuchen», sagte David. «Morgen ist das Neumondfest, da erwartet der König mich als Gast an seiner Tafel. Wenn du damit einverstanden bist, will ich fernbleiben und mich in der Umgebung verstecken. Wenn dein Vater nach mir fragt, dann sage: ‹David hat mich um Urlaub gebeten. Er wollte in seine Vaterstadt Betlehem gehen, wo seine Sippe das jährliche Opferfest feiert. Er war in Eile.› Wenn dein Vater sagt: ‹Es ist gut›, droht mir keine Gefahr. Wenn er aber zornig wird, weißt du, daß er entschlossen ist, mich zu töten. Bitte, tu mir diesen Gefallen! Denk an den Freundschaftsbund, den du mir gewährt und vor dem Herrn besiegelt hast. Wenn ich aber wirklich schuldig bin, dann töte du mich! Liefere mich nicht deinem Vater aus!»

Jonatan erwiderte: «Wie kannst du mir so etwas zutrauen? Wenn mein Vater deinen Tod beschlossen hat, werde ich es dir sofort sagen. Der Herr soll mich strafen, wenn ich dich nicht warne! Hat mein Vater wirklich deinen Tod beschlossen, so gebe ich dich frei, damit du dich in Sicherheit bringen kannst. Ich bitte den Herrn, daß er dir dann beisteht, wie er meinem Vater beigestanden ist. Erlebe ich es noch, daß du König wirst, so denk an die Güte, die der Herr dir erwiesen hat, und schenke mir das Leben. Laß auch meine Nachkommen immer in deiner Gunst stehen. Laß meinen Namen immer mit deiner Familie verbunden bleiben, auch dann, wenn der Herr alle deine Feinde vernichtet hat. Schwöre mir das! Denk daran, daß ich dich liebe wie mich selbst!»

Jonatan sagte weiter: «Morgen am Neumondfest wird man dich vermissen, wenn dein Platz leer ist. Komm dann nach dem Fest an die Stelle, wo du dich schon einmal verborgen hast, und versteck dich hinter dem großen Stein. Ich werde dann drei Pfeile in dieser Richtung abschießen, als ob ich ein Ziel treffen wollte. Dann schicke ich meinen Diener los, um die Pfeile zu suchen. Paß gut auf! Wenn ich ihm zurufe: ‹Die Pfeile liegen näher bei mir›, dann kannst du hervorkommen; es steht gut für dich, du bist nicht in Gefahr, so gewiß der Herr lebt. Wenn ich ihm aber zurufe: ‹Sie liegen weiter weg›, dann schickt der Herr dich fort, und du mußt fliehen.»

David versteckte sich wie verabredet. Am Neumondtag setzte sich der König zum Festmahl auf seinen gewohnten Platz an der Wand. Sein Heerführer Abner saß neben ihm, Jonatan ihm gegenüber. Davids Platz blieb leer. Saul sagte nichts, denn er dachte: «Es wird irgend etwas vorgefallen sein, so daß er den Reinheitsvorschriften nicht genügt.» Als aber der Platz auch am zweiten

Festtag leer war, fragte Saul seinen Sohn Jonatan: «Was nimmt er sich heraus? Warum ist er weder gestern noch heute zum Festmahl gekommen?»

Jonatan antwortete: «Er hat mich um Urlaub gebeten; er mußte dringend nach Betlehem. Seine Sippe hält dort ein Opferfest. Sein Bruder hat ihn gedrängt, daran teilzunehmen. Er sagte zu mir: ‹Wenn ich bei dir etwas gelte, dann gib mich frei, damit ich meine Verwandten besuchen kann.› Deshalb ist er nicht an deine Tafel gekommen.»

Da packte Saul der Zorn; er schrie Jonatan an: «Du Bastard! Ich weiß genau, daß du zu diesem hergelaufenen Kerl hältst. Schande über dich und deine Mutter! Solange der noch lebt, mußt du für dein Leben fürchten und hast keine Aussicht, jemals König zu werden. Schick hin und laß ihn festnehmen; er muß sterben!»

«Warum soll er sterben?» fragte Jonatan. «Was hat er denn getan?» Da erhob Saul seinen Speer gegen Jonatan, als wollte er ihn durchbohren.

Jonatan sah, daß sein Vater fest entschlossen war, David umzubringen. Empört stand er von der Tafel auf. Er konnte an diesem Tag keinen Bissen mehr hinunterbringen. Er war tief getroffen, daß sein Vater David so beschimpft hatte.

Am nächsten Morgen ging er hinaus zum verabredeten Platz. Nur einen jungen Diener hatte er bei sich. «Lauf voraus», befahl er ihm, «und such die Pfeile, die ich abschieße!» Der Junge lief voraus, und Jonatan schoß einen Pfeil über ihn hinweg. Als der Junge an die Stelle kam, wo der Pfeil niedergegangen war, rief Jonatan ihm zu: «Der Pfeil liegt doch weiter draußen! Bleib nicht stehen, schnell, lauf ihm nach!» Der Junge hob den Pfeil auf und brachte ihn zurück. Nur Jonatan und David wußten, was das alles bedeutete.

Jonatan gab seinem Diener Bogen und Pfeile und schickte ihn in die Stadt zurück. Als er gegangen war, kam David aus seinem Versteck hinter dem Stein hervor. Er kniete vor Jonatan nieder und beugte sich dreimal zur Erde. Dann küßten sie sich, und beide weinten. «Geh in Frieden», sagte Jonatan. «Denk an das, was wir einander vor dem Herrn geschworen haben. Auch unsere Nachkommen sind daran gebunden für alle Zeiten. Der Herr ist unser Zeuge!»

David machte sich rasch auf den Weg, und Jonatan kehrte in die Stadt zurück. (1.Samuel 20)

David verzichtet darauf, sich an Saul zu rächen

David flieht vor Saul und sammelt eine Schar von Männern um sich, die «verfolgt, verschuldet oder verbittert waren». Mit ihrer Hilfe sucht er sich zu behaupten, und er legt damit zugleich den Grund für seinen künftigen Aufstieg.

David zog sich in die schwer zugänglichen Berghöhen bei En-Gedi zurück. Saul schlug inzwischen die Philister in die Flucht und verfolgte sie. Als er siegreich heimkehrte, meldete man ihm: «David ist jetzt in den Bergen bei En-Gedi!» Saul nahm dreitausend der besten Kriegsleute aus ganz Israel und machte sich auf die Suche.

David und seine Männer saßen gerade östlich vom Steinbockfelsen in einer Höhle in der Nähe der Schafhürden. Als Saul dort vorbeikam, ging er allein in die Höhle, um seine Notdurft zu verrichten. David und seine Leute kauerten im hintersten Winkel.

Die Männer flüsterten David zu: «Jetzt ist es soweit! Du weißt doch, der Herr hat dir versprochen, daß er deine Feinde in deine Hand geben wird! Jetzt kannst du dich an Saul rächen.»

David schlich nach vorn und schnitt heimlich ein Stück von Sauls Gewand ab. Doch dann schlug ihm das Gewissen, weil er das getan hatte. Er sagte zu seinen Leuten: «Gott bewahre mich davor, daß ich Hand an meinen Herrn lege! Er ist doch der König, den Gott ein-

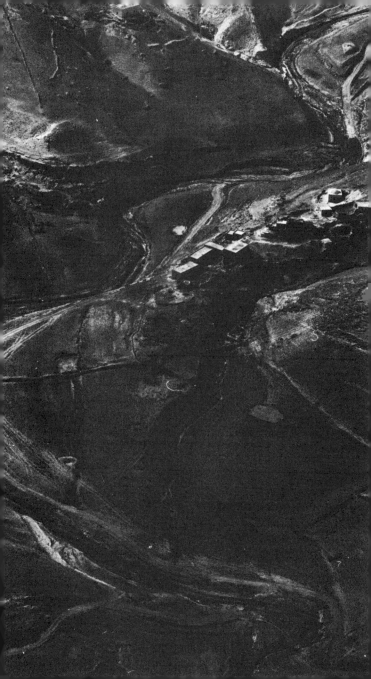

gesetzt hat!» Er wies seine Männer zurecht und verbot ihnen, sich an Saul zu vergreifen.

Als Saul die Höhle verlassen hatte, kam David heraus und rief ihm nach: «Mein Herr und König!» Saul drehte sich um, und David warf sich ehrerbietig vor ihm nieder. Er sagte: «Warum läßt du dir einreden, daß ich dich ins Verderben stürzen will? Heute kannst du dich mit eigenen Augen vom Gegenteil überzeugen. Hier in der Höhle hatte der Herr dich in meine Hand gegeben; meine Leute haben mir zugesetzt, daß ich dich umbringe; aber ich habe dich geschont. Ich wollte nicht Hand an meinen Herrn legen, an den König, den Gott erwählt hat. Ja, ich verehre dich wie einen Vater! Schau her, was ich in meiner Hand halte! Ich hätte dich töten können, aber ich habe nur dieses Stück von deinem Gewand abgeschnitten. Daran mußt du doch merken, daß ich kein Verräter bin und dir nichts Böses antun will. Ich habe dir nichts getan, und doch stellst du mir nach und willst mich umbringen. Der Herr soll Richter zwischen uns sein; er soll dich strafen für das Unrecht, das du mir antust; aber ich selbst werde meine Hand nicht gegen dich erheben. Du kennst das Sprichwort: ‹Nur Verbrecher begehen Verbrechen›. Ich werde mich nicht an dir vergreifen. Bedenke auch, was du tust! Hinter wem jagst du her? Der König von Israel jagt einen toten Hund, ja einen winzigen Floh! Der Herr soll entscheiden, wer von uns beiden im Recht ist. Ihm stelle ich meine Sache anheim. Er soll für mich kämpfen und mir zu meinem Recht verhelfen.»

Als David ausgeredet hatte, fragte Saul: «Bist du es wirklich, mein Sohn David?» Er brach in Tränen aus. Dann sagte er zu David: «Du beschämst mich. Du bist gut zu mir gewesen, obwohl ich dir soviel Böses getan habe. Das hat sich heute gezeigt. Der Herr hatte mich in deine Hand gegeben, aber du hast mich nicht getötet. Wo kommt so etwas vor, daß einer seinen Feind in der Hand hat und ihn laufen läßt? Der Herr wird dich dafür belohnen. Ich weiß ja, daß du König werden und dem Königtum in Israel festen Bestand geben wirst. Darum schwöre mir beim Herrn, daß du meine Nachkommen nicht ausrottest und mein Andenken nicht völlig auslöschst!»

David schwor es. Dann kehrte Saul nach Hause zurück. David und seine Männer zogen sich an ihren Zufluchtsort in den Bergen zurück. (1.Samuel 24)

Sauls Ende

Samuel war gestorben und in seiner Heimatstadt Rama begraben worden. Alle Männer Israels hatten sich an der Totenklage für ihn beteiligt.

Wieder einmal zogen die Philister ihre Truppen zusammen. Sie rückten bis nach Schunem vor und schlugen dort ihr Lager auf. Saul rief die Männer Israels zu den Waffen; sie hatten ihr Lager auf dem Gilboa-Gebirge. Als Saul das Heer der Philister sah, erschrak er und wurde ganz verzagt.

Er fragte den Herrn, was er tun sollte. Doch der Herr gab ihm keine Antwort, weder durch einen Traum noch durch das Losorakel noch durch das Wort eines Propheten. Darum befahl Saul seinen Leuten: «Sucht mir eine Frau, die Tote herbeirufen kann! Ich will hingehen und sehen, ob sie mir weiterhilft.»

«In En-Dor gibt es eine», sagten sie ihm. Saul zog fremde Kleider an, machte sein Gesicht unkenntlich und ging mit zwei Begleitern dorthin.

Es war Nacht, als sie ankamen. Saul bat die Frau: «Sag mir die Zukunft voraus! Du kannst doch Tote heraufholen. Ich sage dir, wen du rufen sollst.»

Die Frau erwiderte: «Du weißt doch selbst, daß der König so etwas verboten hat. Er hat die Totenbeschwörer und Wahrsager aus dem ganzen Land vertrieben. Du willst mir nur eine Falle stellen und mich ins Verderben bringen.»

Aber Saul schwor: «So gewiß der Herr lebt, es wird dir nichts geschehen!»

«Wen soll ich denn heraufrufen?» fragte die Frau.

Saul antwortete: «Rufe Samuel!»

Als die Frau Samuel erblickte, schrie sie auf und sagte zu Saul: «Warum hast du mich hintergangen? Du bist ja Saul!»

«Du brauchst nichts zu fürchten», erwiderte der König. «Sag doch, was du siehst!»

«Ich sehe einen Geist aus der Erde heraufsteigen», berichtete sie. «Wie sieht er aus?» fragte Saul. «Es ist ein alter Mann», sagte sie, «er trägt einen Mantel.» Daran erkannte Saul, daß es Samuel war. Voll Ehrerbietung warf er sich auf die Erde.

«Warum hast du meine Ruhe gestört?» fragte ihn Samuel. «Was willst du von mir?»

Saul antwortete: «Ich bin in Todesängsten. Die Philister sind gegen mich aufmarschiert, und der Herr hat mich verlassen. Weder durch ein Prophetenwort noch durch einen Traum antwortet er mir. Darum habe ich dich rufen lassen. Sag mir, was ich tun soll!»

Samuel erwiderte: «Wozu mußt du mich noch fragen? Du siehst doch: Der Herr hat sich von dir abgewandt und ist dein Feind geworden. Er führt jetzt aus, was er durch mich angekündigt hat. Er nimmt dir das Königtum und gibt es David. Der Herr befahl dir, sein Vernichtungsurteil an den Amalekitern zu vollstrecken. Weil du ihm nicht gehorcht hast, wird er dich und das Heer Israels in die Gewalt der Philister geben. Morgen wirst du mit deinen Söhnen bei mir in der Totenwelt sein.»

Als Saul das hörte, stürzte er der Länge nach zu Boden, so hatte es ihn getroffen. Er war ohnehin geschwächt, weil er den ganzen Tag noch nichts gegessen hatte.

Die Frau trat zu Saul, und als sie sah, wie verstört er war, sagte sie: «Mein König! Ich habe deine Bitte erfüllt und habe sogar mein Leben dabei aufs Spiel gesetzt. Nun erfülle auch mir eine Bitte. Ich bringe dir eine Kleinigkeit zu essen. Stärke dich für den Weg, der vor dir liegt!»

Saul sträubte sich und wollte nichts essen. Aber seine beiden Begleiter und die Frau setzten ihm so lange zu, bis er aufstand und sich auf das Bett setzte. Die Frau hatte ein gemästetes Kalb im Stall, das schlachtete sie in aller Eile. Dann nahm sie Mehl, machte einen Teig und backte Brotfladen. Das trug sie Saul und seinen Begleitern auf. Sie aßen und machten sich noch in derselben Nacht auf den Rückweg.

Auf dem Gilboagebirge kam es zur Schlacht. Die Männer Israels mußten zurückweichen und wurden von den Philistern niedergemacht. Dann wandten sich die Philister gegen Saul und seine Söhne. Jonatan, Abinadab und Malkischua fanden den Tod. Saul allein hielt noch den Angriffen stand. Als aber die Bogenschützen sich auf ihn einschossen, packte ihn die Angst und lähmte ihn. Da befahl er seinem Waffenträger: «Zieh dein Schwert und töte mich! Sonst werden diese Unbeschnittenen mir ein schändliches Ende bereiten.» Aber der Waffenträger hatte Angst, sich an Saul zu vergreifen. Da nahm Saul sein Schwert und stürzte sich hinein.

Als der Waffenträger sah, daß Saul tot war, stürzte auch er sich in sein Schwert und folgte ihm in den Tod. So starben Saul, seine drei Söhne und alle seine Männer an einem einzigen Tag. (1. Samuel 28 und 31)

König David erobert die Stadt Jerusalem

Nach Sauls Tod zieht David nach Hebron und läßt sich dort zunächst zum König über den Stamm Juda erheben. Erst nach der Ermordung des Saulssohnes Isch-Boschet tragen ihm die Vertreter der Nordstämme das Königtum auch über «Israel» (Nordisrael) an. Die beiden Reichsteile bleiben getrennt und sind nur durch die Person Davids und später die seines Sohnes Salomo verbunden. Eine Klammer zwischen den beiden Teilen bildet die neue Hauptstadt Jerusalem, die bis dahin noch in kanaanitischer Hand war und als uneinnehmbar galt.

Nachdem David König über Israel geworden war, zog er mit seinen Soldaten vor die Stadt Jerusalem. Die Jebusiter, die dort wohnten, riefen David zu: «Diese Stadt wirst du nicht einnehmen, selbst Blinde und Lahme könnten sie verteidigen!» So sicher waren sie, daß David nicht in ihre Stadt eindringen würde.

David sagte zu seinen Leuten: «Los, schlagt die Jebusiter! Dringt durch den Wassertunnel in die Stadt ein! Diese Blinden und Lahmen sollen meinen Zorn zu spüren bekommen!»

So gelang es David, die Burg Zion einzunehmen. Nach der Eroberung nahm er Wohnung in der Burg und nannte sie Davidsstadt. Er baute die Befestigungen aus. So wurde er immer mächtiger, und der Herr, der Gott Israels, stand ihm bei. (2.Samuel 5)

Gottes Zusage für David und seine Nachkommen

König David wohnte in Frieden in seinem Palast. Der Herr hielt alle Feinde von ihm fern. Eines Tages sagte der König zu dem Propheten Natan: «Ich wohne hier in einem Palast aus Zedernholz, und die Lade Gottes steht in einem Zelt. Ist das in Ordnung?»

Natan sagte: «Tu, was du vorhast; der Herr wird dir beistehen.»

Aber in der folgenden Nacht sagte der Herr zu Natan: «Geh zu meinem Diener David und richte ihm aus: ‹Der Herr läßt dir sagen: Du willst mir ein Haus bauen, in dem ich wohnen soll? Seit ich die Israeliten aus Ägypten befreit habe, habe ich noch nie in einem Haus gewohnt. In einem Zelt zog ich mit euch umher. Zu keinem der Männer, die ich als Richter und Anführer meines Volkes berief, habe ich je gesagt: ‹Warum baust du mir kein Haus

aus Zedernholz?› Darum sollst du meinem Diener David ausrichten: ‹Gott, der Herr der Welt, läßt dir sagen: Ich habe dich von der Schafherde weggeholt und zum Herrscher über mein Volk gemacht. Bei allem, was du unternommen hast, habe ich dir geholfen und habe alle deine Feinde vernichtet. Ich habe dich berühmt gemacht, und du wirst zu den Großen der Erde gezählt. Meinem Volk Israel habe ich einen Wohnsitz gegeben, ein Land, in dem es sicher leben kann. Es soll sich nicht mehr vor Unterdrückern fürchten müssen wie damals, als ich Richter über mein Volk berief. Auch dir will ich Ruhe verschaffen und deine Feinde von dir fernhalten. Du wirst mir kein Haus bauen; ich werde *dir* ein Haus bauen. Wenn deine Zeit abgelaufen ist und du stirbst, werde ich dafür sorgen, daß einer deiner Söhne dir auf dem Königsthron folgt. Der soll dann ein Haus für mich bauen, und ich werde seiner Herrschaft für immer Bestand geben. Ich will für ihn wie ein Vater sein, und er soll für mich wie ein Sohn sein. Wenn er sich verfehlt, werde ich ihn dafür strafen wie ein Vater seinen Sohn, aber meinen Beistand will ich ihm nicht entziehen, wie ich ihn Saul entzogen habe. Ihn habe ich verstoßen und dich zum König gemacht. In Zukunft wird immer einer deiner Nachkommen auf deinem Thron sitzen. Dein Königshaus wird für alle Zeiten bestehen.›»

Natan sagte David alles, was der Herr ihm aufgetragen hatte. Da ging der König in das heilige Zelt, kniete nieder und betete: «Herr, mein Gott, ich habe es nicht verdient, daß du mich so weit gebracht hast, und meine Familie auch nicht. Und jetzt willst du noch mehr tun, Herr, mein Gott: Du hast Zusagen gemacht, die noch meinen fernsten Nachkommen gelten. Ich brauche dir nichts weiter zu sagen, du kennst mich. Weil du mich berufen hast und mich liebst, willst du all das tun, was du mir zugesagt hast. Herr, mein Gott, wie groß du bist! Keiner ist dir gleich. Alles, was wir je gehört haben, bestätigt: Es gibt keinen Gott außer dir. Und welches Volk auf der Erde gleicht deinem Volk Israel? Wo sonst hat ein Gott ein Volk aus der Sklaverei befreit und zu seinem Eigentum gemacht? Du hast für dein Volk mächtige, furchterregende Taten getan, so daß dein großer Name in aller Welt bekannt geworden ist. Aus Ägypten hast du es herausgeholt und hast andere Völker und ihre Götter vor ihm vertrieben. Du hast Israel für alle Zeiten zu deinem Volk gemacht, Herr, und bist sein Gott geworden. Mache nun wahr, was du mir und meinen Nachkommen für alle Zeiten zugesagt hast! Dann wird dein Name zu allen Zeiten gerühmt werden, und man wird sagen: ‹Der Herr der ganzen Welt ist der Gott Israels!›» (2. Samuel 7)

Der König bricht das Recht
und wird dafür zur Rechenschaft gezogen

Im folgenden Frühling, zu der Zeit, wenn die Könige gewöhnlich in den Krieg ziehen, schickte David das Heer Israels unter der Führung seines Feldherrn Joab und seiner Offiziere in den Kampf gegen die Ammoniter. Sie verwüsteten deren Land und belagerten die Stadt Rabba. David blieb in Jerusalem.

Eines Tages erhob sich David nach der Mittagsruhe von seinem Lager und ging auf dem flachen Dach seines Palastes auf und ab. Da sah er im Hof des Nachbarhauses eine Frau, die gerade ein Bad nahm. Sie war sehr schön. David ließ nachforschen, wer sie sei, und man sagte ihm: «Es ist Batseba, die Tochter Ammiëls und Frau des Hetiters Urija.»

David schickte Boten zu ihr und ließ sie zu sich holen. Sie kam, und er schlief mit ihr. Sie hatte sich gerade von ihrer monatlichen Blutung gereinigt. Danach kehrte sie wieder in ihr Haus zurück.

Als Batseba entdeckte, daß sie schwanger geworden war, ließ sie es David melden. Der schickte zu Joab und befahl ihm: «Sende mir den Hetiter Urija her!» Joab tat es. Als Urija kam, erkundigte sich David nach dem Stand der Kampfhandlungen und wie es Joab und dem Heer gehe. Dann sagte er zu Urija: «Geh jetzt nach Hause und ruh dich aus!» Als Urija ging, ließ David ihm Geschenke nachtragen.

Doch Urija ging nicht in sein Haus, sondern zu den Wachsoldaten am Eingang des Palastes und übernachtete dort. Als David es erfuhr, fragte er ihn: «Warum gehst du nicht nach Hause? Du hast doch einen langen Weg hinter dir!»

Urija antwortete: «Die Männer Israels und Judas stehen im Feld, und auch die Bundeslade hat nicht mehr als ein Laubdach; mein Befehlshaber Joab und seine Offiziere lagern im Freien. Und da soll ich nach Hause gehen, essen und trinken und bei meiner Frau schlafen? Bei allem, was heilig ist: Das werde ich nicht tun!»

David sagte: «Bleib noch einen Tag hier; morgen lasse ich dich gehen.» Urija blieb, und David lud ihn an seine Tafel. Er machte ihn betrunken; aber wieder ging Urija nicht nach Hause, sondern legte sich bei der Palastwache schlafen.

Am nächsten Morgen schrieb David einen Brief an Joab und gab ihn Urija mit. Darin stand: «Stelle Urija dorthin, wo der Kampf am härtesten ist! Dann zieht euch plötzlich zurück, damit er den Tod findet.»

Joab stellte Urija bei der Belagerung an die Stelle, wo die Gegner ihre tapfersten Soldaten hatten. Einmal machten die Belagerten dort einen Ausfall, und einige von Davids Söldnern fanden den Tod. Auch Urija fiel.

Joab meldete David den Verlauf des Gefechts. Er schärfte dem Boten ein: «Wenn du den ganzen Hergang berichtet hast, wird der König vielleicht zornig und fragt dich: ‹Warum seid ihr so nahe an die Stadt herangegangen? Wußtet ihr nicht, daß von der Mauer geschossen wird? Habt ihr vergessen, wie es Abimelech, dem Sohn Jerubbaals, vor Tebez erging, als eine Frau einen Mahlstein von der Mauer warf, der ihn erschlug? Warum seid ihr so nahe an die Mauer herangerückt?› Dann sollst du sagen: ‹Auch der Hetiter Urija ist ums Leben gekommen.›»

Der Bote ging zu David und meldete alles, was Joab ihm aufgetragen hatte. Er sagte: «Die Feinde waren uns überlegen, sie versuchten einen Ausfall und griffen uns auf offenem Feld an. Doch wir drängten sie bis dicht an das Stadttor zurück. Da schossen die Bogenschützen von der Mauer auf uns herunter. Einige von deinen Offizieren fanden den Tod, auch Urija war darunter.»

David befahl dem Boten, Joab auszurichten: «Nimm die Sache nicht so schwer! Das Schwert trifft bald diesen, bald jenen. Nur Mut! Kämpfe weiter, bis die Stadt zerstört ist!»

Als die Frau Urijas hörte, daß ihr Mann gefallen war, trauerte sie um ihn. Nach Ablauf der Trauerzeit holte David sie zu sich in seinen Palast und heiratete sie. Sie gebar ihm einen Sohn.

Doch dem Herrn mißfiel, was David getan hatte. Er sandte den Propheten Natan zu ihm.

Natan ging hin und sagte zum König: «Ich muß dir einen Fall vortragen: Zwei Männer lebten in derselben Stadt. Der eine war reich, der andere arm. Der Reiche besaß viele Schafe und Rinder. Der Arme hatte nur ein einziges Lamm. Er hatte es sich gekauft und zog es mit seinen eigenen Kindern auf. Es aß von seinem Teller, trank aus seinem Becher und schlief in seinem Schoß. Er hielt es wie eine Tochter. Eines Tages bekam der reiche Mann Besuch. Er wollte keines von seinen eigenen Schafen oder Rindern für seinen Gast hergeben. Darum nahm er dem Armen das Lamm weg und setzte es seinem Gast vor.»

Vom Zorn gepackt fuhr David auf und rief: «So gewiß der Herr lebt: Dieser Mann muß sterben! Das Lamm muß er vierfach ersetzen. Wie konnte er nur so etwas Gemeines tun!»

«Du bist der Mann!» sagte Natan. «Höre, was der Herr, der Gott Israels, dir sagen läßt: ‹Ich habe dich zum König über Israel berufen und dich vor den Nachstellungen Sauls gerettet. Ich habe dir die Tochter Sauls, deines Herrn, und seine Frauen gegeben und dich zum König über Juda und Israel gemacht. Wenn du es verlangt hättest, hätte ich dir sogar noch mehr gegeben. Warum hast du meine Gebote übertreten und getan, was mir mißfällt? Du hast Urija ermordet, du hast ihn durch die Ammoniter umbringen lassen, und dann hast du dir seine Frau genommen. Weil du das getan und mir nicht gehorcht hast, darum werden in allen Generationen Mitglieder deines Königshauses ein blutiges Ende finden.

Dir selbst aber sage ich: Durch deine eigenen Söhne lasse ich Unglück über dich kommen. Du wirst es erleben, daß ich dir deine Frauen wegnehme und sie einem anderen gebe, der am hellichten Tag mit ihnen schlafen wird. Was du heimlich getan hast, will ich im Licht des Tages geschehen lassen, und ganz Israel wird es sehen.›»

David sagte zu Natan: «Ich bin vor dem Herrn schuldig geworden!»

Natan erwiderte: «Weil du das einsiehst, hat der Herr dir deine Schuld vergeben. Du mußt nicht sterben. Aber weil du durch deine Tat den Feinden des Herrn Anlaß gegeben hast, ihn zu lästern, darum wird der Sohn, den Batseba dir geboren hat, sterben.»

Dann verließ Natan den König und ging nach Hause. (2. Samuel 11 und 12)

Abschalom erhebt sich gegen seinen Vater David

Davids dritter Sohn Abschalom hatte aus persönlicher Rache seinen Halbbruder Amnon, Davids Ältesten, ermorden lassen. Er wurde deshalb von David aus Jerusalem verbannt, doch nach einiger Zeit wieder begnadigt. Abschalom legt es darauf an, seinen Vater vom Thron zu verdrängen.

Abschalom legte sich einen Wagen mit Pferden zu und eine Leibwache von fünfzig Mann. Schon ganz früh am Morgen stellte er sich am Tor zum Königspalast auf, wo die Leute vorbeikamen, die das königliche Gericht in einer Rechtssache um Entscheidung angehen wollten. Sobald er einen sah, sprach er ihn an und fragte: «Aus welcher Gegend bist du?» Vor allem wenn er erfuhr, daß der Mann von einem der Nordstämme Israels kam, ließ er sich den Streitfall erzählen und sagte dann: «Ich sehe: Das Recht ist auf deiner Seite; aber bei den Richtern des Königs wird dir das nichts helfen. Wenn nur ich hier im Land Richter wäre; ich würde jedem zu seinem Recht verhelfen!» Wenn sich dann einer vor ihm niederwerfen wollte, zog er ihn an sich und küßte ihn. So machte es Abschalom mit jedem, der zum königlichen Gericht kam, und schlich sich in die Herzen der Männer Israels ein.

Nach vier Jahren sagte Abschalom zu seinem Vater: «Als ich noch in der Verbannung war, habe ich dem Herrn versprochen, ihm ein großes Dankopfer darzubringen, wenn er mich wieder nach Jerusalem zurückbrächte. Erlaube mir, mein König, daß ich jetzt nach Hebron gehe und mein Gelübde erfülle.»

«Geh in Frieden!» sagte David.

Abschalom aber sandte heimlich Boten zu allen Stämmen Israels und ließ bekanntmachen: «Wenn ihr das Signalhorn blasen hört, dann ruft: ‹Abschalom ist in Hebron König geworden!›»

Dann ging er nach Hebron. Aus Jerusalem nahm er zweihundert Festgäste mit, die ahnungslos waren und von seiner Absicht nichts wußten. Als das Opferfest schon begonnen hatte, ließ er noch Ahitofel, den früheren Berater Davids, aus seinem Wohnort Gilo holen. Abschalom bekam immer mehr Zulauf, und die Verschwörung griff um sich.

David wurde gemeldet, daß die Israeliten sich seinem

Sohn Abschalom angeschlossen hatten. «Wir müssen fliehen!» sagte er zu seinen Leuten. «Es gibt keine andere Rettung. Schnell, sonst fallen wir in seine Hand, und er richtet ein Blutbad in der Stadt an.»

«Du bist unser Herr und König», sagten sie, «du hast zu befehlen. Wir halten zu dir.»

Der König verließ die Stadt; seine Familie und die Hofleute folgten ihm. Nur zehn Nebenfrauen ließ er zurück, um im Palast nach dem Rechten zu sehen.

Als David nach Bahurim kam, ging ihm aus dem Ort ein Mann entgegen, beschimpfte ihn und bewarf ihn und seine Leute mit Steinen. Selbst die Elitetruppe, die David begleitete, schreckte ihn nicht ab. Es war Schimi, der Sohn Geras, ein Verwandter des Königs Saul. Er stieß wilde Flüche gegen David aus und rief: «Zum Teufel mit dir, du Mörder, du Verbrecher! Jetzt erlebst du die Strafe für das, was du der Familie Sauls angetan hast. Das Blut aller Ermordeten kommt über dich! Das Königtum, das du an dich gerissen hast, hat der Herr deinem Sohn Abschalom gegeben. Jetzt kannst du sehen, wo du bleibst, du Mörder!»

Da sagte Abischai, der Sohn der Zeruja, zu David: «Darf dieser tote Hund es wagen, den König so zu beschimpfen? Ich werde hingehen und ihm den Kopf abschlagen!»

Aber David erwiderte: «So denkt *ihr*, du und dein Bruder Joab! Der Herr selbst hat ihm befohlen, mich zu beschimpfen; wofür soll ich ihn dann bestrafen?» Zu allen gewandt sagte David: «Ihr wißt doch, daß mein eigener Sohn mich umbringen will. Was kann man da von einem Verwandten Sauls erwarten? Laßt ihn reden, der Herr hat es ihm befohlen. Ich muß jetzt diese Erniedrigung hinnehmen; vielleicht erbarmt sich dann der Herr und verwandelt den Fluch in Segen.»

Während David mit seinen Leuten weiterging, lief

Schimi auf der anderen Seite des Tals nebenher. Er beschimpfte ihn in einem fort und warf mit Steinen und Dreck nach ihm. Ganz erschöpft kam David mit seinen Männern an den Jordan. Dort machten sie Rast.

Anstatt David sofort zu verfolgen, ruft Abschalom das Volksheer Israels zur Entscheidungsschlacht zusammen. David stützt sich auf seine zahlenmäßig schwächere, aber hochqualifizierte Söldnertruppe.

David musterte sein Heer, teilte es in Abteilungen zu je tausend Mann und Unterabteilungen zu je hundert Mann ein und bestimmte die Anführer der einzelnen Abteilungen. Dann bildete er drei Heeresgruppen, die eine unter Joab, die zweite unter Abischai und die dritte unter dem Gatiter Ittai.

«Ich werde selbst mit euch in den Kampf ziehen», erklärte David vor dem ganzen Heer. Aber die Männer sagten: «Nein, bleib hier; du darfst dich nicht in Gefahr begeben! Wenn *uns* etwas zustößt, hat das nichts zu bedeuten, selbst wenn wir fliehen müssen oder die Hälfte von uns den Tod findet. Aber du bist soviel wert wie zehntausend von uns. Außerdem wäre es gut, wenn du uns notfalls von der Stadt aus Verstärkung bringen könntest.»

David willigte ein. Er trat neben das Stadttor und ließ seine Soldaten abteilungsweise an sich vorbeiziehen. Alle konnten es hören, wie er den drei Heerführern Joab, Abischai und Ittai den Befehl gab: «Schont mir meinen Jungen, den Abschalom!»

So zogen Davids Truppen dem Heer Israels entgegen. Im Waldland von Efraim kam es zum Kampf. Die kriegsgeübten Männer Davids brachten dem Heer Israels eine schwere Niederlage bei; zwanzigtausend Israeliten fanden den Tod. Der Kampf breitete sich über die ganze Gegend aus, und durch das gefährliche Gelände kamen mehr Menschen ums Leben als durch Waffen.

Abschalom nahm auf einem Maultier am Kampf teil. Als er unter einer Eiche durchritt, verfing er sich mit den Haaren in dem dichten Geäst; das Maultier lief unter ihm weg, und er blieb in der Luft hängen. Einige von Davids Leuten hatten es beobachtet, und einer von ihnen meldete Joab: «Abschalom hängt dort drüben an einer Eiche!»

«Was?» sagte Joab. «Und du hast ihn nicht auf der Stelle zusammengehauen? Ich hätte dir zur Belohnung zehn Silberstücke und einen Gürtel geschenkt!»

Aber der Mann erwiderte: «Auch für tausend Silberstücke hätte ich es nicht getan. Wie könnte ich mich am Sohn des Königs vergreifen? Wir alle haben doch gehört, wie der König dir, Abischai und Ittai befohlen hat: ‹Gebt mir auf den Jungen acht! Keiner darf ihm etwas antun!› Wenn ich es wirklich getan hätte und der König hätte es erfahren – er erfährt ja alles –, dann hättest du mich ja doch im Stich gelassen.»

«Was hältst du mich auf!» rief Joab, nahm drei spitze Stöcke und stieß sie Abschalom, der immer noch an der Eiche hing, in die Brust. Dann umringten zehn von Joabs Leuten, seine Waffenträger, Abschalom und schlugen ihn vollends tot.

Das Heer Israels war in voller Flucht. Mit einem Hornsignal rief Joab seine Truppen von der Verfolgung zurück. Das israelitische Heer löste sich auf, und jeder ging nach Hause. Die Leute Joabs warfen den Leichnam Abschaloms im Wald in eine tiefe Grube und türmten darüber einen großen Steinhaufen auf.

Ein Bote brachte David die Nachricht, daß Abschalom tot war. David war schwer getroffen. Er stieg zu dem Raum über dem Toreingang hinauf, weinte und klagte: «Abschalom! Abschalom, du mein Sohn! Wäre ich doch an deiner Stelle gestorben! Abschalom, mein Sohn, mein Sohn!»

Man meldete Joab: «Der König weint; fassungslos trauert er um Abschalom.»

Als die Soldaten hörten, daß der König so sehr um seinen Sohn trauerte, schlug die Siegesfreude in Niedergeschlagenheit um. Sie schlichen durch das Tor in die Stadt wie Männer, die sich schämen, weil sie vor dem Feind davongelaufen sind.

Mit verhülltem Gesicht saß der König da und klagte unaufhörlich: «Mein Sohn Abschalom! Abschalom, mein Sohn, mein Sohn!» Da ging Joab zum König hinein und sagte: «Du beleidigst deine Getreuen, die zu dir gehalten haben. Sie haben heute dir, deinen Söhnen, Töchtern und Frauen das Leben gerettet. Du aber verachtest deine treuesten Freunde und liebst deine Feinde mehr als sie. Du läßt deine Offiziere und Soldaten spüren, daß sie dir nichts wert sind. Ich sehe, es wäre dir am liebsten, wenn Abschalom noch lebte und wir alle tot wären! Fasse dich! Steh auf, geh hinaus und sag deinen Leuten ein anerkennendes Wort. Du kannst dich darauf verlassen: Wenn du nicht kommst, laufen dir noch in dieser Nacht alle weg. Das wird schlimmer für dich sein als alles, was du seit deiner Jugend mitgemacht hast.»

König David stand auf und setzte sich in die Nische im Torweg. Joab ließ den Soldaten sagen: «Der König sitzt im Tor!» Da kamen sie alle und zogen an ihm vorbei. (2.Samuel 15; 16; 18; 19)

Salomo folgt seinem Vater David auf dem Thron

Noch zu Lebzeiten des altgewordenen David rivalisieren seine Söhne Adonija und Salomo um die Nachfolge auf dem Thron. Nach langem Zögern spricht sich David für Salomo aus und erhebt ihn zum Mitregenten und Nachfolger. Salomo kann nach Davids Tod (965 v. Chr.) das Großreich seines Vaters, das weit über das israelitische Kernland hinausreichte, im wesentlichen zusammenhalten. Auch die Unzufriedenheit im Inneren wird erst nach Salomos Tod (926 v. Chr.) auf Veränderungen hindrängen.

Während Salomo in Gibeon war, erschien ihm der Herr bei Nacht im Traum und sagte zu ihm: «Wünsche dir, was du willst; ich will es dir geben.» Salomo antwortete: «Herr, mein Gott! Du hast mich anstelle meines Vaters David zum König gemacht. Ich bin noch viel zu jung und unerfahren und fühle mich dieser Aufgabe nicht gewachsen. Und doch hast du mir das Volk anvertraut, das du dir erwählt hast, und ich trage die Verantwortung für so viele Menschen, die niemand zählen kann. Darum schenke mir ein Herz, das auf deine Weisung hört, damit ich dein Volk regieren und gerechtes Urteil sprechen kann. Wie kann ich sonst dieses große Volk leiten?»

Der Herr freute sich über diese Bitte. Deshalb sagte er zu Salomo: «Du hättest dir langes Leben oder Reichtum oder den Tod deiner Feinde wünschen können. Stattdessen hast du mich um Einsicht gebeten, damit du gerecht regieren kannst. Darum werde ich deine Bitte erfüllen und dir soviel Weisheit und Verstand schenken, daß kein Mensch vor dir und auch keiner danach mit dir verglichen werden kann. Aber auch das, worum du mich nicht gebeten hast, will ich dir geben: Ich werde dir Reichtum und hohes Ansehen schenken, so daß zu deinen Lebzeiten kein König sich mit dir messen kann. Und wenn du meine Gebote so treu befolgst wie dein Vater David, dann schenke ich dir auch ein langes Leben.»

Gott schenkte Salomo viel Weisheit, einen scharfen Verstand und unermeßliches Wissen. Salomo übertraf darin sogar die Weisen Arabiens und Ägyptens. Er wußte mehr als alle Menschen, auch mehr als der Esrachiter Etan und als Heman, Kalkol und Darda, die Söhne Mahols. Sein Ruhm verbreitete sich unter allen benachbarten Völkern. Er verfaßte dreitausend Weisheitssprüche und mehr als tausend Lieder. Er sprach darin über alle Arten von Pflanzen, von der Libanon-Zeder bis zum Ysop, der an Mauern wächst, und ebenso über Säugetiere, Vögel, Kriechtiere und Fische. Aus allen Völkern kamen Leute, um Salomo zuzuhören, und alle Könige der Erde, zu denen der Ruf seiner Weisheit gedrungen war, schickten Gesandte zu ihm (1.Könige 3 und 5)

König Salomo baut den Tempel in Jerusalem

König Hiram von Tyrus war stets ein guter Freund Davids gewesen. Als er erfuhr, daß Salomo anstelle seines Vaters König geworden war, schickte er eine Gesandtschaft nach Jerusalem. Daraufhin ließ Salomo Hiram ausrichten: «Wie du weißt, konnte mein Vater David dem Herrn, seinem Gott, keinen Tempel bauen. Er mußte sich ständig gegen die Angriffe der Nachbarvölker wehren, bis der Herr sie ihm unterwarf. Mir aber hat der Herr, mein Gott, Frieden geschenkt. Niemand greift mich an, kein Unheil bedroht mich. Darum habe ich mich entschlossen, einen Tempel zu bauen, wo man zum Herrn, meinem Gott, beten kann. So hatte es Gott vorgesehen, als er zu meinem Vater David sagte: ‹Dein Sohn, dem ich nach deinem Tod die Herrschaft übertragen werde, soll mir einen Tempel bauen.› Deshalb bitte ich dich: Laß auf dem Libanon-Gebirge für mich Zedern fällen. Meine Arbeiter werden den deinen dabei zur Hand gehen. Ich erstatte dir den Lohn für deine Leute; fordere, was du für angemessen hältst. Du weißt ja, daß wir in Israel niemand haben, der so gut Bäume fällen kann wie deine Leute.»

Als Hiram die Botschaft Salomos erhielt, freute er sich sehr und sagte: «Laßt uns heute den Herrn preisen, daß er David einen so tüchtigen Sohn geschenkt hat, der dieses große Volk regieren kann.» Er ließ Salomo sagen: «Ich habe deine Botschaft erhalten. Ich bin bereit, deinen Wunsch zu erfüllen und dir das benötigte Holz zu schicken. Meine Arbeiter werden die Stämme vom Libanon zum Meer hinunterschaffen. Dann lasse ich sie zu Flößen zusammenbinden und der Küste entlang zu dem Platz bringen, den du mir nennen wirst. Dort werden

meine Arbeiter die Flöße auseinandernehmen, und deine Leute können sie für den Weitertransport übernehmen. Du deinerseits wirst mir gewiß auch einen Wunsch erfüllen und mir Lebensmittel für meinen Hof schicken.»

Salomo erhielt von Hiram die Zedern- und Zypressenstämme, die er brauchte. Dafür lieferte er für die Hofhaltung Hirams jährlich 8000 Tonnen Weizen und 8000 Liter feinstes Olivenöl. Der Herr hatte Salomo Weisheit geschenkt, wie er es ihm versprochen hatte. Deshalb herrschte Frieden zwischen Hiram und Salomo, und die beiden schlossen ein Bündnis.

König Salomo ließ in ganz Israel 30000 Leute zum Frondienst ausheben und stellte sie unter die Leitung Adonirams. Jeweils 10000 mußten einen Monat lang auf dem Libanon arbeiten, danach durften sie für zwei Monate nach Hause. Darüberhinaus arbeiteten für Salomo in den judäischen Bergen 80000 Steinbrecher und 70000 Männer, die die Steinblöcke abtransportierten. Dazu kamen 3300 Aufseher, die den Bezirksverwaltern Salomos unterstellt waren und die Arbeiten überwachen mußten. Auf Befehl des Königs brach man mächtige Steinblöcke von bester Qualität für das Fundament des Tempels. Die Bauleute Salomos und Hirams und Männer aus der Stadt Byblos bearbeiteten die Steinblöcke und Stämme, wie sie für den Bau des Tempels gebraucht wurden.

Im vierten Regierungsjahr Salomos, im Monat Mai, wurde der Grundstein für den Tempel des Herrn gelegt. Im November des elften Regierungsjahrs war der Bau mit der gesamten Einrichtung genau nach Plan vollendet. Gut sieben Jahre hatte man dafür gebraucht. (1.Könige 5 und 6)

Die Einweihung des Tempels

König Salomo ließ die Ältesten Israels zu sich nach Jerusalem kommen, die Vertreter aller Stämme und Sippen.

Sie sollten die Bundeslade von der Davidsstadt auf dem Zionsberg zum Tempel bringen. Alle Männer Israels kamen zu diesem Anlaß am Laubhüttenfest im Oktober zusammen.

Als die Ältesten versammelt waren, hoben die Priester die Bundeslade auf ihre Schultern und trugen sie zum Tempel hinauf. Mit Hilfe der Leviten brachten sie auch das heilige Zelt und alle seine Geräte dorthin. König Salomo und die ganze Festgemeinde opferten vor der Bundeslade eine große Zahl von Schafen und Rindern, mehr als man zählen konnte.

Dann brachten die Priester die Bundeslade an den vorgesehenen Platz im hintersten Raum des Tempels, dem Allerheiligsten. Sie stellten sie unter die ausgebreiteten Flügel der Kerubenbilder. Die Flügel bedeckten die Lade und ihre Tragstangen. Die Tragstangen waren so lang, daß man ihre Enden nur sehen konnte, wenn man im Tempel dicht vor dem Eingang zum Allerheiligsten stand. Die Tragstangen befinden sich noch heute dort. In der Lade waren nur die beiden Steintafeln, die Mose am Berg Sinai hineingelegt hatte. Auf ihnen steht das Gesetz des Bundes, den der Herr mit den Israeliten schloß, als sie aus Ägypten kamen.

Als die Priester den Tempel wieder verließen, erfüllte eine Wolke das ganze Heiligtum. Die Priester konnten ihren Dienst nicht fortsetzen, denn die Herrlichkeit des Herrn erfüllte den Tempel. Da betete Salomo: «Herr, du hast gesagt: ‹Ich wohne im Wolkendunkel.› Nun habe ich dir dieses prächtige Haus gebaut, damit du darin für immer wohnen kannst.»

Dann wandte sich der König wieder um zu den Israeliten. Er grüßte die Versammelten, die vor ihm standen, mit einem Segenswort, und sagte zu ihnen: «Wir wollen den Herrn, den Gott Israels, preisen! Er hat wahrgemacht, was er meinem Vater David versprochen hat, als er sagte: ‹Seit ich mein Volk Israel aus Ägypten befreite, habe ich in keinem der Stämme Israels eine Stadt erwählt und von ihr gesagt: Dort soll ein Tempel gebaut werden, wo man zu mir beten kann. Aber dich habe ich zum Herrscher über mein Volk Israel erwählt.› Schon mein Vater David wollte dem Herrn, dem Gott Israels, einen Tempel bauen. Aber der Herr sagte zu ihm: ‹Ich freue mich über deine Absicht, mir einen Tempel zu bauen. Aber nicht du, sondern erst dein Sohn, der dir noch geboren wird, soll den Plan ausführen.› Dies Versprechen hat der Herr gehalten: Ich bin als Sohn meines Vaters David König geworden und habe den Tempel gebaut, wo man zum Herrn, dem Gott Israels, beten kann. In diesem Tempel hat auch die Lade ihren Platz gefunden, in der die Tafeln des Bundes liegen, den der Herr mit unseren Vorfahren schloß, als er sie aus Ägypten herausgeführt hatte.»

Dann trat Salomo vor den Augen aller Israeliten an den Altar des Herrn, erhob seine Hände zum Himmel und betete: «Herr, du Gott Israels! Weder im Himmel noch auf der Erde gibt es einen Gott wie dich. Du stehst zu deinem Bund und erweist deine Güte und Liebe allen, die dir mit ungeteiltem Herzen dienen. So hast du an meinem Vater David gehandelt. Der heutige Tag ist Zeuge dafür, daß du dein Versprechen gehalten hast. Herr, du Gott Israels! Nun erfülle auch die andere Zusage, die du meinem Vater David gegeben hast: daß immer einer seiner Nachkommen auf dem Thron Israels sitzen wird, wenn sie dir nur genauso treu dienen wie er. Gott Israels, laß doch in Erfüllung gehen, was du meinem Vater David zugesagt hast! Aber bist du nicht viel zu erhaben, um bei uns Menschen zu wohnen? Ist doch selbst der ganze weite Himmel zu klein für dich, geschweige denn dieser Tempel, den ich gebaut habe! Herr, mein Gott! Höre dennoch gnädig auf die Bitte, die ich vor dich bringe: Richte deinen Blick Tag und Nacht auf dieses Haus! Du hast versprochen, daß wir dich hier finden können. Höre mich, wenn ich von hier aus zu dir rufe, und höre auch die Gebete deines Volkes Israel. Wenn wir hier zu dir rufen, dann höre uns in deiner himmlischen Wohnung. Erhöre uns und vergib uns alle Schuld!»

Als Salomo sein Gebet beendet hatte, stand er auf; er hatte nämlich beim Beten vor dem Altar des Herrn gekniet und die ausgebreiteten Hände zum Himmel erhoben. Er trat vor die versammelten Israeliten hin, segnete sie und rief ihnen zu: «Wir wollen den Herrn, unseren Gott, preisen! Er hat Wort gehalten und seinem Volk Israel ein Land geschenkt, in dem es in Frieden leben kann. Die herrliche Zusage, die er uns durch seinen Diener Mose gab, hat er Wort für Wort eingelöst. Wie er unseren Vorfahren beistand, so stehe er nun auch uns zur Seite! Er möge uns nie verlassen oder verstoßen. Er schenke uns ein Herz, das ihm gehorsam ist, damit wir immer nach den Geboten und Weisungen leben, die er unseren Vorfahren gegeben hat. Der Herr, unser Gott, möge sich Tag und Nacht an mein Gebet erinnern, an alle Bitten, die ich ihm heute vorgetragen habe. Er möge mir, seinem Diener, und seinem Volk Israel beistehen und uns Recht verschaffen Tag für Tag, wie es jeweils nötig ist. Dann werden alle Völker in der Welt erfahren, daß der Herr Gott ist und sonst niemand. Ihr aber sollt mit ungeteiltem Herzen dem Herrn, unserem Gott, angehören und stets nach seinen Geboten und Weisungen leben, wie ihr es heute tut.» (1.Könige 8)

Der Ungehorsam König Salomos

König Salomo hatte außer einer ägyptischen Prinzessin noch viele andere ausländische Frauen aus den Völkern der Moabiter, Ammoniter, Edomiter, Phönizier und Hetiter. Zwar hatte der Herr den Israeliten verboten, Angehörige dieser Völker zu heiraten. «Ihr sollt nichts mit ihnen zu tun haben», hatte er gesagt; «sonst werden sie euch dazu verführen, auch ihre Götter zu verehren.» Aber

Salomo liebte diese Ausländerinnen. Zuletzt hatte er siebenhundert Ehefrauen und dreihundert Nebenfrauen. Sie hatten großen Einfluß auf ihn. Als er älter wurde, brachten sie ihn dazu, andere Götter zu verehren. Er hielt nicht mehr mit ganzer Treue zum Herrn, seinem Gott, wie sein Vater David es getan hatte. Er verehrte auch Astarte, die Göttin der Phönizier, und Milkom, den Götzen der Ammoniter. So tat er, was dem Herrn mißfiel, und hielt sich nicht mehr ausschließlich an den Herrn wie sein Vater David.

Damals baute Salomo auf der Anhöhe östlich von Jerusalem eine Opferstätte für Kemosch, den Götzen der Moabiter, und für Milkom, den Götzen der Ammoniter. Alle seine ausländischen Frauen bekamen Opferstätten, an denen sie ihren Göttern Weihrauch und Schlachtopfer darbringen konnten. Obwohl der Herr ihm zweimal erschienen war und ihm verboten hatte, fremde Götter zu verehren, hatte Salomo ihm nicht gehorcht und sich von ihm abgewendet.

Deshalb wurde der Herr sehr zornig auf Salomo und sagte zu ihm: «Du hast meinenBund gebrochen und meine Weisungen nicht befolgt. Darum werde ich dir die königliche Macht wegnehmen und sie einem deiner Untergebenen anvertrauen. Du hast es nur deinem Vater David zu verdanken, wenn ich es nicht schon zu deinen Lebzeiten tue, sondern erst, wenn dein Sohn die Regierung übernimmt. Doch auch ihm will ich die Herrschaft nicht ganz wegnehmen. Einen einzigen von den zwölf Stämmen will ich ihm lassen, weil ich es meinem Diener David versprach und weil ich Jerusalem erwählt habe.»

Vierzig Jahre regierte Salomo in Jerusalem über ganz Israel. Als er gestorben war, begrub man ihn in der Davidsstadt. Sein Sohn Rehabeam wurde sein Nachfolger. (1.Könige 11)

Rehabeam ging nach Sichem, denn dort wollten ihn die zehn Nordstämme Israels zum König machen. Jerobeam, der Sohn Nebats, erfuhr von dieser Absicht. Er hatte vor König Salomo nach Ägypten fliehen müssen; jetzt kehrte er sofort zurück. Man sandte Boten zu ihm und ließ ihn rufen. So traten Jerobeam und die gesamte israelitische Volksversammlung vor Rehabeam hin und sagten zu ihm: «Dein Vater hat uns hohe Abgaben und schwere Fronarbeiten auferlegt. Erleichtere uns diese Last, dann werden wir dich als König anerkennen.»

«Kommt übermorgen wieder!» antwortete ihnen Rehabeam.

Als sie gegangen waren, beriet er sich mit den erfahrenen Männern, die bereits im Dienst seines Vaters Salomo gestanden hatten. Er fragte sie: «Was ratet ihr mir? Welche Antwort soll ich dem Volk geben?»

Sie rieten ihm: «Komm ihnen entgegen und sprich freundlich mit ihnen! Wenn du ihnen heute einmal den Willen tust, werden sie dir für immer gehorchen.»

Rehabeam gefiel der Rat der erfahrenen Männer nicht. Er fragte die jungen Leute, die mit ihm aufgewachsen waren und nun in seinem Dienst standen: «Was ratet ihr mir? Wie soll ich diesen Leuten antworten, die von mir verlangen, daß ich ihre Lasten erleichtere?»

Sie rieten ihm: «Sag ihnen: Mein kleiner Finger ist dicker als die Hüften meines Vaters. Mein Vater hat euch schwere Lasten auferlegt; ich werde sie noch schwerer machen. Er hat euch mit Peitschen angetrieben; ich lasse euch mit Geißeln antreiben.»

Am dritten Tag, wie verabredet, erschienen Jerobeam und das ganze Volk vor Rehabeam. Der König gab ihnen eine harte Antwort. Er folgte nicht dem Rat der erfahrenen Männer, sondern richtete sich nach dem Rat seiner Altersgenossen. Er sagte: «Mein Vater hat viel von euch verlangt – aber ich werde noch mehr verlangen. Er hat euch mit Peitschen angetrieben; ich lasse euch mit Geißeln antreiben.» Der König blieb taub für die Bitte des Volkes. Der Herr hatte es so gefügt.

Als die Israeliten merkten, daß der König auf ihre Forderung nicht einging, riefen sie: «Was geht uns David an? Was hat er je für uns Israeliten getan? Auf, nach Hause! Soll doch sein Königshaus sehen, wo es bleibt!»

Alle Israeliten gingen heim in ihre Dörfer. So kam es, daß sich die Herrschaft Rehabeams nur auf die Bewohner des Gebiets von Juda erstreckte. Als König Rehabeam noch einen Versuch machte und Adoniram, den Beauftragten für die Fronarbeiten, zu den Israeliten schickte, empfingen sie ihn mit einem solchen Steinhagel, daß er den Tod fand. Der König konnte sich gerade noch auf seinen Wagen retten und nach Jerusalem entkommen.

So sagten sich die Nordstämme Israels vom Königshaus Davids los und sind bis zum heutigen Tag von ihm getrennt geblieben. (1.Könige 12)

Der Prophet Elija kündigt König Ahab Gottes Strafe an

Rehabeams Gegenspieler begründete als Jerobeam I. (926–907 v. Chr.) das selbständige Königreich «Israel», das die zehn Nordstämme umfaßte. Israel (im engeren Sinne) und Juda haben von jetzt an eine getrennte staatliche Existenz und eine getrennte Geschichte. Immer wieder kommt es im Verlauf dieser Geschichte zum Konflikt zwischen dem Anspruch Gottes und den Gesichtspunkten einer «Realpolitik». Von 871–852 v. Chr. regiert in Israel König Ahab, dessen Vater Omri 876 die Stadt Samaria als Hauptstadt des Nordreiches gegründet hatte. Der «Götzendienst», dessen Ahab angeklagt wird, war ein Stück Politik: er sicherte die freundschaftlichen Beziehungen zu dem mächtigen Nachbarstaat Phönizien.

Im 38. Regierungsjahr des Königs Asa von Juda wurde Ahab, der Sohn Omris, König von Israel. Zweiundzwanzig Jahre regierte er in Samaria. Noch mehr als seine Vorgänger tat er, was dem Herrn mißfiel: Er heiratete Isebel, eine Tochter des phönizischen Königs Etbaal, und betete deren Gott Baal an. Er baute ihm in Samaria einen Tempel und errichtete ihm darin einen Altar. Auch ließ er ein Götzenbild der Aschera aufstellen. Mit diesen und ähnlichen Taten erzürnte er den Herrn, den Gott Israels, mehr als alle Könige, die vor ihm über Israel regiert hatten.

Elija, der Prophet aus dem Dorf Tischbe in der Landschaft Gilead, sagte zu Ahab: «So gewiß der Herr, der Gott Israels, lebt, in dessen Dienst ich stehe, sage ich dir: In den nächsten Jahren wird weder Tau noch Regen fallen, bis ich es widerrufe.»

Danach sagte der Herr zu Elija: «Bring dich in Sicherheit! Geh nach Osten über den Jordan und versteck dich am Bach Kerit. Ich habe den Raben befohlen, daß sie dir zu essen bringen, und trinken kannst du aus dem Bach.» Elija gehorchte dem Befehl des Herrn, ging an den Bach Kerit und blieb dort. Morgens und abends brachten ihm die Raben Brot und Fleisch, und Wasser bekam er aus dem Bach.

Aber weil es nicht regnete, trocknete der Bach nach einiger Zeit aus. Da sagte der Herr zu Elija: «Geh in die Stadt Sarepta in Phönizien und bleib dort! Ich habe einer Witwe befohlen, dich mit Essen und Trinken zu versorgen.»

So ging Elija nach Sarepta. Als er ans Stadttor kam, traf er dort eine Witwe, die Holz auflas.

«Bring mir doch etwas Wasser!» bat er sie. Als sie wegging, um es zu holen, rief er ihr nach: «Bring auch etwas Brot mit!»

Doch sie sagte: «So wahr der Herr, dein Gott, lebt: Ich habe keinen Bissen mehr, nur noch eine Handvoll Mehl im Topf und ein paar Tropfen Öl im Krug. Ich lese gerade etwas Holz auf und will mir und meinem Sohn die letzte Mahlzeit bereiten. Wenn wir sie verzehrt haben, haben wir nur noch den Tod zu erwarten.»

Elija erwiderte: «Geh heim und tu, was du vorhast. Nur backe zuerst für mich einen kleinen Fladen und bring ihn zu mir hinaus. Von dem Rest kannst du dann für dich und deinen Sohn etwas zubereiten. Mach dir keine Sorgen, denn der Herr, der Gott Israels, hat versprochen: ‹Der Mehltopf wird nicht leer, und das Öl im Krug versiegt nicht, bis ich es wieder regnen lasse.›»

Die Frau ging und tat, was Elija ihr aufgetragen hatte. Alle drei hatten immer genug zu essen. Der Mehltopf wurde nicht leer und das Öl im Krug versiegte nicht, wie der Herr es durch Elija versprochen hatte. (1.Könige 16 und 17)

Die Entscheidung auf dem Berg Karmel

Schon länger als zwei Jahre hatte es nicht mehr geregnet, da sagte der Herr zu Elija: «Geh und tritt vor den König! Ich will es wieder regnen lassen.»

Elija machte sich auf den Weg.

In der Stadt Samaria waren alle Vorräte aufgebraucht. Darum ließ Ahab seinen Palastverwalter Obadja rufen. Obadja war immer ein Mann gewesen, der treu zum Herrn hielt. So hatte er, als Isebel die Propheten Gottes ermorden ließ, hundert von ihnen in Sicherheit gebracht, sie zu je fünfzig in zwei Höhlen versteckt und mit Brot und Wasser versorgt. Ahab sagte zu Obadja: «Wir müssen etwas tun! Wir werden jede Oase und jedes Bachtal im Land nach Gras absuchen. Vielleicht finden wir genug, um die Pferde und Maulesel am Leben zu erhalten. Sonst müßten wir einen Teil der Tiere töten.»

Ahab und Obadja teilten das Land unter sich auf und gingen dann getrennt auf die Suche. Als Obadja nun das Land durchstreifte, trat ihm plötzlich Elija in den Weg. Obadja erkannte ihn, warf sich vor ihm nieder und fragte: «Elija, mein Herr, bist du es?»

«Ich bin es», sagte Elija. «Kehr sofort um und melde deinem Herrn, daß ich hier bin!»

«Was habe ich getan, daß du mich dem Zorn des Königs ausliefern willst?» erwiderte Obadja. «Er wird mich umbringen lassen. So gewiß der Herr, dein Gott lebt: Es gibt kein Land, in dem Ahab dich nicht suchen ließ. Wenn es hieß: ‹Er ist nicht hier›, mußte es ihm der König des Landes mit einem Eid bestätigen. Und jetzt soll ich hingehen und ihm melden: ‹Elija ist da›? Kaum bin ich weg, kann der Geist des Herrn dich an einen Ort bringen, den ich nicht kenne. Wenn Ahab dich dann nicht findet, wird er mich umbringen. Dabei habe ich doch von Jugend auf treu zum Herrn gehalten. Hat man dir nicht berichtet, was ich getan habe? Als Isebel die Propheten des Herrn umbrachte, habe ich hundert von ihnen in Höhlen versteckt und mit Brot und Wasser versorgt. Und nun schickst du mich zu Ahab, damit ich dich bei ihm melde? Er wird mich bestimmt umbringen.»

Aber Elija sagte: «So gewiß der Herr lebt, in dessen Dienst ich stehe, sage ich dir: Noch heute wird mich Ahab zu sehen bekommen!»

Da ging Obadja zu König Ahab und meldete ihm alles. Der König brach sofort auf und zog Elija entgegen. Als er ihn erblickte, rief er: «Da bist du also – der Mann, der Israel ins Unglück stürzt!»

Doch Elija erwiderte: «Nicht ich habe Israel ins Unglück gestürzt, sondern du und deine Familie! Ihr mißachtet die Gebote des Herrn und verehrt fremde Götter. Jetzt aber kommt es zur Entscheidung. Schicke Boten aus! Ganz Israel soll zu mir auf den Gipfel des Karmel kommen. Rufe auch die vierhundertfünfzig Propheten Baals und die vierhundert Propheten der Aschera, die von Isebel mit Essen und Trinken versorgt werden.»

Ahab ließ die Israeliten und auch die Propheten auf den Berg Karmel rufen. Als alle versammelt waren, trat Elija vor die Volksmenge und rief: «Wie lange wollt ihr euch noch um die Entscheidung drücken? Ist der Herr der wahre Gott, dann tut seinen Willen! Ist es aber Baal, dann gehorcht ihm!»

Als alles stumm blieb, fuhr Elija fort: «Ich bin der einzige Prophet des Herrn, der noch übriggeblieben ist, und hier sind vierhundertfünfzig Propheten, die im Dienst Baals stehen. Bringt zwei junge Stiere her! Sie sollen sich einen auswählen, ihn zerteilen und die Stücke auf die Holzscheite legen, aber kein Feuer anzünden. Ich werde es mit dem anderen Stier ebenso machen. Dann sollen sie zu ihrem Gott rufen, und ich rufe zum Herrn. Der, der als Antwort Feuer schickt, ist der wahre Gott.»

Das ganze Volk schrie: «Ja, so soll es sein!»

Dann sagte Elija zu den Propheten Baals: «Macht ihr den Anfang; ihr seid in der Mehrheit. Sucht euch einen Stier aus, bereitet ihn als Opfer zu und betet zu eurem Gott, aber zündet kein Feuer an!»

Sie richteten das Opfer zu und riefen vom Morgen bis zum Mittag: «Baal, höre unser Gebet!» Dabei tanzten sie fortwährend um den Altar. Aber alles blieb still, niemand antwortete.

Als es Mittag wurde, machte sich Elija über sie lustig. «Ihr müßt lauter rufen!» spottete er. «Er ist doch ein Gott! Vielleicht denkt er gerade nach, oder er ist austreten gegangen oder auf Reisen. Vielleicht hält er gerade seinen Mittagsschlaf. Ihr müßt ihn aufwecken!»

Sie schrien immer lauter und ritzten sich nach ihrem Brauch mit Schwertern und Speeren, daß das Blut an ihnen herabfloß; sie führten sich wie Irrsinnige auf. So trieben sie es den ganzen Nachmittag bis zur Stunde des Abendopfers. Aber alles blieb still, kein Echo kam, keine Antwort.

Da rief Elija der Volksmenge zu: «Her zu mir!», und alle drängten sich um ihn. Er baute den Altar des Herrn wieder auf, den man niedergerissen hatte. Er schaffte zwölf Steine herbei, nach der Zahl der Söhne Jakobs, der Väter der Stämme Israels. Aus diesen Steinen baute er dem Herrn einen Altar. Dann zog er einen Graben rings um den Altar, der einen halben Zentner Saatgut hätte fassen können. Er schichtete Holzscheite auf, zerteilte den Stier und legte die Stücke auf das Holz. Schließlich ließ er vier Eimer Wasser über das Opfer und die Holzscheite gießen. Das ließ er noch zweimal wiederholen. Das Wasser floß am Altar hinunter und füllte den Graben.

Zur Stunde des Abendopfers trat Elija vor und rief: «Herr, du Gott Abrahams, Isaaks und Jakobs! Alle sollen heute erfahren, daß du der Gott Israels bist und ich dein Diener, der dies alles in deinem Auftrag getan hat. Höre mich, Herr, erhöre mich! Dieses Volk soll erkennen, daß du, Herr, der wahre Gott bist und daß du es bist, der sie wieder auf den rechten Weg gebracht hat.»

Da ließ der Herr Feuer herabfallen. Es verzehrte nicht nur das Opfer und die Holzscheite, sondern auch die Steine, die Erde ringsum und das Wasser im Graben.

Als die Israeliten das sahen, warfen sie sich zu Boden und riefen: «Der Herr ist Gott, der Herr ist Gott!» Elija aber befahl: «Haltet die Propheten Baals, damit keiner entkommt!» Sie wurden festgenommen, und Elija ließ sie zum Kischon hinabführen und dort töten.

Dann sagte Elija zu Ahab: «Geh, iß und trink; denn ich höre schon den Regen rauschen.»

Während Ahab wegging, stieg Elija auf den Gipfel des Karmels, kauerte sich auf den Boden und verbarg sein Gesicht zwischen den Knien. Er befahl seinem Diener: «Geh dort hinüber und halt Ausschau zum Meer hin!»

Der Diener ging, dann kam er zurück und meldete: «Es ist nichts zu sehen.»

Elija schickte ihn wieder und wieder. Beim siebtenmal meldete der Diener: «Ich sehe eine kleine Wolke am Horizont, sie ist etwa so groß wie die Faust eines Mannes.»

Da befahl ihm Elija: «Geh zu Ahab und sag ihm, er soll sofort anspannen lassen und losfahren, damit er nicht vom Regen überrascht wird!»

Da kam auch schon ein Sturm auf, der ganze Himmel bedeckte sich mit schwarzen Wolken, und ein heftiger Regen ging nieder, während Ahab nach Jesreel davonfuhr. Da kam die Macht des Herrn über Elija. Er raffte sein Gewand mit dem Gürtel hoch und lief vor dem Wagen Ahabs her bis nach Jesreel. (1.Könige 18)

Elija verzweifelt und wird von Gott erneut beauftragt

Ahab berichtete Isebel alles, was Elija getan hatte, auch daß er alle Propheten Baals hingerichtet hatte. Da schickte Isebel einen Boten zu Elija und ließ ihm sagen: «Die Götter sollen mich strafen, wenn ich dich morgen um diese Zeit nicht ebenso umbringen werde, wie du meine Propheten umgebracht hast.»

Da packte Elija die Angst, und er floh, um sein Leben zu retten. Seinen Diener nahm er mit. Als er nach Beerscheba an der Südgrenze Judas kam, ließ er ihn zurück und wanderte einen Tag lang weiter nach Süden in die Steppe hinein. Dann setzte er sich unter einen Ginsterstrauch und sehnte den Tod herbei.

«Herr, ich kann nicht mehr», seufzte er. «Laß mich sterben! Ich bin nicht besser als meine Vorfahren.» Dann legte er sich unter den Ginsterstrauch nieder und schlief ein.

Aber ein Engel kam, rüttelte ihn wach und sagte: «Steh auf und iß!»

Elija blickte um sich und entdeckte dort, wo sein Kopf gelegen hatte, ein Brot und einen Krug mit Wasser. Als er gegessen und getrunken hatte, legte er sich wieder schlafen.

Da kam der Engel noch einmal, rüttelte ihn wach und sagte: «Steh auf und iß! Du hast einen weiten Weg vor dir.»

Elija stand auf, aß und trank und machte sich dann auf den Weg. Er war so gestärkt, daß er vierzig Tage und

Nächte ununterbrochen ging, bis er zum Berg Gottes, dem Horeb, kam. Dort fand er eine Höhle und wollte sich darin schlafen legen.

Da hörte er plötzlich die Stimme des Herrn: «Elija, was willst du hier?»

Elija antwortete: «Herr, ich habe mich leidenschaftlich für dich, den Gott Israels und Herrn der ganzen Welt, eingesetzt; denn die Israeliten haben den Bund gebrochen, den du mit ihnen geschlossen hast, sie haben deine Altäre niedergerissen und deine Propheten umgebracht. Ich allein bin übriggeblieben, und nun wollen sie auch mich noch töten.»

Der Herr sagte: «Verlaß die Höhle und tritt auf den Berg vor mich hin!»

Dann ging der Herr an der Höhle vorüber. Zuerst kam ein gewaltiger Sturm, der an der Bergwand rüttelte, daß die Felsbrocken flogen. Aber der Herr war nicht im Sturm. Als der Sturm sich gelegt hatte, bebte die Erde, doch auch im Erdbeben war der Herr nicht. Dann kam Feuer, aber der Herr war auch nicht in diesem Feuer. Zuletzt hörte Elija das leise Säuseln eines Windhauchs. Da verhüllte er sein Gesicht mit dem Mantel, trat ins Freie und blieb vor dem Eingang der Höhle stehen. Eine Stimme fragte ihn: «Elija, was willst du hier?»

Er antwortete: «Herr, ich habe mich leidenschaftlich für dich, den Gott Israels und Herrn der ganzen Welt, eingesetzt, denn die Israeliten haben den Bund gebrochen, den du mit ihnen geschlossen hast, sie haben deine Altäre niedergerissen und deine Propheten umgebracht. Ich allein bin übriggeblieben, und nun wollen sie auch mich noch töten.»

Da befahl ihm der Herr: «Kehr um und geh denselben Weg zurück, bis du zur Wüste bei Damaskus kommst. Geh in die Stadt und salbe Hasael zum König von Syrien. Dann salbe Jehu, den Sohn Nimschis, zum König von Israel und Elischa, den Sohn Schafats aus dem Dorf Abel-

Mehola, zu deinem Nachfolger. Wer dem Zorn Hasaels entrinnt, den wird Jehu töten, und wer sich vor Jehu retten kann, der kommt durch Elischa um. Aber ich werde dafür sorgen, daß in Israel siebentausend Mann am Leben bleiben, alle, die vor Baal nicht niedergekniet sind und sein Bild nicht geküßt haben.» (1.Könige 19)

DIE BOTSCHAFT DES PROPHETEN AMOS

Rund hundert Jahre nach Elija tritt im Nordreich Israel der erste Prophet auf, dessen Worte in einer eigenen Schrift – dem biblischen Buch «Amos» – gesammelt worden sind. Während Elija, wie auch noch sein letzter Auftrag zeigte, in erster Linie gegen die kultische Verehrung fremder Götter gekämpft hatte, zielt Amos auf den «Götzendienst» in der Praxis des täglichen Lebens: den Ungehorsam gegen die Gebote Gottes, die Beugung des Rechts auf Kosten der Armen und Wehrlosen. Auch der korrektetes Opfergottesdienst wird durch ein solches Verhalten wertlos.

Amos verkündet Gottes Gericht über Samaria

Ihr Israeliten, ihr Volk, das der Herr aus Ägypten herausgeführt hat, hört, was er euch sagen läßt: «Von allen Völkern der Erde habe ich nur euch ausgewählt, und gerade darum ziehe ich euch zur Verantwortung für alle eure Vergehen.»

Laßt in den Häusern der Reichen in Aschdod und Ägypten ausrufen: «Kommt in die Stadt Samaria und seht, wie dort Faustrecht und Gewalt an der Tagesordnung sind! Sie kennen keine Tugend und häufen mit Raub und Mord Schätze auf.» Darum sagt der Herr: «Feinde werden euer Land umzingeln, eure Befestigungen niederreißen und eure Häuser ausplündern.»

Hört zu, ihr Frauen von Samaria, ihr gemästeten Kühe: Ihr unterdrückt die Armen und schindet das hilflose Volk. Ihr sagt zu euren Männern: «Los, schafft uns zu trinken herbei!» Der Herr, der heilige Gott, hat geschworen: «Die Zeit kommt, daß man euch mit Haken aus euren Häusern hervorholen wird, wie Fische, die an der Angel hängen. Man wird euch eine nach der anderen durch die nächste Bresche in der Mauer ziehen und hinauswerfen. (Amos 3 und 4)

Opfer ersetzen nicht Recht und Gerechtigkeit

Der Herr läßt dem Volk Israel sagen: «Kommt zu mir, dann bleibt ihr am Leben! Geht nicht ins Heiligtum von Bet-El; denn Bet-El muß an den Bettelstab! Geht auch nicht ins Heiligtum von Gilgal; denn Gilgal muß an den Galgen! Und geht auf keinen Fall ins Heiligtum von Beerscheba!»

Sucht den Herrn, so werdet ihr leben! Tut ihr es nicht, so wird er wie Feuer über die Nachkommen Josefs herfallen. Dieser Brand wird Bet-El fressen, und niemand kann ihn löschen. Weh denen, die das Recht verdrehen und die Gerechtigkeit mit Füßen treten!

Sucht das Gute und nicht das Böse, dann werdet ihr am Leben bleiben, und der Gott Israels, der Herr der Welt, wird bei euch sein, wie ihr behauptet. Haßt das Böse und folgt dem Guten! Sorgt vor Gericht dafür, daß Recht Recht bleibt! Vielleicht wird dann Gott denen gnädig sein, die von den Nachkommen Josefs übriggeblieben sind. (Amos 5)

Gottes Entschluß ist unwiderruflich

Hört, was Gott, der Herr, mich schauen ließ: Ich sah, wie er einen Heuschreckenschwarm machte. Es war kurz nachdem man das Gras für den König gemäht hatte; die

Sommersaat ging gerade auf. Die Heuschrecken machten sich daran, alles Grün aufzufressen. Da sagte ich: «Herr, vergib doch deinem Volk! Wie kann es sonst überleben? Es ist ja so klein!» Da hatte der Herr Mitleid und sagte: «Es soll nicht geschehen.»

Dann ließ mich Gott, der Herr, etwas anderes sehen: Er rief eine Gluthitze herbei, die zehrte das Grundwasser auf. Als sie anfing, auch das Ackerland zu verzehren, sagte ich: «Herr, halt doch ein! Wie kann dein Volk sonst überleben? Es ist ja so klein!» Da hatte der Herr Mitleid und sagte: «Es soll nicht geschehen.»

Dann ließ mich Gott, der Herr, wieder etwas anderes sehen: Er stand neben einer Mauer mit einem Senkblei in der Hand und fragte mich: «Amos, was siehst du?» «Ein Senkblei», antwortete ich. Da sagte der Herr: «Mein Volk gleicht einer Mauer, die nicht mehr im Lot ist. Ich bin entschlossen, nichts Krummes mehr durchgehen zu lassen. Die Orte, an denen die Nachkommen Isaaks opfern, und die Heiligtümer Israels sollen verwüstet werden, und gegen das Königshaus Jerobeams werde ich mit dem Schwert vorgehen.»

Ich sah den Herrn am Altar stehen. Er schlug auf die Tempelsäulen, so daß die ganze Halle bebte. Dazu sagte er: «So werde ich allen den Kopf zerschmettern, und wer dann noch übrigbleibt, den werde ich im Krieg umkommen lassen. Keiner wird sich retten können. Auch wenn sie sich in der Totenwelt vergraben, werde ich sie von dort zurückholen, und wenn sie in den Himmel hinaufsteigen, werde ich sie von dort herunterholen. Wenn sie sich oben auf dem Berg Karmel verstecken, werde ich sie doch ausfindig machen; wenn sie sich auf dem Meeresboden verbergen, werde ich der Seeschlange befehlen, sie zu beißen. Und wenn sie von ihren Feinden in die Verbannung geführt werden, lasse ich sie dort mit dem Schwert umbringen. Ich bin entschlossen, ihnen nicht mehr zu helfen, sondern sie zu verderben.» (Amos 7 und 9)

Als Amazja, der Priester in Bet-El, das hörte, ließ er Jerobeam, dem König von Israel, melden: «Amos zettelt mitten in Israel eine Verschwörung gegen dich an. Was er redet, kann man nicht mehr mit anhören. Neulich hat er gesagt: ‹Jerobeam wird durchs Schwert umkommen, und das Volk Israel wird in ein anderes Land verschleppt.›»

Zu Amos aber sagte Amazja: «Seher, geh doch nach Juda! Dort kannst du als Prophet auftreten und damit deinen Lebensunterhalt verdienen. Hier in Bet-El darfst du dich unter keinen Umständen mehr zeigen; denn Bet-El ist ein Reichsheiligtum und gehört dem König von Israel.»

Amos antwortete: «Ich bin kein Prophet und gehöre zu keiner Prophetenschule. Ich bin ein Hirt, und ich kann auch mit der Arbeit in Feigenpflanzungen mein Brot verdienen. Aber der Herr hat mich von meiner Herde weggenommen und als Propheten zu seinem Volk Israel gesandt. Höre nun, was der Herr dir zu sagen hat! Weil du mir verbietest, dem Volk Israel das Gericht Gottes anzukündigen, läßt der Herr dir sagen: Deine Frau wird in der Stadt als Hure leben, deine Kinder werden im Krieg umkommen, deinen Grundbesitz wird man verteilen, du selbst wirst in der Fremde sterben, und die Israeliten werden in ein anderes Land verschleppt.» (Amos 7)

DER PROPHET JESAJA

Jesaja wird zum Propheten berufen

Es war in dem Jahr, als König Usija starb. Da sah ich Gott den Herrn, er saß im Tempel auf einem sehr hohen Thron. Sein Mantel reichte über die Stufen herab und breitete sich im ganzen Raum aus. Er war umgeben von mächtigen Engeln. Jeder von ihnen hatte sechs Flügel; mit zweien bedeckte er sein Gesicht, mit zweien den Leib, zwei hatte er zum Fliegen. Sie riefen einander zu:

«Heilig, heilig, heilig ist Gott, der Herr der Welt,
die ganze Erde ist Zeuge seiner Macht!»

Von ihrem Rufen bebten die Fundamente des Tempels, und das Haus füllte sich mit Rauch. Vor Angst schrie ich auf: «Ich habe den König gesehen, den Herrn der ganzen Welt, ich muß sterben! Ich bin zum Schweigen verurteilt, denn ich bin ein schuldiger Mensch und lebe in einem schuldbeladenen Volk!»

Da kam einer der mächtigen Engel zu mir geflogen. Er hatte eine glühende Kohle, die er mit einer Zange vom Altar genommen hatte. Damit berührte er meinen Mund und sagte: «Die Glut hat deine Lippen berührt. Jetzt bist du von deiner Schuld befreit, deine Sünde ist vergeben.»

Dann hörte ich, wie der Herr sagte: «Wen soll ich senden, wer will für uns gehen?»

Ich antwortete: «Ich bin bereit, sende mich!»

Da sagte er: «Geh und sage diesem Volk: ‹Hört nur zu, ihr versteht doch nichts; seht hin, soviel ihr wollt, ihr erkennt doch nichts.› Rede zu ihnen, damit ihre Herzen verstockt werden, ihre Ohren verschlossen und ihre Augen verklebt, so daß sie mit ihren Augen nicht sehen, mit ihren Ohren nicht hören und mit ihrem Verstand nicht erkennen. Ich will nicht, daß sie zu mir umkehren und geheilt werden.»

«Wie lange soll das dauern?» fragte ich.

Er antwortete: «Bis die Städte zerstört sind und die Häuser leerstehen und das ganze Land zur Wüste geworden ist.» (Jesaja 6)

Der Auftrag an König Ahas

Jesaja, im Jahre 736 v. Chr. zum Propheten berufen, lebt und wirkt in Jerusalem, der Hauptstadt des Südreiches Juda. Wie Amos ist auch er dazu berufen, seinem Volk die Strafe für den Ungehorsam gegenüber Gottes Geboten anzukündigen. Das schließt nicht aus, daß er in bestimmten Lagen auch einmal die göttliche Bewahrung zusichern kann – doch so, daß die Empfänger der Botschaft dadurch auf eine Glaubensprobe gestellt werden. Zum erstenmal geschieht dies, als Jerusalem 733 v. Chr. von der vereinigten Macht Syriens und Nordisraels angegriffen wird. Der judäische König soll gezwungen werden, an einem Verteidigungsbündnis gegen die Assyrer teilzunehmen. Aber Gott verlangt, daß sein Volk sich angesichts der assyrischen Bedrohung allein auf ihn verläßt. Das geheimnisvolle Immanuel-Zeichen hat die Christenheit später als Hinweis auf die Geburt Christi verstanden (Immanuel bedeutet: «Gott mit uns»).

Als Ahas, der Sohn Jotams und Enkel Usijas, in Juda König war, zogen Rezin, der König von Syrien, und Pekach, der Sohn Remaljas, der König von Israel, gegen Jerusalem heran. Sie griffen die Stadt an, konnten sie aber nicht einnehmen.

Dem Königshaus wurde gemeldet, die Syrer hätten im Gebiet des Stammes Efraim Lager bezogen. Da zitterte der König und mit ihm das ganze Volk, wie Bäume im Sturm erzittern. Der Herr gab Jesaja den Auftrag: «Geh mit deinem Sohn Schear-Jaschub dem König Ahas entgegen an das Ende der Wasserleitung beim oberen Teich, bei der Straße zum Tuchmacherfeld. Sage zu Ahas:

‹Sieh dich vor, tu keinen falschen Schritt! Bleib ruhig und hab keine Angst. Werde nicht weich vor dem Zorn Rezins und Pekachs; sie sind nur qualmende Brennholzstummel. Die Syrer unter Rezin und die Efraimiten unter dem Sohn Remaljas planen zwar Böses gegen dich. Sie sagen: Wir wollen nach Juda hinaufziehen, den Leuten dort Angst einjagen, das Land auf unsere Seite bringen und als neuen König den Sohn Tabeals einsetzen! Aber Gott, der Herr, sagt: Das wird ihnen nicht gelingen! Syrien ist so stark wie Damaskus und Damaskus so stark wie Rezin. Was aber das Königreich der Efraimiten betrifft: in fünfundsechzig Jahren wird es zerbrochen sein und das Volk nicht mehr bestehen. Denn Efraim ist so stark wie Samaria und Samaria so stark wie der Sohn Remaljas. Aber wenn ihr nicht beim Herrn bleibt, dann bleibt ihr überhaupt nicht.›»

Der Herr ließ dem König Ahas sagen: «Fordere doch als Bestätigung ein Zeichen vom Herrn, deinem Gott, ganz gleich, ob aus der Totenwelt oder aus dem Himmel!»

Ahas antwortete: «Ich verlange kein Zeichen, ich will den Herrn nicht auf die Probe stellen.»

Da sagte Jesaja: «Hört zu, ihr vom Königshaus! Es reicht euch wohl nicht, daß ihr den Menschen zur Last werdet. Müßt ihr auch noch die Geduld meines Gottes auf die Probe stellen? Deshalb wird der Herr selber euch ein Zeichen geben: Eine junge Frau wird schwanger werden und einen Sohn zur Welt bringen, den wird sie Immanuel nennen. Er wird Butter und Honig essen, bis er Gutes und Böses unterscheiden kann. Aber noch bevor er alt genug ist, um sich für das Gute und gegen das Böse zu entscheiden, wird das Land der beiden Könige verwüstet sein, vor denen du jetzt Angst hast.» (Jesaja 7)

Die Strafe für den Unglauben

Der Herr sagte zu mir: «Nimm dir eine große Tafel und schreibe darauf in deutlich lesbarer Schrift: Eilebeute-Raubebald.»

Ich zeigte die Tafel zwei zuverlässigen Zeugen, dem Priester Urija und Secharja, dem Sohn Jeberechjas. Und als ich mit meiner Frau, der Prophetin, schlief, wurde sie schwanger und brachte einen Sohn zur Welt. Da befahl mir der Herr: «Nenne ihn Eilebeute-Raubebald. Denn bevor der Junge ‹Vater› und ‹Mutter› sagen kann, werden der Reichtum von Damaskus und die Schätze von Samaria dem König von Assyrien zur Beute fallen.»

Und weiter sagte der Herr zu mir: «Weil diesem Volk das ruhig fließende Wasser des Schiloachkanals als Zeichen meiner Fürsorge nicht genügt und es sich vor Rezin und dem Sohn Remaljas fürchtet, werde ich einen breiten und reißenden Strom über sie fluten lassen, den König von Assyrien und seine ganze Macht. Der Strom wird über seine Ufer treten. Er wird auf Juda zuströmen und es überfluten, so daß das Wasser den Bewohnern bis zum Hals reichen und das ganze Land bedecken wird.»

Dann helfe uns Gott! (Jesaja 8)

An euren Händen klebt Blut!

Wie Amos prangert auch Jesaja die Ausbeutung der Armen und Schutzlosen durch die Reichen und Mächtigen an. Er vergleicht die Jerusalemer mit den Bewohnern von Sodom und Gomorra, die für ihre Sünden mit dem Untergang bestraft wurden (siehe Seite 23). Das Aufkommen der Geldwirtschaft und drückende Steuern brachten offenbar die Landbevölkerung in schwere Bedrängnis.

Hört, was der Herr sagt, ihr Machthaber von Sodom! Gehorcht den Geboten unseres Gottes, Volk von Gomorra! «Was soll ich mit euren vielen Schlachtopfern?» fragt der Herr. «Die Brandopfer von Schafböcken und das Fett von Kälbern habe ich satt; das Blut von Stieren, Lämmern und Böcken mag ich nicht. Wenn ihr im Tempel vor mir erscheint, zertrampelt ihr ja nur seine Vorhöfe. Habe ich das verlangt? Laßt eure nutzlosen Opfer, ich kann euren Weihrauch nicht mehr riechen! Ihr feiert den Neumond, den Sabbat und andere Feste; ich kann sie nicht ausstehen, solange ihr bei eurer Bosheit bleibt. Eure Neumondfeiern und eure Feste hasse ich; sie sind mir lästig, ich kann sie nicht mehr ertragen. Wenn ihr mir eure Hände entgegenstreckt und zu mir betet, schaue ich nicht auf euch. Und wenn ihr mich auch noch so sehr mit Bitten bestürmt, ich höre nicht darauf; denn an euren Händen klebt Blut! Wascht euch, reinigt euch! Macht Schluß mit eurem üblen Treiben; hört auf, vor meinen Augen Unrecht zu tun! Lernt es, Gutes zu tun, sorgt für Gerechtigkeit, haltet die Gewalttätigen in Schranken, helft den Waisenkindern und Witwen zu ihrem Recht!»

Hört das Lied meines Freundes von seinem Weinberg:

Auf fruchtbarem Hügel, da liegt mein Stück Land,
dort hackt ich den Boden mit eigener Hand,
ich mühte mich ab und las Felsbrocken auf,
baute Wachturm und Kelter, setzte Reben darauf.
Und süße Trauben erhofft ich zu Recht,
doch was dann im Herbst wuchs, war sauer und
    schlecht.

Jerusalems Bürger, ihr Leute von Juda!
Was sagt ihr zum Weinberg, was tätet denn ihr da?
Die Trauben sind sauer – entscheidet doch ihr:
War die Pflege zu schlecht, liegt die Schuld gar bei
    mir?

Ich sage euch, Leute, das tue ich jetzt:
Weg reiß ich die Hecke, als Schutz einst gesetzt;

zum Weiden solln Schafe und Ochsen hinein!
Und die Mauer ringsum, die reiße ich ein.
Zertrampelnden Füßen geb ich ihn preis.
Schlecht lohnte mein Weinberg mir Arbeit und
    Schweiß!
Ich will nicht mehr hacken, das Unkraut soll sprießen!
Der Himmel soll ihm den Regen verschließen!

Der Weinberg des Herrn seid ihr Israeliten,
sein Lieblingsgarten, Juda, seid ihr!
Er hoffte auf Rechtsspruch
– und erntete Rechtsbruch.
Statt Liebe und Treue
– nur Hilfeschreie!

Weh denen, die sich ein Haus nach dem anderen hinstellen und ein Feld nach dem anderen kaufen, bis kein Grundstück mehr übrig ist und sie das ganze Land besitzen! Ich habe den Schwur des Herrn der Welt gehört: «Die vielen Gebäude sollen verwüstet werden, die großen und schönen Häuser leerstehen. Ein Weinberg von zehn Morgen bringt nur noch ein Fäßchen Wein, und zehn Zentner Aussaat bringen nur einen Zentner Ertrag.» Weh denen, die schon am Morgen hinter Alkohol her sind und spät am Abend noch beim Wein in Streit geraten! Laute und Harfe, Pauke und Flöte erklingen bei ihren Gelagen, aber auf den Plan des Herrn achten sie nicht, sie sehen nicht, was er tut. Deshalb sagt der Herr: «Mein Volk muß in die Verbannung gehen, weil es keine Einsicht hat. Die Angesehenen müssen Hunger leiden, das ganze Volk wird vor Durst verschmachten.» Die Totenwelt sperrt ihren Rachen weit auf, hinabfahren müssen Reichtum und Pracht Jerusalems, der ganze lärmende, johlende Haufen.

Der Mensch wird gebeugt und erniedrigt, die Stolzen werden gedemütigt. Der Herr der ganzen Welt aber zeigt seine Hoheit, wenn er Gericht hält, der heilige Gott beweist seine Heiligkeit, wenn er seinen Willen durchsetzt. (Jesaja 1 und 5)

Die Belagerung Jerusalems durch die Assyrer

Jesaja wirkt auch noch unter dem Sohn und Nachfolger des Königs Ahas, Hiskija (725–697 v. Chr.). Während seiner Regierungszeit wird das Nordreich Israel 722 v. Chr. von den Assyrern endgültig zerschlagen und ihrem Reich einverleibt. 701 v. Chr. droht dem Südreich Juda dasselbe Schicksal.

Im dritten Regierungsjahr des Königs Hoschea von Israel wurde Hiskija, der Sohn des Ahas, König über Juda. Er war damals fünfundzwanzig Jahre alt und regierte neunundzwanzig Jahre in Jerusalem. Seine Mutter hieß Abi und war eine Tochter Secharjas. Er tat, was dem Herrn gefiel, genau wie sein Ahnherr David. Er ließ die Opferstätten der fremden Götter zerstören, die Steinmale in Stücke schlagen und das Götzenbild der Aschera umstürzen. Keiner von allen Königen Judas vor oder nach Hiskija vertraute so wie er dem Herrn, dem Gott Israels. Hiskija hielt sein Leben lang treu zum Herrn und befolgte die Gebote, die der Herr durch Mose gegeben hatte. Darum stand der Herr ihm auch bei und gab ihm Erfolg in allem, was er unternahm. So gelang es Hiskija, sich von der Herrschaft des Königs von Assyrien zu befreien. Er besiegte auch die Philister und verfolgte sie bis nach Gaza. Er verwüstete alles in ihrem Gebiet, vom Wachtturm bis zur befestigten Stadt.

Im vierten Regierungsjahr Hiskijas – dem siebten Regierungsjahr des Königs Hoschea von Israel – rückte Salmanassar, der König von Assyrien, mit seinen Truppen vor die Stadt Samaria. Nach fast dreijähriger Belagerung nahm er sie ein. Das war im sechsten Regierungsjahr Hiskijas und im neunten Regierungsjahr Hoscheas. Salmanassar ließ die Bevölkerung des Landes nach Assyrien in die Verbannung führen. Dort siedelte er sie in der Provinz Halach an, auch am Fluß Habor in der Landschaft Gosan und in den Städten Mediens. Das alles geschah, weil sie nicht auf den Herrn, ihren Gott gehört hatten. Sie brachen den Bund, den er mit ihnen geschlossen hatte, und befolgten nicht die Gebote, die Mose im Auftrag des Herrn verkündet hatte.

Im vierzehnten Regierungsjahr Hiskijas fiel der assyrische König Sanherib mit seinen Truppen in das Land Juda ein und eroberte alle befestigten Städte. Als er noch vor der Stadt Lachisch lag, schickte er seine drei obersten Hofleute – den obersten Feldherrn, den Palastvorsteher und den Obermundschenk – zu König Hiskija nach Jerusalem und gab ihnen ein starkes Heer mit. Vor der Stadt machten sie halt am Kanal, der vom oberen Teich kommt; der Teich liegt an der Straße, die zum Tuchmacherfeld führt. Sie verlangten den König zu sprechen. Hiskija schickte den Palastverwalter Eljakim, den Sohn Hilkijas, sowie den Kanzler Schebna und den Hofsekretär Joach, den Sohn Asafs, zu ihnen hinaus.

Der Obermundschenk sagte zu ihnen: «Meldet Hiskija, was der große König, der König von Assyrien ihm sagen läßt: ‹Worauf baust du eigentlich, daß du dich so sicher fühlst? Meinst du etwa, daß du mit leeren Worten gegen meine Macht und Kriegserfahrung antreten kannst? Auf wen vertraust du, daß du es wagst, dich gegen mich aufzulehnen? Du hoffst auf Hilfe von Ägypten? Du kannst dich genausogut auf ein Schilfrohr stützen – es zersplittert und durchbohrt dir die Hand. Der König von Ägypten hat noch jeden im Stich gelassen, der sich auf ihn verlassen hat. Oder wollt ihr behaupten, daß ihr euch auf den Herrn, euren Gott verlassen könnt? Dann sagt mir doch: Ist er nicht eben der Gott, dessen Opferstätten und Altäre Hiskija beseitigen ließ? Hat er nicht den Leuten von Juda und Jerusalem befohlen, daß sie nur noch auf dem Altar in Jerusalem Opfer darbringen sollen?› Mein Herr, der König von Assyrien, bietet dir eine Wette an: Er gibt dir

zweitausend Pferde, wenn du die Reiter dafür zusammenbringst. Du kannst es ja nicht einmal mit dem unbedeutendsten Truppenführer meines Herrn aufnehmen. Du hoffst nur auf Ägypten, seine Kriegswagen und Reiter. Im übrigen läßt der König von Assyrien dir sagen: ‹Du glaubst doch nicht, ich sei gegen den Willen des Herrn hierhergekommen, um diese Stadt in Schutt und Asche zu legen? Der Herr selbst hat mir befohlen: Greif dieses Land an und verwüste es!›»

Da unterbrachen Eljakim, Schebna und Joach den Obermundschenk: «Bitte, sprich doch aramäisch mit uns, wir verstehen es. Sprich nicht hebräisch, die Leute auf der Stadtmauer hören uns zu.»

Der Obermundschenk erwiderte: «Hat mich etwa mein Herr nur zu deinem Herrn und zu dir gesandt? Nein, meine Botschaft gilt allen, die dort oben auf der Stadtmauer sitzen und bald zusammen mit euch ihren Kot fressen und ihren Harn saufen werden!»

Der Obermundschenk trat noch ein Stück vor und rief laut auf hebräisch: «Hört, was der große König, der König von Assyrien euch sagen läßt: ‹Laßt euch von Hiskija nicht täuschen! Er kann euch nicht vor mir retten. Laßt euch auch von Hiskija nicht dazu überreden, auf den Herrn zu vertrauen! Glaubt ihm nicht, wenn er sagt: Der Herr wird uns bestimmt retten und diese Stadt nicht in die Hand des assyrischen Königs fallen lassen. Hört nicht auf Hiskija, sondern auf mich! Kommt heraus und ergebt euch! Jeder darf von seinem eigenen Weinstock und Feigenbaum essen und aus seinem eigenen Brunnen trinken, bis ich euch in ein Land bringe, das ebenso gut ist wie das eure. Dort gibt es Brot, Most und Wein, Öl und Honig in Fülle. Hört auf mich, dann werdet ihr am Leben bleiben und nicht umkommen. Hört nicht auf Hiskija! Er führt euch in die Irre, wenn er euch einredet: Der Herr wird uns retten! Haben etwa die Götter der anderen Völker ihre Länder vor mir schützen können? Wo sind jetzt die Götter von Hamat und Arpad, von Sefarwajim, Hena und Awa? Und wer hat Samaria vor meinem Zugriff bewahrt? Wer von all diesen Göttern hat sein Land vor mir retten können? Und da soll ausgerechnet der Herr, euer Gott, Jerusalem vor mir bewahren?»

Die Männer auf der Mauer blieben still und antworteten nichts; so hatte es König Hiskija angeordnet. Eljakim, Schebna und Joach zerrissen ihre Kleider, gingen zu Hiskija und berichteten ihm, was der Obermundschenk gesagt hatte.

Als König Hiskija das hörte, zerriß auch er seine Kleider, zog Trauergewänder an und ging in den Tempel des Herrn. Zugleich schickte er den Palastverwalter Eljakim, den Kanzler Schebna und die ältesten der Priester in Trauergewändern zum Propheten Jesaja, dem Sohn des Amoz. Sie sollten ihm im Namen des Königs sagen: «Heute straft uns Gott für unsere Sünden; wir sind in Not und Schande geraten. Es geht uns wie Kindern, die im Mutterschoß steckengeblieben sind, weil die Mutter keine Kraft mehr zum Gebären hat. Der König von Assyrien hat seinen Obermundschenk hierhergeschickt, um den lebendigen Gott zu verhöhnen. Wenn doch der Herr, dein Gott, hören wollte, wie er ihn lästert! Wenn er ihn doch strafen wollte für die Schmach, die er ihm angetan hat! Bete zum Herrn für die, die von seinem Volk übriggeblieben sind!»

Die Männer kamen zu Jesaja und überbrachten ihm diese Botschaft. Jesaja antwortete ihnen: «Richtet dem König aus, was der Herr ihm zu sagen hat: ‹Sei unbesorgt! Laß dich nicht beeindrucken, wenn die Boten des Königs von Assyrien mich lästern und behaupten, ich könnte euch nicht retten. Ich werde dafür sorgen, daß er seinen Plan aufgibt. Er wird eine Nachricht erhalten und schleunigst nach Hause zurückkehren. Dort werde ich ihn umbringen lassen.» (2.Könige 18 und 19)

An die Überlebenden

Die Ankündigung Jesajas ging in Erfüllung: Sanherib kehrte kurz darauf nach Assyrien zurück. Während eines Opfergottesdienstes wurde er von seinen Söhnen erschlagen. Die folgenden Worte sprach Jesaja noch während der Belagerung Jerusalems.

Himmel und Erde sollen hören, was der Herr sagt: «Ich habe Kinder aufgezogen; und jetzt, wo sie erwachsen sind, wollen sie nichts mehr von mir wissen. Jeder Ochse kennt seinen Besitzer und jeder Esel die Futterkrippe seines Herrn. Israel aber will nicht begreifen, wem es gehört; mein Volk nimmt keine Vernunft an.»

Weh euch, ihr verbrecherisches und schuldbeladenes Volk! Ihr seid eine üble Sippschaft, ganz aus der Art geschlagen. Ihr habt den Herrn verlassen, den heiligen Gott Israels verworfen, ihm den Rücken gekehrt. Seid ihr noch nicht genug geschlagen worden, daß ihr immer noch widerspenstig seid? Ihr seid ja schon krank an Leib und Seele. Vom Scheitel bis zur Sohle ist kein heiler Fleck mehr an euch, nur frische Wunden, blutig geschlagene Striemen und Beulen; niemand hat sie gereinigt und verbunden, auch keine Salbe ist darauf gekommen. Euer Land ist verwüstet, eure Städte sind verbrannt; Fremde verzehren vor euren Augen die Ernte von euren Feldern. Es sieht bei euch aus wie nach der Zerstörung von Sodom. Nur Jerusalem ist übriggeblieben wie ein Schutzdach im Weinberg, wie eine Nachthütte im Gurkenfeld, wie eine ringsum belagerte Stadt. Hätte Gott, der Herr der Welt, nicht einen kleinen Rest von uns übriggelassen, so wären wir wie Sodom und Gomorra geworden! (Jesaja 1)

Der Friedenskönig

In den Jahren 734 und 732 v. Chr. hatte der Assyrerkönig Tiglat-Pileser die Randgebiete im Westen, Norden und Osten des Nordreiches Israel abgetrennt und in assyrische Provinzen verwandelt. Hier ist das Volk zu suchen, «das im Dunkeln lebt». Aber die Schau des Propheten greift weit über den Anlaß hinaus: Der angekündigte Friedenskönig wird nicht nur diese Provinzen befreien, sondern das zerteilte Reich Davids wiederherstellen. Und darüber hinaus wird er ein Zeitalter weltumfassenden Friedens einleiten. Nach dem Glauben des Neuen Testaments ist es Jesus Christus, der dieses Friedensreich aufrichten wird.

Das Volk, das im Dunkeln lebt, sieht ein großes Licht; für die, die im finstern Land des Todes wohnen, leuchtet ein Licht auf. Herr, du schenkst ihnen große Freude, darum jubeln sie laut. Sie freuen sich vor dir wie bei der Ernte oder wie beim Verteilen der Kriegsbeute. So wie damals, als du das Volk von den Midianitern befreit hast, so zerbrichst du das Joch der Fremdherrschaft, das auf ihnen lastet, und den Stock, mit dem sie zur Zwangsarbeit angetrieben werden. Die Soldatenstiefel, deren dröhnenden Marschtritt sie noch im Ohr haben, und die blutbefleckten Soldatenmäntel werden ins Feuer geworfen und verbrannt.

Denn ein Kind ist uns geboren worden, ein Sohn ist uns geschenkt worden. Gott hat ihm die Herrschaft übertragen. Er heißt: weiser Ratgeber, starker Gott, ewiger Vater, Friedensfürst. Seine Macht wird weit reichen, und beständiger Friede wird einkehren. Er wird das Königtum Davids und sein Reich wiederaufrichten; er wird die Herrschaft für immer fest in der Hand haben, weil er sich an die Rechtsordnungen Gottes hält. Gott, der Herr der ganzen Welt, hat es so beschlossen und wird es tun.

Aus dem Baumstumpf Isai wird ein Sproß wachsen, ein neuer Trieb aus seinen Wurzeln wird Frucht bringen. Dem wird der Herr seinen Geist geben, und dieser Geist wird sich auswirken in Klugheit und Einsicht, in weiser Planung und Stärke, in Erkenntnis und Verehrung Gottes. Gott zu dienen wird ihm eine Freude sein. Er wird nicht nach dem Augenschein und dem Hörensagen urteilen. Er wird für die Benachteiligten eintreten und den Armen im Land Recht verschaffen. Sein Wort wird die

Gewalttätigen vernichten und sein Urteilsspruch die Schuldigen töten. So wie jemand einen Gürtel anlegt, wird er Gerechtigkeit und Treue anlegen.

Der Wolf und das Schaflamm werden dann beisammen sein, der Panther wird sich neben das Ziegenböckchen legen; das Kalb und der junge Löwe werden gemeinsam weiden, ein kleiner Junge kann sie hüten. Kuh und Bär werden Freunde sein, ihre Jungen liegen nebeneinander. Der Löwe wird Stroh fressen wie der Ochse. Der Säugling spielt neben dem Schlupfloch der Schlange, das kleine Kind streckt seine Hand in die Höhle der Otter. Niemand wird Böses tun und Unheil anrichten auf dem ganzen heiligen Berg Gottes. Wie das Meer voll ist von Wasser, so wird das Land voll sein von Erkenntnis des Herrn.

An jenem Tag wird der Sproß Isais ein Mann sein, auf den alle Völker schauen. Sie werden zu ihm kommen, und von seinem Wohnsitz wird die Herrlichkeit des Herrn in alle Welt ausstrahlen. (Jesaja 9 und 11)

DER PROPHET JEREMIA

Jeremia wird zum Propheten berufen

Über ein Jahrhundert nach dem Propheten Jesaja, im Jahr 627 v. Chr., wird Jeremia in Jerusalem zum Propheten berufen. Während seines vierzigjährigen Wirkens erlebt er die beiden Eroberungen Jerusalems durch die Babylonier (597 und 587 v. Chr.), deren letzte zugleich das Ende des davidischen Königtums und des Reiches Juda bedeutet.

Der Herr sprach zu mir: «Als noch kein Mensch an dich dachte, hatte ich bereits einen Plan mit dir. Als du noch nicht geboren warst, hatte ich schon die Hand auf dich gelegt. Denn zum Propheten für die Völker habe ich dich bestimmt.»

Da wehrte ich ab: «Ach, mein Herr und Gott! Ich kann doch nicht reden, ich bin noch zu jung!»

Aber der Herr antwortete mir: «Sag nicht: ‹Ich bin zu jung!› Sondern geh, wohin ich dich sende, und verkünde, was ich dir auftrage! Hab keine Angst, denn ich bin bei dir und werde dich beschützen. Ich, der Herr, sage es.» Dann streckte der Herr seine Hand aus, berührte meine Lippen und sagte: «Ich lege meine Worte in deinen Mund. Von heute an hast du Macht über Völker und Königreiche. Reiße nieder und zerstöre, vernichte und verheere, baue auf und pflanze an!»

Dann fragte mich der Herr: «Was siehst du, Jeremia?»

Ich antwortete: «Einen Wachholderzweig!»

Da sagte der Herr zu mir: «Du hast richtig gesehen; ich wache darüber, daß geschieht, was ich sage.»

Wieder fragte der Herr: «Was siehst du?»

Ich antwortete: «Einen dampfenden Kessel, dessen Rand sich von Norden her gegen mich neigt.»

«Richtig», sagte der Herr, so ergießt sich von Norden her Unheil über alle Bewohner dieses Landes. Hör zu, was ich sage: Ich rufe alle Völker der Reiche im Norden. Sie sollen kommen und ihre Throne rings um die Mauern Jerusalems und die Mauern aller anderen Städte in Juda aufstellen. Dann will ich mein Urteil über ihre Einwohner sprechen und sie für alles Böse strafen, das sie getan haben. Denn sie haben mich verlassen und anderen Göttern geopfert; sie haben sich Götterbilder gemacht und sie angebetet.

Du aber fasse Mut, tritt vor sie hin und verkünde ihnen alles, was ich dir auftrage! Erschrick nicht vor ihnen, sonst sorge ich dafür, daß du wirklich vor ihnen erschrecken mußt! Das ganze Land, die Könige, die Beamten, die Priester und das Volk von Juda werden gegen dich sein. Aber ich gebe dir heute die Kraft, ihnen zu widerstehen.

Wie eine befestigte Stadt, wie eine eiserne Säule, wie eine Wand aus Stahl wirst du dastehen. Sie werden dich nicht bezwingen, denn ich bin mit dir und werde dich schützen. Ich, der Herr, sage es.» (Jeremia 1)

Anklage gegen das treulose Volk Israel

Der Herr sagte zu mir: «Geh und verkünde allen Leuten in Jerusalem: Hört, was der Herr seinem Volk sagen läßt: ‹Israel, ich erinnere mich, wie treu du mir warst in deiner Jugend, wie du mich liebtest in deiner Brautzeit. Du bist mir gefolgt in der Wüste, im Land, wo nichts wächst. Damals hast du mir allein gehört, wie die erste Frucht des Ackers. Wer sich an dir vergriff, machte sich schuldig und wurde bestraft.›»

Hört das Wort des Herrn, ihr Nachkommen Jakobs, all ihr Sippen Israels! Der Herr sagt: «Was hatten eure Väter an mir auszusetzen, daß sie sich von mir abwandten, nichtigen Göttern nachliefen und so selbst zunichte wurden? Sie fragten nicht: ‹Wo ist der Herr, der uns aus Ägypten herausgeführt und uns in der Wüste sicher den Weg gewiesen hat, in dürren Steppen und finstern Schluchten, in einem Land, das niemand bewohnt und niemand durchwandert?› Ich brachte euch doch in ein fruchtbares Land, um euch zu speisen mit all den Köstlichkeiten, die es hervorbringt. Aber kaum wart ihr dort, habt ihr mein Land verdorben, mein Eigentum habt ihr mir zum Abscheu gemacht. Eure Priester fragten nicht nach mir, bei ihren Weisungen kümmerten sie sich nicht um mein Gesetz. Die Führer des Volkes lehnten sich gegen mich auf, die Propheten redeten im Namen Baals. Alle beteten zu Göttern, die nicht helfen können. Darum muß ich, der Herr, euch anklagen, und auch gegen eure Kinder und Enkel werde ich Klage erheben.

Fahrt doch übers Meer zu den Inseln im Westen und seht euch dort um! Oder schickt eure Abgesandten zu den Völkern des Ostens und erkundigt euch, ob irgendwo etwas Ähnliches geschehen ist. Hat je ein Volk seine Götter gewechselt? Und die sind nicht einmal Götter! Mein Volk aber hat mich ausgetauscht gegen Götter, die ihm nicht helfen können, obwohl es meine ganze Herrlichkeit gesehen hatte. Erschreckt darüber, ihr Himmel; schaudert, bebt vor Entsetzen», sagt der Herr. «Mein Volk hat doppeltes Unrecht verübt: Mich, die Quelle frischen Wassers, hat es verlassen; statt dessen gräbt es sich Löcher für Regenwasser, die auch noch rissig sind und das Wasser nicht halten.» (Jeremia 2)

Die erste Eroberung Jerusalems durch die Babylonier

Jojachin war achtzehn Jahre alt, als er König von Juda wurde. Drei Monate regierte er in Jerusalem. Seine Mutter hieß Nehuschta; sie war eine Tochter Elnatans und stammte aus Jerusalem. Genau wie sein Vater Jojakim tat Jojachin, was dem Herrn mißfiel.

Kurz nach seinem Regierungsantritt zog das Heer Nebukadnezzars, des Königs von Babylonien, vor die Stadt Jerusalem und belagerte sie. Als die Belagerung in vollem Gange war, erschien Nebukadnezzar selbst vor der Stadt. Da ergab sich Jojachin und ging zusammen mit seiner Mutter und allen seinen Beamten und Hofleuten hinaus vor die Stadt zu Nebukadnezzar, der ihn gefangennahm. Das geschah im achten Regierungsjahr Nebukadnezzars. Alle Schätze, die sich im Tempel des Herrn und im Königspalast befanden, ließ er wegschleppen. Wie der Herr angedroht hatte, ließ er auch alle goldenen Geräte zerschlagen, die Salomo für den Tempel hatte anfertigen lassen. Aus Jerusalem ließ Nebukadnezzar alle vornehmen und wehrfähigen Männer in die Verbannung führen, insgesamt zehntausend Mann, dazu alle Schmiede und Festungsbauleute. Nur die einfachen Leute blieben im Land zurück.

Nebukadnezzar setzte Mattanja, den Onkel Jojachins,

als König ein und gab ihm den Namen Zidkija. Zidkija war einundzwanzig Jahre alt, als er König wurde. Er regierte elf Jahre in Jerusalem. Seine Mutter hieß Hamutal, sie war eine Tochter Jirmejas und stammte aus Libna. Wie sein Bruder Jojakim tat er, was dem Herrn mißfiel. (2.Könige 24)

Das Joch des Königs von Babylonien

Im Jahr 594 v. Chr. suchen Gesandte der Nachbarvölker den judäischen König zu einem gemeinsamen Aufstand gegen die babylonische Fremdherrschaft zu überreden.

Zidkija, der Sohn Joschijas, war noch nicht lange König von Juda, da sagte der Herr zu Jeremia: «Mach dir aus Hölzern und Stricken ein Joch, und leg es dir auf den Nacken. Dann schicke eine Botschaft an die Könige von Edom, Moab, Ammon, Tyrus und Sidon. Sag ihren Gesandten, die zum König Zidkija nach Jerusalem gekommen sind: ‹Der Gott Israels, der Herr der ganzen Welt, trägt euch auf, euren Königen auszurichten: Ich bin es, der durch seine gewaltige Kraft und Macht die Erde geschaffen hat mit allen Menschen und Tieren, die darauf leben. Ich kann sie geben, wem ich will. Jetzt gebe ich alle eure Länder in die Hand meines Dieners, des Königs Nebukadnezzar von Babylonien; selbst die wilden Tiere habe ich zu seinen Untertanen gemacht. Alle Völker sollen ihm dienen, ihm, seinem Sohn und seinem Enkel, bis auch für sein eigenes Land die Zeit kommt, daß es großen Völkern und mächtigen Königen unterworfen wird. Will aber ein Volk oder Reich Nebukadnezzar nicht dienen und den Nacken nicht unter sein Joch beugen, so werde ich es mit Schwert, Hunger und Pest strafen, bis ich es dem König von Babylonien ausgeliefert habe. Ich, der Herr, sage es. Hört nicht auf eure Propheten oder auf eure Wahrsager, Träumer, Zeichendeuter und Zauberer. Sie reden euch ein, daß ihr dem König von Babylonien nicht gehorchen müßt. Aber das ist Lüge! Wenn ihr auf sie hört, werdet ihr aus eurer Heimat vertrieben. Denn dann muß ich euch verstoßen, und ihr werdet zugrunde gehen. Wenn aber ein Volk seinen Nacken unter das Joch des Königs von Babylonien beugt und ihm gehorcht, lasse ich es ungestört auf seinem heimatlichen Boden; es kann ihn bebauen und dort wohnen bleiben. Ich, der Herr, sage es.»

Dasselbe sagte Jeremia auch zu Zidkija, dem König von Juda: «Beugt euren Nacken unter das Joch des Königs von Babylonien; unterwerft euch ihm und seinem Volk. Dann bleibt ihr am Leben. Oder willst du mit deinem Volk umkommen durch Schwert, Hunger oder Pest? So hat es der Herr jedem Volk angedroht, das sich dem König von Babylonien nicht unterwerfen will. Hört nicht auf die Propheten, die zu euch sagen: ‹Unterwerft euch nicht dem König von Babylonien!› Lüge ist, was sie euch sagen. Der Herr sagt: ‹Ich habe sie nicht gesandt. Darum ist es Lüge, wenn sie in meinem Namen reden. Wenn ihr auf sie hört, muß ich euch verstoßen. Ihr werdet zugrunde gehen, ihr und die Propheten, die euch belügen!›»

Zu den Priestern und zum ganzen Volk sagte Jeremia: «Der Herr läßt euch sagen: Hört nicht auf eure Propheten, die euch einreden wollen, daß man die heiligen Geräte des Tempels bald aus Babylon zurückbringen wird. Was sie euch sagen, ist Lüge! Hört nicht auf sie! Unterwerft euch dem König von Babylonien, dann bleibt ihr am Leben. Warum soll diese Stadt ein Trümmerfeld werden? Wären sie aber wirklich Propheten, denen der Herr sein Wort anvertraut, so würden sie den Herrn der Welt bestürmen, daß die Schätze, die im Tempel, im Königspalast und in Jerusalem übriggeblieben sind, nicht auch noch nach Babylon weggebracht werden.»

Im August desselben Jahres – es war das 4. Regierungsjahr Zidkijas – sprach der Prophet Hananja, der Sohn

Asurs aus Gibeon, Jeremia im Tempel an. Er sagte zu ihm in Gegenwart der Priester und des Volkes: «Der Gott Israels, der Herr der ganzen Welt, läßt euch sagen: ‹Ich habe das Joch des Königs von Babylonien zerbrochen. Noch zwei Jahre, dann bringe ich alle heiligen Geräte des Tempels, die Nebukadnezzar von hier nach Babylon geschafft hat, an diesen Ort zurück. Auch König Jojachin von Juda, den Sohn Jojakims, und alle anderen Judäer, die nach Babylonien verschleppt wurden, bringe ich zurück. Denn ich will das Joch des Königs von Babylonien zerbrechen. Ich, der Herr, sage es.›»

Da antwortete der Prophet Jeremia dem Propheten Hananja vor den Priestern und dem ganzen Volk, das im Tempel versammelt war: «Amen! Ich wünschte, der Herr würde es tun! Er lasse deine Worte in Erfüllung gehen und bringe die Geräte des Tempels und alle Verschleppten aus Babylonien hierher zurück! Aber jetzt höre, was ich dir und dem ganzen Volk zu sagen habe: Auch die Propheten, die lange vor mir und dir gelebt haben, sagten vielen Ländern und großen Reichen nichts als Krieg, Unheil und Pest voraus. Sagt aber ein Prophet Heil voraus, so muß man abwarten, ob sein Wort in Erfüllung geht. Erst dann kann man erkennen, daß der Herr ihn wirklich gesandt hat.»

Da nahm Hananja das Joch vom Nacken Jeremias und zerbrach es. Dann erklärte er vor allen Leuten: «Der Herr sagt: Genauso nehme ich vor Ablauf von zwei Jahren das Joch, das König Nebukadnezzar allen Völker auferlegt hat, und zerbreche es.»

Jeremia ging weg. Aber einige Zeit, nachdem Hananja das Joch von seinem Nacken genommen und zerbrochen hatte, sagte der Herr zu Jeremia: «Geh und richte Hananja aus: ‹Der Herr läßt dir sagen: Das Joch aus Holz hast du zerbrochen, aber dafür kommt jetzt ein Joch aus Eisen. Denn der Gott Israels, der Herr der Welt, hat gesagt: Ein eisernes Joch lege ich auf den Nacken aller Völker; sie müssen sich dem König Nebukadnezzar von Babylonien unterwerfen. Ja, selbst die wilden Tiere werden ihm untertan sein.»

Weiter sagte Jeremia zu ihm: «Hör gut zu, Hananja! Der Herr hat dich nicht gesandt. Du aber hast dieses Volk dazu verführt, auf Lügen zu vertrauen. Deshalb hat der Herr gesagt: ›Für dich ist kein Platz mehr auf der Erde. Noch in diesem Jahr wirst du sterben, denn du hast Auflehnung gegen den Herrn gepredigt.»› Im Oktober desselben Jahres starb der Prophet Hananja. (Jeremia 27 und 28)

Jeremia schreibt an die nach Babylonien Verschleppten

Die Verschleppten des Jahres 597 v. Chr. hofften auf eine baldige Wende der Dinge. Jeremia muß ihre Hoffnungen dämpfen; er schreibt ihnen einen Brief, den er den königlichen Boten mitgibt:

Der Gott Israels, der Herr der Welt, sagt zu allen, die er aus Jerusalem nach Babylonien weggeführt hat:

«Baut Häuser und richtet euch darin ein! Legt Gärten an und eßt, was ihr erntet! Heiratet und zeugt Kinder! Verheiratet eure Söhne und Töchter, damit auch sie Kinder bekommen! Ihr sollt euch vermehren und nicht vermindern. Seid um das Wohl der Städte besorgt, in die ich euch verbannt habe, und betet für sie zum Herrn. Denn wenn es ihnen gut geht, dann geht es auch euch gut.»

Der Gott Israels, der Herr der Welt, hat gesagt: «Laßt euch nicht täuschen von den Propheten und Wahrsagern, die unter euch sind. Schenkt ihren Träumen keinen Glauben! Sie behaupten, in meinem Auftrag zu reden. Aber was sie euch sagen, ist Lüge; ich habe sie nicht gesandt. Ich sage euch: Die Macht Babylons dauert siebzig Jahre. Wenn die vorüber sind, werde ich wieder nach euch sehen, mein Versprechen erfüllen und euch heimführen. Denn mein Plan mit euch steht fest: Ich will euer Heil und nicht euer Unheil. Ich habe im Sinn, euch eine Zukunft zu schenken, wie ihr sie erhofft. Ich, der Herr, sage es. Wenn ihr mich ruft und zu mir betet, werde ich euch erhören. Wenn ihr mich mit ganzem Herzen sucht, werde ich mich von euch finden lassen. Ich werde euer Schicksal wenden und euch sammeln aus allen Völkern und Ländern, wohin ich euch versprengt habe; ich bringe euch an den Ort zurück, von dem ich euch weggeführt habe. Ich, der Herr, sage es.» (Jeremia 29)

Der neue Bund der Zukunft

«Gebt acht!» sagt der Herr. «Es dauert nicht mehr lange, dann werde ich mit dem Volk von Israel und dem Volk von Juda einen neuen Bund schließen. Er wird nicht dem Bund gleichen, den ich mit ihren Vorfahren geschlossen habe, als ich sie bei der Hand nahm und aus Ägypten herausführte. Diesen Bund haben sie gebrochen, obwohl ich mich als Herr an ihnen erwiesen hatte. Der neue Bund, den ich mit dem Volk Israel schließen will, wird anders sein: Ich werde ihnen mein Gesetz nicht auf Steintafeln, sondern in Herz und Gewissen schreiben. Ich werde ihr Gott sein, und sie werden mein Volk sein. Ich, der Herr, sage es. Keiner muß dann noch seinen Mitbürger belehren, keiner seinem Bruder sagen: ‹Lerne den Herrn kennen!› Denn alle werden wissen, wer ich bin, vom Niedrigsten bis zum Höchsten. Ich will ihnen ihren Ungehorsam vergeben und nie mehr an ihre Schuld denken. Ich, der Herr, sage es.» (Jeremia 31)

Jerusalem zum zweiten Mal durch die Babylonier belagert

Im neunten Jahr seiner Regierung lehnte sich Zidkija gegen Nebukadnezzar, den König von Babylon, auf. Darum zog Nebukadnezzar mit all seinen Truppen vor Jerusalem. Rings um die Stadt ließ er Belagerungstürme errichten. Am zehnten Tag des zehnten Monats begann

die Belagerung, und sie dauerte bis ins elfte Regierungsjahr Zidkijas. (2.Könige 25)

Jeremia soll zum Schweigen gebracht werden

Die königlichen Beamten Schefatja, der Sohn Mattans,
und Gedalja, der Sohn Paschhurs, wie auch Juchal, der
Sohn Schelemjas, und Paschhur, der Sohn Malkijas, hör-
ten, wie Jeremia öffentlich verkündete: «Der Herr sagt:
‹Wer in dieser Stadt bleibt, kommt um durch Schwert,
Hunger oder Pest. Wer aber jetzt hinausgeht und sich den
Kaldäern ergibt, kommt mit dem Leben davon. Diese
Stadt wird unwiderruflich dem Heer des Königs von
Babylonien in die Hände fallen; Nebukadnezzar wird sie
erobern.›»

Die Beamten meldeten dem König den Vorfall und
sagten: «Diesen Mann muß man töten! Denn wenn er so
weiterredet, verlieren die Soldaten und die Bürger, die
noch in der Stadt sind, den letzten Mut. Kein Zweifel,
dieser Mann sucht nicht das Wohl des Volkes, sondern
seinen Untergang.»

«Macht mit ihm, was ihr wollt», sagte der König. «Ich
kann euch nicht daran hindern.»

Da holten sie Jeremia und brachten ihn zur Zisterne
des Prinzen Malkija, die sich im Wachthof befand. Man
ließ ihn an Stricken hinunter. In der Zisterne war kein
Wasser, sondern nur Schlamm, in den Jeremia einsank.

Im Königspalast gab es einen äthiopischen Eunuchen
namens Ebed-Melech. Als er hörte, daß man Jeremia in
die Zisterne geworfen hatte, verließ er sofort den Königspalast und suchte den König auf, der sich gerade am
Benjamintor aufhielt. Ebed-Melech sagte zu ihm: «Mein
König, was diese Männer mit dem Propheten Jeremia
gemacht haben, ist ein schweres Unrecht. Sie haben ihn
in die Zisterne geworfen und lassen ihn dort unten elend
verhungern.»

Da befahl der König: «Nimm dir von hier drei Männer mit und zieh Jeremia aus der Zisterne, bevor er stirbt!»

Ebed-Melech nahm die drei Männer mit, ging in den Königspalast und holte aus der Kleiderkammer des Vorratshauses Überreste von abgetragenen und zerrissenen Kleidern. Er ließ sie an Stricken zu Jeremia in die Zisterne hinunter und rief ihm zu: «Lege die Lumpen unter deine Achseln, damit dich die Stricke nicht verletzen.»

Jeremia tat es. Nun zogen sie ihn mit den Seilen hoch und holten ihn aus der Zisterne heraus. Von da an blieb Jeremia wieder im Wachthof. (Jeremia 38)

Klage des Propheten

Du hast mich verführt, Herr, und ich habe mich wie ein Mädchen verführen lassen; du hast mich gepackt und vergewaltigt. Nun spottet man über mich den ganzen Tag, alle lachen mich aus. Sooft ich in deinem Auftrag rede, muß ich Unrecht anprangern. «Verbrechen!» muß ich rufen; «Unterdrückung!» Doch dein Wort bringt mir nichts als Spott und Hohn ein, Tag für Tag.

Wenn ich mir dann sage: «Ich will nicht mehr an Gott denken und nicht mehr in seinem Auftrag reden», so ist mir, als wäre ein brennendes Feuer in meinem Innern eingeschlossen. Ich nehme meine ganze Kraft zusammen, um es auszuhalten. Ich kann es nicht.

Viele höre ich tuscheln, sie nennen mich schon: «Schrecken ringsum!» «Verklagt ihn!» fordern die einen. «Ja, wir wollen ihn anzeigen!» sagen die anderen. Sogar meine besten Freunde warten darauf, daß ich mir eine Blöße gebe. «Vielleicht bringen wir ihn dazu, daß er etwas Unvorsichtiges sagt», flüstern sie, «dann können wir uns an ihm rächen!»

Doch du, Herr, stehst mir bei als mächtiger Beschützer. Deshalb kommen meine Verfolger zu Fall, sie richten nichts aus. Ihre Pläne mißlingen, und sie müssen sich auslachen lassen. Diese Schande bleibt für immer an ihnen hängen.

Du Herr der ganzen Welt, du kennst alle, die dir die Treue halten. Du prüfst sie auf Herz und Nieren. Laß mich sehen, wie du meinen Feinden heimzahlst, denn dir habe ich meine Sache anvertraut. Singt dem Herrn und lobt ihn! Denn er rettet den Armen aus der Gewalt seiner Feinde.

Verflucht sei der Tag, an dem ich geboren wurde, ohne Segen der Tag, an dem meine Mutter mich zur Welt brachte. Verflucht sei der Mann, der meinen Vater mit der Nachricht erfreute: «Ein Junge ist's, du hast einen Sohn bekommen!» Ausgelöscht soll jener Tag sein wie die Städte, die der Herr ohne Erbarmen zerstörte. Am Morgen sei er voll Klagen, am Mittag voll Kriegslärm, weil er mich nicht sterben ließ im Mutterleib. Meine Mutter wäre mir dann zum Grab geworden, sie wäre für immer schwanger geblieben. Warum nur mußte ich den Mutterschoß verlassen, um nichts als Elend und Kummer zu erleben und in Schande mein Leben zu enden! (Jeremia 20)

Der König läßt den Propheten heimlich zu sich rufen

Eines Tages ließ König Zidkija den Propheten Jeremia zu sich zum dritten Tempeltor kommen und sagte zu ihm: «Ich möchte wissen, was der Herr dir gesagt hat. Verschweige mir nichts!»

Jeremia antwortete: «Wenn ich dir die Wahrheit sage, läßt du mich ja doch umbringen; und wenn ich dir einen Rat gebe, hörst du nicht darauf.»

Da versicherte ihm der König unter vier Augen mit einem Eid: «So gewiß der Herr lebt, der uns das Leben gibt, ich lasse dich nicht töten und liefere dich nicht den Männern aus, die dich umbringen wollen.»

Darauf sagte Jeremia zu Zidkija: «Der Gott Israels, der Herr der Welt, hat gesagt: ‹Wenn du aus der Stadt hinausgehst und dich den Heerführern des Königs von Babylonien ergibst, dann bist du gerettet, und diese Stadt wird nicht in Brand gesteckt. Du bleibst am Leben mit deiner ganzen Familie. Wenn du aber nicht zu ihnen hinausgehst, dann wird diese Stadt an die Kaldäer ausgeliefert und niedergebrannt. Auch du wirst ihnen dann nicht entkommen.›»

Der König entgegnete: «Ich habe Angst vor den Judäern, die bereits zu den Kaldäern übergelaufen sind. Man könnte mich an sie ausliefern, und sie würden mir bestimmt übel mitspielen.»

Jeremia aber versicherte: «Nein, sie werden dich nicht ausliefern. Hör doch auf das, was der Herr dir durch mich sagt! Dann geht es dir gut, und du rettest dein Leben. Weigerst du dich aber hinauszugehen, so wird geschehen, was mir der Herr gezeigt hat: Ich sah, wie man alle Frauen, die im Palast des Königs von Juda zurückgeblieben waren, zu den babylonischen Heerführern hinausbrachte. Und ich hörte sie über dich klagen: ‹Verführt und betrogen haben sie ihn, seine guten Freunde! Jetzt, wo es ihm dreckig geht, lassen sie ihn im Stich!» Und Jeremia schloß: «Ja, alle deine Frauen und Kinder wird man zu den Kaldäern hinausführen, auch du wirst ihnen nicht entrinnen. Sie werden dich gefangennehmen und dem König von Babylonien übergeben. Diese Stadt aber wird niedergebrannt.»

Da sagte Zidkija zu Jeremia: «Niemand darf erfahren, was wir hier miteinander gesprochen haben, sonst mußt du sterben. Wenn die Beamten von unserer Unterredung hören, werden sie zu dir kommen und dich auffordern: ‹Sag uns, worüber ihr gesprochen habt, als du neulich beim König warst! Verheimliche uns nichts, sonst bringen wir dich um!› Dann gib ihnen keine Auskunft. Antworte: ‹Ich habe den König dringend gebeten, mich nicht in das

Haus Jonatans zurückzuschicken, weil ich dort sterben müßte.»

Tatsächlich kamen alle Beamten zu Jeremia und wollten ihn ausfragen. Er aber gab ihnen genau die Auskunft, die ihm der König aufgetragen hatte. Da ließen sie ihn in Ruhe; denn von der Unterredung war sonst nichst bekanntgeworden. So blieb Jeremia im Wachthof bis zu dem Tag, an dem Jerusalem fiel. (Jeremia 38)

Die zweite Eroberung Jerusalems durch die Babylonier

Im elften Regierungsjahr Zidkijas, am neunten Tag des vierten Monats, als es in der Stadt nichts mehr zu essen gab, wurde eine Bresche in die Stadtmauer geschlagen. In derselben Nacht gelang es dem König und seinen Soldaten, durch den Torweg zwischen den beiden Mauern am Königlichen Garten die Stadt zu verlassen und die Belagerung zu durchbrechen. Sie flohen in östlicher Richtung zur Jordanebene.

Sofort nahmen babylonische Truppen die Verfolgung des Königs auf und holten ihn in der Ebene bei Jericho ein. Alle seine restlichen Truppen hatten ihn verlassen und sich zerstreut. Man nahm den König gefangen und führte ihn nach Ribla vor den König von Babylonien. Nebukadnezzar stellte Zidkija vor ein Kriegsgericht: Er mußte zusehen, wie man seine Söhne erschlug; dann stach man ihm die Augen aus, legte ihm Hand- und Fußschellen an und brachte ihn nach Babylon.

Am siebten Tag des fünften Monats im neunzehnten Regierungsjahr Nebukadnezzars drang Nebusaradan, der Befehlshaber des Leibregiments und Heerführer des Königs von Babylonien, in Jerusalem ein und ließ den Tempel des Herrn, den Königspalast und alle vornehmen Häuser Jerusalems niederbrennen. Die Truppen, die dem Befehlshaber des Leibregiments unterstanden, rissen die Mauer rings um die Stadt bis auf den Grund nieder. Nebusaradan ließ die restliche Stadtbevölkerung und alle, die zum babylonischen König übergelaufen waren, sowie den Rest der Handwerker gefangen wegführen. Nur aus der ärmsten Schicht der Landbevölkerung ließ er eine Anzahl zurück, um die Weinberge und Äcker zu bestellen. (2.Könige 25)

DER PROPHET EZECHIEL

Ezechiel gehörte zu den Männern, die nach der ersten Eroberung Jerusalems 597 v. Chr. nach Babylonien verschleppt worden waren. Dort wurde er im Jahr 593 zum Propheten berufen. Genau wie Jeremia prangert er das Unrecht der führenden Kreise in Jerusalem an. Für das hart getroffene Volk aber hat er Worte des Trostes und der Hoffnung.

Die falschen Hirten und der rechte Hirt

Der Herr sagte zu mir: «Du Mensch, rede in meinem Namen gegen die führenden Männer Israels. Sage zu ihnen: ‹Hört, was Gott, der Herr, euch sagen läßt: Seht euch vor, ihr Hirten Israels! Ihr sorgt nur für euch selbst und nicht für die Herde. Ihr trinkt die Milch der Schafe, macht euch Kleider aus ihrer Wolle und schlachtet die fetten Tiere. Aber um Weide für die Herde kümmert ihr euch nicht. Ist ein Tier schwach, so stärkt ihr es nicht; ist eines krank, so heilt ihr es nicht. Ihr kümmert euch weder um die Verletzten noch um die Versprengten. Die Verirrten sucht ihr nicht, und die Starken mißhandelt ihr. Weil meine Schafe keinen Hirten haben, verlaufen sie sich und werden eine Beute der wilden Tiere. Sie irren überall im Land umher, auf Bergen und Hügeln, denn niemand ist da, der sie sucht, niemand, der nach ihnen fragt.

Deshalb hört, was Gott, der Herr, euch sagen läßt, ihr Hirten: So gewiß ich lebe, ich schaue nicht mehr länger zu. Meine Schafe wurden geraubt und von wilden Tieren gefressen, weil sie keinen Hirten hatten. Meine Hirten haben nicht nach meiner Herde gefragt; sie haben nur für sich selbst gesorgt und nicht für meine Herde. Darum hört zu, ihr Hirten! Ich stelle mich gegen euch und fordere meine Herde von euch zurück. Ich setze euch als Hirten ab; ihr sollt nicht länger nur für euch selbst sorgen. Ich reiße meine Schafe aus eurem Rachen, sie sollen euch nicht länger zum Fraß dienen.›

Gott, der Herr, sagt: ‹Ich selbst will jetzt nach meinen Schafen sehen und mich um sie kümmern. Wie ein Hirt die Tiere seiner Herde wieder zusammensucht, wenn sie auseinandergetrieben worden sind, so suche ich jetzt meine Schafe zusammen. Ich hole sie zurück von allen Orten, wohin sie an jenem unheilvollen Tag vertrieben wurden. Aus fremden Ländern und Völkern hole ich sie heraus, sammle sie und bringe sie wieder in ihre Heimat zurück. Ich werde sie auf die Berge Israels, an Wasserläufe und in fruchtbare Gegenden führen. Auf gute Weideplätze im Bergland Israels will ich sie bringen. Dort sollen sie auf schönen Wiesen lagern und saftige Weide finden. Ich selbst will jetzt meine Schafe weiden und dafür sorgen, daß sie sich ausruhen können. Ich, Gott, der Herr, sage es. Die Verirrten will ich suchen und die Versprengten zurückbringen. Ich will mich um die Verletzten und Kranken kümmern und die Fetten und Starken schützen. Ich will sie weiden, wie sie es brauchen.›

Euch, seiner Herde, läßt Gott, der Herr, sagen: ‹Ich werde unter euch für Recht sorgen und jedes Tier gegen die Übergriffe der anderen verteidigen. Ihr Widder und Böcke, ist es euch nicht genug, das beste Gras zu fressen? Warum zertrampelt ihr den Rest? Ist es euch nicht genug, das klare Wasser zu trinken? Warum wühlt ihr dann noch den Schlamm vom Grund auf? Meine anderen Schafe müssen fressen, was ihr zertrampelt, und trinken, was ihr verschmutzt habt. Deshalb läßt Gott, der Herr, euch sagen: Ich will jetzt selbst den mageren Schafen gegen euch fette zum Recht verhelfen. Weil ihr mit euren breiten Körpern alle schwachen Tiere zur Seite gedrängt und sie mit euren Hörnern von der Herde weggestoßen habt, deshalb komme ich jetzt meinen Schafen zu Hilfe. Sie sollen nicht länger der Willkür ausgeliefert sein; jedes Schaf soll zu seinem Recht kommen. Ich setze über euch einen einzigen Hirten ein, der für euch sorgen wird: meinen Diener David. Er wird euch auf die Weide führen und euer Hirt sein. Ich, der Herr, werde euer Gott sein und mein Diener David euer König. Ich, der Herr, sage es.» (Ezechiel 34)

«Nicht euretwegen helfe ich euch!»

Der Herr sagte zu mir: «Du Mensch, hör zu! Als die Israeliten noch in ihrem Land wohnten, haben sie es durch ihre Taten unrein gemacht. Ihr Verhalten war in meinen Augen so unrein wie die monatliche Blutung einer Frau. Sie haben Blut vergossen und das Land mit ihren Götzen unrein gemacht; deshalb ließ ich sie meinen ganzen Zorn spüren. Ich verschleppte sie unter fremde Völker, vertrieb sie in ferne Länder. So bestrafte ich sie für ihr Verhalten und ihre Taten. Aber wohin sie auch kamen, brachten sie Schimpf über meinen heiligen Namen; denn die Leute dort sagten: ‹Dieses Volk mußte das Land verlassen, das ihr eigener Gott ihnen gegeben hatte.› Es tat mir weh, daß die Israeliten bei allen Völkern, zu denen sie kamen, meinen heiligen Namen entehrten.

Deshalb richte ihnen aus: Gott, der Herr, läßt euch sagen: ‹Nicht euretwegen greife ich ein, ihr Israeliten, sondern wegen meines Namens, den ihr überall entehrt habt. Ich werde meinen Namen bei allen Völkern wieder groß und heilig machen. Sie sollen erkennen, daß ich der

Herr bin, wenn ich vor ihren Augen an euch meine Heiligkeit beweise – ich, der Herr, sage es. Ich hole euch aus allen Völkern, ich sammle euch aus allen Ländern und bringe euch wieder in eure Heimat zurück. Dann besprenge ich euch mit reinem Wasser und reinige euch von allen Befleckungen und von allen Götzen, durch die ihr unrein geworden seid. Ein neues Herz und einen neuen Geist will ich euch geben. Ich nehme das versteinerte Herz aus eurer Brust und schenke euch ein Herz, das fühlt. Ich lege meinen Geist in euch und mache aus euch Menschen, die nach meinem Willen leben, die auf meine Gebote achten und sie befolgen. Dann werdet ihr in dem Land wohnen, das ich euren Vorfahren gegeben habe. Ihr werdet mein Volk sein und ich werde euer Gott sein.

Von allem, was euch unrein macht, will ich euch befreien. Ich will keine Hungersnot mehr über euch bringen, sondern will das Korn reichlich wachsen lassen. Die Bäume sollen viel Frucht tragen und die Felder guten Ertrag geben, so daß euch keine Hungersnot mehr den Hohn der fremden Völker einbringen wird. Wenn ihr dann an euer verkehrtes Verhalten und an eure üblen Taten denkt, wird euch vor euch selbst ekeln wegen der Sünden und Abscheulichkeiten, die ihr begangen habt. Doch das sollt ihr wissen, ihr Israeliten: Nicht euretwegen tue ich das alles. Im Gegenteil, ihr habt allen Grund euch zu schämen! Ich, der Herr, sage es.»» (Ezechiel 36)

Das tote Israel wird wieder lebendig

Die Hand des Herrn ergriff mich und sein Geist nahm von mir Besitz und brachte mich in ein weites Tal, dessen Boden mit Totengebeinen bedeckt war. Der Herr führte mich in einem weiten Bogen um diese Gebeine herum, und ich sah, daß es sehr viele waren, und sie waren völlig ausgetrocknet. Da fragte er mich: «Du Mensch, ob diese

Knochen wohl wieder lebende Menschen werden können?»

Ich antwortete: «Herr, das weißt nur du.»

Und er fuhr fort: «Sprich in meinem Auftrag zu diesen Gebeinen. Rufe ihnen zu: Ihr vertrockneten Knochen, hört, was der Herr euch sagen läßt: ‹Ich bringe jetzt Lebensgeist in euch, damit ihr wieder lebendig werdet. Ich lasse Sehnen und Fleisch über euch wachsen und überziehe euch mit Haut. Dann gebe ich euch Atem, damit ihr wieder lebendig werdet. So sollt ihr erkennen, daß ich der Herr bin.›»

Als ich zu reden anfing, wie Gott mir befohlen hatte, da hörte ich ein lautes Rauschen. Die Knochen rückten zueinander, so wie sie zusammengehörten. Und ich sah, wie Sehnen und Fleisch daran wuchsen und Haut sie überzog. Aber es war noch kein Atem in ihnen.

Da sagte der Herr zu mir: «Du Mensch, rufe den Lebensgeist herbei und befiehl ihm in meinem Namen, aus allen vier Windrichtungen diese Toten anzublasen, damit sie wieder lebendig werden!»

Ich tat, was der Herr mir befohlen hatte. Da fingen sie an zu atmen, sie wurden wieder lebendig und standen auf, ein riesengroßes Heer.

Dann sagte der Herr zu mir: «Du Mensch, das Volk Israel gleicht diesen Knochen. Sie selbst sagen: ‹Wir sind ausgetrocknet, unsere Hoffnung ist dahin; wir haben keine Zukunft mehr.› Deshalb richte ihnen in meinem Auftrag aus: Gott, der Herr, läßt euch sagen: ‹Ich öffne eure Gräber und hole euch, mein Volk, heraus und führe euch ins Land Israel. Wenn ich das tue, werdet ihr erkennen, daß ich der Herr bin. Ich hauche euch meinen Geist ein, damit ihr wieder leben könnt, und gebe euch euer Land zurück. Daran werdet ihr erkennen, daß ich der Herr bin. Was ich gesagt habe, führe ich auch aus, ich, der Herr.» (Ezechiel 37)

DIE BOTSCHAFT DES ZWEITEN JESAJA

Freudenbotschaft für die nach Babylonien Verschleppten

Ebenfalls in Babylonien, aber etwa ein Menschenalter nach Ezechiel, wirkt ein Prophet, dessen Namen wir nicht kennen. Weil seine Worte an die des Propheten Jesaja angehängt wurden, nennt man ihn Deuterojesaja (den «zweiten Jesaja»). Seine Botschaft gilt einem völlig verzagten Volk, das aufgrund der nationalen Katastrophe an Gottes Treue zweifelt. Gott wird seinem Volk eine triumphale Heimkehr bereiten. Wie einst bei der Befreiung aus Ägypten (siehe Seite 79/80), so zieht auch diesmal er selbst seinem Volk voran.

«Tröstet! Tröstet mein Volk!» sagt euer Gott. «Macht den Einwohnern von Jerusalem Mut, sagt zu ihnen: ‹Ihr seid wieder frei, eure Schuld ist bezahlt; denn der Herr hat euch für all eure Fehler doppelt bestraft.›»

Hört, jemand ruft: «Baut in der Wüste eine Straße für den Herrn, richtet in der Steppe einen Weg her für unseren Gott! Jedes Tal soll ausgefüllt, jeder Berg und jede Erhebung eingeebnet werden. Die Herrlichkeit des Herrn wird sichtbar, alle Menschen werden sie schauen; der Herr selbst hat es gesagt.»

Ich bekam den Auftrag: «Rede zu den Menschen!»

«Was soll ich ihnen sagen?» fragte ich.

Da erhielt ich zur Antwort: «Sag ihnen: Menschen sind wie Gras, ihre Schönheit gleicht den Blumen auf der Wiese. Das Gras verdorrt, die Blumen verwelken, wenn der Herr seinen Glutwind darüberwehen läßt. Ja, wie Gras sind die Menschen. Das Gras verdorrt, die Blumen verwelken; aber das Wort unseres Gottes bleibt für immer bestehen.»

Steige auf einen hohen Berg, Freudenbotin Zion! Rufe laut, Freudenbotin Jerusalem! Hab keine Angst; sage den anderen Städten Judas: «Euer Gott kommt!» Gott, der Herr, kommt mit seiner ganzen Macht und übernimmt die Herrschaft. Die Israeliten, die er für sich freigekauft hat, bringt er mit. So wie ein Hirt seine Herde hütet, die Lämmer auf seinen Arm nimmt, sie an seiner Brust trägt und die Mutterschafe behutsam führt, so sorgt Gott für die, die zu ihm gehören.

Himmel und Erde, freut euch; ihr Berge, jubelt! Denn der Herr tröstet sein Volk, er hat Erbarmen mit den Unterdrückten. Doch ihr klagt, ihr Bewohner Jerusalems: «Der Herr, unser Gott, hat uns verlassen und vergessen!» Darum sagt der Herr: «Bringt es eine Mutter fertig, ihren Säugling zu vergessen? Muß sie nicht mit ihrem eigenen Kind Mitleid haben? Und selbst wenn sie es vergessen könnte, ich vergesse euch nicht. Denn in meine Hände habe ich den Namen eurer Stadt unauslöschlich eingezeichnet; ihre Mauern sollen für immer stehen.» (Jesaja 40 und 49)

Der Schöpfer der Welt hilft seinem Volk

Das Ende der eigenstaatlichen Existenz wurde von Israel als Niederlage seines Gottes erlebt. Hatten sich nicht die Götter der Babylonier als stärker erwiesen? Darauf antwortet die folgende Prophetenrede. Auch die Sterne, denen die Babylonier göttliche Macht zuschrieben, sind nur Geschöpfe des Gottes Israels.

Wer könnte mit der hohlen Hand die Wasser des Meeres abmessen und mit der ausgespannten Hand den Himmel? Wer könnte den Staub der Erde in einen Eimer füllen, die Berge und Hügel auf der Waage wiegen? Und wer könnte den Geist des Herrn begreifen, wer könnte sein Berater sein, ihm sagen, was er tun soll? Mit wem bespricht er sich? Wer unterrichtet ihn, belehrt ihn, vermittelt ihm Einsichten, zeigt ihm den richtigen Weg?

Völker sind für ihn wie ein Tropfen am Eimer, sie sind wie ein Staubkörnchen auf der Waagschale; die Inseln wiegen für ihn nicht mehr als ein Sandkorn. Alles Wild auf dem Libanon ist zu wenig, und alle Bäume dort reichen als Brennholz nicht aus, um ihm ein angemessenes Opfer darzubringen. Alle Völker sind vor ihm wie nichts, als Gegner zählen sie für ihn nicht.

Mit wem wollt ihr Gott vergleichen, wie könntet ihr ein Bild von ihm machen, das ihm ähnlich ist?

Der Handwerker gießt ein Götterbild, der Goldschmied überzieht es mit Gold und macht silberne Ketten dafür. Wer zu arm ist, um so viel auszugeben, nimmt Holz, das nicht fault, und sucht sich einen geschickten Künstler; der macht daraus ein Götterbild, das nicht wackelt.

Wißt ihr es denn nicht? Habt ihr nie davon gehört? Ist es euch nicht schon seit der Erschaffung der Welt bekannt? Er thront hoch über der Erde, so daß die Menschen darauf für ihn so klein wie Heuschrecken sind. Er breitet den Himmel aus wie ein Tuch, er spannt ihn auf wie ein Wohnzelt. Er nimmt den Mächtigen die Macht und läßt die Einflußreichen bedeutungslos werden. Es geht ihnen wie jungen Pflanzen: kaum sind sie gesät oder gepflanzt, kaum haben sie im Boden Wurzel geschlagen, da bläst ein heißer Wind sie an und sie verdorren, der Sturm trägt sie fort wie Spreu.

Der heilige Gott fragt: «Mit wem wollt ihr mich vergleichen, wer ist mir ebenbürtig?» Seht in die Höhe! Wer hat die Sterne dort oben geschaffen? Er ist es, der Mächtige und Gewaltige, der sie in voller Zahl herafführt und jeden bei seinem Namen ruft, und keiner bleibt fern.

Ihr Israeliten, Nachkommen Jakobs, warum klagt ihr: «Der Herr weiß nicht, wie es uns geht; unser Gott tut nichts, damit wir unser Recht bekommen»? Wißt ihr es denn nicht? Habt ihr nie gehört, daß der Herr die ganze Welt geschaffen hat und sie für immer regiert? Er wird nicht müde, seine Kraft läßt nicht nach, seine Weisheit kann niemand begreifen. Er gibt den Müden Kraft, und die Schwachen macht er stark. Selbst junge Leute werden kraftlos, die Stärksten brechen zusammen. Aber alle, die auf den Herrn vertrauen, bekommen neue Kraft, als hätten sie Flügel wie ein Adler. Sie gehen und werden nicht müde, sie laufen und erlahmen nicht. (Jesaja 40)

Cyrus, das Werkzeug des allmächtigen Gottes

Im Jahre 539 v. Chr. zieht der Perserkönig Cyrus als Sieger in die Stadt Babylon ein. Er erlaubt den Juden die Rückkehr nach Jerusalem und den Wiederaufbau des Tempels. Der Prophet sieht in Cyrus den von Gott berufenen Retter seines Volkes.

Der Herr sagt zu Cyrus, den er zum König gemacht hat: «Ich stehe dir zur Seite, ich unterwerfe dir die Völker und setze Könige ab, ich öffne dir Türen und Tore. Ich gehe vor dir her und ebne dir die Wege. Feste Tore sprenge ich für dich auf und zerbreche eiserne Riegel. Ich lasse dich versteckte Vorräte und vergrabene Schätze finden. Dadurch sollst du begreifen, daß ich, der Herr, der Gott Israels, dich in meinen Dienst nehme. Für mein Volk Israel, das ich ausgewählt habe und das mir dient, habe ich dich berufen. Ich gebe dir einen Ehrennamen, obwohl du mich nicht kennst. Ich bin der Herr, sonst keiner, außer mir gibt es keinen Gott. Ich bin es, der dir Macht gibt, obwohl du mich nicht kennst. Überall auf der Erde soll man erkennen, daß ich allein Gott bin, ich, der Herr, sonst keiner. Ich schaffe Licht und Dunkelheit, Glück und Unglück. Ich bin der Herr, der dies alles vollbringt.»

So sagt der Herr, der heilige Gott und Schöpfer Israels: «Ich war es, der die Erde gemacht hat und die Menschen, die darauf wohnen. Ich habe den Himmel geschaffen und bestimme den Sternen ihre Bahn. Ich bin treu, darum habe ich Cyrus berufen und lasse seine Unternehmungen gelingen. Er wird meine Stadt Jerusalem wieder aufbauen und mein verbanntes Volk heimkehren lassen, ohne Lösegeld oder Bestechungsgeschenke.» Das sagt der Herr der ganzen Welt. (Jesaja 45)

Gott sendet seinen Bevollmächtigten

Außer von Cyrus, dem König des Herrn, redet der Prophet noch von einem «Bevollmächtigten» des Herrn. Er läßt es im dunkeln, wen er damit meint; viele Vermutungen sind schon angestellt worden. Aber nachdem Jesus Christus gekommen ist, wissen wir: Von ihm ist hier ahnungsvoll die Rede; er ist der wahre Bevollmächtigte des Herrn.

Gott, der Herr, der den Himmel geschaffen hat in seiner ganzen Größe, auch die Erde und die Pflanzen darauf, der den Menschen den Lebensgeist gegeben hat, er sagt zu seinem Bevollmächtigten: «Ich, der Herr, habe dich berufen, denn ich bin treu. Ich stehe hinter dir. Du sollst meinen Plan mit der Menschheit ausführen und allen Völkern das Licht bringen. Die Blinden sollst du sehend machen, die Gefangenen aus dem Kerker holen und alle, die im Dunkeln eingeschlossen sind, befreien. Mein Name ist ‹der Herr›, und ich bin es auch. Ehre und Ruhm, die mir zustehen, überlasse ich nicht den fremden Göttern.»

Der Herr sagt: «Mein Bevollmächtigter wird Erfolg haben, er wird angesehen und geehrt sein. Viele waren entsetzt über ihn, so entstellt war er; er sah gar nicht mehr aus wie ein Mensch. Doch nun werden viele Völker über ihn staunen, die Könige werden in seiner Gegenwart nichts mehr sagen können. Was sie nie gehört und gesehen haben, werden sie nun hören und sehen.»

Was wir da gehört haben, konnte kein Mensch glauben. Niemand konnte darin das Handeln des Herrn erkennen. Er wuchs auf wie ein kümmerlicher Sproß aus dürrem Boden. So wollte es der Herr. Er war weder schön noch stattlich. Als wir ihn sahen, fanden wir nichts Anziehendes an ihm. Alle verachteten und mieden ihn;

denn er war von Schmerzen und Krankheiten gezeichnet. Voller Abscheu wandten wir uns von ihm ab.

In Wahrheit aber hat er die Krankheiten auf sich genommen, die für uns bestimmt waren, und die Schmerzen erlitten, die wir verdient hatten. Wir meinten, Gott habe ihn gestraft und geschlagen; doch wegen unserer Schuld wurde er gequält und wegen unseres Ungehorsams geschlagen. Die Strafe für unsere Schuld traf ihn, und wir sind gerettet. Er wurde verwundet, und wir sind heil geworden. Wir alle waren wie Schafe, die sich verlaufen haben; jeder ging seinen eigenen Weg. Ihm aber hat der Herr unsere ganze Schuld aufgeladen.

Er wurde gequält, aber er ertrug es und schrie nicht. So wie ein Lamm still ist, wenn es zum Schlachten gebracht wird, oder ein Schaf, wenn es geschoren wird, schwieg auch er. Er wurde verhaftet, verurteilt und hingerichtet. Aber wen kümmert das schon? Und doch wurde er wegen der Schuld seines Volkes aus dem Leben gerissen und getötet. Man begrub ihn zwischen Verbrechern, obwohl er kein Unrecht getan und niemand belogen hatte.

Aber der Herr sagt: Ich wollte ihn leiden lassen und zerschlagen. Weil er sein Leben als Schuldopfer gegeben hat, wird er Nachkommen haben und lange leben. Mein Plan wird durch ihn zum Ziel kommen. Er mußte viel leiden, aber er wird sehen, daß es nicht umsonst war, und er wird sich wieder freuen. Mein Bevollmächtigter hat meinen Willen erfüllt und die Strafe für die Schuld vieler Menschen getragen; nun können sie vor mir bestehen. Deshalb will ich ihn zu den Großen rechnen, und mit den Mächtigen soll er sich die Beute teilen. Er ging in den Tod und wurde unter die Verbrecher gerechnet. Aber er trug die Strafe für viele und trat für die Schuldigen ein.»
(Jesaja 42; 52 und 53)

AUS DER LEBENSWEISHEIT ISRAELS

Gott und Mensch

Wer klug und tüchtig werden will, lerne zuerst Gott ernst nehmen. Nur der Taugenichts will davon nichts wissen.

Menschen machen Pläne, aber Gott hat das letzte Wort.

Jeder meint, er selbst tue immer das Rechte; aber Gott spricht das Urteil.

Bitte Gott um seinen Segen, und deine Pläne gelingen.

Gott hat allem ein Ziel gesetzt; für den Bösen heißt es: Verderben.

Gott haßt die Hochnäsigen und wird sie bestrafen; darauf kannst du dich verlassen. (Sprüche 1 und 16)

Mein Sohn! Vergiß nie, was ich dir jetzt sage; Glück und langes Leben hängen für dich davon ab. Ich lehre dich Tugend und Recht; verachte meine Worte nicht! Lege sie wie ein Halsband um deinen Hals! Schreibe sie auf die Tafel deines Herzens, dann lieben dich Gott und die Menschen.

Verlaß dich nie auf deine eigene Schlauheit, sondern verlaß dich ganz auf Gott. Rechne mit ihm bei allem, was du tust; dann zeigt er dir den rechten Weg. Es nützt dir nichts, wenn du dich für weise hältst, aber vergißt, Gott zu fürchten und das Böse zu meiden. Hältst du dich an diese Lehre, dann bleibst du gesund und wirst stark.

Gib Gott die Ehre und bring ihm ein Dankopfer von deiner Ernte, dann füllen sich deine Speicher mit Korn, und deine Fässer fassen den Wein nicht mehr.

Nimm es an, mein Sohn, wenn der Herr dich hart anfaßt! Verliere nicht den Mut, wenn er dich straft! Denn wen der Herr liebt, den erzieht er mit Strenge wie ein Vater, der es mit seinem Sohn gut meint. (Sprüche 3)

Armut und Reichtum

Du kannst dich abmühen, soviel du willst; ohne den Segen Gottes bringst du es zu nichts.

Der Freigebige wird reich, der Geizhals wird arm.

Als Bauer hast du Brot genug, aber als Händler nagst du am Hungertuch.

Arme ausnutzen, heißt den Schöpfer beleidigen; sie unterstützen, heißt ihm die Ehre geben. (Sprüche 10; 11; 12; 14)

Mein Gott, ich bitte dich nur um zwei Dinge; gib sie mir, solange ich lebe: Bewahre mich davor, zu lügen, und laß mich weder arm noch reich sein. Gib mir nur, was ich zum Leben brauche. Habe ich zuviel, so sage ich vielleicht: «Wozu brauche ich Gott?» Habe ich zu wenig, so fange ich vielleicht an zu stehlen und beleidige dich damit. (Sprüche 30)

Eltern und Kinder

Auf einen klugen Sohn sind die Eltern stolz; ein Taugenichts macht ihnen Kummer.

Ein kluger Sohn läßt sich belehren; ein Taugenichts wird auch durch Schimpfen nicht besser.

Wer alt ist, ist stolz auf seine Enkel, und wer jung ist, auf seine Eltern.

Höre auf deine Eltern, denen du das Leben verdankst! Verachte sie nicht, wenn sie alt werden. Sei klug und laß dich davon nicht abbringen. Denk daran: Die größte Freude für einen Vater ist ein tüchtiger Sohn. Mach deinen Eltern Freude, damit sie stolz auf dich sind! (Sprüche 10; 13; 17; 23)

Mann und Frau

Wer eine gute Frau findet, mit dem hat Gott es gut gemeint.

Haus und Hof kann man erben, aber eine tüchtige Frau kommt von Gott.

Auf eine tüchtige Frau kannst du stolz sein; eine Schlampe macht dich krank.

Eine schöne Frau, die sich nicht benehmen kann, ist wie eine Wildsau mit goldenem Nasenring.

Besser eine Dachstube allein, als ein ganzes Haus mit einer zänkischen Frau.

Trockenes Brot mit Liebe ist besser als ein Braten mit Haß. (Sprüche 18; 19; 12; 11; 21; 15)

Deine Frau ist eine Wasserquelle. Trink aus der Quelle! Laß ihr Wasser nicht auf die Straße fließen, und teile es nicht mit Fremden. Freue dich immer an der Frau, die du geheiratet hast. Sie soll dir viele Kinder schenken.

Anmutig wie eine Gazelle ist deine Frau. Berausche dich immer neu an ihren Brüsten! Sei glücklich in ihren Armen! Mein Sohn, warum willst du mit einer anderen Frau schlafen? Bedenke: Gott sieht alles, was du tust. Deine Sünde wird dir zur Schlinge, in der du dich fängst. Wer keine Selbstbeherrschung hat, geht zugrunde. (Sprüche 5)

Ermahnung für den König

Lemuel, der König von Massa, wird von seiner Mutter ermahnt:

«Du bist der Sohn, um den ich gebetet habe. Hör auf meinen Rat: Gib dich nicht zu viel mit Frauen ab; das hat schon manchen König zugrunde gerichtet.

Laß dir raten: Wein und Bier ist nichts für Könige! Ein betrunkener König vergißt seine Pflicht und verweigert den Armen ihr Recht. Bier und Wein sind gut für den, der am Ende ist. Der soll sich betrinken und seinen Kummer vergessen. Deine Sache ist es, für Recht zu sorgen. Tritt für alle ein, denen niemand hilft! Nimm die Armen und Rechtlosen in Schutz!» (Sprüche 31)

Worte des Philosophen

Die vorangehenden Proben aus dem Buch der «Sprüche» bieten bewährte Regeln für ein glückliches Leben unter Gottes Leitung. Auch die «Worte des Philosophen» sind aus der Erfahrung geschöpft; aber weil es ihrem Verfasser um den Sinn des Lebens im ganzen geht, drängt sich ihm die Vergänglichkeit des Glücks und die Vergeblichkeit alles menschlichen Mühens auf. Dies ist nicht das letzte Wort der Bibel zur Frage nach dem Sinn des Lebens; aber immer wieder haben es Menschen dankbar empfunden, daß auch in ihr die Stimme des Zweifels nicht unterdrückt wird. Der unbekannte Verfasser aus dem 4. oder 3. Jahrhundert v. Chr. legt seine ernüchternden Einsichten – um ihnen mehr Gewicht zu geben – dem König Salomo in den Mund, der in Israel als Vater aller Weisheitsdichtung galt. Die Beschreibung von Salomos Weisheit (siehe Seite 144) und andere Anzeichen sprechen jedoch dafür, daß der Nachfolger Davids sich mit anderen Themen befaßt und den Weltlauf noch nicht so pessimistisch beurteilt hat.

Völlig sinnlos ist alles, völlig sinnlos. Es gibt keinen Sinn in den Dingen. Man arbeitet und schuftet sein Leben lang. Und was hat man davon? Die Generationen kommen und gehen; aber die Welt bleibt, wie sie ist. Die Sonne geht auf, sie geht unter, und dann wieder von vorn, immer dasselbe. Mal weht der Wind von Norden, mal weht er von Süden, und dann dreht er wieder zurück in die alte Richtung. Alle Flüsse fließen ins Meer, aber das Meer wird nicht voll. Das Wasser kehrt zu den Quellen zurück, und wieder fließt es ins Meer.

Alles zu sehen und alles zu hören ist viel zu anstrengend. Man wird müde, bevor man alles aufzählen kann. Das braucht man auch gar nicht; denn was gewesen ist, das wird wieder sein; was getan wurde, das wird wieder getan. Es gibt nichts Neues unter der Sonne. «Sieh her», sagen sie, «da ist etwas Neues!» Unsinn! Es ist schon einmal dagewesen, lange bevor wir geboren wurden. Man denkt nur nicht daran, was die Alten taten. Und was wir heute tun, wird man auch bald vergessen.

Ich, der Philosoph, war König über Israel und regierte in Jerusalem. Ich nahm mir vor, alles zu ergründen und zu begreifen, was in dieser Welt geschieht. Ich wollte wissen, was für einen Sinn alles hat.

Ich kann nur sagen: Das ist eine fruchtlose Beschäftigung! Die Menschen sollen sich mit ihr plagen; dazu hat Gott sie ihnen gegeben. Ich habe alles gesehen, was auf der Erde getan wird; alles ist sinnlos. Es ist, als jagte man dem Wind nach. Krummes kann nicht gerade werden; was nicht da ist, kann man nicht zählen.

Ich dachte bei mir selbst: Ich weiß mehr als alle, die vor mir über Jerusalem geherrscht haben. Unendliches Wissen habe ich erworben. Doch als ich verstehen wollte, was Wissen wert ist, was der Kluge dem Dummen und Beschränkten voraushat, erkannte ich, daß auch das Jagd nach Wind ist. Wer viel weiß, hat viel Ärger. Je mehr Erfahrung, desto mehr Enttäuschung.

Ich sah mir die Plackerei an, die Gott den Menschen auferlegt hat. Alle Dinge hat er gut gemacht und jedem seine Zeit gesetzt. Den Menschen hat er dazu noch das Verlangen gegeben, Vergangenheit und Zukunft zu verstehen. Aber der Mensch kann nicht völlig erkennen, was Gott tut, weder den Anfang noch das Ende. Da sah ich ein, daß es für den Menschen das beste ist, fröhlich zu sein und es sich gut gehen zu lassen, solange er lebt. Auch das ist ein Geschenk Gottes, daß der Mensch ißt und trinkt und das Leben genießt bei aller Mühe, die er hat.

Noch etwas habe ich in dieser Welt erkannt: Wo Recht gesprochen und für Gerechtigkeit gesorgt werden sollte, da herrscht das Unrecht. Da dachte ich bei mir: Der Böse muß genauso wie der Gute vor Gottes Gericht erscheinen. Denn jedes Ding hat seine bestimmte Zeit und ebenso jede Tat.

Ich sagte mir: Gott will die Menschen prüfen. Sie sollen einsehen, daß sie im Grunde nicht besser dran sind als das Vieh. Menschen und Tiere haben das gleiche Schicksal. Beide treten auf die gleiche Weise ins Leben, und beide müssen sterben. Nichts hat der Mensch dem Tier voraus, denn alles ist sinnlos. Alles muß an den gleichen Ort. Aus dem Staub der Erde ist alles entstanden, und zum Staub der Erde kehrt alles zurück. Wer weiß denn, ob der Lebensgeist des Menschen wirklich in die Höhe steigt und nur der Lebensgeist des Tieres in die Erde versinkt?

So habe ich eingesehen, daß der Mensch nichts Besseres tun kann, als den Ertrag seiner Arbeit zu genießen. Das hat Gott ihm zugeteilt. Wie sollte er sich auch freuen an dem, was erst nach ihm sein wird?

Ich habe auch gesehen, wie Menschen in dieser Welt ausgebeutet werden. Die Unterdrückten schreien um Hilfe, aber niemand tritt für sie ein. Niemand hilft ihnen, denn ihre Unterdrücker haben die Macht. Wie gut haben es die Toten! Ihnen geht es besser als den Lebenden. Noch besser sind die dran, die gar nicht geboren wurden, die die Ungerechtigkeit auf der Erde nie gesehen haben.

Wundere dich nicht, wenn du siehst, wie man die Armen im Land unterdrückt und ihnen ihr Recht verweigert. Denn ein Mächtiger deckt den anderen, und beide deckt ein noch Mächtigerer. Es wäre das beste für das Land, wenn der König selbst nach dem Rechten sehen würde.

Freu dich, junger Mensch! Sei glücklich, solange du noch jung bist! Tu, was dir Spaß macht, wozu deine Augen dich locken! Aber vergiß nicht, daß Gott für alles von dir Rechenschaft fordern wird. Halte dir den Ärger von der Seele und die Krankheit vom Leib. Jugend und dunkles Haar vergehen schnell.

Denk an deinen Schöpfer, solange du noch jung bist, ehe die schlechten Tage kommen und die Jahre, die dir nicht gefallen werden. Dann verdunkeln sich dir Sonne, Mond und Sterne, und nach jedem Regen kommen wieder neue Wolken. Dann werden deine Arme, die dich beschützt haben, zittern, und deine Beine, die dich getragen haben, werden schwach. Die Zähne fallen dir aus, einer nach dem anderen; deine Augen werden trüb und deine Ohren taub. Deine Stimme wird dünn und zittrig. Das Steigen fällt dir schwer, und bei jedem Schritt bist du in Gefahr zu stürzen. Draußen blüht der Mandelbaum, die Heuschrecke frißt sich voll; aber dir hilft nichts mehr, du stehst schon mit einem Fuß im Grab. Vor der Tür warten sie schon, um das Klagegeschrei über dich anzustimmen.

Genieße dein Leben, bevor es zu Ende geht, so wie eine silberne Schnur zerreißt oder eine goldene Schale zerbricht, wie ein Krug an der Quelle in Scherben geht oder das Schöpfrad zerbrochen in den Brunnen stürzt. Dann kehrt der Leib zur Erde zurück, aus der er entstanden ist, und der Lebensgeist geht zu Gott, der ihn gegeben hat. (Prediger/Kohelet 1; 3; 4; 5; 11 und 12)

AUS DEM SCHATZ DER GEBETE UND LIEDER ISRAELS

Gottes Hoheit und die Würde des Menschen

Herr, unser Herrscher!
Groß ist dein Ruhm auf der ganzen Erde.
Der Glanz deiner Hoheit überstrahlt den Himmel.
Deine Macht ist unermeßlich:
noch aus dem lallenden Lob kleiner Kinder
    baust du eine Mauer,
an der deine Widersacher und Feinde zu Fall kommen.
Ich bestaune den Himmel, den du gemacht hast,
Mond und Sterne auf ihren Bahnen:
Wie klein ist da der Mensch!
Und doch gibst du dich mit ihm ab.

Ja, du hast ihm Macht und Würde verliehen;
es fehlt nicht viel, und er wäre wie du.
Du hast ihn zum Herrscher gemacht über deine
    Geschöpfe,
alles hast du ihm unterstellt:
die Schafe, Ziegen und Rinder,
das Wild und die Vögel,
die Fische und Ungeheuer im Meer.
Herr, unser Herrscher,
groß ist dein Ruhm auf der ganzen Erde!
(Psalm 8)

Mein Gott, mein Gott, warum hast du mich verlassen?
Warum hörst du nicht, wie ich schreie,
warum bist du so fern?
Mein Gott, Tag und Nacht rufe ich um Hilfe,
doch du antwortest nicht und schenkst mir keine Ruhe.
Du bist doch der heilige Gott,
dem Israel Danklieder singt!
Auf dich verließen sich unsere Väter,
sie vertrauten dir, und du hast sie gerettet.
Sie schrien zu dir und wurden befreit;
sie hofften auf dich und wurden nicht enttäuscht.

Doch ich bin kaum noch ein Mensch,
ich bin ein Wurm, von allen verhöhnt und verachtet.
Wer mich sieht, macht sich über mich lustig,
verzieht den Mund und schüttelt den Kopf:
«Du vertraust doch auf Gott! Warum hilft er dir nicht?
Du bist doch sein Liebling! Warum läßt er dich im Stich?»
Ja, du hast mich aus dem Mutterschoß gezogen,
an der Mutterbrust hast du mich vertrauen gelehrt.
Ohne dich kann ich keinen Atemzug tun;
seit meiner Geburt bist du mein Gott.

Nun bleibe nicht fern, denn ich bin in Not!
Niemand sonst kann mir helfen!
Viele Feinde umzingeln mich,
kreisen mich ein wie wilde Stiere.
Sie reißen ihre Mäuler auf,
brüllen mich an wie hungrige Löwen.
Ich zerfließe wie ausgeschüttetes Wasser,
meine Knochen fallen mir auseinander.
Mein Herz ist wie Wachs.
Meine Kehle ist ausgedörrt,
die Zunge klebt mir am Gaumen.

Du läßt mich im Staub liegen, als wäre ich schon tot.
Eine Verbrecherbande hat mich umstellt,
diese Hunde lassen mir keinen Ausweg.
Sie haben meine Hände und Füße gefesselt.
Alle meine Rippen kann ich zählen;
sie stehen dabei und gaffen mich an.
Schon losen sie um meine Kleider
und verteilen sie unter sich.

Bleib nicht fern von mir, Herr!
Du bist mein Retter, komm und hilf mir!
Rette mich vor dem Schwert meiner Feinde,
rette mein Leben vor der Hundemeute!
Reiß mich aus dem Rachen des Löwen,
rette mich vor den Hörnern der wilden Stiere!
Du hast mich erhört!

Ich will meinen Brüdern von dir erzählen,
in der Gemeinde will ich dich preisen.
«Die ihr den Herrn fürchtet: Lobt ihn!
Alle Nachkommen Jakobs: Ehrt ihn!
Ganz Israel soll ihn anbeten!
Kein Elender ist dem Herrn zu gering;
mein Geschrei war ihm nicht lästig.
Er wandte sich nicht von mir ab,
sondern hörte auf meinen Hilferuf.»
Darum danke ich dir, Herr, vor der ganzen Gemeinde.
In Gegenwart aller, die dich ehren, bring ich die Opfer
    dar, die ich dir versprochen habe.
Die Armen sollen sich sattessen;
die nach dem Herrn fragen, sollen Loblieder singen;
immer möge es ihnen gut gehen!
Alle Völker sollen sich besinnen,
von allen Enden der Erde sollen sie zum Herrn kommen
    und sich vor ihm niederwerfen.
Denn der Herr ist König,

er herrscht über alle Völker.
Vor ihm müssen die Mächtigen sich beugen,
alle Sterblichen sollen ihn ehren,
alle, die hinunter müssen ins Grab.
Auch die künftigen Generationen sollen ihm dienen.
Man wird den Kindern vom Herrn erzählen,
noch in der fernsten Zukunft wird man den
    Nachkommen sagen,
was der Herr getan hat, wie treu er ist. (Psalm 22)

Der Herr ist mein Hirt

Der Herr ist mein Hirt,
immer sorgt er für mich.
Er bringt mich auf saftige Weiden,
und am frischen Wasser läßt er mich ruhen.
Er gibt mir neue Kraft.
Er führt mich, damit ich nicht irregehe;
auf ihn kann ich mich verlassen.
Selbst wenn es durch finstere Schluchten geht,
habe ich keine Angst;
denn du, Herr, bist bei mir,
du beschützt mich und führst mich.
Vor den Augen meiner Verfolger deckst du mir den Tisch.
Du empfängst mich als Ehrengast
und füllst mir den Becher randvoll.
Glück und Segen begleiten mich nun mein Leben lang.
Für immer darf ich in deinem Haus bleiben.
(Psalm 23)

Gebet eines Verbannten

Wie ein Hirsch nach frischem Wasser lechzt,
so sehne ich mich nach dir, mein Gott!
Ich dürste nach Gott,
nach dem wahren, lebendigen Gott.
Wann darf ich zu ihm kommen,
wann darf ich ihn sehen?

Tränen sind meine Nahrung bei Tag und Nacht,
weil die andern mich dauernd fragen:
«Wo bleibt denn dein Gott?»
Der Jammer packt mich, wenn ich an früher denke:
Da zog ich mit der großen Schar zum Haus Gottes.
Da konnte ich jubeln und danken in der feiernden Menge.

Warum bin ich jetzt so verzweifelt,
warum so aufgewühlt?
Auf Gott will ich hoffen!
Ja, ich werde ihn noch einmal preisen,
ihn meinen Gott, der mir hilft.

Ich weiß nicht mehr aus noch ein,
darum wende ich mich an ihn.
Vom Jordan, vom Hermon, vom Hochland her,
von Meer zu Meer dröhnt es:
seine Fluten brausen,
Wellen und Meer, von ihm geschickt,
    rollen über mich hin.
Tag für Tag lasse er mich seine Güte erfahren;
jede Nacht will ich ihm Loblieder singen
und zu ihm beten, zu dem Gott, der mir Leben gibt.
Ich sage zu Gott: Bei dir suche ich Halt.
Warum hast du mich vergessen?
Warum muß ich ständig leiden,
warum dürfen meine Feinde mich quälen?
Ich bin ganz zerschlagen von ihrem Hohn,
weil sie mich täglich fragen:
«Wo bleibt denn dein Gott?»

Warum bin ich denn so verzweifelt,
warum so aufgewühlt?
Auf Gott will ich hoffen!
Ja, ich werde ihn noch einmal preisen,
ihn, meinen Gott, der mir hilft.

Steh mir bei, Gott, und verschaffe mir Recht;
verteidige mich gegen meine Ankläger,
diese falsche, heimtückische Bande.
Du, Gott, bist doch immer mein Schutz gewesen!
Warum hast du mich nun verstoßen?
Warum muß ich ständig leiden,
warum dürfen meine Feinde mich quälen?
Laß mich dein Licht und deine Treue sehen!
Sie sollen mich führen und zu deinem heiligen Berg
    bringen,
zu dem Ort, wo du wohnst.
Dort will ich an deinen Altar treten,
vor dich, der mir neuen Mut gibt.
Zum Klang der Harfe will ich dich preisen,
dich, meinen Gott!

Warum bin ich denn so verzweifelt,
warum so aufgewühlt?
Auf Gott will ich hoffen!
Ja, ich werde ihn noch einmal preisen,
ihn, meinen Gott, der mir hilft. (Psalm 42 und 43)

Gott ist bei uns

Gott ist unser Schutz und unsere Stärke,
ein bewährter Helfer in aller Not.
Darum haben wir keine Angst,
auch wenn die Erde bebt und die Berge ins Meer stürzen,
wenn die Fluten toben und tosen
und die Berge davon erzittern:
Der Herr der Welt ist bei uns,
uns beschützt der Gott Jakobs.

Frisches Wasser strömt durch die Gottesstadt,
in der die heilige Wohnung des Höchsten ist.
Gott ist in ihren Mauern, nichts kann sie erschüttern.

Er bringt ihr Hilfe, bevor der Morgen graut.
Er läßt seine Stimme hören – und die Völker zittern,
Königsthrone wanken, die ganze Erde vergeht vor Angst.
Der Herr der Welt ist bei uns,
uns beschützt der Gott Jakobs.

Kommt und seht, wie mächtig der Herr ist,
wie er Furcht und Schrecken auf der Erde verbreitet:
In aller Welt setzt er den Kriegen ein Ende;
er zerbricht die Bogen, läßt Spieße zersplittern,
er verbrennt die gepanzerten Wagen.
«Macht Frieden!» ruft er. «Erkennt, daß ich Gott bin!
Ich habe Macht über alle Völker der Erde.»
Der Herr der Welt ist bei uns,
uns beschützt der Gott Jakobs. (Psalm 46)

Bitte um Vergebung der Schuld

Gott, du bist reich an Liebe und Güte,
darum erbarm dich über mich
und vergib mir meine Verfehlungen!
Nimm meine Schuld von mir,
wasche mich rein von meiner Sünde!
Ich weiß, ich habe Unrecht getan,
meine Fehler stehen mir immer vor Augen.
Dich habe ich mit meiner Sünde beleidigt,
ich habe getan, was dir mißfällt.
Darum bist du im Recht, wenn du mich schuldig sprichst;
du hast allen Grund, mich zu verurteilen.

Ich bin hineingeboren in eine Welt voll Schuld.
Schon als ich gezeugt wurde, war mein Leben verfehlt.
Das war mir verborgen; du hast es mir gezeigt.
Du freust dich, wenn einem die Augen aufgehen.
Nimm meine Schuld von mir, dann werde ich rein!
Wasche mich, dann werde ich weiß wie Schnee!

Dann kann ich mich wieder freuen
und mit deiner Gemeinde jubeln.

Du hast mich völlig zerschlagen;
richte mich doch wieder auf!
Sieh nicht auf meine Verfehlungen,
tilge meine ganze Schuld!
Mach mich zu einem neuen Menschen, Herr,
damit nichts meine Treue zu dir erschüttern kann.
Weise mich nicht von dir,
entzieh mir nicht deinen Geist, der mich führt.
Mach mich doch wieder froh durch deine Hilfe,
und gib mir ein gehorsames Herz.
Dann will ich die Ungehorsamen an deine Gebote
    erinnern,
damit sie umkehren und tun, was dir gefällt.

Herr, ich habe den Tod verdient; aber verschone mich!
Dann werde ich laut deine Treue preisen;
dann habe ich Grund, dir zu danken
und deine Güte vor allen zu rühmen.
Du willst keine Schlachtopfer, ich würde sie dir
    darbringen;
aus Brandopfern machst du dir nichts.
Wenn wir unseren Hochmut aufgeben,
wenn wir dir, Gott, nicht länger trotzen –
dieses Opfer weist du nicht ab.

Erweise doch Zion deine Liebe:
Bau die Mauern Jerusalems wieder auf!
Dann wird dir auch das vorgeschriebene Opfer wieder
    gefallen,
das Brandopfer, das Ganzopfer!
Dann werden wieder Stiere auf deinem Altar verbrannt!
(Psalm 51)

Dennoch bleibe ich bei dir

Gott ist gut zu seinem Volk Israel,
zu allen, die ihm mit ganzem Herzen gehorchen.

Aber ich wäre fast irre geworden,
um ein Haar wäre ich zu Fall gekommen:
ich war eifersüchtig auf die Menschen, die nicht nach
      Gott fragen,
weil ich sah, daß es ihnen so gut geht.
Sie kennen keine Schmerzen,
gesund sind sie und wohlgenährt.
Sie führen ein sorgloses Leben
und müssen sich nicht quälen wie andere Leute.
Sie tragen ihren Hochmut wie einen Schmuck,
ihre Gewalttätigkeit wie ein kostbares Kleid.
Ihr Luxusleben verführt sie zur Sünde,
ihr Herz quillt über von bösen Plänen.
Ihre Reden sind voll Spott und Verleumdung,
sie machen große Worte um die Leute einzuschüchtern.
Ihr aufgerissenes Maul reicht an den Himmel,
ihre böse Zunge schleift über die Erde.
Darum laufen ihnen die Leute nach
und können nicht genug bekommen von ihrem
      Geschwätz.
Sie sagen: «Gott merkt ja doch nichts!
Was weiß der da oben von dem, was hier vorgeht?»
Über Gottes Gebote setzen sie sich hinweg.
Sie häufen Macht und Reichtum, und keiner hindert sie.
Es war ganz umsonst, daß ich mein Gewissen rein hielt
und wieder und wieder meine Unschuld bewies.
Du, Herr, plagtest mich ständig, den ganzen Tag,
und am nächsten Morgen schlugst du wieder zu.

Aber wenn ich so reden wollte wie sie,
würde ich alle verraten, die dir vertrauen.

Ich mühte mich ab, das alles zu verstehen,
aber es war mir zu schwer.
Doch dann kam ich in dein Haus.
Da erkannte ich, wie es mit ihnen ausgeht.
Du stellst sie auf schlüpfrigen Boden;
du verblendest sie, damit sie stürzen.
Ganz plötzlich ist es mit ihnen aus,
sie nehmen ein Ende mit Schrecken.
Sie sind wie die Bilder im Traum:
wenn man aufwacht, so war es nichts.

Als ich verbittert war und innerlich zerrissen,
da hatte ich den Verstand verloren,
dumm wie ein Stück Vieh stand ich vor dir.
Und doch bleibe ich immer bei dir, Gott!
Du hast meine Hand ergriffen und hältst mich.
Du leitest mich, wie du es für gut hältst
und nimmst mich am Ende ehrenvoll auf.
Wer im Himmel könnte mir helfen, wenn nicht du?
Weil ich dich habe, fehlt mir nichts auf der Erde.
Auch wenn mir Leib und Leben vergehen,
du, Gott, bist mein Halt; du bist alles, was ich brauche.

Wer sich von dir entfernt geht zugrunde.
Wer dir untreu wird, den vernichtest du.
Ich aber setze mein Vertrauen auf dich, meinen Herrn;
dir nahe zu sein ist mein Glück.
Ich will weitersagen, was du getan hast. (Psalm 73)

Der ewige Gott – der vergängliche Mensch

Herr, seit Menschengedenken finden wir bei dir Schutz.
Ehe die Berge geboren wurden,
ehe die Erde unter Wehen entstand,
warst schon du, Gott, und du bleibst in alle Ewigkeit.
Du läßt die Menschen wieder zu Staub werden,

wenn du zu ihnen sagst: «Eure Zeit ist um!»
Tausend Jahre sind für dich wie ein Tag,
der im Nu vorbei ist,
sie zählen nicht mehr als ein paar Nachtstunden.

Du säst Menschen aus Jahr um Jahr;
sie wachsen wie Blumen auf der Wiese:
morgens blühen sie,
am Abend schon sind sie verwelkt.
Wenn du aufbraust, packt uns Entsetzen;
weil du zornig bist, sind wir verloren.
Denn du weißt, was wir getan haben.
Unsere verborgenen Fehler deckst du auf.
Dein Zorn lastet auf unserem Leben,
darum ist es so flüchtig wie ein Seufzer.
Vielleicht leben wir siebzig Jahre
oder sogar achtzig:
was haben wir davon? Mühe und Last!
Wie schnell ist alles vorbei, und wir sind nichts mehr.
Doch wer erkennt, wie furchtbar dein Zorn ist,
und wer nimmt ihn sich zu Herzen?
Zeig uns, wie kurz unser Leben ist,
damit wir zur Einsicht kommen!

Wende dich uns doch wieder zu, Herr!
Wie lange willst du noch zürnen?
Hab Erbarmen mit uns!
Laß uns jeden Morgen spüren, daß du zu uns hältst,
dann können wir alle Tage froh sein und dir danken.
Viele Jahre hast du Unglück und Not über uns gebracht;
gib uns nun ebenso viele Freudenjahre!
Laß uns noch erleben, daß du eingreifst.
Laß unsere Nachkommen deine mächtigen Taten sehen.
Herr, unser Gott, sei freundlich zu uns!
Gib Gelingen zu allem, was wir vorhaben.
Ja, Herr, laß gelingen, was wir tun! (Psalm 90)

Ihr Völker, erweist dem Herrn Ehre!

Singt dem Herrn ein neues Lied!
Die ganze Welt soll dem Herrn singen.
Singt dem Herrn, preist ihn!
Verkündet Tag für Tag, wie gern er hilft.
Erzählt den Menschen von seiner Herrlichkeit,
sagt allen Völkern, was für Wunder er tut.
Der Herr ist mächtig, man muß ihn rühmen.
Man muß ihn mehr als alle Götter fürchten.
Die Götter der anderen Völker sind tote Götzen;
der Herr aber hat den Himmel geschaffen.
Macht und Hoheit umgeben ihn,
Pracht und Herrlichkeit erfüllen seinen Tempel.

Auf zu ihm, ihr Völker!
Erweist dem Herrn Ehre, erkennt seine Macht an!
Erweist ihm die Ehre, die ihm zusteht,
bringt Opfergaben in seinen Tempel.
Werft euch nieder vor ihm,
wenn er in seiner Hoheit erscheint.
Die ganze Welt soll vor ihm erzittern.
Sagt es allen Menschen: «Der Herr ist König!»
Er hat die Erde verankert, daß sie fest steht.
Er regiert die Völker gerecht.

Der Himmel soll sich freuen, die Erde jauchzen,
das Meer soll tosen mit allem, was darin lebt.
Der Ackerboden soll fröhlich sein
samt allem, was darauf wächst.
Alle Bäume im Wald sollen jubeln.
Denn der Herr kommt; er kommt und schafft Recht auf
    der Erde.
Er regiert die Völker zu ihrem Besten;
auf ihn ist Verlaß.
(Psalm 96)

Wir sind sein Volk

Ihr Völker, jubelt dem Herrn zu!
Freut euch! Stellt euch in seinen Dienst!
Kommt zu ihm mit Jauchzen!
Seht ein, daß der Herr allein Gott ist.

Er hat uns geschaffen; wir sind sein Volk.
Er sorgt für uns wie ein Hirt für seine Herde.
Geht mit Dankliedern durch die Tempeltore,
betretet den Festplatz mit Gesang.
Preist ihn! Lobt ihn!
Denn der Herr ist gut zu uns,
seine Liebe hört nie auf.
Er bleibt treu von Generation zu Generation.
(Psalm 100)

Das große Dankgebet

Den Herrn will ich preisen,
aus vollem Herzen ihn, den heiligen Gott, besingen!
Den Herrn will ich rühmen
und seine Freundlichkeit niemals vergessen!
Er hat mir all meine Schuld vergeben
und mich von allen Krankheiten geheilt.
Er hat mich dem Grab entrissen
und mich mit seiner Liebe und Güte beschenkt.
Solange ich lebe, sorgt er für mich,
so daß ich jung und stark bleibe wie ein Adler.

Der Herr bringt seinem Volk Hilfe,
den Unterdrückten verschafft er Recht.
Er hat Mose in seine Pläne eingeweiht
und das Volk Israel seine Taten sehen lassen.
Der Herr ist voll Güte und Erbarmen.
Er hat viel Geduld, seine Liebe hat keine Grenzen.

Er wird nicht immer anklagen
und nicht ewig nachtragen.
Er straft uns nicht, wie wir es verdient hätten.
Er läßt uns nicht für unsere Vergehen büßen.
Wie sich der Himmel über der Erde wölbt,
so umgibt Gottes Liebe alle, die ihn verehren.
So weit wie der Osten vom Westen entfernt ist,
so weit schafft er unsere Schuld von uns fort.
Wie ein Vater seine Kinder liebt,
so liebt der Herr alle, die ihn verehren.

Der Herr weiß, woraus wir gemacht sind;
er denkt daran: wir sind nichts als Staub.
Der Mensch ist wie das Gras,
er blüht wie eine Blume auf der Wiese:
kommt ein heißer Wind, so ist sie verschwunden;
wo sie stand, ist keine Spur mehr zu finden.
Aber die Liebe des Herrn ist unvergänglich.
Er hält zu denen, die ihn ehren
und sorgt noch für ihre Kinder und Enkel,
wenn sie nur treu zu ihm halten,
seine Gebote beachten und danach leben.

Der Herr hat seinen Thron im Himmel aufgestellt,
er herrscht über das ganze Weltall.
Preist den Herrn, ihr starken Engel!
Ihr führt seine Befehle aus und gehorcht ihm aufs Wort.
Preist den Herrn, ihr Mächtigen im Himmel!
Ihr dient nur ihm und vollstreckt seinen Willen.
Preist den Herrn, ihr seine Geschöpfe,
wo immer ihr lebt in seinem Reich!
Auch ich will den Herrn preisen!
(Psalm 103)

Meine Hilfe kommt vom Herrn

Ich blicke hinauf zu den Bergen:
Ist dort einer, der mir helfen kann?
Nein, Hilfe erwarte ich nur von ihm,
der Himmel und Erde gemacht hat.

Du sollst wissen:
«Der Herr läßt nicht zu,
daß du zu Fall kommst.
Er ist immer für dich da.
Er, der sein Volk Israel schützt,
wird nicht müde und schläft nicht ein,
er sorgt auch für dich.
Der Herr ist bei dir, hält die Hand über dich,
damit dich die Hitze der Sonne nicht quält
und der Mond dich nicht krank macht.

Der Herr wende Gefahr von dir ab
und bewahre dein Leben.
Was immer du tust:
Er sei bei dir an jedem Tag.»
(Psalm 121)

Wende noch einmal unser Schicksal!

Als der Herr uns nach Zion zurückbrachte,
war uns, als träumten wir.
Wie konnten wir lachen und vor Freude jubeln!
Bei den anderen Völkern sagte man:
«Der Herr hat Großes für sie getan!»
Ja, der Herr hatte Großes für uns getan,
und wir waren glücklich.

Herr, wende unser Schicksal zum Guten,
so wie du ausgetrocknete Bäche wieder mit Wasser füllst!

Wer mit Tränen sät, wird mit Freuden ernten.
Weinend gehen sie hinaus und streuen die Saat,
jubelnd kommen sie heim und tragen ihre Garben.
(Psalm 126)

Gebet in tiefster Not

In tiefster Not rufe ich dich, Herr!
Hör mich doch! Achte auf mein Schreien!
Wenn du unsere Vergehen anrechnen wolltest,
Herr, wer könnte dann vor dir bestehen?
Aber du tilgst unsere Schuld,
damit wir dir gerne gehorchen.

Ich setze meine ganze Hoffnung auf den Herrn.
Ich warte auf sein tröstendes Wort.
Ich sehne mich nach dem Herrn
mehr als ein Wächter nach dem Morgengrauen,
mehr als ein Wächter sich nach dem Morgen sehnt.

Ihr Israeliten, hofft auf den Herrn!
Denn er ist gut zu uns, er kann uns befreien.
Ja, er wird Israel frei machen von aller Schuld.
(Psalm 130)

Gott kennt mich durch und durch

Herr, du durchschaust mich,
du kennst mich durch und durch.
Ob ich sitze oder stehe, du weißt es,
du kennst meine Pläne von ferne.
Du siehst mich, ob ich tätig bin oder ausruhe;
jeder Schritt, den ich mache, ist dir bekannt.
Ehe mir ein Wort auf die Zunge kommt,
hast du, Herr, es schon gehört.
Von allen Seiten umgibst du mich,

du hast mich ganz in der Hand.
Daß du mich so genau kennst, übersteigt
    meinen Verstand;
es ist mir zu hoch, ich kann es nicht fassen.

Wohin kann ich gehen, um dir zu entrinnen,
wohin fliehen, damit du mich nicht siehst?
Steige ich hinauf in den Himmel – du bist da.
Verstecke ich mich in der Unterwelt – dort bist du auch.
Fliege ich dorthin, wo die Sonne aufgeht,
oder zum Ende des Meeres, wo sie versinkt:
auch dort wirst du mich finden,
wird deine Hand mich packen.
Sage ich: «Finsternis soll mich zudecken,
rings um mich her soll es Nacht werden» –
für dich ist auch die Finsternis nicht dunkel,
und die Nacht ist so hell wie der Tag.

Du hast mir Leib und Seele geschaffen,
mich im Schoß meiner Mutter zusammengefügt.
Ich preise dich, daß du mich so vollkommen
    geschaffen hast.
Alle deine Taten sind Wunder,
das merke ich auf Schritt und Tritt.
Ich war dir nicht verborgen,
als ich im Dunkeln Gestalt annahm,
tief im Mutterschoß der Erde.
Du sahst mich schon fertig, als ich noch ungeformt war.
Du hast alles im voraus aufgeschrieben;
jeder meiner Tage war schon vorgezeichnet,
noch ehe der erste begann.
Wie rätselhaft sind mir deine Gedanken, Gott,
und wie unermeßlich ist ihre Fülle.
Sie sind zahlreicher als der Sand am Meer.
Jeden Tag muß ich über dich nachdenken
und komme an kein Ende.

Wolltest du doch diese bösen Menschen töten, Gott!
Wolltest du mir die Mörder vom Leib halten!
Sie schmieden Pläne gegen dich, Herr!
Sie mißbrauchen deinen Namen!
Wie ich sie hasse, die dich hassen, Herr!
Wie ich sie verabscheue, die sich gegen dich auflehnen!
Deine Feinde sind auch meine Feinde,
ich hasse sie glühend.

Durchforsche mich, Gott, sieh mir ins Herz!
Prüfe mich, ob mein Wollen vor dir bestehen kann.
Achte auf mich, daß ich nicht auf den falschen
    Weg gerate,
und führe mich auf dem richtigen Weg.
(Psalm 139)

Lobt alle den Herrn!

Halleluja – Lobt den Herrn!
Lobt Gott in seinem Heiligtum!
Lobt ihn, den Mächtigen im Himmel!
Lobt ihn, denn er tut Wunder.
Lobt ihn, denn seine Macht hat keine Grenzen.
Lobt ihn mit Trompetenschall!
Lobt ihn mit Harfe und Laute!
Lobt ihn mit Trommeln und Freudentanz!
Lobt ihn mit Flöten und Saitenspiel!
Lobt ihn mit klingenden Zimbeln!
Lobt ihn mit schallenden Becken!
Alles, was atmet, soll den Herrn loben.
Lobt den Herrn!
(Psalm 150)

DIE GUTE NACHRICHT VON JESUS CHRISTUS

Über Jesus Christus und sein Wirken berichten die vier Evangelien «nach Mattäus», «nach Markus», «nach Lukas» und «nach Johannes». Das Markus-Evangelium ist das älteste; Mattäus und Lukas erweitern es unabhängig voneinander durch zusätzliche Worte und Taten Jesu. Eine ganz selbständige Fassung bietet Johannes. Die drei ersten Evangelien werden die «synoptischen» genannt, da man ihre Darstellungen gut miteinander vergleichen kann (Synopse = Zusammenschau). Dennoch weichen sie nicht nur in Einzelheiten, sondern zum Teil auch in der Reihenfolge voneinander ab. Es ist deshalb nicht möglich, die drei Berichte zu einem einzigen zusammenzufassen. Vor allem läßt sich kaum je mit Sicherheit sagen, an welcher Stelle von Jesu Lebenslauf ein Wort oder eine Geschichte einzuordnen ist. Nur der große Rahmen: Geburt, Wirken, Leiden, Sterben und Auferstehung, steht fest. Die Evangelienschreiber wollen keine «Biographie» abfassen, sondern den lebendigen Herrn bezeugen, der aus jedem Wort und aus jeder Geschichte unmittelbar zu uns spricht. Die folgende Auswahl aus Mattäus, Markus und Lukas läßt die einzelnen Evangelisten abwechselnd und in größeren, für sie charakteristischen Abschnitten zu Wort kommen. Eine Auswahl aus dem Johannes-Evangelium schließt sich an.

Große Dinge bereiten sich vor

Zu der Zeit, als Herodes König von Judäa war, lebte ein Priester namens Zacharias, der zur Priestergruppe Abija gehörte. Auch seine Frau stammte aus einer Priesterfamilie; sie hieß Elisabet. Beide führten ein Leben, das Gott gefiel, und richteten sich in allem nach den Geboten und Anweisungen Gottes. Sie waren kinderlos, denn Elisabet konnte keine Kinder bekommen, und beide waren schon sehr alt.

Einmal war Zacharias wieder zum Priesterdienst im Tempel in Jerusalem, weil die Priestergruppe, zu der er gehörte, gerade an der Reihe war. Es war üblich, die einzelnen Dienste durch das Los zu verteilen. An einem bestimmten Tag fiel Zacharias die Aufgabe zu, Gott auf dem Altar Weihrauch darzubringen. So ging er in den Tempel. Während er im Innern des Tempels war, wartete die Volksmenge draußen und betete.

Da sah Zacharias plötzlich einen Engel Gottes. Er stand an der rechten Seite des Altars, auf dem der Weihrauch verbrannt wurde. Zacharias erschrak und fürchtete sich. Aber der Engel sagte zu ihm: «Hab keine Angst, Zacharias! Gott hat deine Bitte erhört. Deine Frau Elisabet wird einen Sohn bekommen, den sollst du Johannes nennen. Du wirst Freude an ihm haben, und viele werden sich mit dir über seine Geburt freuen. Denn er ist von Gott zu großen Taten berufen. Er wird weder Wein noch andere berauschende Getränke trinken. Von seiner Geburt an wird der Geist Gottes ihn erfüllen, und er wird viele aus dem Volk Israel zu Gott, ihrem Herrn, zurückführen. Er wird Gott als Bote vorausgehen, im gleichen Geist und mit der gleichen Kraft wie der Prophet Elija. Er wird Väter und Kinder miteinander versöhnen. Die Ungehorsamen wird er wieder dazu bringen, so zu handeln, wie es vor Gott recht ist. So wird er das Volk auf das Kommen des Herrn vorbereiten.»

Zacharias sagte zu dem Engel: «Woran soll ich erkennen, daß du recht hast? Ich bin doch ein alter Mann, und meine Frau ist auch nicht mehr jung.» Der Engel antwortete: «Ich bin Gabriel; ich stehe vor Gott, um ihm zu dienen. Er hat mich gesandt, um mit dir zu sprechen und dir diese gute Nachricht zu bringen. Was ich gesagt habe, wird zur gegebenen Zeit eintreffen. Aber weil du mir nicht geglaubt hast, wirst du nicht mehr sprechen können, bis es soweit ist.»

Währenddessen wartete die Volksmenge auf Zacharias

und wunderte sich, daß er so lange im Tempel blieb. Als er herauskam, konnte er nicht mehr reden. Da merkten sie, daß er im Tempel eine Erscheinung gehabt hatte. Er machte mit der Hand das Segenszeichen, konnte aber kein Wort herausbringen.

Als sein Dienst im Tempel beendet war, ging Zacharias nach Hause. Einige Zeit später wurde seine Frau Elisabet schwanger und zog sich fünf Monate völlig zurück. Sie sagte: «Gott hat meinen Kummer gesehen. Jetzt muß ich mich nicht mehr wegen meiner Kinderlosigkeit schämen.»

Als Elisabet im sechsten Monat war, sandte Gott den Engel Gabriel nach Nazaret in Galiläa zu einem jungen Mädchen namens Maria. Es war mit einem Mann verlobt, der Josef hieß und von König David abstammte. Der Engel kam zu Maria und sagte: «Freu dich, Maria, Gott hat dich zu Großem ausersehen!» Maria erschrak über diesen Gruß und überlegte, was er bedeuten sollte. Der Engel fuhr fort: «Hab keine Angst, Maria; du hast Gnade bei Gott gefunden! Du wirst schwanger werden und einen Sohn zur Welt bringen. Den sollst du Jesus nennen. Er wird groß sein und wird ‹Sohn des Höchsten› genannt werden. Gott der Herr wird ihm das Königtum seines Vorfahren David übertragen. Er wird für immer über die Nachkommen Jakobs regieren. Seine Herrschaft wird nie zu Ende gehen.»

Maria fragte den Engel: «Wie soll das zugehen? Ich habe doch mit keinem Mann zu tun!» Er antwortete: «Gottes Geist wird über dich kommen, und seine Kraft wird sich an dir erweisen. Deshalb wird man das Kind, das du zur Welt bringst, heilig und Sohn Gottes nennen. Denk an Elisabet, deine Verwandte. Sie bekommt trotz ihres Alters einen Sohn. Sie ist bereits im sechsten Monat, und man hat doch von ihr gesagt, sie könne keine Kinder bekommen. Für Gott ist nichts unmöglich.»

Da sagte Maria: «Ich will ganz für Gott dasein. Es soll so geschehen, wie du es gesagt hast.»

Dann verließ sie der Engel.

Bald danach machte sich Maria auf den Weg und eilte zu einer Stadt im judäischen Bergland. Dort trat sie in das Haus des Zacharias und begrüßte Elisabet. Als Elisabet ihren Gruß hörte, bewegte sich das Kind in ihrem Leib. Der Geist Gottes erfüllte sie, und sie rief laut: «Gott hat dich unter allen Frauen ausgezeichnet, dich und dein Kind. Wer bin ich, daß mich die Mutter meines Herrn besucht? In dem Augenblick, als ich deinen Gruß hörte, bewegte sich das Kind vor Freude in meinem Leib. Du darfst dich freuen, weil du geglaubt hast, daß die Botschaft, die Gott dir sagen ließ, in Erfüllung geht.»

Maria aber sprach:

«Ich preise den Herrn
und freue mich über Gott, meinen Retter.
Ich bin nur ein einfaches, unbedeutendes Geschöpf,
und doch hat er an mich gedacht.
Alle Menschen werden mich von nun an
   glücklich preisen,
denn der mächtige Gott hat Großes an mir getan.
Sein Name ist heilig.
Sein Erbarmen hört nicht auf;
über Generationen hin schenkt er es allen,
   die ihn ehren.
Er streckt seinen starken Arm aus
und fegt alle Stolzen samt ihren Plänen hinweg.
Er stürzt die Mächtigen vom Thron
und richtet die Unterdrückten auf.
Er macht die Hungrigen satt
und schickt die Reichen mit leeren Händen fort.
Er hat unseren Vorfahren versprochen,
   barmherzig zu sein.

Jetzt erinnert er sich daran und nimmt sich
    seines Volkes Israel an.
So erfüllt er sein Versprechen, das er Abraham und
    seinen Nachkommen für alle Zeiten gegeben hat.»
Maria blieb etwa drei Monate bei Elisabet und kehrte
dann wieder nach Hause zurück. (Lukas 1)

Die Geburt des Täufers Johannes

Als für Elisabet die Zeit der Entbindung kam, gebar sie
einen Sohn. Ihre Nachbarn und Verwandten hörten es
und freuten sich mit, daß Gott ihr einen so großen Beweis seiner Güte gegeben hatte. Als das Kind acht Tage
alt war, kamen sie, um es zu beschneiden. Sie wollten es
nach seinem Vater Zacharias nennen. Aber die Mutter
sagte: «Nein, er soll Johannes heißen!» Sie wandten ein:
«Warum denn? In deiner ganzen Verwandtschaft gibt es
keinen, der so heißt.» Sie fragten den Vater durch Zeichen, wie der Sohn heißen solle. Zacharias ließ sich eine
Schreibtafel geben und schrieb: «Er heißt Johannes.» Alle
waren überrascht. Im selben Augenblick konnte Zacharias wieder sprechen, und sofort fing er an, Gott zu danken. Die Nachbarn waren zutiefst erschrocken, und alle
diese Vorfälle wurden im ganzen Bergland von Judäa
weitererzählt. Jeder, der davon hörte, dachte darüber
nach und fragte sich: «Was wird aus dem Kind einmal
werden?» Denn es war offensichtlich, daß Gott etwas Besonderes mit Johannes vorhatte.

Johannes wuchs heran und nahm zu an Verstand. Später zog er sich in die Wüste zurück bis zu dem Tag, an
dem er unter dem Volk Israel offen mit seinem Auftrag
hervortreten sollte. (Lukas 1)

Die Geburt Jesu

Zu jener Zeit ordnete Kaiser Augustus an, daß alle Bewohner des römischen Reiches in Steuerlisten erfaßt werden sollten. Es war das erste Mal, daß so etwas geschah.

Damals war Quirinius Gouverneur der Provinz Syrien. So zog jeder in die Heimat seiner Vorfahren, um sich dort eintragen zu lassen. Auch Josef machte sich auf den Weg. Von Nazaret in Galiläa ging er nach Betlehem, das in Judäa liegt. Das ist der Ort, aus dem König David stammte. Er mußte dorthin, weil er ein direkter Nachkomme Davids war. Maria, seine Verlobte, begleitete ihn. Sie erwartete ein Kind. Während des Aufenthalts in Betlehem kam für sie die Zeit der Entbindung. Sie brachte einen Sohn zur Welt, ihren Erstgeborenen, wickelte ihn in Windeln und legte ihn in eine Futterkrippe im Stall. Eine andere Unterkunft hatten sie nicht gefunden.

In der Gegend dort hielten sich Hirten auf. Sie waren in der Nacht auf dem Feld und bewachten ihre Herden. Ein Engel Gottes kam zu ihnen, und Gottes heller Glanz leuchtete rings um sie. Sie fürchteten sich sehr; aber der Engel sagte: «Habt keine Angst! Ich bringe gute Nachricht für euch, über die sich alle Menschen freuen werden. Heute wurde in der Stadt Davids euer Retter geboren – Christus, der Herr! Überzeugt euch selbst: Ihr werdet ein Kind finden, in Windeln gewickelt; es liegt in einer Futterkrippe. Das ist der versprochene Retter.»

Plötzlich stand neben dem Engel eine große Schar anderer Engel, die lobten Gott und riefen:

«Alle Ehre gehört Gott im Himmel!

Sein Friede gilt allen auf der Erde,

die sich von ihm lieben lassen!»

Als die Engel in den Himmel zurückgekehrt waren, sagten die Hirten zueinander: «Kommt, wir gehen nach Betlehem und sehen uns an, was Gott uns bekanntgemacht hat!» Sie brachen sofort auf, gingen hin und fanden Maria und Josef und das Kind in der Krippe. Als sie es sahen, berichteten sie, was ihnen der Engel von dem Kind gesagt hatte. Alle, die dabei waren, staunten über das, was ihnen die Hirten erzählten. Maria aber merkte es sich genau und dachte immer wieder darüber nach. Die Hirten gingen zu ihren Herden zurück, lobten Gott und dankten ihm für das, was sie gesehen und gehört hatten. Es war alles so gewesen, wie der Engel es ihnen gesagt hatte.

Vierzig Tage nach der Geburt brachten die Eltern das Kind in den Tempel nach Jerusalem, um es Gott zu weihen. Denn im Gesetz heißt es: «Wenn das erste Kind, das eine Frau zur Welt bringt, ein Sohn ist, soll es Gott gehören.»

Nun lebte damals in Jerusalem ein Mann namens Simeon. Er war fromm und gottesfürchtig und wartete auf Israels Rettung. Er war vom Geist Gottes erfüllt; der hatte ihm die Gewißheit gegeben, er werde noch vor seinem Tod den von Gott versprochenen Retter mit eigenen Augen sehen. Er folgte einer Eingebung des heiligen Geistes und ging in den Tempel. Als die Eltern das Kind Jesus dorthin brachten, wie es das Gesetz vorschrieb, nahm Simeon das Kind auf die Arme und lobte Gott:

«Herr, du hast dein Versprechen gehalten!
Nun kann ich in Frieden sterben.
Denn ich habe mit eigenen Augen gesehen,
daß du dein rettendes Werk vor aller Welt begonnen hast.
Du zeigst allen Völkern dein Licht
und bringst dein Volk Israel zu Ehren.»

Die Eltern Jesu wunderten sich über das, was Simeon von dem Kind sagte. Simeon segnete sie und sagte zu der Mutter: «Dieses Kind ist von Gott dazu bestimmt, viele in Israel zu Fall zu bringen und viele aufzurichten. Es wird ein Zeichen Gottes sein, gegen das sich viele auflehnen und so ihre innersten Gedanken verraten werden. Dich aber wird der Kummer um dein Kind wie ein scharfes Schwert durchbohren.» (Lukas 2)

Jesus wurde in Betlehem, einem Ort in Judäa, geboren, als Herodes König war. Bald nach seiner Geburt kamen Sterndeuter aus dem Osten nach Jerusalem und fragten: «Wo finden wir das neugeborene Kind, das König der Juden werden soll? Wir haben seinen Stern aufgehen sehen und sind gekommen, um ihm zu huldigen.»

Als König Herodes das hörte, geriet er in Aufregung, und mit ihm ganz Jerusalem. Er ließ alle führenden Priester und Gesetzeslehrer zu sich kommen und fragte sie: «Wo soll der versprochene König geboren werden?»

Sie antworteten: «In der Stadt Betlehem in Judäa. Denn so hat der Prophet geschrieben:

‹Du Betlehem im Lande Juda!
Du bist keineswegs die unbedeutendste Stadt in
    Judäa,
denn aus dir soll der Mann kommen,
der mein Volk Israel führen wird.›»

Daraufhin rief Herodes die Sterndeuter heimlich zu sich und fragte sie aus, wann sie den Stern zum erstenmal gesehen hätten. Dann schickte er sie nach Betlehem und sagte: «Geht hin und erkundigt euch genau nach dem Kind, und wenn ihr es gefunden habt, gebt mir Nachricht! Dann will auch ich zu ihm gehen und ihm huldigen.»

Nachdem sie diesen Bescheid erhalten hatten, machten sich die Männer auf den Weg. Der Stern, den sie schon bei seinem Aufgehen beobachtet hatten, ging ihnen voraus. Genau über der Stelle, wo das Kind war, blieb er stehen. Als sie ihn dort sahen, kam eine große Freude über sie. Sie gingen in das Haus, fanden das Kind mit seiner Mutter Maria, warfen sich vor ihm nieder und huldigten ihm. Dann breiteten sie die Schätze aus, die sie ihm als Geschenk mitgebracht hatten: Gold, Weihrauch und Myrrhe. In einem Traum befahl ihnen Gott, nicht noch einmal zu Herodes zu gehen. So reisten sie auf einem anderen Weg in ihr Land zurück.

In der folgenden Nacht erschien dem Josef im Traum ein Engel Gottes und sagte: «Steh auf, nimm das Kind und seine Mutter und flieh nach Ägypten! Bleib dort, bis ich dir sage, daß du zurückkommen kannst. Herodes wird nämlich alles daransetzen, das Kind zu töten.»

Da brach Josef mit dem Kind und seiner Mutter mitten in der Nacht nach Ägypten auf. Dort lebten sie bis zum Tod des Herodes. So traf ein, was Gott durch den Propheten vorausgesagt hatte: «Aus Ägypten habe ich meinen Sohn gerufen.»

Als Herodes merkte, daß die Sterndeuter ihn hintergangen hatten, wurde er sehr zornig. Er befahl, in Betlehem und in der Umgebung alle kleinen Jungen bis zu zwei Jahren zu töten. Das entsprach der Zeitangabe, die er von den Sterndeutern erfahren hatte. So traf ein, was der Prophet Jeremia vorausgesagt hatte:

«In Rama hört man Klagerufe,
lautes Weinen und Wehgeschrei;
Rahel klagt um ihre Kinder
und will sich nicht trösten lassen,
denn sie sind alle tot.»

Als Herodes gestorben war, erschien dem Josef in Ägypten ein Engel Gottes im Traum; der sagte zu ihm: «Steh auf, nimm das Kind und seine Mutter und kehre in das Land Israel zurück; denn alle, die das Kind töten wollten, sind gestorben.» Da stand Josef auf, nahm das Kind und seine Mutter und kehrte nach Israel zurück.

Als Josef aber erfuhr, daß inzwischen Archelaus als Nachfolger seines Vaters Herodes in Judäa regierte, wagte er nicht, dorthin zu ziehen. In einem Traum erhielt er neue Weisungen. Er ging daraufhin in die Provinz Galiläa und ließ sich in der Stadt Nazaret nieder. So traf die Voraussage der Propheten ein: «Man wird ihn Nazarener nennen.» (Mattäus 2)

Der zwölfjährige Jesus im Tempel

Die Eltern Jesu reisten jedes Jahr zum Passafest nach Jerusalem. Als Jesus zwölf Jahre alt war, nahmen sie ihn zum erstenmal mit. Nach den Feiertagen machten sie sich wieder auf den Heimweg; aber Jesus blieb ohne Wissen seiner Eltern in Jerusalem. Sie dachten, er sei irgendwo im Pilgerzug. Einen ganzen Tag lang suchten sie ihn vergeblich unter ihren Verwandten und Bekannten. Dann erst kehrten sie nach Jerusalem zurück und suchten ihn dort. Nach drei Tagen endlich entdeckten sie ihn im Tempel. Er saß bei den Gesetzeslehrern, hörte ihnen zu und stellte ihnen Fragen. Alle, die ihn hörten, staunten über sein Verständnis und seine Antworten.

Seine Eltern waren ganz außer sich, als sie ihn hier fanden. Die Mutter sagte zu ihm: «Kind, warum machst du uns solchen Kummer? Dein Vater und ich haben dich schon ganz verzweifelt gesucht.» Jesus antwortete: «Warum habt ihr mich denn gesucht? Habt ihr nicht gewußt, daß ich im Haus meines Vaters sein muß?» Aber sie verstanden nicht, was er damit meinte.

Jesus kehrte mit seinen Eltern nach Nazaret zurück und gehorchte ihnen willig. Seine Mutter behielt alle diese Begebenheiten in ihrem Gedächtnis. Jesus nahm weiter zu an Jahren wie an Verständnis, und Gott und die Menschen hatten ihre Freude an ihm. (Lukas 2)

Johannes der Täufer tritt auf

Es war im fünfzehnten Regierungsjahr des Kaisers Tiberius. Pontius Pilatus war Gouverneur in der Provinz Judäa, Herodes regierte in Galiläa, sein Bruder Philippus in Ituräa und Trachonitis, Lysanias in Abilene. Die Obersten Priester waren Hannas und Kajafas.

Johannes, der Sohn des Zacharias, hielt sich noch in

der Wüste auf. Dort erreichte ihn der Ruf Gottes. Da machte er sich auf, durchzog die ganze Gegend am Jordan und verkündete: «Ändert euch und laßt euch taufen, dann wird Gott euch eure Schuld vergeben!» Schon im Buch des Propheten Jesaja steht:

«In der Wüste ruft einer:
Macht den Weg bereit, auf dem der Herr kommt!
Baut ihm eine gute Straße!
Füllt alle Täler auf, ebnet Hügel und Berge ein,
beseitigt die Windungen und räumt die Hindernisse
    aus dem Weg.
Dann wird die ganze Welt sehen, wie Gott sein Volk
    rettet.»

Die Menschen kamen in Scharen zu Johannes, um sich von ihm taufen zu lassen. Er hielt ihnen vor: «Ihr Schlangenbrut, wer hat euch gesagt, daß ihr dem bevorstehenden Gericht Gottes entgeht? Zeigt erst einmal durch eure Taten, daß ihr euch ändern wollt! Ihr bildet euch ein, daß euch nichts geschehen kann, weil Abraham euer Stammvater ist. Ich sage euch: Gott kann auch diese Steine hier zu Nachkommen Abrahams machen! Die Axt liegt schon bereit, um die Bäume an der Wurzel abzuschlagen. Jeder Baum, der keine guten Früchte bringt, wird umgehauen und ins Feuer geworfen.»

Die Menschen fragten Johannes: «Was sollen wir denn tun?» Seine Antwort war: «Wer zwei Hemden hat, soll dem eins geben, der keines hat. Und wer etwas zu essen hat, soll es mit anderen teilen.» Auch Zolleinnehmer kamen und wollten sich taufen lassen. Sie fragten Johannes: «Und was sollen wir tun?» Zu ihnen sagte er: «Verlangt nicht mehr, als festgesetzt ist.» Zu den Soldaten, die ihn fragten, sagte er: «Beraubt und erpreßt niemand, sondern gebt euch mit eurem Sold zufrieden.»

Die Menschen waren voll Erwartung und fragten sich, ob Johannes vielleicht der versprochene Retter sei. Da erklärte er allen: «Ich taufe euch mit Wasser. Aber es kommt einer, der viel mächtiger ist als ich. Ich bin nicht einmal gut genug, ihm die Schuhe aufzubinden. Er wird euch mit heiligem Geist und mit dem Feuer des Gerichts taufen. Er hat die Worfschaufel in seiner Hand, um die Spreu vom Weizen zu scheiden. Den Weizen wird er in seine Scheune bringen, aber die Spreu wird er in einem Feuer verbrennen, das nie mehr ausgeht.» (Lukas 3)

Taufe und Versuchung Jesu

Um diese Zeit kam Jesus von Galiläa her an den Jordan, um sich von Johannes taufen zu lassen. Aber Johannes versuchte, ihn davon abzubringen, und sagte: «Du kommst zu mir? Eher hätte ich es nötig, mich von dir taufen zu lassen!» Aber Jesus antwortete: «Laß es geschehen! Damit tun wir, was Gott jetzt von uns verlangt.» Da gab Johannes nach.

Sobald Jesus getauft war, stieg er aus dem Wasser. Da öffnete sich der Himmel, und er sah den Geist Gottes wie eine Taube auf sich herabkommen. Eine Stimme aus dem Himmel sagte: «Dies ist mein Sohn, über den ich mich von Herzen freue. Ihn habe ich erwählt.»

Danach führte der Geist Gottes Jesus in die Wüste. Dort sollte er vom Teufel auf die Probe gestellt werden. Nachdem Jesus vierzig Tage und Nächte nichts gegessen hatte, war er sehr hungrig. Da trat der Versucher an ihn heran und sagte: «Wenn du Gottes Sohn bist, dann befiehl doch, daß diese Steine zu Brot werden.»

Jesus antwortete: «In den heiligen Schriften steht: ‹Nicht nur von Brot kann der Mensch leben, sondern ebenso von jedem Wort, das Gott spricht.›»

Daraufhin führte der Teufel Jesus nach Jerusalem, brachte ihn zur höchsten Stelle des Tempels und sagte: «Wenn du wirklich Gottes Sohn bist, dann spring doch hinunter; denn in den heiligen Schriften steht: ‹Gott wird seinen Engeln befehlen, dich auf Händen zu tragen, damit du dich an keinem Stein verletzt.›»

Jesus antwortete: «Aber es heißt dort auch: ‹Du sollst den Herrn, deinen Gott, nicht herausfordern.›»

Zuletzt führte der Teufel Jesus auf einen sehr hohen Berg, zeigte ihm alle Reiche der Welt in ihrer Größe und Schönheit und sagte: «Dies alles will ich dir geben, wenn du dich vor mir niederwirfst und mich anbetest.»

Aber Jesus antwortete: «Weg mit dir, Satan! In den heiligen Schriften heißt es: ‹Wirf dich vor dem Herrn, deinem Gott, nieder und bete ihn an und sonst niemand.›»

Da ließ der Teufel von Jesus ab, und die Engel Gottes kamen und dienten ihm. (Mattäus 3 und 4)

Jesus beginnt sein Wirken in Galiläa

Als Jesus hörte, daß man Johannes gefangengesetzt hatte, zog er sich nach Galiläa zurück. Er blieb aber nicht in Nazaret, sondern wohnte in Kafarnaum, einer Stadt am See Gennesaret, im Gebiet der Stämme Sebulon und Naftali. Das geschah, damit die Voraussage des Propheten Jesaja in Erfüllung ging:

«Du Land von Sebulon und Naftali,
an der Straße zum Meer und jenseits des Jordans,
du Galiläa der gottfernen Völker!
Die Menschen, die im Dunkeln leben,
werden ein großes Licht sehen.
Für die, die im finsteren Land des Todes wohnen,
wird das Licht aufleuchten.»

Von da an verkündete Jesus seine Botschaft: «Ändert euch! Gott will jetzt sein Werk vollenden und seine Herrschaft aufrichten!»

Als er am See Gennesaret entlangging, sah er zwei Brüder, die von Beruf Fischer waren, Simon, der später Petrus hieß, und Andreas. Sie warfen gerade ihr Netz aus. Jesus sagte zu ihnen: «Kommt mit mir! Ich mache euch zu Menschenfischern.» Sofort ließen sie ihre Netze liegen und gingen mit ihm.

Als Jesus weiterzog, traf er zwei andere Brüder, Jakobus und Johannes. Sie waren mit ihrem Vater Zebedäus im Boot und setzten die Netze instand. Jesus rief sie zu sich, und sofort verließen sie das Boot und ihren Vater und gingen mit ihm.

Jesus zog durch ganz Galiläa. Er sprach in den Synagogen und verkündete die Gute Nachricht, daß Gott jetzt sein Werk vollenden werde. Er heilte die Menschen von Krankheiten und Leiden. Bald sprach man sogar im benachbarten Syrien von ihm. Man brachte Menschen zu ihm, die an den verschiedensten Krankheiten litten, und er machte sie alle gesund.

Große Menschenmengen aus Galiläa, aus dem Gebiet der Zehn Städte, aus Jerusalem, Judäa und von der anderen Seite des Jordans zogen ihm deshalb nach. (Mattäus 4)

Die Bergpredigt

Als Jesus die Menschenmenge sah, stieg er auf einen Berg und setzte sich. Seine Jünger traten zu ihm, und er entfaltete ihnen seine Botschaft:

«Freuen dürfen sich alle, die mit leeren Händen vor Gott stehen;
denn sie werden Gottes Volk sein, wenn er sein Werk vollendet.
Freuen dürfen sich alle, die unter der Not der Welt leiden;
denn Gott wird ihnen ihre Last abnehmen.
Freuen dürfen sich alle, die auf Gewalt verzichten;
denn Gott wird ihnen die ganze Erde zum Besitz geben.
Freuen dürfen sich alle, die brennend darauf warten, daß Gottes Wille geschieht;
denn Gott wird ihre Sehnsucht stillen.
Freuen dürfen sich alle, die barmherzig sind;

denn Gott wird auch mit ihnen barmherzig sein.
Freuen dürfen sich alle, die ein reines Herz haben;
denn sie werden Gott sehen.
Freuen dürfen sich alle, die Frieden schaffen;
denn sie werden Gottes Kinder sein.
Freuen dürfen sich alle, die verfolgt werden, weil sie
tun, was Gott verlangt;
denn sie werden mit Gott in der neuen Welt leben.
Freuen dürft ihr euch, wenn man euch beschimpft und
verfolgt und euch zu Unrecht alles Schlechte nachsagt,
weil ihr zu mir gehört. Freut euch und seid froh, denn
Gott wird euch reich belohnen. So hat man vor euch die
Propheten auch schon behandelt.

Was das Salz für die Nahrung ist, das seid ihr für die
Welt. Wenn aber das Salz seine Kraft verliert, wie soll es
sie wiederbekommen? Man kann es zu nichts mehr gebrauchen. Darum wirft man es weg, und die Menschen
treten es in den Schmutz.

Ihr seid das Licht für die Welt. Eine Stadt, die auf einem Berg liegt, kann nicht verborgen bleiben. Auch
brennt keiner eine Lampe an, um sie dann unter eine
Schüssel zu stellen. Im Gegenteil, man stellt sie auf einen
erhöhten Platz, damit sie allen im Haus leuchtet. Genauso muß auch euer Licht vor den Menschen leuchten,
damit sie eure guten Taten sehen und euren Vater im
Himmel preisen.»

«Ihr wißt, daß euren Vorfahren gesagt worden ist: ‹Du
sollst nicht töten! Wer einen Mord begeht, der soll vor
Gericht gestellt werden.› Ich aber sage euch: Schon wer
auf seinen Bruder zornig ist, gehört vor Gericht. Wer
aber zu seinem Bruder sagt: ‹Du Idiot›, der gehört vor
das oberste Gericht. Und wer zu seinem Bruder sagt:
‹Geh zum Teufel›, der verdient, ins Feuer der Hölle geworfen zu werden.

Wenn du zum Altar gehst, um Gott deine Gaben zu

bringen, fällt dir dort vielleicht ein, daß dein Bruder etwas gegen dich hat. Dann laß deine Gabe vor dem Altar liegen, geh zuerst zu deinem Bruder und mache Frieden zwischen ihm und dir. Danach kannst du Gott dein Opfer bringen.

Versuche deinen Prozeßgegner umzustimmen, solange du noch mit ihm auf dem Weg zum Gericht bist. Sonst wird er dich dem Richter ausliefern, und der wird dich der Polizei übergeben, damit sie dich ins Gefängnis steckt. Ich sage dir: dort kommst du erst wieder heraus, wenn du deine Schuld bis auf den letzten Pfennig bezahlt hast.

Ihr wißt auch, daß es heißt: ‹Du sollst keinen Ehebruch begehen!› Ich aber sage euch: Wer eine Frau auch nur ansieht und sie haben will, hat mit ihr in Gedanken schon die Ehe gebrochen. Wenn dich dein rechtes Auge verführt, dann reiß es aus und wirf es weg. Es ist besser für dich, du verlierst ein Glied deines Körpers, als daß du ganz in die Hölle geworfen wirst. Und wenn dich deine rechte Hand verführt, dann hau sie ab und wirf sie weg; es ist besser für dich, du verlierst ein Glied deines Körpers, als daß du ganz in die Hölle kommst.

Bisher hieß es: ‹Wer seine Frau fortschicken will, muß ihr eine Scheidungsurkunde ausstellen.› Ich aber sage euch: Wer sich von seiner Frau trennt, obwohl sie ihm nicht untreu war, bringt sie dazu, die Ehe zu brechen, wenn sie wieder heiratet. Und wer eine Geschiedene heiratet, wird zum Ehebrecher.

Ihr wißt, daß euren Vorfahren gesagt worden ist: ‹Ihr sollt nicht falsch schwören und sollt halten, was ihr vor Gott geschworen habt.› Ich aber sage euch: Ihr sollt überhaupt nicht schwören – weder unter Berufung auf den Himmel, denn er ist Gottes Thron; noch unter Berufung auf die Erde, denn sie ist sein Fußschemel; noch unter Berufung auf Jerusalem, denn es ist die Stadt des großen Königs. Nicht einmal mit eurem eigenen Kopf sollt ihr euch für etwas verbürgen; denn es steht nicht in eurer Macht, daß auch nur ein einziges Haar darauf schwarz oder weiß wächst. Sagt ganz einfach Ja oder Nein; jedes weitere Wort ist vom Teufel.

Ihr wißt, daß es heißt: ‹Auge um Auge, Zahn um Zahn.› Ich aber sage euch: Ihr sollt euch überhaupt nicht gegen das Böse wehren. Wenn dich einer auf die rechte Backe schlägt, dann halte ihm auch die linke hin. Wenn jemand mit dir um dein Hemd prozessieren will, dann gib ihm noch die Jacke dazu. Und wenn einer dich zwingt, ein Stück weit mit ihm zu gehen, dann geh mit ihm doppelt so weit. Wenn einer dich um etwas bittet, dann gib es ihm; wenn einer etwas von dir borgen möchte, dann leih es ihm.

Ihr wißt auch, daß es heißt: ‹Liebe deine Freunde, hasse deine Feinde!› Ich aber sage euch: Liebt eure Feinde und betet für die, die euch verfolgen. So erweist ihr euch als Kinder eures Vaters im Himmel. Denn er läßt die Sonne scheinen auf böse wie auf gute Menschen, und er läßt es regnen auf alle, ob sie ihn ehren oder verachten. Wie könnt ihr von Gott eine Belohnung erwarten, wenn ihr nur die liebt, die euch auch lieben? Das bringen sogar die gewissenlosesten Menschen fertig. Was ist denn schon Besonderes daran, wenn ihr nur zu euren Brüdern freundlich seid? Das tun auch die, die Gott nicht kennen. Nein, ihr sollt vollkommen sein, weil euer Vater im Himmel vollkommen ist!»

«Hütet euch davor, Gutes nur deshalb zu tun, um von den Menschen bewundert zu werden. Denn dann habt ihr keinen Lohn mehr von eurem Vater im Himmel zu erwarten. Wenn du also jemand hilfst, dann hänge es nicht an die große Glocke! Benimm dich nicht wie die Heuchler in den Synagogen und auf den Straßen. Sie wollen nur von den Menschen geehrt werden. Ich sage euch: sie haben ihren Lohn schon kassiert. Wenn du also jemand hilfst, dann tu es so unauffällig, daß nicht einmal dein bester Freund etwas davon erfährt. Dein Vater, der auch das Verborgenste sieht, wird dich dafür belohnen.

Wenn ihr betet, dann tut es nicht wie die Scheinheiligen. Sie stellen sich gern in den Synagogen und an den Straßenecken zum Beten auf, damit sie von allen gesehen werden. Ich versichere euch: sie haben keinen Lohn mehr dafür zu erwarten. Wenn du beten willst, dann geh in dein Zimmer, schließ die Tür zu und bete zu deinem Vater, der im Verborgenen ist. Dein Vater, der auch das Verborgenste sieht, wird dich dafür belohnen.

Wenn ihr betet, sollt ihr nicht viele Worte machen wie die Heiden. Sie meinen, sie könnten bei Gott etwas erreichen, wenn sie besonders lange beten. Ihr sollt es anders halten. Euer Vater weiß, was ihr braucht, bevor ihr ihn bittet. So sollt ihr beten:

Unser Vater im Himmel!
Du bist heilig! Bring alle Menschen dazu, dich zu ehren.
Du bist der Herr! Komm und vollende dein Werk.
Was du willst, soll nicht nur im Himmel geschehen,
    sondern auch bei uns.
Gib uns, was wir heute zum Leben brauchen.
Vergib uns unsere Schuld, wie auch wir jedem ver-
    zeihen, der uns Unrecht getan hat.
Laß uns nicht in die Gefahr kommen, dir untreu zu
    werden,
sondern schütze uns vor der Macht des Bösen.
(Fassung für den Gottesdienstgebrauch Seite 448.)
Wenn ihr den anderen verzeiht, was sie euch angetan haben, dann wird auch euer Vater im Himmel euch eure Schuld vergeben. Wenn ihr aber den anderen nicht verzeiht, dann wird euer Vater euch eure Verfehlungen auch nicht vergeben.

Wenn ihr fastet, dann setzt keine Leidensmiene auf wie die Heuchler. Sie machen ein saures Gesicht, damit jeder merkt, daß sie fasten. Ich sage euch: sie haben ihren Lohn bereits kassiert. Wenn du fasten willst, dann wasche dein Gesicht und kämme dich, damit niemand es merkt außer deinem Vater, der im Verborgenen ist. Dein Vater, der auch das Verborgenste sieht, wird dich dafür belohnen.»

«Sammelt keine Reichtümer hier auf der Erde! Denn ihr müßt damit rechnen, daß Motten und Rost sie auffressen oder Einbrecher sie stehlen. Sammelt lieber Reichtümer bei Gott. Dort werden sie nicht von Motten und Rost zerfressen und können auch nicht von Dieben gestohlen werden. Denn euer Herz wird immer dort sein, wo ihr euren Reichtum habt.

Niemand kann zwei Herren gleichzeitig dienen. Er wird den einen vernachlässigen und den anderen bevorzugen. Er wird dem einen treu sein und den anderen hintergehen. Ihr könnt nicht beiden dienen: Gott und dem Geld.

Darum sage ich euch: Macht euch keine Sorgen um Essen und Trinken und um eure Kleidung. Das Leben ist mehr als Essen und Trinken, und der Körper ist mehr als die Kleidung. Seht euch die Vögel an! Sie säen nicht, sie ernten nicht, sie sammeln keine Vorräte – aber euer Vater im Himmel sorgt für sie. Und ihr seid doch viel mehr wert als alle Vögel! Wer von euch kann durch Sorgen sein Leben auch nur um einen Tag verlängern?

Und warum macht ihr euch Sorgen um das, was ihr anziehen sollt? Seht, wie die Blumen auf den Feldern wachsen! Sie arbeiten nicht und machen sich keine Kleider; doch ich sage euch: nicht einmal Salomo war bei all seinem Reichtum so prächtig gekleidet wie irgendeine von ihnen. Wenn Gott sogar die Feldblumen so ausstattet, die heute blühen und morgen verbrannt werden, wird er sich dann nicht erst recht um euch kümmern? Habt doch mehr Vertrauen!

Macht euch keine Sorgen um das, was ihr essen und trinken und was ihr anziehen werdet. Damit plagen sich

Menschen, die Gott nicht kennen. Euer Vater im Himmel weiß, daß ihr all das braucht. Sorgt euch zuerst darum, daß ihr euch seiner Herrschaft unterstellt und tut, was er verlangt, so wird er euch mit allem anderen versorgen. Zerbrecht euch nicht den Kopf wegen morgen; der morgige Tag wird für sich selber sorgen. Ihr habt genug zu tragen an der Last von heute.»

«Verurteilt nicht andere, damit Gott euch nicht verurteilt. Denn euer Urteil wird auf euch zurückfallen, und ihr werdet mit demselben Maß gemessen werden, das ihr bei anderen anlegt. Warum kümmerst du dich um den Splitter im Auge deines Bruders und bemerkst nicht den Balken in deinem eigenen? Wie kannst du zu deinem Bruder sagen: ‹Komm her, ich will dir den Splitter aus dem Auge ziehen›, wenn du selbst einen ganzen Balken im Auge hast? Du Scheinheiliger, zieh erst den Balken aus deinem Auge, dann wirst du klar sehen und kannst dich auch um den Splitter im Auge deines Bruders kümmern.

Bittet, und ihr werdet bekommen! Sucht, und ihr werdet finden! Klopft an, und man wird euch öffnen! Denn wer bittet, wird bekommen; wer sucht, wird finden; und wer anklopft, dem wird geöffnet. Wer von euch würde seinem Kind einen Stein geben, wenn es um Brot bittet? Oder eine Schlange, wenn es um Fisch bittet? So schlecht wie ihr seid, wißt ihr doch, was euren Kindern gut tut, und gebt es ihnen. Wieviel mehr wird euer Vater im Himmel denen Gutes geben, die ihn darum bitten.

Behandelt die Menschen so, wie ihr selbst von ihnen behandelt werden wollt – das ist der Inhalt des Gesetzes und die Lehre der Propheten.»

«Geht durch die enge Tür! Denn das Tor, das ins Verderben führt, ist breit und die Straße dorthin bequem. Viele sind auf ihr unterwegs. Aber die Tür, die zum Leben führt, ist eng und der Weg dorthin anstrengend. Nur wenige gehen ihn.

Wer meine Worte hört und sich nach ihnen richtet, ist wie ein Mann, der überlegt, was er tut, und deshalb sein Haus auf felsigen Grund baut. Wenn dann ein Wolkenbruch niedergeht, die Flüsse über die Ufer treten und der Sturm tobt und an dem Haus rüttelt, so stürzt es nicht ein, weil es auf Fels gebaut ist. Wer dagegen meine Worte hört und sich nicht nach ihnen richtet, kommt mir vor wie ein Dummkopf, der sein Haus auf Sand baut. Wenn dann ein Wolkenbruch niedergeht, die Flüsse über die Ufer treten, der Sturm tobt und an dem Haus rüttelt, so stürzt es ein, und der Schaden ist groß.»

Als Jesus seine Rede beendet hatte, waren alle von seinen Worten tief beeindruckt. Denn er sprach wie einer, der Autorität hat, ganz anders als die Gesetzeslehrer. (Mattäus 5–7)

Der Herr über Krankheit, Schuld und Gesetz

Jesu Botschaft und sein Handeln führen schon bald zum Zusammenstoß mit den Pharisäern, einer religiösen Laienbewegung, deren Mitglieder es mit dem «Gesetz», dem schriftlich und mündlich überlieferten Gotteswillen, besonders ernst nahmen. Es gibt zu denken, daß Jesus gerade mit den Frommen seiner Zeit in Konflikt geriet.

Als sie nach Kafarnaum kamen, ging Jesus gleich am nächsten Sabbat in die Synagoge und sprach zu den Versammelten. Sie waren von seinen Worten tief beeindruckt; denn er redete wie einer, der Autorität hat, ganz anders als die Gesetzeslehrer.

In der Synagoge war ein Mann, der von einem bösen Geist besessen war. Er schrie laut: «Was hast du mit uns vor, Jesus von Nazaret? Willst du uns zugrunde richten? Ich kenne dich genau, du bist der, den Gott gesandt hat!» Jesus befahl dem bösen Geist: «Sei still und verlaß den

Mann!» Da schüttelte der Geist den Mann und verließ ihn mit einem lauten Schrei.

Alle, die das sahen, erschraken und fragten einander: «Was hat das zu bedeuten? Er hat eine ganz neue Art zu lehren! Was er sagt, überzeugt! Er befiehlt sogar den bösen Geistern, und sie gehorchen ihm.» Wie ein Lauffeuer verbreitete sich die Kunde von Jesus ringsum in Galiläa.

Danach verließen sie die Synagoge und gingen in das Haus des Simon und Andreas. Auch Jakobus und Johannes kamen mit. Im Haus erfuhr Jesus, daß die Schwiegermutter Simons mit Fieber im Bett lag. Er ging zu ihr, nahm ihre Hand und richtete sie auf. Das Fieber verschwand, und sie konnte für ihre Gäste sorgen.

Am Abend, nach Sonnenuntergang, brachte man viele Kranke und Besessene zu Jesus. Die ganze Stadt hatte sich vor dem Haus versammelt. Jesus heilte viele Menschen von den verschiedensten Krankheiten und trieb viele böse Geister aus. Er ließ die bösen Geister nicht zu Wort kommen; denn sie wußten, wer er war.

Am nächsten Morgen verließ Jesus lange vor Sonnenaufgang das Haus und ging aus der Stadt hinaus an eine einsame Stelle. Dort betete er. Simon und die anderen Jünger gingen ihm nach und fanden ihn. «Alle wollen dich sehen», sagten sie. Jesus antwortete: «Wir müssen in die umliegenden Dörfer gehen, damit ich auch dort die Gute Nachricht verkünde. Denn dazu bin ich gekommen.» So zog Jesus durch ganz Galiläa. Er sprach in den Synagogen und trieb die bösen Geister aus.

Einmal kam ein Aussätziger zu Jesus, kniete vor ihm nieder und bat ihn um Hilfe. «Wenn du willst», sagte er, «kannst du mich gesund machen!» Jesus hatte Mitleid mit ihm, streckte die Hand aus und berührte ihn. «Ich will», sagte er, «sei gesund!» Im selben Augenblick war der Mann von seinem Aussatz geheilt. Jesus schickte ihn weg und befahl ihm streng: «Sag keinem ein Wort davon, sondern geh zum Priester und laß dich von ihm untersuchen. Dann bring das Opfer für deine Heilung, wie Mose es vorgeschrieben hat, damit jeder sehen kann, daß du gesund bist.»

Aber der Mann fing trotz des Verbots an, überall von seiner Heilung zu erzählen. Bald konnte Jesus keine Ortschaft mehr unerkannt betreten. Daher blieb er draußen in einsamen Gegenden; die Leute aber kamen von überall her zu ihm.

Nach ein paar Tagen kam Jesus nach Kafarnaum zurück, und bald wußte jeder, daß er wieder zu Hause war. Die Menschen strömten so zahlreich zusammen, daß bald kein Platz mehr blieb, nicht einmal draußen vor der Tür. Jesus verkündete ihnen seine Botschaft.

Da brachten vier Männer einen Gelähmten herbei, kamen aber wegen der Menschenmenge nicht bis zu Jesus durch. Darum deckten sie das Dach ab, genau über der Stelle, wo Jesus war. Dann ließen sie den Gelähmten auf seiner Matte durch das Loch hinunter. Als Jesus sah, wieviel Vertrauen sie zu ihm hatten, sagte er zu dem Gelähmten: «Deine Schuld ist dir vergeben!»

Das hörten einige Gesetzeslehrer, die auch dort waren, und sie dachten: «Wie kann er es wagen, so zu reden? Das ist doch eine Gotteslästerung! Niemand außer Gott kann uns unsere Schuld vergeben.» Jesus wußte sofort, was sie dachten, und fragte sie: «Was macht ihr euch da für Gedanken? Was ist leichter – diesem Gelähmten zu sagen: ‹Deine Schuld ist dir vergeben›, oder: ‹Steh auf, nimm deine Matte und geh›? Aber ihr sollt sehen, daß der Menschensohn auf der Erde das Recht hat, Schuld zu vergeben.» Und er sagte zu dem Gelähmten: «Ich befehle dir: Steh auf, nimm deine Matte und geh nach Hause!» Der Mann stand sogleich auf, nahm seine Matte und ging weg. Alle, die es sahen, waren ganz außer sich, lobten Gott und sagten: «So etwas haben wir noch nie erlebt!»

Dann ging Jesus wieder an den See Gennesaret. Alle kamen zu ihm, und er sprach zu ihnen. Als er weiterging, sah er einen Zolleinnehmer in seinem Zollhaus sitzen. Es war Levi, der Sohn des Alfäus. Jesus sagte zu ihm: «Komm mit mir!» Und Levi stand auf und folgte ihm.

Später war Jesus bei Levi zu Gast. Viele Zolleinnehmer und andere, die einen ebenso schlechten Ruf hatten, nahmen mit Jesus und seinen Jüngern an der Mahlzeit teil. Sie alle hatten sich Jesus angeschlossen. Ein paar Gesetzeslehrer von der Partei der Pharisäer sahen, wie Jesus mit diesen Leuten zusammen aß. Sie fragten seine Jünger: «Wie kann er sich mit Zolleinnehmern und ähnlichem Gesindel an einen Tisch setzen?» Jesus hörte es, und er antwortete ihnen: «Nicht die Gesunden brauchen den Arzt, sondern die Kranken. Ich soll nicht die in Gottes neue Welt einladen, bei denen alles in Ordnung ist, sondern die ausgestoßenen Sünder.»

Als die Jünger des Johannes und die Pharisäer einmal fasteten, kamen ein paar Leute zu Jesus und fragten ihn: «Wie kommt es, daß die Anhänger des Johannes und der Pharisäer regelmäßig fasten, aber deine Jünger überhaupt nicht?» Jesus antwortete: «Könnt ihr euch vorstellen, daß die Gäste bei einer Hochzeit das Essen stehen lassen? Bestimmt nicht, solange der Bräutigam da ist! Niemand flickt ein altes Kleid mit einem neuen Stück Stoff. Sonst reißt das neue Stück das alte Kleid nur noch weiter auf, und das Loch wird größer. Es füllt auch niemand neuen Wein, der noch gärt, in alte Schläuche; sonst werden die Schläuche platzen, und auch der Wein geht verloren. Nein, neuer Wein gehört in neue Schläuche!»

An einem Sabbat ging Jesus durch die Felder. Seine

Jünger rissen unterwegs Ähren ab und aßen die Körner. Die Pharisäer sahen es und sagten zu Jesus: «Da sieh dir an, was sie tun! Das ist nach dem Gesetz Gottes am Sabbat verboten.» Jesus antwortete ihnen: «Habt ihr noch nie gelesen, was David tat, als er und seine Männer hungrig waren und etwas zu essen brauchten? Er ging in das Haus Gottes und aß vom Opferbrot. Das war zu der Zeit, als Abjatar Oberster Priester war. Nach dem Gesetz dürfen doch nur die Priester dieses Brot essen – und trotzdem aß David davon und gab es auch seinen Begleitern!»

Jesus fügte hinzu: «Der Sabbat ist für den Menschen da, nicht der Mensch für den Sabbat. Also hat auch der Menschensohn das Recht, zu bestimmen, was am Sabbat geschehen darf.»

Wieder einmal ging Jesus in eine Synagoge. Dort war auch ein Mann mit einer verkrüppelten Hand. Einige der Anwesenden hätten Jesus gerne angezeigt; darum beobachteten sie genau, ob er es wagen würde, den Mann am Sabbat zu heilen. Jesus sagte zu ihm: «Steh auf und komm her!» Dann fragte er die anderen: «Was darf man nach dem Gesetz Gottes am Sabbat tun? Gutes oder Böses? Darf man einem Menschen das Leben retten oder muß man ihn umkommen lassen?» Er bekam keine Antwort. Voll Zorn sah er sie der Reihe nach an. Zugleich war er traurig, weil sie so engstirnig und hartherzig waren. Dann sagte er zu dem Mann: «Streck deine Hand aus!» Er streckte sie aus, und sie wurde wieder gesund.

Da verließen die Pharisäer die Synagoge. Sie trafen sich sogleich mit den Parteigängern des Herodes und wurden sich einig, daß Jesus sterben müsse.

Jesus stieg auf einen Berg und rief die zu sich, die er als Mitarbeiter ausgesucht hatte. Sie traten zu ihm. Es waren die zwölf, die er zu seinen Aposteln machte. «Ihr sollt meine Begleiter sein», sagte er zu ihnen; «ich will euch aussenden, damit ihr die Gute Nachricht verkündet. Ihr sollt auch Macht bekommen, böse Geister auszutreiben.»

Die zwölf, die Jesus auswählte, waren: Simon, dem er den Namen Petrus gab; Jakobus und Johannes, die Söhne des Zebedäus, die er Donnersöhne nannte; dazu Andreas, Philippus, Bartolomäus, Mattäus, Tomas, Jakobus, der Sohn des Alfäus, Taddäus, Simon, der zur Partei der Zeloten gehört hatte, und Judas Iskariot, der Jesus später verriet.

Dann ging Jesus nach Hause. Wieder strömte eine so große Menge zusammen, daß er und seine Jünger nicht einmal zum Essen kamen. Als das seine Angehörigen erfuhren, machten sie sich auf den Weg, um ihn mit Gewalt wegzuholen, denn sie dachten, er sei verrückt geworden.

Einige Gesetzeslehrer, die aus Jerusalem gekommen waren, sagten: «Er steht mit dem Teufel im Bund! Der oberste aller bösen Geister gibt ihm die Macht, die Geister auszutreiben.» Da rief Jesus alle zusammen und erklärte ihnen die Sache durch Bilder: «Wie kann der Satan sich selbst austreiben? Ein Staat muß doch untergehen, wenn seine Machthaber einander befehden. Und wenn die Glieder einer Familie miteinander im Streit liegen, wird die Familie zerfallen. Wenn der Satan sich selbst bekämpft, muß er untergehen, und mit seiner Herrschaft ist es aus. Wer in das Haus eines starken Mannes einbrechen und etwas stehlen will, muß doch zuerst den starken Mann fesseln; dann erst kann er das Haus ausrauben. Ich sage euch: jede Sünde kann den Menschen vergeben werden und auch jede Beleidigung Gottes. Wer aber den heiligen Geist beleidigt, für den gibt es keine Vergebung, denn er ist auf ewig schuldig geworden.»

Das sagte Jesus, weil sie behauptet hatten: «Er steht mit dem Teufel im Bund.»

Inzwischen waren die Mutter Jesu und seine Brüder gekommen. Sie standen draußen und schickten jemand ins Haus, um Jesus herauszurufen. Rings um Jesus saßen die Menschen dicht gedrängt. Man richtete ihm aus: «Deine Mutter und deine Brüder stehen draußen und wollen etwas von dir.» Jesus antwortete: «Wer ist meine Mutter? Wer sind meine Brüder?» Er sah auf die Leute, die um ihn herumsaßen, und sagte: «Hier sind meine Mutter und meine Brüder! Wer tut, was Gott will, der ist mein Bruder, meine Schwester und meine Mutter.» (Markus 1–3)

Jesus spricht in Bildern

Die «Gleichnisse» Jesu wollen eine Wahrheit in bildhafter Form ausdrücken. Jeder soll sie verstehen können. Erst spätere Generationen haben hinter den Bildern tiefere Geheimnisse gesucht.

Wieder einmal war Jesus am See und wollte zu den Menschen sprechen. Es hatten sich aber so viele angesammelt, daß er sich in ein Boot setzen und ein Stück vom Ufer abstoßen mußte. Die Menge blieb am Ufer, und er erklärte ihnen seine Botschaft mit Hilfe von Gleichnissen.

Er begann zu erzählen: «Hört zu! Ein Bauer ging aufs Feld, um zu säen. Als er die Körner ausstreute, fielen einige auf den Weg. Die Vögel kamen und pickten sie auf. Andere fielen auf felsigen Grund, der nur mit einer dünnen Erdschicht bedeckt war. Sie gingen rasch auf; als aber die Sonne kam, vertrockneten die jungen Pflanzen, weil sie nicht genügend Erde hatten. Wieder andere fielen in Dornengestrüpp, das bald die Pflanzen überwucherte und erstickte, so daß sie keine Frucht brachten. Doch einige fielen auf guten Boden, gingen auf, wuchsen und brachten Frucht. Manche hatten Ähren mit dreißig, andere mit sechzig, wieder andere mit hundert Körnern.» Und Jesus sagte: «Wer hören kann, soll gut zuhören.»

Als Jesus mit den zwölf Jüngern und seinen übrigen Begleitern wieder allein war, wollten sie wissen, warum er Gleichnisse gebrauchte. Jesus fragte sie: «Versteht ihr dieses Gleichnis denn nicht? Wie wollt ihr dann die an-

deren Gleichnisse verstehen? Der Sämann sät die Gute Nachricht aus. Manchmal fallen die Worte auf den Weg. So ist es bei den Menschen, die die Botschaft zwar hören, aber dann kommt sofort der Satan und reißt alles aus, was in sie gesät wurde. Bei anderen ist es wie bei dem Samen, der auf felsigen Grund fällt. Sie hören die Gute Nachricht und nehmen sie sogleich mit Freuden an; aber sie kann in ihnen keine Wurzeln schlagen, weil sie unbeständig sind. Wenn sie ihretwegen in Schwierigkeiten geraten oder verfolgt werden, geben sie sofort auf. Bei anderen ist es wie bei dem Samen, der in das Dornengestrüpp fällt. Sie hören zwar die Gute Nachricht, aber sie schleppen sich ab mit ihren Alltagssorgen, denken immer ans Geld und leben nur für ihre Wünsche. Dadurch wird die Botschaft erstickt und bleibt wirkungslos. Bei anderen schließlich ist es wie bei dem Samen, der auf guten Boden fällt. Sie hören die Gute Nachricht, nehmen sie an und bringen Frucht, manche dreißigfach, andere sechzigfach, wieder andere hundertfach.»

Jesus sagte weiter: «Mit der neuen Welt Gottes ist es wie mit der Saat, die ein Bauer aussät. Er geht nach Hause, legt sich jede Nacht schlafen und steht jeden Morgen wieder auf. Inzwischen geht die Saat auf und wächst, ohne daß er sich darum kümmert. Ganz von selbst läßt der Boden die Pflanzen wachsen und Frucht bringen. Zuerst kommen die Halme, dann bilden sich die Ähren, und schließlich füllen sie sich mit Körnern. Sobald das Korn reif ist, fängt der Bauer an zu mähen; dann ist Erntezeit.» (Markus 4)

Jesus erzählte ihnen noch andere Gleichnisse: «Wenn Gott sein Werk vollendet, ist es wie bei einem Senfkorn, das jemand auf seinen Acker gesät hat. Es gibt keinen kleineren Samen; wenn er aber aufgeht und wächst, wird er größer als alle anderen Gartenpflanzen. Er wird ein richtiger Baum, in dessen Zweigen die Vögel nisten können. Oder es ist wie beim Sauerteig. Eine Frau mengt ihn unter einen halben Zentner Mehl, und er macht den ganzen Teig sauer.

Die neue Welt, in die Gott euch ruft, ist wie ein Schatz, der in einem Feld vergraben war. Ein Mann findet ihn und deckt ihn schnell wieder zu. In seiner Freude verkauft er alles, was er hat, und kauft das Feld.

Wer Gottes Einladung versteht, der handelt wie ein Kaufmann, der schöne Perlen sucht. Wenn er eine entdeckt, die besonders wertvoll ist, verkauft er alles, was er hat, und kauft sie.» (Mattäus 13)

Weiteres Wirken in Galiläa

Am Abend desselben Tages sagte Jesus zu seinen Jüngern: «Kommt, wir fahren zum anderen Ufer hinüber!» Sie schickten die Menschenmenge weg, stiegen zu Jesus ins Boot und fuhren ab. Auch andere Boote fuhren mit. Da kam ein schwerer Sturm auf, so daß die Wellen über Bord schlugen und das Boot volllief. Aber Jesus schlief im Heck des Bootes auf einem Kissen. Die Jünger weckten ihn und riefen: «Herr, merkst du nicht, daß wir untergehen!» Da stand Jesus auf, bedrohte den Wind und befahl dem See: «Still! Gib Ruhe!» Der Wind legte sich, und es wurde ganz still. «Warum seid ihr so ängstlich?» fragte Jesus. «Habt ihr denn kein Vertrauen?» Aber der Schreck saß ihnen noch in den Gliedern, und sie fragten sich: «Was ist das für ein Mensch, daß ihm sogar Wind und Wellen gehorchen!»

Jesus fuhr wieder ans andere Seeufer zurück. Bald hatte sich eine große Menschenmenge bei ihm versammelt. Da kam Jaïrus zu ihm, einer von den Vorstehern der dortigen Synagogengemeinde. Er warf sich vor Jesus nieder und bat ihn inständig: «Meine kleine Tochter ist todkrank; bitte, komm und leg ihr die Hände auf, damit sie gerettet wird und am Leben bleibt!»

Jesus ging mit ihm, und viele andere schlossen sich an. Darum gab es ein ziemliches Gedränge. Es war auch eine Frau dabei, die seit zwölf Jahren an schweren Blutungen litt. Sie hatte schon viele Behandlungen von den verschiedensten Ärzten über sich ergehen lassen. Ihr ganzes Vermögen hatte sie dafür geopfert, aber es hatte nichts genützt; im Gegenteil, ihr Leiden war nur schlimmer geworden. Diese Frau hatte von Jesus gehört; sie drängte sich durch die Menge von hinten an ihn heran und berührte sein Gewand. Denn sie sagte sich: «Wenn ich nur sein Gewand anfasse, werde ich gesund.» Im selben Augenblick hörten die Blutungen auf, und sie spürte, daß sie ihre Plage los war. Jesus merkte sofort, daß jemand seine Kraft in Anspruch genommen hatte. Er drehte sich zu den Leuten um und fragte: «Wer hat mich berührt?» «Du siehst doch, wie sie sich um dich drängen», sagten seine Jünger, «und dann fragst du noch, wer dich berührt hat?» Aber Jesus blickte umher, um zu sehen, wer es gewesen war. Die Frau zitterte vor Angst; sie wußte ja, was mit ihr vorgegangen war. Darum warf sie sich vor ihm nieder und erzählte ihm alles. «Dein Vertrauen hat dir geholfen», sagte Jesus zu ihr. «Geh in Frieden! Du bist von deinem Leiden befreit.»

Während Jesus noch sprach, kamen Boten aus dem Haus des Jaïrus und berichteten: «Deine Tochter ist gestorben. Du brauchst den Lehrer nicht weiter zu bemühen.» Jesus hörte es und sagte zu Jaïrus: «Erschrick nicht, hab nur Vertrauen!» Dann ging er weiter; nur Petrus, Jakobus und dessen Bruder Johannes durften mitgehen. Als sie beim Haus des Synagogenvorstehers ankamen, sah Jesus schon die Nachbarn zusammenlaufen und hörte das Klagegeschrei. Er ging ins Haus und sagte: «Was soll der Lärm? Warum weint ihr? Das Kind ist nicht tot – es schläft nur.» Sie lachten ihn aus; aber er drängte alle bis auf die Eltern des Mädchens und die drei Jünger aus dem Haus. Dann ging er in das Zimmer, in dem das Kind lag.

Er nahm es bei der Hand und sagte: «Talita kum!» Das heißt: Steh auf, Mädchen! Das Mädchen stand sofort auf und ging umher. Es war zwölf Jahre alt. Alle waren vor Staunen außer sich. Aber Jesus verbot ihnen nachdrücklich, es anderen weiterzuerzählen. Dann sagte er: «Gebt dem Kind etwas zu essen!»

Von dort ging Jesus in seine Heimatstadt. Seine Jünger begleiteten ihn. Am Sabbat sprach er in der Synagoge, und alle, die ihn hörten, waren sehr verwundert. «Wo hat er das her?» fragten sie einander. «Von wem hat er diese Weisheit? Wie kann er solche Wunder tun? Er ist doch der Zimmermann, der Sohn von Maria und der Bruder von Jakobus, Joses, Judas und Simon. Und leben nicht alle seine Schwestern hier bei uns?» Darum wollten sie nichts von ihm wissen. Aber Jesus sagte zu ihnen: «Ein Prophet wird überall geachtet, nur nicht in seiner Heimat, bei seinen Verwandten und in seiner Familie.» Deshalb konnte er dort keine Wunder tun; nur einigen Kranken legte er die Hände auf und heilte sie. Er wunderte sich, daß die Leute von Nazaret ihm kein Vertrauen schenkten. Darum ging er in die umliegenden Dörfer und sprach dort zu den Menschen.

(Einmal sucht Jesus mit seinen Jüngern einen ruhigen Platz:) Sie stiegen in ein Boot und fuhren an eine einsame Stelle. Aber viele sahen sie abfahren und erkannten sie. So kam es, daß die Leute aus allen Orten vorausliefen und Jesus und seine Jünger an der Landestelle erwarteten.

Als Jesus aus dem Boot stieg, sah er die vielen Menschen. Sie taten ihm leid, denn sie kamen ihm vor wie Schafe, die keinen Hirten haben. Darum sprach er lange zu ihnen. Als es Abend wurde, kamen die Jünger zu Jesus und sagten: «Es ist schon spät, und die Gegend hier ist einsam. Darum schick die Leute in die Dörfer und auf die Höfe ringsum, damit sie sich etwas zu essen kaufen.»

«Warum?» erwiderte Jesus. «Gebt doch ihr ihnen zu essen!»

Sie wandten ein: «Dann müßten wir ja für zweihundert Silberstücke Brot einkaufen!»

Aber Jesus befahl ihnen: «Seht nach, wieviele Brote ihr hier habt!» Sie taten es und berichteten: «Fünf Brote sind da und zwei Fische.»

Jesus ordnete an, sie sollten die Leute in Gruppen einteilen und sie auffordern, sich ins Gras zu setzen. So lagerten sich die Leute in Gruppen zu hundert und zu fünfzig. Dann nahm Jesus die fünf Brote und die zwei Fische, sah zum Himmel auf und dankte Gott dafür. Er brach die Brote in Stücke, gab sie den Jüngern, und die verteilten sie. Dann teilte er auch die beiden Fische aus. Alle bekamen genug zu essen. Die Jünger füllten sogar noch zwölf Körbe mit dem, was von den Broten und den Fischen übrigblieb. Etwa fünftausend Männer hatten an der Mahlzeit teilgenommen.

Gleich darauf schickte Jesus seine Jünger im Boot nach Betsaida ans andere Seeufer voraus. Er ließ die Leute nach Hause gehen und stieg dann auf einen Berg, um zu beten. Als es dunkel wurde, war Jesus allein an Land und das Boot weit draußen auf dem See. Er sah, daß seine Jünger beim Rudern nur mühsam vorwärts kamen, weil sie gegen den Wind ankämpfen mußten. Gegen Morgen kam Jesus auf dem Wasser zu ihnen und wollte an ihnen vorbeigehen. Als die Jünger ihn auf dem Wasser gehen sahen, meinten sie, es sei ein Gespenst, und schrien auf. Denn sie sahen ihn alle und zitterten vor Angst. Sofort sprach er sie an: «Habt keine Angst! Ich bin's, beruhigt euch!» Dann stieg er zu ihnen ins Boot, und der Wind legte sich. Da gerieten sie vor Entsetzen ganz außer sich. Denn sie waren auch durch das Wunder mit den Broten noch nicht zur Einsicht gekommen; sie begriffen einfach nichts. (Markus 4–6)

Was ist der Wille Gottes?

Um Gott zu ehren, beachteten die Pharisäer eine Unzahl von Verboten und Vorschriften. Durch religiöse Waschungen suchten sie sich als Gottes heilige Gemeinde zu erweisen; zugleich richteten sie damit eine strenge Grenze gegenüber den «Heiden» auf. Jesus deckt den Widerspruch in ihrem Verhalten auf und läßt sich von der Not eines Menschen dazu bewegen, die Schranke zwischen Juden und Heiden zu durchbrechen.

Die Pharisäer und einige Gesetzeslehrer, die aus Jerusalem gekommen waren, trafen eines Tages mit Jesus zusammen. Sie bemerkten, daß einige seiner Jünger mit unreinen Händen aßen, das heißt, daß sie die Hände vor dem Essen nicht nach der religiösen Vorschrift gewaschen hatten. Denn die Pharisäer und auch alle anderen Juden richten sich nach den Überlieferungen der Vorfahren und essen nur, wenn sie sich die Hände in der vorgeschriebenen Weise gewaschen haben. Auch wenn sie vom Markt kommen, essen sie nicht, bevor sie sich gereinigt haben. So befolgen sie noch eine ganze Reihe von Vorschriften über die Reinigung von Bechern, Töpfen und Kupfergeschirren. Daher fragten die Pharisäer und Gesetzeslehrer Jesus: «Warum richten sich deine Jünger nicht nach den Vorschriften der Vorfahren, sondern essen mit unreinen Händen?»

Jesus antwortete ihnen: «Der Prophet Jesaja hat treffend von euch gesprochen! Ihr seid genauso scheinheilig, wie er gesagt hat:

‹Diese Leute ehren mich mit Worten, sagt Gott,
aber mit dem Herzen sind sie fern von mir.
Es ist vergeblich, daß sie mich anrufen;
denn sie lehren Gebote,
die sie sich selbst ausgedacht haben.›

Gottes Gebot schiebt ihr zur Seite, aber an den Vorschriften von Menschen haltet ihr fest.»

Und weiter sagte Jesus: «Wie geschickt bringt ihr es fertig, Gottes Gebote zu umgehen, damit ihr eure Vorschriften aufrechterhalten könnt! Mose hat bekanntlich gesagt: ‹Du sollst deinen Vater und deine Mutter ehren›, und: ‹Wer schlecht über seinen Vater und seine Mutter redet, soll getötet werden.› Ihr dagegen behauptet: Wenn jemand zu seinem Vater oder seiner Mutter sagt: Korban – das heißt: Was ich euch eigentlich schuldig bin, ist für Gott bestimmt –, dann braucht er seinen Eltern nicht mehr zu helfen. Ja, ihr erlaubt ihm dann nicht einmal mehr zu helfen. Ihr macht Gottes Gebot ungültig durch eure eigenen Vorschriften. Dafür gibt es noch viele andere Beispiele.»

Dann rief Jesus die Menge wieder zu sich und sagte: «Hört zu und begreift! Nicht das macht den Menschen unrein, was er von außen in sich aufnimmt, sondern das, was aus ihm selbst kommt!»

Als Jesus sich vor der Menge in ein Haus zurückgezogen hatte, fragten ihn seine Jünger, wie er das gemeint habe. Er antwortete: «Seid ihr denn auch so verständnislos? Begreift ihr denn nicht? Das, was der Mensch von außen in sich aufnimmt, kann ihn nicht unrein machen, weil es nicht in sein Herz, sondern nur in den Magen gelangt und dann vom Körper wieder ausgeschieden wird.» Damit erklärte Jesus, daß alle Speisen vor Gott rein sind. «Aber das», fuhr er fort, «was aus dem Menschen selbst kommt, macht ihn unrein. Denn aus ihm selbst, aus seinem Herzen, kommen die bösen Gedanken; die verleiten ihn zu Unzucht, Diebstahl, Mord, Ehebruch, Habsucht und anderen schlimmen Dingen wie Betrug, Lüsternheit, Neid, Verleumdung, Überheblichkeit und Unvernunft. All das kommt aus dem Innern des Menschen und macht ihn unrein.»

Dann ging Jesus ins Gebiet von Tyrus, und weil er unerkannt bleiben wollte, ging er in ein Haus. Aber man hatte ihn schon erkannt. Bald kam eine Frau zu ihm, die von ihm gehört hatte; ihre Tochter war von einem bösen

Geist besessen. Die Frau war keine Jüdin, sondern in dieser Gegend zu Hause. Sie warf sich vor Jesus nieder und bat ihn, den bösen Geist aus ihrer Tochter auszutreiben. Aber Jesus sagte zu ihr: «Zuerst müssen die Kinder satt werden. Es ist nicht recht, ihnen das Brot wegzunehmen und es den Hunden vorzuwerfen.» «Gewiß, Herr», wandte sie ein, «aber die Hunde bekommen doch wenigstens die Brotkrumen, die die Kinder unter den Tisch fallen lassen.» Jesus sagte zu ihr: «Damit hast du mich überzeugt. Ich will dir helfen. Geh nach Hause; der böse Geist hat deine Tochter verlassen.» Die Frau ging nach Hause und fand ihr Kind gesund auf dem Bett liegen; der böse Geist war fort. (Markus 7)

Jesus und der Täufer Johannes

Jesus kam nach Kafarnaum. Dort lebte ein römischer Offizier. Er hatte einen Burschen, den er sehr schätzte; der war todkrank. Als der Offizier von Jesus hörte, schickte er einige angesehene Männer der jüdischen Gemeinde zu ihm. Sie sollten ihn bitten, zu kommen und seinem Burschen zu helfen. Die Männer kamen zu Jesus und baten ihn eindringlich: «Der Mann verdient deine Hilfe. Er liebt unser Volk. Er hat uns sogar die Synagoge gebaut.»

Jesus ging mit ihnen. Als er nicht mehr weit vom Haus entfernt war, schickte der Offizier ihm Freunde entgegen und ließ ihm ausrichten: «Herr, bemühe dich doch nicht selbst! Ich verdiene die Ehre nicht, daß du in mein Haus kommst. Deshalb hielt ich mich auch nicht für würdig, selbst zu dir zu kommen. Ein Wort von dir genügt, und mein Bursche wird gesund. Auch ich habe Vorgesetzte und Untergebene. Wenn ich einem von meinen Soldaten befehle: ‹Geh!›, dann geht er; wenn ich einem anderen sage: ‹Komm!›, dann kommt er; und wenn ich meinem Burschen befehle: ‹Tu das!›, dann tut er's.»

Als Jesus das hörte, staunte er. Er drehte sich um und sagte zu der Menge, die ihm folgte: «Wahrhaftig, solch ein Vertrauen habe ich noch bei keinem hier in Israel gefunden.» Als die Boten des Offiziers in das Haus zurückkamen, war der Bursche gesund.

Bald darauf ging Jesus nach Naïn. Seine Jünger und viele Leute folgten ihm. Als sie in die Nähe des Stadttors kamen, trafen sie auf einen Trauerzug. Der einzige Sohn einer Witwe sollte beerdigt werden, und zahlreiche Bewohner der Stadt begleiteten die Mutter. Als der Herr die Witwe sah, tat sie ihm sehr leid, und er sagte zu ihr: «Weine nicht!» Dann trat er näher und berührte die Bahre. Die Träger blieben stehen. Jesus sagte: «Junger Mann, ich befehle dir: Steh auf!» Der Tote richtete sich auf und fing an zu reden, und Jesus gab ihn seiner Mutter zurück. Da wurden alle von Furcht gepackt; dann aber lobten sie Gott und riefen: «Ein großer Prophet ist unter uns aufgetreten! Gott selbst ist seinem Volk zu Hilfe gekommen!» Diese Nachricht verbreitete sich überall in Judäa und in der ganzen Umgebung.

Johannes (der zu dieser Zeit im Gefängnis lag) hörte durch seine Jünger von all diesen Ereignissen. Er rief zwei von ihnen zu sich und schickte sie mit der Frage zum Herrn: «Bist du der Retter, der kommen soll, oder müssen wir auf einen anderen warten?» Die beiden kamen zu Jesus und sagten zu ihm: «Der Täufer Johannes hat uns zu dir geschickt, um dich zu fragen: ‹Bist du der Retter, der kommen soll, oder müssen wir auf einen anderen warten?›» Jesus heilte zu der Zeit gerade viele Leute von Krankheiten und schlimmen Leiden; er befreite Menschen von bösen Geistern und gab vielen Blinden das Augenlicht. Er antwortete den Boten des Johannes: «Geht zurück zu Johannes und berichtet ihm, was ihr hier gesehen und gehört habt: Blinde sehen, Lahme gehen, Aussätzige werden gesund, Taube können hören, Tote

stehen auf, und den Armen wird die Gute Nachricht verkündet. Freuen darf sich jeder, der nicht an mir irre wird!»

Als die Boten des Johannes weggegangen waren, fing Jesus an, zu der Menge über Johannes zu sprechen: «Als ihr in die Wüste zu ihm hinausgewandert seid, was habt ihr da erwartet? Etwa ein Schilfrohr, das jeder Windzug bewegt? Oder was sonst wolltet ihr sehen? Einen Mann in vornehmer Kleidung? Solche Leute wohnen doch in Palästen! Also, was habt ihr erwartet? Einen Propheten? Ich versichere euch: ihr habt mehr gesehen als einen Propheten. Johannes ist der, von dem es in den heiligen Schriften heißt: ‹Hier ist mein Bote, sagt Gott; ich sende ihn vor dir her, damit er den Weg für dich freimacht.› Ich versichere euch: Johannes ist bedeutender als irgendein anderer Mensch, der je gelebt hat. Und trotzdem: Der Geringste in Gottes neuer Welt ist noch größer als er.»

Jesus fuhr fort: «Alle, die Johannes zuhörten, sogar die Zolleinnehmer, ließen sich zur Umkehr rufen und wurden von Johannes getauft. Nur die Pharisäer und Gesetzeslehrer widersetzten sich dem Willen Gottes und lehnten es ab, sich von Johannes taufen zu lassen. Mit wem soll ich die Menschen von heute vergleichen? Sie sind wie Kinder, die auf dem Marktplatz sitzen und sich gegenseitig zurufen: ‹Wir haben euch Hochzeitslieder gespielt, aber ihr habt nicht getanzt.› ‹Wir haben euch Trauerlieder gesungen, aber ihr habt nicht geweint!› Der Täufer Johannes fastete und trank keinen Wein, und ihr sagtet: ‹Er ist von einem bösen Geist besessen.› Der Menschensohn ißt und trinkt, und ihr sagt: ‹Seht ihn euch an, diesen Vielfraß und Säufer, diesen Kumpan der Zolleinnehmer und Sünder!› Aber Gottes Weisheit bestätigt sich an denen, die sie annehmen.» (Lukas 7)

Der König Herodes hatte Johannes festnehmen und ins Gefängnis werfen lassen. Der Grund dafür war: Herodes hatte die Frau seines Bruders Philippus, Herodias, weggenommen und geheiratet. Johannes hatte ihm daraufhin wiederholt vorgehalten: «Es war dir nicht erlaubt, die Frau deines Bruders zu heiraten.» Herodias war wütend auf Johannes und wollte ihn töten, hatte aber nicht die Macht dazu. Denn Herodes wußte, daß Johannes ein frommer und heiliger Mann war; darum wagte er nicht, ihn anzutasten. Er hielt ihn zwar in Haft, ließ sich aber gerne etwas von ihm sagen, auch wenn er durch das Zuhören jedesmal in große Verlegenheit geriet.

Aber dann kam für Herodias die günstige Gelegenheit. Herodes hatte Geburtstag und gab ein Fest für alle hohen Regierungsbeamten, die Offiziere und die angesehensten Bürger von Galiläa. Dabei trat die Tochter der Herodias als Tänzerin auf. Das gefiel allen so gut, daß der König zu dem Mädchen sagte: «Wünsche dir, was du willst; du wirst es bekommen.» Er legte sogar noch einen Eid ab: «Ich will dir alles geben, was du willst, und wenn es mein halbes Königreich wäre!» Da ging das Mädchen zu seiner Mutter und fragte, was es sich wünschen solle. Die Mutter sagte: «Den Kopf des Täufers Johannes.» Schnell ging das Mädchen wieder zu Herodes und trug seine Bitte vor. «Ich will, daß du mir jetzt sofort den Kopf des Täufers Johannes auf einem Teller überreichst!» Der König wurde traurig, aber weil er ihr vor allen Gästen das Versprechen gegeben hatte, wollte er die Bitte nicht abschlagen. Er schickte den Henker und befahl ihm, den Kopf des Johannes zu bringen. Der Henker ging ins Gefängnis und enthauptete Johannes. Dann brachte er den Kopf auf einem Teller herein und überreichte ihn dem Mädchen, das ihn an seine Mutter weitergab.

Als die Jünger des Johannes davon hörten, holten sie den Toten und begruben ihn. (Markus 6)

Gesetz und Liebe

Ein Pharisäer lud Jesus zum Essen ein. Jesus ging in sein Haus, und sie legten sich zu Tisch. In der Stadt lebte eine Frau, die ein ausschweifendes Leben führte. Als sie hörte, daß Jesus bei dem Pharisäer eingeladen war, kam sie mit einem Fläschchen voll kostbarem Salböl. Sie trat weinend von hinten an Jesus heran, und ihre Tränen fielen auf seine Füße. Mit ihren Haaren trocknete sie ihm die Füße ab, küßte sie und goß das Öl über sie aus.

Als der Pharisäer, der Jesus eingeladen hatte, das sah, sagte er sich: «Wenn dieser Mann wirklich ein Prophet wäre, wüßte er, was für eine das ist, von der er sich da anfassen läßt! Er müßte wissen, was für einen schlechten Ruf diese Frau hat.» Da sprach Jesus ihn an: «Simon, ich muß dir etwas sagen!» Simon sagte: «Lehrer, bitte sprich!»

Jesus begann: «Zwei Männer hatten Schulden bei einem Geldverleiher, der eine schuldete ihm fünfhundert Silberstücke, der andere fünfzig. Weil keiner von ihnen zahlen konnte, erließ er beiden ihre Schulden. Welcher von ihnen wird wohl dankbarer gewesen sein?» Simon antwortete: «Ich nehme an, der Mann, der ihm mehr geschuldet hat.» «Du hast recht», sagte Jesus. Dann wies er auf die Frau und sagte zu Simon: «Sieh diese Frau an! Ich kam in dein Haus, und du hast mir kein Wasser für die Füße gereicht; sie aber hat mir die Füße mit Tränen gewaschen und mit ihren Haaren abgetrocknet. Du gabst mir keinen Kuß zur Begrüßung, sie aber hat nicht aufgehört, mir die Füße zu küssen, seit ich hier bin. Du hast meinen Kopf nicht mit Öl gesalbt, sie aber hat mir die Füße mit kostbarem Öl übergossen. Darum versichere ich dir: ihre große Schuld ist ihr vergeben worden. Das zeigt sich an der Liebe, die sie mir erwiesen hat. Wem wenig vergeben wird, der liebt auch nur wenig.»

Dann sagte Jesus zu der Frau: «Deine Schuld ist dir vergeben!» Die anderen am Tisch fragten einander: «Was ist das für ein Mensch, der sogar Sünden vergibt?» Jesus aber sagte zu der Frau: «Dein Vertrauen hat dich gerettet. Geh in Frieden!» (Lukas 7)

Ein Gesetzeslehrer wollte Jesus prüfen und stellte ihm die Frage: «Lehrer, wie verdiene ich mir das ewige Leben?» Jesus antwortete: «Was steht denn im Gesetz? Was liest du dort?» Der Mann antwortete: «‹Du sollst den Herrn, deinen Gott, lieben von ganzem Herzen, von ganzer Seele, mit allen deinen Kräften und mit deinem ganzen Verstand!› Und: ‹Liebe deinen Mitmenschen wie dich selbst!›» «Richtig», sagte Jesus. «Handle so, dann wirst du leben.»

Aber der Gesetzeslehrer wollte sich verteidigen und fragte Jesus: «Wer ist denn mein Mitmensch?» Jesus begann zu erzählen: «Ein Mann ging von Jerusalem nach Jericho. Unterwegs überfielen ihn Räuber. Sie rissen ihm die Kleider vom Leib, schlugen ihn zusammen und ließen ihn halbtot liegen. Nun kam zufällig ein Priester denselben Weg. Er sah den Mann liegen, machte einen Bogen um ihn und ging vorbei. Genauso machte es ein Levit: er sah ihn und ging vorbei. Schließlich kam ein Mann aus Samarien. Als er den Überfallenen sah, hatte er Mitleid. Er ging zu ihm hin, behandelte seine Wunden mit Öl und Wein und machte ihm einen Verband. Dann setzte er ihn auf sein eigenes Reittier und brachte ihn in das nächste Gasthaus, wo er sich um ihn kümmerte. Am anderen Tag gab er dem Wirt zwei Silberstücke und sagte: ‹Pflege ihn! Wenn du noch mehr brauchst, will ich es dir bezahlen, wenn ich zurückkomme.›»

«Was meinst du?» fragte Jesus. «Wer von den dreien hat an dem Überfallenen als Mitmensch gehandelt?» Der Gesetzeslehrer antwortete: «Der ihm geholfen hat!» Jesus erwiderte: «Geh hin und mach es ebenso.»

Als Jesus mit den Jüngern weiterzog, kamen sie in ein Dorf, in dem er von einer Frau mit Namen Marta gastlich aufgenommen wurde. Sie hatte eine Schwester mit

Namen Maria, die setzte sich zu Jesus und hörte ihm zu. Marta dagegen hatte alle Hände voll zu tun. Sie trat zu Jesus und sagte: «Herr, kümmert es dich nicht, daß mich meine Schwester die ganze Arbeit allein tun läßt? Sag ihr doch, daß sie mir helfen soll!» Der Herr antwortete ihr: «Marta, Marta, du sorgst und mühst dich um so viele Dinge, aber nur eins ist notwendig. Maria hat das Bessere gewählt, und das soll ihr nicht weggenommen werden.» (Lukas 10)

Eines Tages waren zahlreiche Zolleinnehmer und andere, die einen ebenso schlechten Ruf hatten, zu Jesus gekommen und wollten ihn hören. Die Pharisäer und Gesetzeslehrer waren darüber ärgerlich und sagten: «Er läßt das Gesindel zu sich! Er ißt sogar mit ihnen!» Da erzählte ihnen Jesus ein Gleichnis: «Stellt euch vor, einer von euch hat hundert Schafe, und eines davon verläuft sich. Was wird er machen? Er läßt bestimmt die neunundneunzig allein und sucht das verlorene so lange, bis er es findet. Wenn er es entdeckt, freut er sich, nimmt es auf die Schultern und trägt es nach Hause. Dort ruft er seine Freunde und Nachbarn und sagt zu ihnen: ‹Freut euch mit mir, ich habe mein verlorenes Schaf wiedergefunden!› Ich sage euch: Genauso ist bei Gott im Himmel mehr Freude über einen Sünder, der ein neues Leben anfängt, als über neunundneunzig andere, die das nicht nötig haben.

Oder stellt euch vor, eine Frau hat zehn Silbermünzen und verliert eine davon. Was macht sie wohl? Wird sie nicht ein Licht anzünden, das Haus ausfegen und in allen Ecken suchen, bis sie die Münze gefunden hat? Und dann ruft sie ihre Freundinnen und Nachbarinnen zusammen und sagt zu ihnen: ‹Freut euch mit mir, ich habe die verlorene Münze wiedergefunden!› Ich sage euch: genauso freuen sich die Engel Gottes über einen einzigen Sünder, der ein neues Leben anfängt.

Jesus erzählte weiter: «Ein Mann hatte zwei Söhne. Der jüngere sagte zu seinem Vater: ‹Gib mir den Teil der Erbschaft, der mir zusteht!› Da teilte der Vater seinen Besitz unter die beiden auf. Nach ein paar Tagen machte der jüngere Sohn seinen ganzen Anteil zu Geld und zog in die Fremde. Dort lebte er in Saus und Braus und verjubelte alles. Als er nichts mehr hatte, brach in jenem Land eine große Hungersnot aus; da ging es ihm schlecht. Er fand schließlich Arbeit bei einem Bürger jenes Landes, der schickte ihn zum Schweinehüten aufs Feld. Er war so hungrig, daß er auch mit dem Schweinefutter zufrieden gewesen wäre; aber selbst das verwehrte man ihm. Endlich ging er in sich und sagte sich: ‹Die Arbeiter meines Vaters bekommen mehr, als sie essen können, und ich werde hier noch vor Hunger umkommen. Ich will zu meinem Vater gehen und zu ihm sagen: Vater, ich bin vor Gott und vor dir schuldig geworden; ich verdiene es nicht mehr, dein Sohn zu sein. Laß mich als einfachen Arbeiter bei dir bleiben!›

So machte er sich auf den Weg zu seinem Vater. Der sah ihn schon von weitem kommen, und voller Mitleid lief er ihm entgegen, fiel ihm um den Hals und küßte ihn. ‹Vater›, sagte der Sohn, ‹ich bin vor Gott und vor dir schuldig geworden, ich verdiene es nicht mehr, dein Sohn zu sein!› Aber der Vater rief seine Diener: ‹Schnell, holt das beste Kleid für ihn, steckt ihm einen Ring an den Finger und bringt ihm Schuhe. Holt das Mastkalb und schlachtet es. Wir wollen ein Fest feiern und uns freuen! Mein Sohn hier war tot, jetzt lebt er wieder. Er war verloren, jetzt ist er wiedergefunden.› Und sie begannen zu feiern.

Der ältere Sohn war noch auf dem Feld. Als er zurückkam und sich dem Haus näherte, hörte er das Singen und Tanzen. Er rief einen der Diener herbei und fragte, was denn da los sei. Der sagte: ‹Dein Bruder ist zurückgekommen, und dein Vater hat das Mastkalb schlachten lassen, weil er ihn gesund wieder hat.› Da wurde der ältere Bruder zornig und wollte nicht ins Haus gehen. Schließlich kam der Vater heraus und redete ihm gut zu. Aber der Sohn sagte zu ihm: ‹Du weißt doch: all die Jahre habe ich wie ein Sklave für dich geschuftet, nie war ich dir ungehorsam. Was habe ich dafür bekommen? Mir hast du nie auch nur einen Ziegenbock gegeben, damit ich mit meinen Freunden feiern konnte. Aber der da, dein Sohn, hat dein Geld mit Nutten durchgebracht; und jetzt kommt er nach Hause, da schlachtest du gleich das Mastkalb für ihn.› ‹Mein Sohn›, sagte da der Vater, ‹du bist immer bei mir, und dir gehört alles, was ich habe. Wir konnten doch gar nicht anders als feiern und uns freuen. Denn dein Bruder war tot, jetzt ist er wieder am Leben! Er war verloren, aber jetzt ist er wiedergefunden!›» (Lukas 15)

Jesus erzählte einigen, die sich für unfehlbar hielten und auf andere herabsahen, folgende Geschichte:

«Zwei Männer gingen in den Tempel, um zu beten, ein Pharisäer und ein Zolleinnehmer. Der Pharisäer stellte sich ganz vorne hin und betete: ‹Gott, ich danke dir, daß ich nicht so habgierig, unehrlich und verdorben bin wie die anderen Leute, zum Beispiel dieser Zolleinnehmer. Ich faste zwei Tage in der Woche und opfere dir den zehnten Teil von allen meinen Einkünften!› Der Zolleinnehmer aber stand ganz hinten und getraute sich nicht einmal aufzublicken. Er schlug sich an die Brust und sagte: ‹Gott, hab Erbarmen mit mir, ich bin ein sündiger Mensch!›»

Jesus schloß: «Ich sage euch, als der Zolleinnehmer nach Hause ging, hatte Gott ihn angenommen, den anderen nicht. Denn wer sich erhöht, der wird erniedrigt; aber wer sich geringachtet, wird erhöht.» (Lukas 18)

Jesus kam nach Jericho und zog durch die Stadt. Dort

lebte ein Mann namens Zachäus. Er war der oberste Zoll-einnehmer und war sehr reich. Er wollte unbedingt sehen, wer dieser Jesus sei. Aber er war klein, und die Menschenmenge versperrte ihm die Sicht. So lief er voraus und kletterte auf einen Maulbeerbaum, um Jesus sehen zu können, wenn er vorbeizog. Als Jesus an die Stelle kam, schaute er hinauf und redete ihn an: «Zachäus, steig schnell herunter, ich muß heute dein Gast sein!» Zachäus stieg sofort vom Baum und nahm Jesus mit großer Freude bei sich auf.

Alle waren entrüstet, weil Jesus bei einem so schlechten Menschen einkehren wollte. Aber Zachäus wandte sich an den Herrn und sagte zu ihm: «Herr, ich verspreche dir, ich werde die Hälfte meines Besitzes den Armen geben. Und wenn ich jemand betrogen habe, so will ich ihm das Vierfache zurückgeben.» Da sagte Jesus zu ihm: «Heute hat Gott dich mit deiner ganzen Familie angenommen. Auch du bist ja ein Nachkomme Abrahams. Der Menschensohn ist gekommen, um die Verlorenen zu suchen und zu retten.» (Lukas 19)

«Wenn Gott sein Werk vollendet», sagte Jesus, «wird es sein wie bei einem Weinbergbesitzer, der früh am Morgen einige Leute für die Arbeit in seinem Weinberg anstellte. Er einigte sich mit ihnen auf den üblichen Tageslohn von einem Silberstück, dann schickte er sie in den Weinberg. Um neun Uhr ging er wieder auf den Marktplatz und sah dort noch ein paar Männer arbeitslos herumstehen. Er sagte auch zu ihnen: ‹Ihr könnt in meinem Weinberg arbeiten, ich will euch angemessen bezahlen.› Und sie gingen hin. Genauso machte er es mittags und gegen drei Uhr. Selbst als er um fünf Uhr das letzte Mal zum Marktplatz ging, fand er noch einige herumstehen und sagte zu ihnen: ‹Warum tut ihr den ganzen Tag nichts?› Sie antworteten: ‹Weil uns niemand eingestellt hat.› Da sagte er: ‹Geht auch ihr noch hin und arbeitet in meinem Weinberg!›

Am Abend sagte der Besitzer des Weinbergs zu seinem Verwalter: ‹Ruf die Leute zusammen und zahle allen ihren Lohn. Fang bei denen an, die zuletzt gekommen sind, und höre bei den ersten auf.› Die Männer, die erst um fünf Uhr angefangen hatten, traten herzu, und jeder bekam ein Silberstück. Als nun die an der Reihe waren, die ganz früh angefangen hatten, dachten sie, sie würden entsprechend besser bezahlt, aber auch sie bekamen jeder ein Silberstück. Da schimpften sie über den Besitzer und sagten: ‹Die anderen, die zuletzt gekommen sind, haben nur eine Stunde lang gearbeitet, und du behandelst sie genauso wie uns? Dabei haben wir den ganzen Tag in der Hitze geschuftet!› Da sagte der Weinbergbesitzer zu einem von ihnen: ‹Mein Lieber, ich tue dir kein Unrecht. Hatten wir uns nicht auf ein Silberstück geeinigt? Das habt ihr bekommen, und nun geht. Ich will dem letzten soviel geben wie dem ersten. Ist es nicht meine Sache, was ich mit meinem Geld mache? Oder seid ihr neidisch, weil ich großzügig bin?»

Jesus schloß: «So werden die Letzten die Ersten sein, und die Ersten die Letzten.» (Mattäus 20)

Warnung und Einladung

Ein Mann in der Menge wandte sich an Jesus: «Sag doch meinem Bruder, er soll mit mir das Erbe teilen, das unser Vater uns hinterlassen hat!» Jesus antwortete ihm: «Ich bin nicht zum Richter für eure Erbstreitigkeiten bestellt.» Dann sagte er zu allen: «Gebt acht! Hütet euch um jeden Preis vor der Habgier. Denn das Leben eines Menschen hängt nicht von seinem Besitz ab, auch wenn dieser noch so groß ist.»

Jesus erzählte ihnen dazu eine Geschichte: «Ein reicher Bauer hatte eine besonders gute Ernte gehabt. ‹Was soll ich nur tun?› überlegte er. ‹Ich weiß nicht, wo ich das alles unterbringen soll! Ich hab's›, sagte er, ‹ich reiße meine Scheunen ab und baue größere! Dann kann ich das ganze Getreide und alle meine Vorräte dort unterbringen und kann zu mir selbst sagen: Gut gemacht! Jetzt bist du auf viele Jahre versorgt! Iß und trink nach Herzenslust und genieße das Leben!› Aber Gott sagte zu ihm: ‹Du Narr, noch in dieser Nacht mußt du sterben! Wem gehört dann dein Besitz?›» Und Jesus schloß: «So geht es allen, die Reichtümer sammeln, aber in den Augen Gottes nicht reich sind.» (Lukas 12)

Einige Leute kamen zu Jesus und erzählten ihm von den Männern aus Galiläa, die Pilatus töten ließ, als sie gerade im Tempel opferten; ihr Blut vermischte sich mit dem Opferblut. Da sagte Jesus zu ihnen: «Glaubt ihr denn, daß sie so grausam ermordet wurden, weil sie größere Sünder waren als die anderen Leute in Galiläa? Nein, ich versichere euch: wenn ihr euch nicht ändert, werdet ihr alle genauso umkommen! Oder denkt an die achtzehn, die der Turm in Schiloach unter sich begrub: meint ihr, daß sie schlechter waren als die übrigen Einwohner Jerusalems? Nein, ich versichere euch: ihr werdet alle genauso umkommen, wenn ihr euch nicht ändert!»

Dann erzählte ihnen Jesus ein Gleichnis: «Ein Mann hatte in seinem Weinberg einen Feigenbaum, aber wenn er Früchte suchte, fand er nie etwas daran. Schließlich sagte er zum Gärtner: ‹Sieh her, drei Jahre warte ich nun schon darauf, daß dieser Feigenbaum Früchte trägt, aber ich finde keine. Hau ihn um, er steht nur im Weg.› Aber der Gärtner meinte: ‹Laß ihn doch noch ein Jahr stehen. Ich will den Boden rundherum gut auflockern und düngen. Vielleicht trägt er nächstes Jahr Früchte. Wenn nicht, dann laß ihn umhauen.›» (Lukas 13)

«Ein Mann hatte viele Leute zu einem großen Essen eingeladen. Als der Tag da war, schickte er seinen Diener, um die Gäste zu bitten: ‹Kommt! Alles ist hergerichtet.› Aber einer nach dem anderen ließ sich entschuldigen. Der erste erklärte: ‹Ich habe ein Stück Land gekauft, das muß ich mir jetzt unbedingt ansehen; bitte entschuldige mich.› Ein anderer sagte: ‹Ich habe fünf Ochsengespanne gekauft und will gerade sehen, ob sie etwas taugen; bitte entschuldige mich.› Ein dritter sagte: ‹Ich habe eben erst geheiratet, darum kann ich nicht kommen.›

Der Diener kam zurück und berichtete alles seinem Herrn. Da wurde der Herr zornig und befahl ihm: ‹Lauf schnell auf die Straßen und Gassen der Stadt und hole die Armen, Krüppel, Blinden und Lahmen her.› Der Diener kam zurück und meldete: ‹Herr, ich habe deinen Befehl ausgeführt, aber es ist immer noch Platz da.› Da sagte der Herr zu ihm: ‹Geh auf die Feldwege und an die Hecken und Zäune und dränge die Leute zu kommen, damit mein Haus voll wird. Das aber versichere ich euch: von den geladenen Gästen kommt mir keiner an meinen Tisch!›» (Lukas 14)

«Es war einmal ein reicher Mann, der immer die teuerste und beste Kleidung trug und Tag für Tag im Luxus lebte. Vor seinem Haustor lag ein Armer, der hieß Lazarus. Sein Körper war ganz mit Geschwüren bedeckt. Er wartete darauf, daß von den Mahlzeiten des Reichen ein paar kümmerliche Reste für ihn abfielen. Er konnte sich nicht einmal gegen die Hunde wehren, die seine Wunden beleckten.

Der Arme starb, und die Engel trugen ihn zu Abraham in den Himmel. Auch der Reiche starb und wurde begraben. Drunten im Totenreich litt er große Qualen. Als er aufblickte, sah er hoch oben Abraham, und Lazarus bei ihm. Da rief er laut: ‹Vater Abraham, hab Mitleid mit mir! Schick mir doch Lazarus! Er soll seine Fingerspitze ins Wasser tauchen und meine Zunge ein wenig kühlen, denn das Feuer hier brennt entsetzlich.› Aber Abraham sagte: ‹Denk daran, daß es dir im Leben immer gut gegangen ist, dem Lazarus aber schlecht. Dafür kann er sich nun hier freuen, während du Qualen leidest. Außerdem liegt zwischen uns und euch ein tiefer Graben. Selbst wenn jemand wollte, könnte er nicht zu euch kommen, genauso wie keiner von dort zu uns gelangen kann.›

Da bat der reiche Mann: ‹Vater Abraham, dann schick doch Lazarus wenigstens in mein Elternhaus. Ich habe noch fünf Brüder. Er soll sie warnen, damit sie nicht auch an diesen schrecklichen Ort kommen.› Doch Abraham sagte: ‹Deine Brüder haben die Worte des Mose und der Propheten. Sie brauchen nur darauf zu hören.› Der Reiche erwiderte: ‹Vater Abraham, das genügt nicht! Aber wenn einer von den Toten zu ihnen käme, dann würden sie sich ändern.› Abraham sagte: ‹Wenn sie auf Mose und die Propheten nicht hören, dann lassen sie sich auch nicht überzeugen, wenn jemand vom Tod aufersteht.›»
(Lukas 16)

Petrus trat zu Jesus und fragte ihn: «Herr, wenn mein Bruder an mir schuldig wird, wie oft muß ich ihm verzeihen? Siebenmal?» «Nein, nicht siebenmal», antwortete Jesus, «sondern siebzigmal siebenmal!» Und er fuhr fort:

«Wenn Gott seine Herrschaft aufrichtet, handelt er wie ein König, der mit den Verwaltern seiner Güter abrechnen wollte. Gleich zu Beginn brachte man ihm einen Mann, der ihm einen Millionenbetrag schuldete. Da er nicht zahlen konnte, befahl der Herr, seinen ganzen Besitz zu versteigern und ihn selbst mit Frau und Kindern in die Sklaverei zu verkaufen. Aber der Schuldner fiel auf die Knie und bat: ‹Hab doch Geduld mit mir! Ich will dir ja alles zurückzahlen.› Da bekam der Herr Mitleid; er gab ihn frei, und auch die Schuld erließ er ihm.

Kaum draußen, traf dieser Mann auf einen Kollegen, der ihm einen geringen Betrag schuldete. Den packte er an der Kehle, würgte ihn und sagte: ‹Gib zurück, was du mir schuldest!› Der Schuldner fiel auf die Knie und bettelte: ‹Hab Geduld mit mir! Ich will dir ja alles zurückzahlen.› Aber darauf wollte sein Gläubiger nicht eingehen, sondern ließ ihn sofort ins Gefängnis werfen, bis er alles bezahlt hätte.

Als das die anderen sahen, waren sie empört, liefen zu ihrem Herrn und erzählten ihm, was geschehen war. Er ließ den Mann kommen und sagte: ‹Was bist du für ein böser Mensch! Ich habe dir deine ganze Schuld erlassen, weil du mich darum gebeten hast. Hättest du nicht auch Erbarmen mit deinem Mitmenschen haben können, so wie ich es mit dir gehabt habe?› Dann übergab er ihn voller Zorn den Folterknechten zur Bestrafung, bis die ganze Schuld zurückgezahlt war.

So wird euch mein Vater im Himmel auch behandeln, wenn ihr eurem Bruder nicht von Herzen verzeiht.» (Mattäus 18)

Jesu Weg führt ins Leiden

Jesus zog mit seinen Jüngern in die Dörfer bei Cäsarea Philippi. Unterwegs fragte er seine Jünger: «Für wen halten mich die Leute eigentlich?» Sie gaben zur Antwort: «Einige halten dich für den Täufer Johannes, andere für Elija, und wieder andere meinen, du seist einer der Propheten.» «Und ihr», wollte Jesus wissen, «für wen haltet ihr mich?» Da sagte Petrus: «Du bist Christus, der versprochene Retter!» Aber Jesus schärfte ihnen ein, mit niemand darüber zu reden.

Daraufhin erklärte Jesus den Jüngern zum erstenmal, was ihm bevorstand: «Der Menschensohn wird viel leiden müssen. Die Ratsältesten, die führenden Priester und die Gesetzeslehrer werden ihn verurteilen. Man wird ihn töten, und nach drei Tagen wird er auferstehen.»

Jesus sagte das ganz offen. Da nahm Petrus ihn beiseite und machte ihm Vorhaltungen. Aber Jesus drehte sich um und wies Petrus vor allen Jüngern zurecht: «Geh weg, du

Satan! Du denkst nicht, wie Gott denkt, sondern wie Menschen denken.»

Dann rief Jesus die ganze Menschenmenge hinzu und sagte: «Wer mit mir kommen will, der darf nicht mehr an sich selbst denken. Er muß sein Kreuz auf sich nehmen und mir auf meinem Weg folgen. Denn wer sein Leben retten will, wird es verlieren. Aber wer sein Leben für mich und für die Gute Nachricht verliert, wird es retten. Was hat ein Mensch davon, wenn er die ganze Welt gewinnt, aber zuletzt sein Leben verliert? Ein verlorenes Leben kann man durch nichts zurückkaufen. Die Menschen, unter denen ihr lebt, haben Gott den Rücken gekehrt. Wer sich ihnen gegenüber nicht zu mir und meiner Botschaft bekennt, von dem wird auch der Menschensohn nichts wissen wollen, wenn er herrlich wie sein Vater mit den heiligen Engeln wiederkommen wird.»

Sechs Tage später nahm Jesus die drei Jünger Petrus, Jakobus und Johannes mit sich und führte sie auf einen hohen Berg. Sonst war niemand bei ihnen. Vor den Augen der Jünger ging mit Jesus eine Verwandlung vor. Seine Kleider wurden so leuchtend weiß, wie man es auf der Erde gar nicht machen kann. Auf einmal sahen sie Elija und Mose bei Jesus stehen und mit ihm reden. Da sagte Petrus zu Jesus: «Wie gut, daß wir hier sind! Wir wollen drei Zelte aufschlagen, eins für dich, eins für Mose und eins für Elija.» Er wußte aber nicht, was er sagte, denn er und die beiden anderen waren vor Schreck ganz durcheinander. Da kam eine Wolke und warf ihren Schatten über sie. Eine Stimme aus der Wolke sagte: «Dies ist mein Sohn, den ich mir erwählt habe; auf ihn sollt ihr hören!» Als sie sich umsahen, waren sie plötzlich mit Jesus allein.

Als sie zu den anderen Jüngern zurückkamen, war dort eine große Menschenmenge; in der Mitte standen einige Gesetzeslehrer, die sich mit den Jüngern stritten. Als die

Menschen Jesus sahen, gerieten sie in Aufregung, eilten zu ihm hin und begrüßten ihn. Jesus fragte die Jünger: «Worüber streitet ihr euch mit den Gesetzeslehrern?» Ein Mann aus der Menge wandte sich an Jesus: «Ich habe meinen Sohn zu dir gebracht; er ist von einem bösen Geist besessen, darum kann er nicht sprechen. Immer, wenn dieser Geist ihn packt, zerrt er ihn hin und her. Schaum steht dann vor seinem Mund, er knirscht mit den Zähnen, und sein ganzer Körper wird steif. Ich habe deine Jünger gebeten, den bösen Geist auszutreiben, aber sie konnten es nicht.»

Da brach Jesus in die Worte aus: «Ihr habt kein Vertrauen! Wie lange soll ich noch bei euch aushalten und euch ertragen? Bringt den Jungen her!» Sie brachten ihn. Sobald der böse Geist Jesus erblickte, riß er das Kind zu Boden, so daß es sich mit Schaum vor dem Mund hin- und herwälzte. «Wie lange hat er das schon?» fragte Jesus. «Von klein auf», sagte der Vater. «Oft wäre er fast ums Leben gekommen, weil der böse Geist ihn ins Feuer oder ins Wasser warf. Hab Erbarmen mit uns und hilf uns, wenn du kannst!» «Was heißt hier: ‹Wenn du kannst›?» sagte Jesus. «Wenn du nur Vertrauen hast, ist alles möglich.» Da sagte der Vater weinend: «Ich vertraue dir ja, aber es fällt mir schwer. Nimm mir die Zweifel weg!»

Da immer mehr Leute zusammenliefen, bedrohte Jesus den bösen Geist: «Du stummer und tauber Geist, ich befehle dir: Verlaß dieses Kind und rühre es nie wieder an!» Der Geist schüttelte den Jungen hin und her und fuhr mit einem furchtbaren Schrei aus. Der Junge lag wie leblos am Boden, so daß die Leute schon sagten: «Er ist tot.» Aber Jesus nahm ihn bei der Hand und richtete ihn auf, da stand er auf.

Sie gingen von dort weiter und durchzogen Galiläa. Jesus wollte nicht, daß jemand davon wußte. Er bereitete seine Jünger auf die kommende Zeit vor: «Der Menschensohn wird den Menschen ausgeliefert werden. Sie werden ihn töten, und nach drei Tagen wird er auferstehen.» Die Jünger verstanden nicht, was Jesus damit sagen wollte; aber sie scheuten sich, ihn zu fragen.

Sie kamen nach Kafarnaum, und als sie im Haus waren, fragte Jesus seine Jünger: «Worüber habt ihr euch denn unterwegs gestritten?» Sie schwiegen, denn sie hatten sich gestritten, wer von ihnen wohl der Bedeutendste wäre. Da setzte Jesus sich hin, rief alle zwölf zu sich und sagte: «Wer der Erste sein will, der muß sich allen anderen unterordnen und ihnen dienen.» Jesus winkte ein Kind heran, stellte es in ihre Mitte, nahm es in seine Arme und sagte: «Wer in meinem Namen solch ein Kind aufnimmt, der nimmt mich auf. Und wer mich aufnimmt, der nimmt nicht nur mich auf, sondern gleichzeitig den, der mich gesandt hat.»

Einige Leute brachten ihre Kinder zu Jesus, damit er ihnen die Hände auflegte, aber die Jünger wiesen sie ab. Als Jesus es bemerkte, wurde er zornig und sagte zu seinen Jüngern: «Laßt die Kinder doch zu mir kommen und hindert sie nicht, denn gerade für Menschen wie sie steht die neue Welt Gottes offen. Täuscht euch nicht: wer sich der Liebe Gottes nicht wie ein Kind öffnet, wird sie nicht erfahren.» Dann nahm er die Kinder in die Arme, legte ihnen die Hände auf und segnete sie.

Als Jesus weitergehen wollte, kam ein Mann zu ihm gelaufen, kniete vor ihm hin und fragte: «Guter Lehrer, was muß ich tun, um das ewige Leben zu bekommen?» «Warum nennst du mich gut?» sagte Jesus. «Nur einer ist gut, Gott! Du kennst doch seine Gebote: Du sollst nicht töten, nicht die Ehe brechen, nicht stehlen, nicht lügen, nicht betrügen, du sollst deinen Vater und deine Mutter ehren!» «Diese Gebote habe ich von Jugend an alle befolgt», erwiderte der Mann. Jesus sah ihn voller Liebe an und sagte: «Eins fehlt dir noch: Verkaufe alles, was du hast, und gib das Geld den Armen, so wirst du bei Gott einen unverlierbaren Reichtum haben. Und dann komm mit mir!» Als der Mann das hörte, war er enttäuscht und ging traurig weg, denn er war sehr reich.

Jesus drehte sich zu seinen Jüngern um und sagte: «Reiche Leute haben es schwer, in die neue Welt Gottes zu kommen.» Die Jünger erschraken über dieses Wort, aber Jesus sagte noch einmal: «Sie haben es sehr schwer hineinzukommen. Eher kommt ein Kamel durch ein Nadelöhr als ein Reicher in Gottes neue Welt.» Da gerieten die Jünger völlig außer sich. «Wer kann dann überhaupt gerettet werden?» fragten sie einander. Jesus sah sie an und sagte: «Menschen können das nicht machen, aber Gott kann es. Gott kann alles.»

Da sagte Petrus zu Jesus: «Du weißt, wir haben alles liegen- und stehenlassen und sind mit dir gegangen.» Jesus antwortete: «Ich versichere euch: Jeder, der für mich und die Gute Nachricht sein Haus, seine Geschwister, seine Eltern oder Kinder oder seinen Besitz zurückgelassen hat, der wird all das in diesem Leben hundertfach wiederbekommen: Häuser, Geschwister, Mütter, Kinder und Vermögen, sogar mitten unter Verfolgungen. Und in der kommenden Welt wird er das ewige Leben haben. Aber viele, die jetzt vorn sind, werden dann am Schluß stehen, und viele, die jetzt die Letzten sind, werden schließlich die Ersten sein.»

Sie waren auf dem Weg nach Jerusalem; Jesus ging ihnen voran. Seine Begleiter wunderten sich über ihn, die Jünger aber packte die Angst. Wieder nahm Jesus die Zwölf beiseite und sagte ihnen, was bald mit ihm geschehen werde: «Hört zu! Wir gehen jetzt nach Jerusalem. Dort wird man den Menschensohn den führenden Priestern und Gesetzeslehrern ausliefern. Sie werden ihn zum Tod verurteilen und den Fremden übergeben, die Gott nicht kennen. Die werden ihren Spott mit ihm treiben, ihn anspucken, auspeitschen und töten; und nach drei Tagen wird er vom Tod auferstehen.»

Da kamen Jakobus und Johannes, die Söhne des Zebedäus, zu Jesus und sagten zu ihm: «Wir möchten, daß du uns einen Wunsch erfüllst!» Jesus fragte sie: «Was wollt ihr denn von mir?» Sie sagten: «Wir möchten, daß du uns rechts und links von dir sitzen läßt, wenn du deine Herrschaft angetreten hast!» Jesus sagte zu ihnen: «Ihr wißt nicht, was ihr da verlangt! Könnt ihr den Leidenskelch trinken, den ich trinken muß? Könnt ihr die Taufe auf euch nehmen, die ich auf mich nehmen muß?» «Das können wir!» sagten sie. Jesus sagte zu ihnen: «Ihr werdet tatsächlich den gleichen Kelch trinken wie ich, und die Taufe auf euch nehmen, die mir bevorsteht. Aber ich kann nicht darüber verfügen, wer rechts und links von mir sitzen wird. Auf diesen Plätzen werden die sitzen, die Gott dafür bestimmt hat.»

Die anderen zehn hatten das Gespräch mitgehört und ärgerten sich über Jakobus und Johannes. Darum rief Jesus sie zu sich und sagte: «Wie ihr wißt, tyrannisieren die Herrscher ihre Völker, und wer Macht hat, läßt es die anderen spüren. Aber so soll es bei euch nicht sein. Wer von euch etwas Besonderes sein will, der soll den anderen dienen, und wer von euch an der Spitze stehen will, soll sich allen unterordnen. Auch der Menschensohn ist nicht gekommen, um sich bedienen zu lassen, sondern um zu dienen und sein Leben als Lösegeld für alle Menschen hinzugeben.» (Markus 8–10)

Unterwegs sprach ein Mann Jesus an: «Ich bin bereit, dir überallhin zu folgen.» Jesus sagte zu ihm: «Die Füchse haben ihren Bau, und die Vögel haben ihr Nest; aber der Menschensohn hat keinen Platz, wo er sich hinlegen und ausruhen kann.»

Zu einem anderen Mann sagte Jesus: «Komm mit mir!» Er aber antwortete: «Erlaube mir, erst noch meinen Vater zu beerdigen.» Jesus sagte zu ihm: «Laß doch die Toten ihre Toten begraben! Du aber geh und verkünde, daß Gott jetzt seine Herrschaft aufrichten will.»

Ein anderer sagte: «Herr, ich will ja gerne mitkommen, aber laß mich erst noch von meiner Familie Abschied nehmen.» Jesus sagte zu ihm: «Wer seine Hand an den Pflug legt und zurückschaut, den kann Gott nicht gebrauchen, wenn er sein Werk vollendet.» (Lukas 9)

Sie hatten Jericho erreicht. Als Jesus die Stadt mit seinen Jüngern und einer großen Menschenmenge wieder verlassen wollte, saß ein Blinder am Straßenrand und bettelte. Es war Bartimäus, der Sohn des Timäus. Als er hörte, daß Jesus von Nazaret vorbeikam, fing er an laut zu rufen: «Jesus, Sohn Davids! Hab Mitleid mit mir!» Die Leute wollten ihn zum Schweigen bringen, aber er schrie noch lauter: «Sohn Davids, hab Mitleid mit mir!» Da blieb Jesus stehen und sagte: «Ruft ihn her!» Sie gingen hin und sagten zu ihm: «Freu dich, Jesus ruft dich; steh auf!» Da sprang der Blinde auf, warf seinen Mantel ab und kam zu Jesus. «Was soll ich für dich tun?» fragte Jesus; und der Blinde sagte: «Herr, ich möchte sehen können!» Jesus antwortete: «Geh nur, dein Vertrauen hat dich gerettet.» Im gleichen Augenblick konnte er sehen und folgte Jesus auf seinem Weg. (Markus 10)

Auseinandersetzungen in Jerusalem

Kurz vor Jerusalem kamen sie in die Nähe der Ortschaften Betfage und Betanien am Ölberg. Da schickte Jesus zwei seiner Jünger voraus und trug ihnen auf: «Geht in das Dorf da vorn! Dort werdet ihr gleich am Ortseingang einen jungen Esel angebunden finden, auf dem noch niemand geritten ist. Bindet ihn los und bringt ihn her. Und wenn jemand fragt: ‹Was tut ihr da?›, dann antwortet: ‹Der Herr braucht ihn und wird ihn bald wieder zurückschicken.›»

Die beiden gingen hin und fanden tatsächlich den jungen Esel draußen auf der Straße an einem Hoftor angebunden. Als sie ihn losmachten, sagten ein paar Leute, die dort herumstanden: «Wie kommt ihr dazu, den Esel loszubinden?» Da sagten sie, was Jesus ihnen aufgetragen hatte, und man ließ sie gewähren.

Sie brachten den Esel zu Jesus, legten ihre Kleider über das Tier, und Jesus setzte sich darauf. Viele Leute breiteten ihre Kleider als Teppich auf die Straße. Andere rissen Zweige von den Büschen auf den Feldern und legten sie auf den Weg. Die Menschen, die Jesus vorausliefen und die ihm folgten, begannen laut zu rufen: «Lob sei Gott! Heil dem, der in seinem Auftrag kommt! Gott segne die Herrschaft unseres Vaters David, die jetzt anbricht! Lob sei Gott in der Höhe!»

So kam Jesus nach Jerusalem. Er ging in den Tempel und sah sich dort alles genau an. Darüber wurde es Abend, und er ging mit seinen Jüngern nach Betanien zurück.

Am nächsten Morgen ging Jesus wieder in den Tempel und fing sofort an, die Händler und Käufer hinauszujagen. Er stieß die Tische der Geldwechsler und die Stände der Taubenverkäufer um und ließ nicht zu, daß jemand ein heiliges Gerät durch den Tempel trug. Dazu sagte er ihnen: «Steht nicht in den heiligen Schriften, daß Gott erklärt hat: ‹Mein Haus soll für alle Völker ein Haus zum Beten sein›? Ihr aber habt eine Räuberhöhle daraus gemacht!»

Als das die führenden Priester und Gesetzeslehrer hörten, suchten sie nach einer Möglichkeit, Jesus umzubringen. Sie fürchteten seinen Einfluß, denn die Volksmenge stand ganz im Bann seiner Worte. Am Abend verließen Jesus und seine Jünger wieder die Stadt.

Wieder in Jerusalem, ging Jesus im Tempel umher, und die führenden Priester, die Gesetzeslehrer und Ratsältesten kamen zu ihm und fragten: «Wer hat dir das

Recht gegeben, hier so aufzutreten? Wer hat dich beauftragt?»

«Ich will euch auch eine Frage stellen», antwortete
Jesus. «Wenn ihr sie mir beantwortet, dann will ich euch
sagen, mit welchem Recht ich so handle. Sagt mir: Woher hatte der Täufer Johannes den Auftrag zu taufen?
Von Gott oder von Menschen?» Sie berieten sich: «Wenn
wir sagen ‹Von Gott›, dann wird er fragen: Warum habt
ihr dann dem Johannes nicht geglaubt? Wenn wir dagegen sagen ‹Von Menschen›, dann haben wir die Menge
gegen uns, weil sie alle überzeugt sind, daß Johannes ein
Prophet war.» So sagten sie zu Jesus: «Wir wissen es
nicht.» «Gut», erwiderte Jesus, «dann sage ich euch auch
nicht, wer mich beauftragt hat.»

Jesus erzählte ihnen ein Gleichnis: «Ein Mann legte einen
Weinberg an, machte einen Zaun darum, baute eine
Weinpresse und errichtete einen Wachtturm. Dann ver-
pachtete er den Weinberg und verreiste. Zur gegebenen
Zeit schickte er einen Boten zu den Pächtern, um seinen
Anteil am Ertrag des Weinbergs abholen zu lassen. Die
Pächter aber verprügelten den Boten und ließen ihn unverrichteter Dinge abziehen. Der Mann schickte einen
zweiten, aber auch den mißhandelten sie und schlugen
ihm den Kopf blutig. Zum drittenmal schickte er einen
Boten. Den brachten sie sogar um, und so machten sie
es noch mit vielen anderen. Wer auch immer geschickt
wurde, der wurde mißhandelt oder umgebracht.

Schließlich blieb ihm nur noch sein eigener Sohn, an
dem er hing. Den schickte er zu den Pächtern, weil er
sich sagte: ‹Sie werden wenigstens vor meinem Sohn
Respekt haben.› Aber die Pächter sagten zueinander:
‹Das ist der Erbe! Wir bringen ihn um, dann gehört der
Weinberg uns!› So schlugen sie ihn tot und warfen die
Leiche aus dem Weinberg hinaus.

Was wird nun der Besitzer des Weinbergs tun? Er wird

selbst hingehen, die Pächter töten und den Weinberg anderen anvertrauen. Ihr habt doch gelesen, was in den heiligen Schriften steht:

‹Der Stein, den die Maurer als unbrauchbar
    weggeworfen haben,
hat sich später als der wichtigste erwiesen.
Der Herr hat dieses Wunder vollbracht,
und wir haben es gesehen.›»

Die führenden Priester, Gesetzeslehrer und Ratsältesten merkten, daß das Gleichnis auf sie gemünzt war, und wollten Jesus festnehmen. Aber sie hatten Angst vor dem Volk. So ließen sie ihn unbehelligt und gingen weg.

Nun wurden einige Pharisäer und Parteigänger des Herodes zu Jesus geschickt, um ihm mit einer Frage eine Falle zu stellen. Sie kamen zu ihm und sagten: «Lehrer, wir wissen, daß es dir nur um die Wahrheit geht. Du läßt dich nicht von Menschen beeinflussen, auch wenn sie noch so mächtig sind, sondern sagst jedem klar und deutlich, wie er nach Gottes Willen leben soll. Nun sag uns: Dürfen wir nach dem Gesetz Gottes dem römischen Kaiser Steuern zahlen oder nicht? Sollen wir es tun oder nicht?»

Jesus erkannte ihre Falschheit und sagte: «Ihr wollt mir doch nur eine Falle stellen! Gebt mir eine Silbermünze, damit ich sie ansehen kann.» Sie gaben ihm eine, und er fragte: «Wessen Bild und Name ist hier aufgeprägt?»

Sie antworteten: «Des Kaisers!»

«Also gut», sagte Jesus, «dann gebt dem Kaiser, was dem Kaiser gehört, aber gebt Gott, was Gott gehört.» Solch eine Antwort hatten sie nicht von ihm erwartet.

Dann kamen einige Sadduzäer zu Jesus. Die Sadduzäer bestreiten, daß die Toten auferstehen. «Lehrer», fragten sie ihn, «Mose hat uns die Anweisung gegeben: ‹Wenn ein verheirateter Mann kinderlos stirbt, dann muß sein

Bruder stellvertretend die Witwe heiraten und dem Verstorbenen Nachkommen verschaffen.› Nun gab es einmal sieben Brüder. Der älteste heiratete und starb ohne Kinder. Der zweite heiratete die Witwe, starb aber auch kinderlos. Beim dritten war es genauso. Alle sieben heirateten sie und starben ohne Nachkommen. Zuletzt starb auch die Frau. Wie ist das nun: Wessen Frau ist sie nach der Auferstehung, wenn sie alle wieder zum Leben kommen? Sie war ja mit allen sieben verheiratet!»

«Ihr seht die Sache ganz falsch», antwortete Jesus. «Ihr kennt weder die heiligen Schriften, noch wißt ihr, was Gott kann. Wenn die Toten auferstehen, werden sie nicht mehr heiraten, sondern sie werden leben wie die Engel im Himmel. Wenn ihr aber daran zweifelt, daß die Toten auferstehen werden, dann habt ihr offenbar nie im Buch des Mose die Geschichte vom brennenden Dornbusch gelesen. Dort steht, daß Gott zu Mose gesagt hat: ‹Ich bin der Gott Abrahams, der Gott Isaaks und der Gott Jakobs.› Gott aber ist ein Gott der Lebenden und nicht der Toten! Ihr seid also ganz und gar im Irrtum.»

Einmal saß Jesus im Tempel in der Nähe des Opferkastens und beobachtete, wie die Besucher des Tempels Geld hineinwarfen. Viele wohlhabende Leute gaben großzügig. Dann kam eine arme Witwe und steckte nur zwei kleine Kupfermünzen hinein. Da rief Jesus seine Jünger herbei und sagte zu ihnen: «Hört gut zu! Diese Witwe hat mehr gegeben als alle anderen. Sie haben lediglich von ihrem Überfluß etwas abgegeben. Aber diese arme Witwe hat tatsächlich alles geopfert, was sie zum Leben hatte.» (Markus 11 und 12)

(In Jerusalem spielt auch eine Geschichte, die in einzelnen Handschriften des Neuen Testaments ins Johannes-Evangelium eingefügt worden ist:) Jesus ging zum Ölberg. Am nächsten Morgen kehrte er sehr früh zum Tempel zurück. Alle Leute dort versammelten sich um ihn. Er setzte sich und begann, zu ihnen zu sprechen. Da führten die Gesetzeslehrer und Pharisäer eine Frau herbei, die beim Ehebruch ertappt worden war. Sie stellten sie so, daß sie von allen gesehen wurde. Dann sagten sie zu Jesus: «Diese Frau wurde ertappt, als sie gerade Ehebruch beging. In unserem Gesetz schreibt Mose vor, daß eine solche Frau gesteinigt werden muß. Was sagst du dazu?»

Mit dieser Frage wollten sie ihm eine Falle stellen, um ihn anklagen zu können. Aber Jesus bückte sich nur und schrieb mit dem Finger auf die Erde. Als sie nicht aufhörten zu fragen, richtete Jesus sich auf und sagte zu ihnen: «Wer von euch noch nie gesündigt hat, der soll den ersten Stein auf sie werfen.» Dann bückte er sich wieder und schrieb auf die Erde. Als sie das hörten, zog sich einer nach dem anderen zurück. Die Wortführer gingen zuerst. Zuletzt war Jesus allein mit der Frau, die immer noch dort stand.

Er richtete sich wieder auf und fragte sie: «Wo sind sie geblieben? Ist keiner mehr da, um dich zu verurteilen?» «Keiner, Herr», antwortete sie. «Gut», sagte Jesus, «ich will dich auch nicht verurteilen. Du kannst gehen; aber tu es nicht wieder!» (Johannes 8)

Über das Ende der Welt

Als Jesus den Tempel verlassen wollte, kamen seine Jünger und wollten ihm die ganze Tempelanlage zeigen. Aber Jesus sagte: «Ihr staunt über das alles? Ich sage euch, hier wird kein Stein auf dem anderen bleiben. Alles wird bis auf den Grund zerstört werden.»

Dann ging Jesus auf den Ölberg und setzte sich. Seine Jünger traten zu ihm und fragten: «Sag uns, wann wird das geschehen, und woran werden wir erkennen, daß du kommst und das Ende der Welt nahe ist?»

Jesus antwortete: «Seid auf der Hut und laßt euch von niemand täuschen. Viele werden sich für mich ausgeben und behaupten: ‹Ich bin Christus!› Damit werden sie viele irreführen. Erschreckt nicht, wenn nah und fern Kriege ausbrechen. Es muß so kommen, aber das ist noch nicht das Ende. Ein Volk wird gegen das andere kämpfen, ein Staat den anderen angreifen. Es wird überall Hungersnöte und Erdbeben geben. Das alles ist erst der Anfang vom Ende – so wie der Beginn der Geburtswehen.

Dann wird man euch ausliefern, euch foltern und töten. Die ganze Welt wird euch hassen, weil ihr euch zu mir bekennt. Wenn es soweit ist, werden viele vom Glauben abfallen und sich gegenseitig verraten und einander hassen. Zahlreiche falsche Propheten werden auftreten und viele Menschen irreführen. Und weil das Böse überhandnimmt, wird die Liebe bei den meisten erkalten. Wer aber bis zum Ende fest bleibt, wird gerettet. Zuvor wird die Gute Nachricht in der ganzen Welt verkündet werden. Denn alle Menschen sollen die Einladung in Gottes neue Welt hören. Dann erst kommt das Ende.

Aber den Tag oder die Stunde, wann das geschehen soll, kennt niemand, auch nicht die Engel im Himmel – nicht einmal der Sohn. Nur der Vater kennt sie. Wenn der Menschensohn zum Gericht kommt, wird es sein wie zu Noachs Zeit. Damals vor der großen Flut aßen und tranken und heirateten die Menschen, wie sie es gewohnt waren – bis zu dem Tag, an dem Noach in die Arche stieg. Sie ahnten nicht, was ihnen bevorstand, bis dann die Flut hereinbrach und sie alle wegschwemmte. So wird es auch sein, wenn der Menschensohn kommt. Von zwei Männern, die dann auf dem Feld arbeiten, wird der eine angenommen, der andere bleibt zurück. Von zwei Frauen, die dann zusammen Korn mahlen, wird die eine angenommen, die andere bleibt zurück.

Darum seid wachsam! Denn ihr wißt nicht, an welchem Tag euer Herr kommen wird. Ihr solltet euch darüber im klaren sein: Wenn ein Hausherr im voraus wüßte, wann der Dieb kommt, würde er aufbleiben und den

Einbruch verhindern. Darum seid jederzeit bereit, denn der Menschensohn wird kommen, wenn ihr es nicht erwartet.»

«Seid wie der treue und kluge Diener, dem sein Herr den Auftrag gegeben hat, die gesamte Dienerschaft zu beaufsichtigen und jedem pünktlich seine Tagesration auszuteilen. Er darf sich freuen, wenn der Herr zurückkehrt und ihn bei seiner Arbeit findet. Ich versichere euch: Der Herr wird ihm die Verantwortung für alle seine Güter übertragen. Wenn er aber unzuverlässig ist und sich sagt: ‹So bald kommt mein Herr nicht zurück› und anfängt, die anderen zu schlagen und mit Säufern Gelage zu halten, dann wird sein Herr eines Tages völlig unerwartet zurückkommen. Er wird den ahnungslosen Diener in Stücke reißen und dorthin bringen lassen, wo die Heuchler ihre Strafe verbüßen. Dort gibt es nur Jammern und Zähneknirschen.»

«Wenn der Menschensohn als Herr kommt, wird es zugehen wie in der folgenden Geschichte: Zehn Mädchen gingen mit ihren Lampen hinaus, um den Bräutigam abzuholen. Fünf von ihnen handelten klug, die anderen fünf gedankenlos. Die Gedankenlosen nahmen nur ihre Lampen mit, während die Klugen auch noch Öl zum Nachfüllen mitnahmen.

Weil der Bräutigam sich verspätete, wurden sie alle müde und schliefen ein. Mitten in der Nacht hörte man rufen: ‹Der Bräutigam kommt, geht ihm entgegen!› Die zehn Mädchen wachten auf und brachten ihre Lampen in Ordnung. Da baten die Gedankenlosen die anderen: ‹Gebt uns von eurem Öl etwas ab, denn unsere Lampen gehen aus.› Aber die Klugen sagten: ‹Ausgeschlossen, dann reicht es weder für uns noch für euch. Geht lieber zum Kaufmann und holt euch welches.›

So machten sie sich auf den Weg, um Öl zu kaufen. Inzwischen kam der Bräutigam. Die fünf Klugen, die

darauf vorbereitet waren, gingen mit ihm zum Hoch-
zeitsfest, und die Türen wurden hinter ihnen geschlossen.
Schließlich kamen die anderen nach und riefen: ‹Herr,
mach uns auf!› Aber der Bräutigam wies sie ab und sagte:
‹Ich kenne euch nicht!›

Darum bleibt wach, denn ihr wißt weder Tag noch
Stunde im voraus!»

«Es ist wie bei einem Mann, der verreisen wollte. Er rief
vorher seine Untergebenen zusammen und vertraute
ihnen sein Vermögen an. Dem einen gab er fünftausend
Goldstücke, dem anderen zweitausend und dem dritten
tausend, je nach ihren Fähigkeiten. Dann reiste er ab.
Der erste, der die fünftausend bekommen hatte, steckte
sofort das ganze Geld in Geschäfte und konnte die Sum-
me verdoppeln. Ebenso machte es der zweite: zu seinen
zweitausend gewann er noch zweitausend hinzu. Der
aber, der nur tausend bekommen hatte, vergrub das Geld
seines Herrn in der Erde.

Nach langer Zeit kam der Herr zurück und wollte mit
seinen Untergebenen abrechnen. Der erste, der die fünftausend Goldstücke erhalten hatte, trat vor und sagte:
‹Du hast mir fünftausend anvertraut, Herr, und ich habe
noch weitere fünftausend dazuverdient; hier sind sie!›
‹Sehr gut›, sagte sein Herr, ‹du bist ein tüchtiger und
treuer Mann. Du hast dich in kleinen Dingen als zuverlässig erwiesen, darum werde ich dir auch Größeres anvertrauen. Komm zu meinem Fest und freu dich mit
mir!› Dann kam der mit den zweitausend Goldstücken
und sagte: ‹Du hast mir zweitausend gegeben, Herr, und
ich habe noch einmal zweitausend dazuverdient.› ‹Sehr
gut›, sagte der Herr, ‹du bist ein tüchtiger und treuer
Mann. Du hast dich in kleinen Dingen als zuverlässig erwiesen, darum werde ich dir auch Größeres anvertrauen.
Komm zu meinem Fest und freu dich mit mir!›

Zuletzt kam der mit den tausend Goldstücken und

sagte: ‹Herr, ich wußte, daß du ein harter Mann bist. Du erntest, wo du nicht gesät hast, und sammelst ein, wo du nichts ausgeteilt hast. Deshalb hatte ich Angst und habe dein Geld vergraben. Hier hast du dein Geld zurück.›

Da sagte der Herr zu ihm: ‹Du bist ein Faulpelz und Taugenichts. Wenn du wußtest, daß ich ernte, wo ich nicht gesät habe, und sammle, wo ich nichts ausgeteilt habe, warum hast du das Geld nicht wenigstens auf die Bank gebracht? Dann hätte ich es jetzt mit Zinsen zurückbekommen. Nehmt ihm sein Teil ab und gebt es dem, der die zehntausend Goldstücke hat! Denn wer viel hat, soll noch mehr bekommen, bis er mehr als genug hat. Wer aber wenig hat, dem wird auch noch das Letzte weggenommen werden. Und diesen Taugenichts werft hinaus in die Dunkelheit, wo es nichts als Jammern und Zähneknirschen gibt.»

«Wenn der Menschensohn mit Macht und Herrlichkeit kommt, von allen Engeln begleitet, dann wird er sich auf den königlichen Thron setzen. Alle Völker der Erde werden vor ihm versammelt werden, und er wird die Menschen in zwei Gruppen teilen, so wie ein Hirt die Schafe von den Böcken trennt. Die Schafe wird er auf die rechte Seite stellen und die Böcke auf die linke. Dann wird der Richter zu denen auf der rechten Seite sagen: ‹Kommt her! Euch hat mein Vater gesegnet. Nehmt Gottes neue Welt in Besitz, die er euch von Anfang an zugedacht hat. Denn ich war hungrig, und ihr habt mir zu essen gegeben; ich war durstig, und ihr habt mir zu trinken gegeben; ich war fremd, und ihr habt mich bei euch aufgenommen; ich war nackt, und ihr habt mir Kleidung gegeben; ich war krank, und ihr habt für mich gesorgt; ich war im Gefängnis, und ihr habt mich besucht.›

Dann werden die, die Gottes Willen getan haben, fragen: ‹Herr, wann sahen wir dich jemals hungrig und gaben dir zu essen? Oder durstig und gaben dir zu trinken? Wann kamst du als Fremder zu uns und wir nahmen dich auf, oder nackt und wir gaben dir Kleider? Wann warst du krank, und wir sorgten für dich, oder im Gefängnis, und wir besuchten dich?› Dann wird der auf dem Thron antworten: ‹Ich will es euch sagen: Was ihr für einen meiner geringsten Brüder getan habt, das habt ihr für mich getan.›

Dann wird er zu denen auf der linken Seite sagen: ‹Geht mir aus den Augen, Gott hat euch verflucht! Fort mit euch in das ewige Feuer, das für den Satan und seine Helfer vorbereitet ist! Denn ich war hungrig, aber ihr habt mir nichts zu essen gegeben; ich war durstig, aber ihr habt mir nichts zu trinken gegeben; ich war fremd, aber ihr habt mich nicht aufgenommen; ich war nackt, aber ihr habt mir keine Kleider gegeben; ich war krank und im Gefängnis, aber ihr habt euch nicht um mich gekümmert.›

Dann werden sie ihn fragen: ‹Herr, wann sahen wir dich jemals hungrig oder durstig, wann kamst du als Fremder, wann warst du nackt oder krank oder im Gefängnis – und wir hätten uns nicht um dich gekümmert?› Aber der Richter wird ihnen antworten: ‹Ich will es euch sagen: Was ihr an einem von meinen geringsten Brüdern versäumt habt, das habt ihr an mir versäumt.›» (Matthäus 24 und 25)

Der Weg ans Kreuz

Es waren nur noch zwei Tage bis zum Passafest und der Festwoche, während der man nur ungesäuertes Brot ißt. Die führenden Priester und Gesetzeslehrer suchten nach einer Möglichkeit, Jesus heimlich zu verhaften und zu töten. «Aber auf keinen Fall darf das während des Festes geschehen», sagten sie, «sonst gibt es einen Aufruhr im Volk.»

Jesus war in Betanien bei Simon, dem Aussätzigen. Während des Essens kam eine Frau herein. Sie hatte ein Fläschchen mit sehr wertvollem Nardenöl. Das öffnete sie und goß Jesus das Öl über den Kopf. Einige der Anwesenden ärgerten sich darüber: «Was soll diese Verschwendung? Dieses Öl hätte man für mehr als dreihundert Silberstücke verkaufen und das Geld den Armen geben können!» Sie machten der Frau heftige Vorwürfe. Aber Jesus sagte: «Laßt sie doch in Ruhe! Warum bringt ihr sie in Verlegenheit? Sie hat mir einen guten Dienst getan. Arme wird es immer bei euch geben, und ihr könnt ihnen jederzeit helfen, wenn ihr nur wollt. Aber mich habt ihr nicht mehr lange bei euch. Sie tat, was sie konnte: Sie hat dieses Öl auf meinen Körper gegossen, um ihn schon im voraus für das Begräbnis zu salben. Ich versichere euch: überall in der Welt, wo die Gute Nachricht verbreitet wird, wird man auch berichten, was sie getan hat, und an sie denken.»

Danach ging Judas Iskariot, einer der zwölf Jünger, zu den führenden Priestern, um ihnen Jesus in die Hände zu spielen. Sie freuten sich darüber und versprachen ihm Geld. Von da an suchte Judas eine günstige Gelegenheit, Jesus zu verraten.

Am ersten Tag der Festwoche, während der man nur ungesäuertes Brot ißt, als man die Lämmer für das Passamahl schlachtete, fragten die Jünger Jesus: «Wo sollen wir für dich das Festessen vorbereiten?» Da schickte Jesus zwei von ihnen mit dem Auftrag fort: «Geht in die Stadt. Dort werdet ihr einen Mann treffen, der einen Wasserkrug trägt. Folgt ihm, bis er in ein Haus hineingeht, und sagt dem Hausherrn dort: ‹Unser Lehrer läßt fragen, wo er mit seinen Jüngern das Passamahl feiern kann.› Daraufhin wird er euch ein großes Zimmer im Obergeschoß zeigen, das mit Polstern ausgestattet ist und zur Feier bereitsteht. Dort richtet alles für uns her.» Die beiden gingen in die Stadt. Sie fanden alles so, wie Jesus es ihnen gesagt hatte, und bereiteten das Passamahl vor.

Als es Abend geworden war, kam Jesus mit den zwölf Jüngern. Während der Mahlzeit sagte er: «Ich weiß genau, daß einer von euch mich verraten wird – einer, der hier mit mir ißt.» Die Jünger waren bestürzt, und einer nach dem anderen fragte ihn: «Du meinst doch nicht mich?» Jesus antwortete: «Es wird einer von euch zwölf sein, der mit mir aus der gleichen Schüssel ißt. Der Menschensohn wird zwar sterben, wie es in den heiligen Schriften vorausgesagt ist. Aber wehe dem Mann, der den Menschensohn verrät! Er wäre besser nie geboren worden!»

Während der Mahlzeit nahm Jesus Brot, dankte Gott dafür, brach es in Stücke und gab es seinen Jüngern mit den Worten: «Nehmt, das ist mein Leib!» Dann nahm er den Becher, sprach das Dankgebet und gab ihnen auch den, und alle tranken daraus. Dabei sagte er zu ihnen: «Das ist mein Blut, das für alle Menschen vergossen wird. Gott besiegelt mit ihm seinen Bund. Ich sage euch: ich werde von jetzt an keinen Wein mehr trinken, bis ich ihn neu trinken werde, wenn Gott sein Werk vollendet hat.»

Dann sangen sie das Danklied und gingen hinaus zum Ölberg.

Unterwegs sagte Jesus zu ihnen: «Ihr werdet alle an mir irre werden, denn es heißt: ‹Ich werde den Hirten töten, und die Herde wird auseinanderlaufen.› Aber nach meiner Auferstehung werde ich euch vorausgehen nach Galiläa.» Petrus widersprach ihm: «Selbst wenn alle anderen an dir irre werden – ich nicht!» «Täusche dich nicht!» antwortete Jesus. «Bevor der Hahn heute nacht zweimal kräht, wirst du dreimal behaupten, daß du mich nicht kennst.» Da sagte Petrus noch bestimmter: «Das werde ich niemals tun, und wenn ich mit dir zusammen sterben müßte!» Das gleiche sagten auch alle anderen.

Sie kamen an eine einsame Stelle, die Getsemani hieß. Dort sagte Jesus zu seinen Jüngern: «Setzt euch hier, bis ich gebetet habe.» Petrus, Jakobus und Johannes nahm er mit. Furcht und Zittern befielen ihn, und er sagte: «Auf mir liegt eine Last, die mich fast erdrückt. Bleibt hier und wacht!» Dann ging er noch ein paar Schritte weiter, warf sich auf die Erde und bat Gott: «Wenn es möglich ist, laß diese Leidensstunde vorübergehen! Mein Vater, du kannst alles! Erspare mir diesen Leidenskelch! Aber es soll geschehen, was du willst, nicht was ich will.»

Dann kehrte er zurück und sah, daß die drei eingeschlafen waren. Da sagte er zu Petrus: «Simon, schläfst du? Kannst du nicht einmal eine einzige Stunde wach bleiben?» Dann sagte er zu ihnen: «Bleibt wach und betet, damit ihr in der kommenden Prüfung nicht versagt. Den guten Willen habt ihr, aber ihr seid nur schwache Menschen.»

Noch einmal ging Jesus weg und betete mit den gleichen Worten. Als er zurückkam, schliefen sie wieder. Sie konnten die Augen nicht offenhalten und wußten nicht, was sie ihm antworten sollten. Als Jesus das dritte Mal zurückkam, sagte er zu ihnen: «Schlaft ihr denn immer noch und ruht euch aus? Genug jetzt, es ist soweit; gleich wird der Menschensohn den Feinden Gottes ausgeliefert. Steht auf, wir wollen gehen. Da ist er schon, der mich verrät!»

Noch während er das sagte, kam Judas, einer der zwölf Jünger, mit einem Trupp von Männern, die mit Schwertern und Knüppeln bewaffnet waren. Sie waren von den führenden Priestern, den Gesetzeslehrern und Ratsältesten geschickt worden. Der Verräter hatte mit ihnen ein Erkennungszeichen ausgemacht: «Wem ich einen Begrüßungskuß gebe, der ist es. Den nehmt fest und führt ihn unter Bewachung ab!» Judas ging sogleich auf Jesus zu, grüßte ihn und gab ihm einen Kuß. Da packten sie Jesus und nahmen ihn fest.

Aber einer von denen, die dabeistanden, zog sein Schwert, hieb auf den Diener des Obersten Priesters ein und schlug ihm ein Ohr ab. Jesus sagte zu den Männern: «Mußtet ihr wirklich mit Schwertern und Knüppeln anrücken, um mich gefangenzunehmen? Bin ich denn ein Verbrecher? Jeden Tag war ich bei euch im Tempel und habe gelehrt, da habt ihr mich nicht festgenommen. Aber die Voraussagen in den heiligen Schriften mußten in Erfüllung gehen.» Da verließen ihn alle seine Jünger und flohen.

Ein junger Mann folgte Jesus; er war nur mit einem leichten Überwurf bekleidet. Ihn wollten sie auch festnehmen; aber er riß sich los, ließ sein Kleidungsstück zurück und rannte nackt davon.

Dann brachten sie Jesus zum Haus des Obersten Priesters. Dort versammelten sich alle führenden Priester, Ratsältesten und Gesetzeslehrer. Petrus folgte Jesus in weitem Abstand und kam bis in den Innenhof des Hauses. Er setzte sich zu den Wächtern und wärmte sich am Feuer.

Die führenden Priester und der ganze Rat versuchten nun, Jesus durch Zeugenaussagen zu belasten, damit sie ihn zum Tod verurteilen könnten; aber es gelang ihnen nicht. Es meldeten sich zwar viele falsche Zeugen gegen ihn, aber ihre Aussagen stimmten nicht überein. Schließlich traten ein paar Männer auf und behaupteten: «Wir haben ihn sagen hören: ‹Ich will diesen Tempel, der von Menschen gebaut wurde, niederreißen und nach drei Tagen einen anderen bauen, der nicht von Menschen gemacht ist.›» Aber auch ihre Aussagen widersprachen einander.

Da stand der Oberste Priester auf, trat in die Mitte und fragte Jesus: «Hast du nichts gegen diese Anklagen vorzubringen?» Aber Jesus schwieg und sagte kein Wort. Wieder fragte der Oberste Priester ihn: «Bist du der versprochene Retter? Bist du der Sohn Gottes?» «Ich bin es!»

sagte Jesus, «und ihr werdet sehen, wie der Menschensohn an der rechten Seite des Allmächtigen sitzt und wie er mit den Wolken des Himmels wiederkommt.»

Da zerriß der Oberste Priester sein Gewand und sagte: «Wir brauchen keine Zeugen mehr! Ihr habt seine Gotteslästerung gehört! Wie lautet euer Urteil?» Einstimmig erklärten sie: «Er hat den Tod verdient!» Einige begannen, Jesus anzuspucken. Sie banden ihm die Augen zu, ohrfeigten ihn und fragten: «Wer war es? Du bist doch ein Prophet!» Dann nahmen ihn die Wächter vor und schlugen ihn weiter.

Petrus war noch immer unten im Hof. Eine Dienerin des Obersten Priesters kam vorbei. Als sie Petrus am Feuer bemerkte, sah sie ihn scharf an und meinte: «Du warst doch auch mit dem Jesus aus Nazaret zusammen!» Petrus stritt es ab: «Ich habe keine Ahnung; ich weiß überhaupt nicht, wovon du redest!» Dann ging er hinaus in die Vorhalle. In diesem Augenblick krähte ein Hahn.

Das Mädchen entdeckte Petrus dort wieder und sagte zu den Umstehenden: «Der gehört auch zu ihnen!» Aber er stritt es wieder ab. Kurz darauf fingen die Umstehenden noch einmal an: «Du kannst es doch nicht abstreiten, du bist ja auch aus Galiläa!» Aber Petrus schwor: «Gott soll mich strafen, wenn ich lüge! Ich kenne den Mann nicht, von dem ihr redet.» Da krähte der Hahn zum zweitenmal, und Petrus erinnerte sich daran, daß Jesus zu ihm gesagt hatte: «Bevor der Hahn zweimal kräht, wirst du dreimal behaupten, daß du mich nicht kennst.» Da fing er an zu weinen.

Früh am nächsten Morgen faßte der ganze jüdische Rat – die führenden Priester, die Ratsältesten und Gesetzeslehrer – einen Beschluß: Sie ließen Jesus fesseln, nahmen ihn mit und übergaben ihn dem Gouverneur Pilatus. Der fragte ihn: «Bist du der König der Juden?» «Ja», antwortete Jesus. Die führenden Priester brachten viele Beschuldigungen gegen ihn vor. Pilatus fragte ihn wieder: «Willst du dich nicht verteidigen? Du hast ja gehört, was sie dir alles vorwerfen.» Aber Jesus sagte kein einziges Wort. Darüber war Pilatus sehr erstaunt.

Es war üblich, daß Pilatus zum Passafest einen Gefangenen begnadigte, den das Volk bestimmen durfte. Damals war nun ein Mann namens Barabbas im Gefängnis, zusammen mit Aufrührern, die während eines Aufruhrs einen Mord begangen hatten. Als die Volksmenge zu Pilatus zog und ihn um die übliche Begnadigung bat, fragte er sie: «Soll ich euch den König der Juden freigeben?» Denn er wußte genau, daß die führenden Priester Jesus nur aus Neid an ihn ausgeliefert hatten.

Aber die führenden Priester redeten auf die Leute ein, sie sollten die Freilassung des Barabbas fordern. «Was soll ich dann mit dem machen, den ihr den König der Juden nennt?» fragte Pilatus. «Kreuzigen!» schrien sie. «Was hat er denn verbrochen?» fragte Pilatus; aber sie schrien noch lauter: «Kreuzigen!» Um dem Volk einen Gefallen zu tun, gab Pilatus ihnen Barabbas frei. Jesus aber ließ er auspeitschen und gab Befehl, ihn ans Kreuz zu nageln.

Die Soldaten brachten Jesus in den Hof des Palastes und riefen die ganze Mannschaft zusammen. Sie hängten ihm einen purpurfarbenen Mantel um, flochten eine Krone aus Dornenzweigen und setzten sie ihm auf. Dann fingen sie an, ihn zu grüßen: «Der König der Juden lebe hoch!» Sie schlugen ihn mit einem Stock auf den Kopf, spuckten ihn an, warfen sich vor ihm auf die Knie und huldigten ihm wie einem König. Als die Soldaten ihn genug verspottet hatten, nahmen sie ihm den Mantel wieder ab, zogen ihm seine eigenen Kleider an und führten ihn hinaus, um ihn ans Kreuz zu nageln.

Unterwegs trafen sie auf einen Mann, der gerade vom Feld in die Stadt zurückkam, und zwangen ihn, das Kreuz zu tragen. Es war Simon aus Zyrene, der Vater des Alex-

ander und des Rufus. Sie brachten Jesus an die Stelle, die Golgota heißt, das bedeutet «Schädel». Dort wollten sie ihm Wein mit einem betäubenden Zusatz geben; aber Jesus nahm ihn nicht.

Sie nagelten ihn ans Kreuz und verteilten untereinander seine Kleider. Durch das Los bestimmten sie, was jeder bekommen sollte. Es war neun Uhr morgens, als sie ihn kreuzigten. Als Grund für seine Hinrichtung hatte man auf ein Schild geschrieben: «Der König der Juden!» Zugleich mit Jesus nagelten sie zwei Verbrecher an Kreuze, einen links und einen rechts von ihm.

Die Leute, die vorbeikamen, schüttelten höhnisch den Kopf und beschimpften Jesus: «Ha! Wolltest du nicht den Tempel niederreißen und in drei Tagen wieder aufbauen? Dann befreie dich doch und komm herunter vom Kreuz!» Genauso machten sich die führenden Priester und die Gesetzeslehrer über Jesus lustig: «Anderen hat er geholfen, aber sich selbst kann er nicht helfen! Dieser Retter und König von Israel! Er soll doch vom Kreuz heruntersteigen, dann werden wir ihm glauben.» Sogar die beiden, die mit ihm gekreuzigt waren, beschimpften ihn.

Von zwölf Uhr mittags bis um drei Uhr wurde es im ganzen Land dunkel. Gegen drei Uhr schrie Jesus laut auf: «Eloi, eloi, lama sabachtani» – das heißt: Mein Gott, mein Gott, warum hast du mich verlassen? Einige von den Leuten, die dabeistanden und es hörten, sagten: «Er ruft nach Elija.» Einer holte schnell einen Schwamm, tauchte ihn in Essig, steckte ihn auf eine Stange und gab Jesus zu trinken. Dabei sagte er: «Nun werden wir ja sehen, ob Elija kommt und ihn herunterholt.» Aber Jesus schrie noch einmal laut auf und starb.

Da zerriß der Vorhang vor dem Allerheiligsten im Tempel von oben bis unten. Der römische Offizier aber, der vor dem Kreuz stand und miterlebt hatte, wie Jesus aufschrie und starb, sagte: «Dieser Mann war wirklich Gottes Sohn!»

Auch einige Frauen waren da, die alles aus der Ferne beobachteten, unter ihnen Salome, Maria aus Magdala und Maria, die Mutter des jüngeren Jakobus und des Joses. Sie hatten Jesus in Galiläa begleitet und für ihn gesorgt. Auch noch viele andere Frauen waren da, die mit ihm nach Jerusalem gekommen waren.

Es war Abend geworden. Da ging Josef aus Arimatäa zu Pilatus. Er war ein hochgeachtetes Ratsmitglied und wartete darauf, daß Gott seine Herrschaft aufrichte. Weil es der Tag vor dem Sabbat war, bat er Pilatus um den Leichnam Jesu. Pilatus war erstaunt zu hören, daß Jesus schon gestorben war. Er ließ sich daher von dem Offizier Bericht erstatten und fragte ihn, ob Jesus schon tot sei. Als der Offizier bejahte, überließ er Josef den Toten. Josef kaufte ein Leinentuch, nahm Jesus vom Kreuz und wikkelte ihn in das Tuch. Dann legte er ihn in ein Grab, das in einen Felsen gehauen war. Zuletzt rollte er einen Stein vor den Grabeingang. Maria aus Magdala und Maria, die Mutter des Joses, sahen zu und merkten sich, wo Jesus lag. (Markus 14 und 15)

Er ist auferstanden!

Als der Sabbat vorbei war, kauften Maria aus Magdala, Maria, die Mutter des Jakobus, und Salome wohlriechende Öle, um den Toten einzubalsamieren. Ganz früh am Sonntagmorgen, als die Sonne gerade aufging, kamen sie zum Grab. Unterwegs hatten sie sich überlegt, wer ihnen den Stein vom Grabeingang wegrollen könnte, denn er war sehr groß. Aber als sie hinsahen, bemerkten sie, daß der Stein schon entfernt war.

Sie gingen in die Grabhöhle hinein und sahen dort auf der rechten Seite einen jungen Mann in einem weißen Gewand sitzen. Sie erschraken heftig. Er aber sagte zu ihnen: «Habt keine Angst! Ihr sucht Jesus aus Nazaret, der ans Kreuz genagelt wurde. Er ist nicht hier; Gott hat ihn vom Tod erweckt! Hier seht ihr die Stelle, wo er gelegen hat. Und nun geht und sagt seinen Jüngern und Petrus: ‹Er geht euch nach Galiläa voraus. Dort werdet ihr ihn sehen, genau wie er es euch gesagt hat.›» Da verließen sie die Grabhöhle und flohen. Sie zitterten vor Entsetzen. Und weil sie solche Angst hatten, erzählten sie niemand etwas davon. (Markus 16)

Am selben Tag gingen zwei der Jünger nach dem Dorf Emmaus, das etwa zehn Kilometer von Jerusalem entfernt war. Unterwegs unterhielten sie sich über alles, was geschehen war. Als sie so miteinander sprachen und alles hin und her überlegten, kam Jesus dazu und ging mit ihnen. Aber sie erkannten ihn nicht; sie waren wie mit Blindheit geschlagen. Er fragte sie: «Worüber redet ihr denn so eifrig unterwegs?» Da blieben sie traurig stehen, und der eine – er hieß Kleopas – fragte: «Du bist wohl der einzige in Jerusalem, der nicht weiß, was dort in den letzten Tagen geschehen ist?» «Was denn?» fragte Jesus. «Das mit Jesus von Nazaret», sagten sie. «Er war ein Prophet; in Worten und Taten hat er vor Gott und dem ganzen Volk seine Macht erwiesen. Unsere führenden Priester und die anderen Ratsmitglieder haben ihn zum Tod verurteilt und ihn ans Kreuz nageln lassen. Und wir hatten doch gehofft, er werde der Mann sein, der Israel befreit! Heute ist schon der dritte Tag, seitdem das geschehen ist. Und jetzt haben uns einige Frauen, die zu uns gehören, noch mehr erschreckt. Sie gingen heute früh zu seinem Grab, konnten aber seinen Leichnam nicht finden. Sie kamen zurück und erzählten, sie hätten Engel gesehen, die hätten ihnen gesagt, daß er lebt. Einige von uns sind gleich zum Grab gelaufen und haben alles so gefunden, wie es die Frauen erzählten. Aber ihn selbst haben sie nicht gesehen.»

Da sagte Jesus zu ihnen: «Was seid ihr doch blind! Wie

schwer tut ihr euch, zu glauben, was die Propheten vorausgesagt haben! Der versprochene Retter mußte doch erst dies alles erleiden, um zu seiner Herrlichkeit zu gelangen!» Und Jesus erklärte ihnen die Worte, die sich auf ihn bezogen, von den Büchern des Mose und der Propheten an durch alle heiligen Schriften.

Mittlerweile waren sie in die Nähe von Emmaus gekommen. Jesus tat so, als wollte er weitergehen. Aber sie hielten ihn zurück und baten: «Bleib doch bei uns! Es ist fast Abend, und gleich wird es dunkel.» Da folgte er ihrer Einladung und blieb bei ihnen. Während des Abendessens nahm er das Brot und dankte Gott dafür, dann brach er es in Stücke und gab es ihnen. Da gingen ihnen die Augen auf, und sie erkannten Jesus. Aber im selben Augenblick verschwand er vor ihnen. Sie sagten zueinander: «Wurde uns nicht ganz heiß ums Herz, als er unterwegs mit uns sprach und uns die heiligen Schriften erklärte?» Sie machten sich sofort auf den Rückweg nach Jerusalem. Als sie dort ankamen, waren die elf Jünger und die übrigen Anhänger Jesu alle versammelt und riefen ihnen zu: «Der Herr ist wirklich auferstanden! Simon hat ihn gesehen.» Da erzählten ihnen die beiden, was sie unterwegs erlebt hatten und wie sie den Herrn erkannt hatten, als er ihnen das Brot austeilte.

Während die beiden noch erzählten, stand plötzlich der Herr selbst mitten unter ihnen. Er grüßte sie: «Ich wünsche euch Frieden!» Sie erschraken, denn sie meinten einen Geist zu sehen. Aber er sagte: «Warum seid ihr so erschrocken? Warum kommen euch solche Zweifel? Schaut mich doch an, meine Hände, meine Füße, dann erkennt ihr, daß ich es wirklich bin. Faßt mich an und überzeugt euch; ein Geist hat doch nicht Fleisch und Knochen wie ich!» Während er das sagte, zeigte er ihnen seine Hände und seine Füße. Als sie es in ihrer Freude und Verwunderung noch immer nicht fassen konnten, fragte er: «Habt ihr etwas zu essen da?» Sie gaben ihm ein

Stück gebratenen Fisch, und er aß es vor ihren Augen.
(Lukas 24)

Die elf Jünger gingen nach Galiläa und stiegen auf den
Berg, den Jesus ihnen genannt hatte. Dort sahen sie ihn;
sie warfen sich vor ihm nieder, obwohl einige zweifelten.
Jesus trat auf sie zu und sagte: «Gott hat mir die Macht
über Himmel und Erde gegeben. Geht nun zu allen Völkern der Welt und macht die Menschen zu meinen Jüngern. Tauft sie im Namen des Vaters und des Sohnes und
des Heiligen Geistes. Lehrt sie, alles zu befolgen, was ich
euch aufgetragen habe. Und denkt daran: Ich bin immer
bei euch, jeden Tag, bis zum Ende der Welt.» (Mattäus 28)

JESUS – WEG, WAHRHEIT UND LEBEN

Eine neue, tiefere Sicht auf Jesus und sein Wirken eröffnet das vierte Evangelium. Die drei ersten Evangelien sehen Jesus als den, der Gottes entscheidendes Heilshandeln («Gott richtet seine Herrschaft auf und vollendet sein Werk») ankündigt und in seinen Taten vorwegnimmt. Für das Johannes-Evangelium ist in Jesus das Heil schon gegenwärtig – das Heil in Person. («Ich bin» beginnen die zentralen Worte, die Jesus hier spricht.) Der Verfasser des Evangeliums gibt nicht einen protokollarischen Geschichtsbericht, sondern sieht schon das irdische Leben Jesu im Licht von Ostern. Der, der hier «Ich bin» sagt, ist der auferstandene Herr – und zugleich, wie der hymnische Anfang des Evangeliums zeigt, Gottes schöpferisches «Wort», das von Ewigkeit ist.

Er wurde ein Mensch und lebte unter uns

Am Anfang, bevor die Welt geschaffen wurde,
war schon der, der «Das Wort» heißt.
Er war bei Gott und in allem Gott gleich.
Von Anfang an war er bei Gott.
Durch ihn wurde alles geschaffen;
nichts entstand ohne ihn.
Allen Geschöpfen gab er das Leben,
und für die Menschen war er das Licht.
Das Licht strahlt im Finstern,
und die Finsternis hat es nicht auslöschen können.
Das wahre Licht ist der, der «Das Wort» heißt.
Er ist in die Welt gekommen als das Licht für alle
    Menschen.
Obwohl die Welt durch ihn geschaffen wurde,
erkannte sie ihn nicht.
Er kam in seine Schöpfung,

aber seine eigenen Geschöpfe wiesen ihn ab.
Manche jedoch nahmen ihn auf und vertrauten ihm.
Ihnen gab er das Recht, Kinder Gottes zu werden.
Er, der «Das Wort» heißt, wurde ein Mensch
und lebte unter uns.
Wir sahen seine göttliche Macht und Hoheit,
eine Hoheit, wie sie dem einzigen Sohn des Vaters
    zusteht.
In ihm hat Gott uns seine ganze Güte und Treue
    gezeigt.
Aus seinem Reichtum hat er uns alle beschenkt;
er hat uns mit Güte überschüttet.
Kein Mensch hat Gott jemals gesehen.
Nur der einzige Sohn,
der ganz eng mit dem Vater verbunden ist,
hat uns gezeigt, wer Gott ist. (Johannes 1)

Einmal geboren ist nicht genug

Einer der führenden Männer der Juden war Nikodemus.
Er gehörte zu den Pharisäern. Eines Nachts kam er zu
Jesus und sagte zu ihm: «Wir wissen, daß Gott dich ge-
sandt und dich als Lehrer bestätigt hat. Nur mit Gottes
Hilfe kann jemand solche Taten vollbringen, wie du sie
tust.»

Jesus antwortete: «Ich versichere dir: nur wer von
neuem geboren ist, wird Gottes neue Welt zu sehen bekommen.» «Wie kann ein erwachsener Mensch noch einmal geboren werden?» fragte Nikodemus. «Er kann doch
nicht in den Leib seiner Mutter zurückkehren und ein
zweites Mal auf die Welt kommen!»

Jesus sagte: «Ich versichere dir: nur wer von Wasser
und Geist geboren wird, kann in Gottes neue Welt hin-
einkommen. Was Menschen zur Welt bringen, ist und
bleibt menschlich. Geist aber kann nur vom Geist geboren werden. Wundere dich nicht, wenn ich dir sage:

Ihr müßt alle von neuem geboren werden. Der Wind weht, wo es ihm gefällt. Du hörst ihn nur rauschen, aber du weißt nicht, woher er kommt und wohin er geht. So ist es auch bei denen, die vom Geist geboren werden.»

«Wie ist das möglich?» fragte Nikodemus. Jesus antwortete: «Du bist ein Lehrer Israels und weißt das nicht? Ich will es dir ganz deutlich sagen: Wir sprechen über Dinge, die wir kennen, und machen Aussagen über das, was wir sehen. Aber keiner von euch ist bereit, unsere Aussage ernst zu nehmen. Ihr glaubt mir ja schon nicht, wenn ich zu euch über irdische Dinge rede. Wie könnt ihr mir dann glauben, wenn ich über das rede, was im Himmel ist? Und doch ist niemand im Himmel gewesen als nur der Menschensohn, der vom Himmel gekommen ist. Mose richtete den Pfahl mit der bronzenen Schlange sichtbar in der Wüste auf. Genauso muß auch der Menschensohn erhöht werden. Dann wird jeder, der sich auf ihn verläßt, ewig leben.

Gott liebte die Menschen so sehr, daß er seinen einzigen Sohn hergab. Nun wird jeder, der sich auf den Sohn Gottes verläßt, nicht zugrunde gehen, sondern ewig leben.» (Johannes 3)

Nie mehr Durst

Jesus verließ Judäa und ging zurück nach Galiläa. Sein Weg führte ihn durch Samarien. Dabei kam er in die Nähe des Dorfes Sychar, das nicht weit von dem Feld entfernt liegt, das Jakob einst seinem Sohn Josef vererbt hatte. Dort befand sich der Jakobsbrunnen. Jesus war von dem langen Weg müde geworden und setzte sich an den Brunnen. Es war gegen Mittag.

Seine Jünger waren in die Stadt gegangen, um etwas zu essen zu kaufen. Da kam eine samaritanische Frau zum Wasserholen, und Jesus sagte zu ihr: «Gib mir einen Schluck Wasser!» Die Frau antwortete: «Du bist Jude, und ich bin eine Samaritanerin. Wie kannst du mich da um etwas zu trinken bitten?» Die Juden vermeiden nämlich jede Berührung mit Samaritanern. Jesus antwortete: «Wenn du wüßtest, was Gott schenken will und wer dich jetzt um Wasser bittet, so hättest du ihn um lebendiges Wasser gebeten, und er würde es dir geben.»

«Du hast doch keinen Eimer», sagte die Frau, «und der Brunnen ist tief. Woher sonst willst du Wasser haben, das lebendig ist? Unser Stammvater Jakob hat uns diesen Brunnen hinterlassen. Er selbst, seine Söhne und seine ganze Herde tranken aus ihm. Du willst doch nicht sagen, daß du mehr bist als Jakob?» Jesus antwortete: «Wer dieses Wasser trinkt, wird wieder durstig. Wer aber von dem Wasser trinkt, das ich ihm gebe, wird niemals mehr Durst haben. Ich gebe ihm Wasser, das sich in seinem Innern in eine sprudelnde Quelle verwandelt, die ewiges Leben schenkt.»

«Gib mir von diesem Wasser», sagte die Frau, «dann werde ich keinen Durst mehr haben und kein Wasser mehr schöpfen müssen.» Jesus forderte sie auf: «Geh und bring deinen Mann her!» «Ich habe keinen Mann», sagte die Frau. Jesus erwiderte: «Es stimmt, wenn du sagst, daß du keinen Mann hast. Du warst fünfmal verheiratet, und der Mann, mit dem du jetzt zusammenlebst, ist gar nicht dein Mann. Da hast du ganz recht.»

«Ich sehe, du bist ein Prophet», sagte die Frau. «Unsere Vorfahren verehrten Gott auf diesem Berg. Ihr Juden dagegen behauptet, daß Jerusalem der einzige Ort ist, an dem man Gott begegnen kann.» Jesus sagte zu ihr: «Glaube mir, es kommt die Zeit, in der die Menschen den Vater weder auf diesem Berg noch in Jerusalem anbeten werden. Ihr Samaritaner kennt Gott eigentlich gar nicht, zu dem ihr betet; doch wir kennen ihn, denn die Rettung kommt von den Juden. Aber eine Zeit wird kommen, und sie hat schon begonnen, da wird der Geist, der Gottes Wahrheit enthüllt, Menschen befähigen, dem Vater

an jedem Ort zu begegnen. Gott ist Geist, und die ihm begegnen wollen, müssen vom Geist der Wahrheit neu geboren sein. Von solchen Menschen will der Vater angebetet werden.»

Die Frau sagte zu ihm: «Ich weiß, daß der versprochene Retter kommen wird. Wenn er kommt, wird er uns alles sagen.» Jesus antwortete: «Du sprichst mit ihm. Ich bin es selbst.»

In diesem Augenblick kehrten seine Jünger zurück. Sie waren höchst erstaunt, ihn im Gespräch mit einer Frau anzutreffen. Aber keiner sagte zu ihr: «Was willst du von ihm?» Niemand fragte ihn: «Warum redest du mit ihr?»

Die Frau ließ ihren Wasserkrug stehen, ging ins Dorf und sagte zu den Leuten: «Kommt mit und seht euch den Mann an, der mir alles gesagt hat, was ich jemals getan habe! Vielleicht ist er der versprochene Retter.» Da gingen sie alle hinaus zu Jesus.

Viele Samaritaner in jenem Ort faßten Vertrauen zu Jesus, weil die Frau berichtet hatte: «Er hat mir alles gesagt, was ich jemals getan habe.» Als sie zu Jesus kamen, baten sie ihn zu bleiben, und er verbrachte zwei Tage bei ihnen. Noch viele andere faßten aufgrund seiner Worte Vertrauen zu Jesus. Sie erklärten der Frau: «Jetzt vertrauen wir ihm nicht nur wegen deiner Erzählung, sondern weil wir ihn selbst gehört haben. Wir wissen jetzt, daß er wirklich der Retter der Welt ist.» (Johannes 4)

Das wahre Brot

Im Anschluß an die Speisung der Fünftausend, die sich auch in den anderen Evangelien findet – siehe Seiten 264/5 – berichtet der vierte Evangelist, wie die Leute Jesus suchen, um ihn zu ihrem König zu machen. Jesus sagt zu ihnen:

«Ich weiß genau, ihr sucht mich nur, weil ihr von dem Brot gegessen habt und satt geworden seid. Doch ihr habt nicht verstanden, daß meine Taten Zeichen sind.

Bemüht euch nicht um Nahrung, die verdirbt, sondern um Nahrung, die für das ewige Leben vorhält. Diese Nahrung wird euch der Menschensohn geben, denn Gott, der Vater, hat ihn dazu ermächtigt.»

Da fragten sie ihn: «Was müssen wir tun, um Gottes Willen zu erfüllen?» Jesus antwortete: «Gott verlangt nur eins von euch: Ihr sollt dem vertrauen, den er gesandt hat.» Sie erwiderten: «Welches besondere Zeichen deiner Macht läßt du uns sehen, damit wir dir glauben? Was wirst du tun? Unsere Vorfahren aßen Manna in der Wüste, wie es auch in den heiligen Schriften steht: ‹Er gab ihnen Brot vom Himmel zu essen.›»

«Täuscht euch nicht», entgegnete Jesus, «nicht Mose hat euch das Brot vom Himmel gegeben, sondern mein Vater gibt euch das wahre Brot vom Himmel. Das Brot, das Gott gibt, ist kein anderer als der, der vom Himmel kommt und der Welt das Leben schenkt.» Sie sagten: «Gib uns immer von diesem Brot!» «Ich selbst bin das Brot, das Leben schenkt», sagte Jesus zu ihnen. «Wer zu mir kommt, wird nie mehr hungrig sein. Wer sich auf mich verläßt, wird keinen Durst mehr haben.»

Die Juden entrüsteten sich, weil er gesagt hatte: «Ich bin das Brot, das vom Himmel gekommen ist.» Sie sagten: «Wir kennen doch seine Eltern! Er ist doch Jesus, der Sohn Josefs! Wie kann er behaupten, er komme vom Himmel?» Jesus trat auf sie zu und sagte: «Worüber haltet ihr euch auf? Nur der kann zu mir kommen, den der Vater, der mich gesandt hat, zu mir führt. Ich versichere euch: wer mir vertraut, wird ewig leben. Ich bin das Brot, das Leben schenkt. Eure Vorfahren aßen das Manna in der Wüste und sind trotzdem gestorben. Wer aber von dem Brot ißt, das vom Himmel kommt, wird nicht sterben. Ich bin das lebendige Brot, das vom Himmel gekommen ist. Jeder, der von diesem Brot ißt, wird ewig leben. Das Brot, das ich ihm geben werde, ist mein Leib. Ich gebe ihn hin, damit die Welt lebt.»

Das löste unter den Juden einen heftigen Streit aus. «Wie kann dieser Mensch uns seinen Leib zu essen geben?» fragten sie. Jesus sagte zu ihnen: «Täuscht euch nicht! Ihr habt keinen Anteil am Leben, wenn ihr den Leib des Menschensohns nicht eßt und sein Blut nicht trinkt. Wer meinen Leib ißt und mein Blut trinkt, der hat das Leben für immer, und ich werde ihn am letzten Tag wieder zum Leben erwecken. Denn mein Leib ist die wahre Nahrung, und mein Blut ist der wahre Trank. Wer meinen Leib ißt und mein Blut trinkt, der bleibt mit mir verbunden und ich mit ihm. Der Vater, von dem alles Leben kommt, hat mich gesandt, und ich lebe durch ihn. So wird auch der, der mich ißt, durch mich leben. Das also ist das Brot, das vom Himmel gekommen ist. Es ist etwas ganz anderes als das Brot, das eure Vorfahren gegessen haben. Sie sind danach trotzdem gestorben. Wer aber dieses Brot ißt, wird ewig leben.»

Viele seiner Anhänger hörten das und sagten: «Was er da redet, geht zu weit! So etwas kann man nicht mit anhören!» Jesus merkte, daß sie sich entrüsteten. Deshalb sagte er zu ihnen: «Ist euch das schon zu viel? Was werdet ihr erst sagen, wenn ihr den Menschensohn dorthin zurückkehren seht, wo er vorher war? Der Geist Gottes macht lebendig. Alles Menschliche ist dazu unbrauchbar. Die Worte, die ich zu euch gesprochen habe, sind Geist und Leben. Aber einige von euch haben kein Vertrauen.» Jesus kannte nämlich von Anfang an alle, die nicht zu ihm halten würden, und wußte auch, wer ihn verraten würde. Er fügte hinzu: «Aus diesem Grund habe ich zu euch gesagt: Nur der kann zu mir kommen, den Gott dazu fähig gemacht hat.»

Als seine Anhänger das hörten, wandten sich viele von ihm ab und wollten nicht länger mit ihm gehen. Da sagte Jesus zu seinen zwölf Jüngern: «Und ihr, was habt ihr vor? Wollt ihr mich auch verlassen?» Simon Petrus antwortete ihm: «Du bist unser Herr. Zu wem sonst sollten wir gehen? Deine Worte bringen das ewige Leben. Wir glauben und wissen jetzt, daß du der Gesandte Gottes bist.» (Johannes 6)

Der gute Hirt

«Ich versichere euch: wer den Schafstall nicht durch die Tür betritt, sondern auf einem anderen Weg eindringt, ist ein Räuber und ein Dieb. Der Schafhirt geht durch die Tür hinein; der Wächter am Eingang öffnet ihm. Die Schafe hören auf seine Stimme, wenn er sie einzeln beim Namen ruft und ins Freie führt. Draußen geht er vor ihnen her, und die Schafe folgen ihm, weil sie seine Stimme kennen. Einem anderen Menschen würden sie nicht folgen. Im Gegenteil: sie würden vor ihm davonlaufen, weil sie seine Stimme nicht kennen.»

Dieses Gleichnis erzählte Jesus, aber seine Zuhörer verstanden nicht, was er ihnen damit sagen wollte. Jesus begann noch einmal: «Glaubt mir, ich bin die Tür für die Schafe. Alle, die vor mir gekommen sind, waren Räuber und Diebe, doch die Schafe haben nicht auf sie gehört. Ich bin die Tür. Wer durch mich hineinkommt, wird gerettet. Er wird ein- und ausgehen und Weideland finden. Der Dieb kommt nur zum Stehlen, Töten und Zerstören. Ich aber bin gekommen, damit meine Schafe das Leben haben, Leben im Überfluß.

Ich bin der gute Hirt. Ein guter Hirt ist bereit, für seine Schafe zu sterben. Jemand, dem die Schafe nicht selbst gehören, ist kein richtiger Hirt. Darum läßt er sie im Stich, wenn er den Wolf kommen sieht, und läuft davon. Dann stürzt sich der Wolf auf die Schafe und jagt sie auseinander. Wer die Schafe nur gegen Lohn hütet, läuft davon; denn die Schafe sind ihm gleichgültig. Ich bin der gute Hirt. Ich kenne meine Schafe, und sie kennen mich, so wie der Vater mich kennt und ich ihn. Ich bin bereit, für sie zu sterben. Ich habe noch andere Schafe, die nicht zu diesem Schafstall gehören; auch die muß ich herbeibringen. Sie werden auf meine Stimme hören, und alle werden in einer Herde unter einem Hirten vereint sein.

Meine Schafe hören auf mich. Ich kenne sie, und sie folgen mir. Ich gebe ihnen das ewige Leben, und sie werden niemals umkommen. Keiner kann sie mir aus den Händen reißen; denn der Vater, der sie mir gegeben hat, ist mächtiger als alle. Keiner kann sie seinem Schutz entreißen. Der Vater und ich sind untrennbar eins.» (Johannes 10)

Sieger über den Tod

Lazarus aus Betanien wurde krank. Seine Schwestern, Maria und Marta, ließen Jesus mitteilen: «Dein Freund ist krank.» Als Jesus das hörte, sagte er: «Die Krankheit wird nicht zum Tod führen, sondern zeigen, wie mächtig Gott ist. Durch sie wird Gott die Herrlichkeit seines Sohnes sichtbar machen.»

Jesus liebte Marta und ihre Schwester und Lazarus. Aber als er die Nachricht erhielt, daß Lazarus krank sei, blieb er noch zwei Tage an demselben Ort. Dann sagte er zu seinen Jüngern: «Unser Freund Lazarus ist eingeschlafen. Aber ich werde hingehen und ihn aufwecken.» Die Jünger antworteten: «Wenn er schläft, wird er wieder gesund.» Denn sie glaubten, Jesus spreche vom gewöhnlichen Schlaf. Darum sagte er ihnen offen: «Lazarus ist tot. Doch euretwegen bin ich froh, daß ich nicht bei ihm war. Auf diese Weise werdet ihr lernen, mir zu vertrauen. Und jetzt wollen wir zu ihm gehen.» Tomas, der auch Zwilling genannt wird, sagte zu den anderen Jüngern: «Laßt uns mitgehen und mit ihm sterben!»

Als Jesus nach Betanien kam, lag Lazarus schon vier Tage im Grab. Das Dorf war keine drei Kilometer von Jerusalem entfernt, und viele Juden hatten Marta und Maria aufgesucht, um die beiden zu trösten. Als Marta

hörte, daß Jesus sich dem Dorf näherte, ging sie ihm entgegen. Maria blieb im Haus. Marta sagte zu Jesus: «Wenn du bei uns gewesen wärst, hätte mein Bruder nicht sterben müssen. Aber ich weiß, daß Gott dir auch jetzt keine Bitte abschlägt.» «Dein Bruder wird auferstehen», sagte Jesus zu ihr. «Ich weiß», erwiderte sie, «am letzten Tag, wenn alle auferstehen, wird auch er ins Leben zurückkehren.» Jesus sagte zu ihr: «Ich bin es, der Auferstehung und Leben bringt. Wer mir vertraut, wird leben, auch wenn er stirbt, und wer lebt und sich auf mich verläßt, wird niemals sterben. Glaubst du das?» Sie antwortete: «Ja, ich glaube, daß du der versprochene Retter bist. Du bist der Sohn Gottes, der in die Welt kommen sollte.»

Nach diesen Worten ging Marta zu ihrer Schwester zurück, nahm sie beiseite und sagte zu ihr: «Jesus ist hier und fragt nach dir!» Als Maria das hörte, stand sie schnell auf und lief zu ihm hinaus. Jesus hatte das Dorf selbst noch nicht erreicht. Er war immer noch an der Stelle, wo Marta ihn getroffen hatte. Die Juden, die bei Maria im Haus waren, um sie zu trösten, sahen, wie sie aufsprang und hinauseilte. Sie meinten, daß Maria zum Grab gehen wollte, und folgten ihr.

Als Maria zu Jesus kam und ihn sah, warf sie sich vor ihm nieder. «Wenn du bei uns gewesen wärst, hätte mein Bruder nicht sterben müssen», sagte sie zu ihm. Jesus sah sie weinen; auch die Juden, die mit ihr gekommen waren, weinten. Er wurde zornig und war sehr erregt. «Wo liegt er?» fragte er. «Komm, wir zeigen es dir!» sagten die Juden. Jesus kamen die Tränen. Da sagten sie: «Er muß ihn sehr geliebt haben!» Aber einige meinten: «Den Blinden hat er sehend gemacht. Warum hat er den Tod des Lazarus nicht verhindert?»

Aufs neue packte Jesus der Zorn. Er ging zum Grab. Es bestand aus einer Höhle, und der Eingang war mit einem Stein verschlossen. «Nehmt den Stein weg!» befahl er. Marta wandte ein: «Herr, es riecht doch schon! Er liegt seit vier Tagen im Grab.» Jesus sagte zu ihr: «Ich habe dir doch gesagt, daß du die Herrlichkeit Gottes sehen wirst, wenn du nur Vertrauen hast.» Sie nahmen den Stein weg. Jesus blickte zum Himmel auf und sagte: «Ich danke dir, Vater, daß du meine Bitte erfüllst. Ich weiß, daß du mich immer hörst. Aber wegen der Leute hier spreche ich es aus – damit sie glauben, daß du mich gesandt hast.» Nach diesen Worten rief er laut: «Lazarus, komm heraus!» Der Tote kam heraus. Seine Hände und Füße waren mit Binden umwickelt, und sein Gesicht war mit einem Leichentuch verhüllt. Jesus sagte: «Nehmt ihm das ab, damit er weggehen kann!»

Viele Juden, die bei Maria zu Besuch waren, sahen diese Tat und faßten Vertrauen zu Jesus. Aber einige von ihnen gingen zu den Pharisäern und berichteten ihnen, was Jesus getan hatte. Da beriefen die führenden Priester mit den Pharisäern eine Sitzung des Rates ein und sagten: «Was sollen wir machen? Dieser Mann tut so viele Wunder. Wenn wir ihn weitermachen lassen, werden noch alle zu seinen Anhängern. Dann werden die römischen Behörden einschreiten und unseren Tempel und unser Volk vernichten.» Kajafas, einer von ihnen, der in jenem Jahr der Oberste Priester war, sagte: «Wo habt ihr euren Verstand? Seht ihr nicht, daß es günstiger für uns ist, wenn nur einer stirbt, als wenn das ganze Volk vernichtet wird?» Das sagte er nicht aus eigenem Wissen. Weil er in jenem Jahr Oberster Priester war, konnte er voraussagen, daß Jesus für das jüdische Volk sterben werde – und nicht nur für dieses Volk, sondern auch, um die verstreuten Kinder Gottes zusammenzuführen. Von diesem Tag an waren sie fest entschlossen, Jesus zu töten. (Johannes 11)

Jesus nimmt Abschied

Inzwischen war der Tag vor dem Passafest angebrochen. Jesus wußte, daß für ihn die Zeit gekommen war, diese

Welt zu verlassen und zum Vater zu gehen. Er hatte die Menschen, die auf der Erde zu ihm gehörten, immer geliebt, und er liebte sie bis zum Ende.

Jesus und seine Jünger waren beim Abendessen. Der Teufel hatte Judas, den Sohn des Simon Iskariot, schon dazu gebracht, daß er Jesus verraten wollte. Jesus wußte, daß der Vater ihm unbeschränkte Vollmacht gegeben hatte. Er wußte, daß er von Gott gekommen war und bald wieder bei ihm sein würde. Er stand vom Tisch auf, zog sein Oberkleid aus, band sich ein Tuch um und goß Wasser in eine Schüssel. Dann machte er sich daran, seinen Jüngern die Füße zu waschen und mit dem Tuch abzutrocknen.

Als er zu Simon Petrus kam, sagte der: «Du willst mir doch nicht die Füße waschen, du, unser Herr?» Jesus antwortete ihm: «Was ich tue, kannst du jetzt noch nicht verstehen, aber später wirst du es begreifen.» Petrus widersetzte sich: «Niemals sollst du mir die Füße waschen!» Jesus antwortete: «Wenn ich dir nicht die Füße wasche, kannst du nicht mit mir verbunden bleiben.» Da sagte Simon Petrus: «Wenn es so ist, dann wasche mir nicht nur die Füße, sondern auch die Hände und den Kopf!» Aber Jesus erwiderte: «Wer gebadet hat, der ist ganz rein und braucht sich nur noch die Füße zu waschen. Ihr seid alle rein – bis auf einen.» Jesus wußte, wer ihn verraten würde. Deshalb sagte er: «Ihr seid alle rein, bis auf einen.»

Nachdem Jesus ihnen die Füße gewaschen hatte, zog er sein Oberkleid wieder an und kehrte zu seinem Platz am Tisch zurück. «Begreift ihr, was ich eben für euch getan habe?» fragte er sie. «Ihr nennt mich Lehrer und Herr. Ihr habt recht, das bin ich. Ich bin euer Herr und Lehrer, und doch habe ich euch eben die Füße gewaschen. Von jetzt an sollt ihr euch gegenseitig die Füße waschen. Ich habe euch ein Beispiel gegeben, damit auch ihr so handelt, wie ich an euch gehandelt habe. Ich sage euch: ein Diener ist nicht größer als sein Herr, und ein Bote ist nicht größer als sein Auftraggeber. Das wißt ihr jetzt; Freude ohne Ende ist euch gewiß, wenn ihr auch danach handelt!»

(Während des Mahles sagt Jesus zu seinen Jüngern:) «Ich bin nicht mehr lange bei euch, meine Kinder; dann werdet ihr mich suchen. Aber ich sage euch dasselbe, was ich schon den Juden gesagt habe: Wohin ich gehe, dorthin könnt ihr nicht kommen. Ich gebe euch jetzt ein neues Gebot, das Gebot der Liebe. Ihr sollt einander genauso lieben, wie ich euch geliebt habe. Wenn ihr einander liebt, dann werden alle erkennen, daß ihr meine Jünger seid.»

«Wohin willst du gehen?» fragte ihn Simon Petrus. Jesus antwortete: «Wohin ich gehe, dorthin kannst du mir jetzt nicht folgen, aber später wirst du nachkommen.» «Warum kann ich jetzt nicht mitkommen?» fragte Petrus. «Ich bin bereit, für dich zu sterben!» «Für mich sterben?» erwiderte Jesus. «Ich will dir sagen, was du tun wirst: Bevor der Hahn kräht, wirst du dreimal behaupten, daß du mich nicht kennst.»

Dann sagte Jesus zu allen: «Beunruhigt euch nicht! Vertraut Gott, und vertraut auch mir! Im Haus meines Vaters gibt es viele Wohnungen, und ich werde eine für euch bereitmachen. Ich würde euch das nicht sagen, wenn es nicht so wäre. Zuerst werde ich fortgehen und eine Wohnung für euch bereitmachen. Dann werde ich zurückkommen und euch zu mir nehmen, damit auch ihr seid, wo ich bin. Ihr kennt ja den Weg zu dem Ort, an den ich gehe.»

Tomas sagte zu ihm: «Wir wissen nicht einmal, wohin du gehst! Wie sollen wir dann den Weg dorthin kennen?» Jesus antwortete: «Der Weg bin ich, und das Ziel bin ich auch, denn in mir habt ihr die Wahrheit und das Leben. Nur durch mich könnt ihr zum Vater kommen. Wenn ihr mich kennt, werdet ihr auch meinen Vater kennen. Von jetzt an kennt ihr ihn und habt ihn sogar gesehen.»

Philippus sagte zu ihm: «Zeige uns den Vater! Mehr brauchen wir nicht.» Jesus antwortete: «Nun bin ich so lange mit euch zusammen gewesen, Philippus, und du kennst mich immer noch nicht? Jeder, der mich gesehen hat, hat den Vater gesehen. Wie kannst du dann sagen: ‹Zeige uns den Vater›? Glaubst du nicht, daß du in mir dem Vater begegnest? Was ich zu euch gesprochen habe, das stammt nicht von mir. Der Vater, der immer in mir ist, vollbringt durch mich seine Taten. Glaubt mir: der Vater und ich sind eins. Wenn ihr mir nicht auf mein Wort hin glaubt, dann glaubt mir wegen dieser Taten. Ich versichere euch: Jeder, der sich auf mich verläßt, wird auch die Taten vollbringen, die ich tue. Ja, seine Taten werden meine noch übertreffen, denn ich gehe zum Vater. Dann werde ich alles tun, worum ihr bittet, wenn ihr euch dabei auf mich beruft. So wird durch den Sohn die Herrlichkeit des Vaters sichtbar werden. Wenn ihr euch auf mich beruft, werde ich euch jede Bitte erfüllen.

Wenn ihr mich liebt, werdet ihr meine Weisungen befolgen. Ich werde den Vater bitten, daß er euch einen Stellvertreter für mich gibt, den Geist der Wahrheit, der für immer bei euch bleibt. Die Welt kann ihn nicht bekommen, denn sie sieht ihn nicht und kennt ihn nicht. Aber ihr kennt ihn, und er wird bei euch bleiben und in euch leben. Er wird euch an alles erinnern, was ich euch gesagt habe, und euch helfen, es zu verstehen.

Ich lasse euch den Frieden zurück. Ich gebe euch meinen Frieden, nicht den Frieden, den die Welt gibt. Beunruhigt euch nicht! Habt keine Angst! Ihr habt gehört, wie ich zu euch sagte: ‹Ich verlasse euch und werde wieder zu euch kommen.› Wenn ihr mich liebtet, würdet ihr euch freuen, daß ich zum Vater gehe; denn er ist mächtiger als ich. Ich habe euch das alles im voraus gesagt. Wenn es dann eintrifft, werdet ihr euch daran erinnern und mir vertrauen. Ich werde nicht mehr viel mit euch reden, weil der Herrscher dieser Welt schon auf dem Weg ist. Er hat keine Macht über mich, aber die Welt soll erkennen, daß ich den Vater liebe. Darum handle ich so, wie es mir mein Vater aufgetragen hat.» (Johannes 13 und 14)

«Ich nenne euch Freunde»

«Ich bin der wahre Weinstock, und mein Vater ist der Weinbauer. Er entfernt jede Rebe an mir, die keine Frucht bringt; aber die fruchttragenden Reben reinigt er, damit sie noch mehr Frucht bringen. Ihr seid schon rein geworden durch das Wort, das ich zu euch gesagt habe. Bleibt mit mir vereint, dann werde auch ich mit euch vereint bleiben. Nur wenn ihr mit mir vereint bleibt, könnt ihr Frucht bringen, genauso wie eine Rebe nur Frucht bringen kann, wenn sie am Weinstock bleibt.

Ich bin der Weinstock, und ihr seid die Reben. Wer mit mir verbunden bleibt wie ich mit ihm, der wird reiche Frucht bringen. Aber ohne mich könnt ihr nichts vollbringen. Wer nicht mit mir vereint bleibt, der wird wie eine abgeschnittene Rebe fortgeworfen und vertrocknet. Solche Reben werden gesammelt und ins Feuer geworfen, wo sie verbrennen. Wenn ihr mit mir vereint bleibt und meine Worte in euch lebendig sind, könnt ihr den Vater um alles bitten, was ihr wollt, und ihr werdet es bekommen. Wenn ihr reiche Frucht bringt, erweist ihr euch als meine Jünger, und so wird die Herrlichkeit meines Vaters sichtbar.

Ich liebe euch so, wie der Vater mich liebt. Bleibt in dieser Liebe! Wenn ihr mir gehorcht, dann bleibt ihr in meiner Liebe, so wie ich meinem Vater gehorcht habe und mich nicht von seiner Liebe löse. Ich habe euch dies gesagt, damit euch meine Freude erfüllt und eure Freude vollkommen wird.

Dies ist mein Gebot: Ihr sollt einander so lieben, wie ich euch geliebt habe. Niemand liebt mehr als der, der sein Leben für seine Freunde opfert. Ihr seid meine

Freunde, wenn ihr tut, was ich euch auftrage. Ich werde euch nicht mehr Diener nennen, denn ein Diener weiß nicht, was sein Herr tut. Vielmehr nenne ich euch Freunde; denn ich habe euch alles mitgeteilt, was ich von meinem Vater gehört habe. Nicht ihr habt mich ausgewählt, sondern ich habe euch ausgewählt. Ich habe euch dazu bestimmt, reiche Frucht zu bringen. Es soll Frucht sein, die Bestand hat. Was ihr vom Vater unter Berufung auf mich erbittet, wird er euch geben. Ich gebe euch nur dieses eine Gebot: Ihr sollt einander lieben!» (Johannes 15)

Der wahre König

(Jesus ist gefangengenommen und in der Nacht vom Obersten Priester der Juden verhört worden.) Am frühen Morgen brachten sie Jesus vom Haus des Kajafas zum Palast des römischen Gouverneurs. Die Juden gingen nicht in den Palast hinein, weil ihre religiösen Reinheitsvorschriften ihnen das verboten. Andernfalls hätten sie nicht das Passafest feiern können. Pilatus kam zu ihnen heraus und fragte: «Was für Anklagen habt ihr gegen diesen Mann?» Sie antworteten: «Wir hätten ihn nicht zu dir gebracht, wenn er kein Verbrecher wäre.» «Dann nehmt ihn doch», sagte Pilatus, «und verurteilt ihn nach eurem eigenen Gesetz.» «Aber wir dürfen ja niemand hinrichten!» erwiderten sie. So ging in Erfüllung, was Jesus gesagt hatte, als er von der Art seines Todes sprach.

Pilatus ging in den Palast zurück und ließ Jesus vorführen. «Bist du der König der Juden?» fragte er ihn. Jesus antwortete: «Bist du selbst auf diese Frage gekommen, oder haben dir andere von mir erzählt?» Pilatus erwiderte: «Hältst du mich etwa für einen Juden? Dein eigenes Volk und die führenden Priester haben dich mir übergeben. Was hast du getan?» Jesus sagte: «Mein Herrschaftsbereich gehört nicht zu dieser Welt. Sonst würden meine Untertanen dafür kämpfen, daß ich den Juden nicht in die Hände falle. Nein, mein Reich ist von ganz anderer Art!» Da fragte Pilatus ihn: «Du bist also doch ein König?» Jesus antwortete: «Ja, ich bin ein König. Ich wurde geboren und kam in die Welt, damit ich für die Wahrheit eintrete. Wer die Wahrheit liebt, hört auf mich.» «Wahrheit?» meinte Pilatus, «was ist das?»

Pilatus ging wieder zu den Juden hinaus und sagte zu ihnen: «Ich sehe keinen Grund, ihn zu verurteilen. Es ist aber üblich, daß ich jedes Jahr am Passafest einen Gefangenen freilasse. Soll ich euch den König der Juden freigeben?» Sie schrien: «Nein, den nicht! Wir wollen Barabbas!» Barabbas aber war ein Räuber.

Da ließ Pilatus Jesus abführen und auspeitschen. Die Soldaten flochten aus Dornenzweigen eine Krone und setzten sie Jesus auf. Sie hängten ihm einen roten Mantel um, traten vor ihn hin und sagten: «Der König der Juden lebe hoch!» Dabei schlugen sie ihm ins Gesicht.

Dann ging Pilatus noch einmal zu den Juden hinaus und sagte: «Ich bringe ihn euch hier heraus, damit ihr seht, daß ich keinen Grund zu seiner Verurteilung finden kann.» Als Jesus herauskam, trug er die Dornenkrone und den roten Mantel. Pilatus sagte zu den Juden: «Da, seht ihn euch an!» Als die führenden Priester und die Wächter ihn sahen, schrien sie im Chor: «Kreuzigen! Kreuzigen!» Pilatus sagte zu ihnen: «Dann nehmt ihn und kreuzigt ihn selbst. Ich finde keinen Grund, ihn zu verurteilen.» Die Juden hielten ihm entgegen: «Wir haben ein Gesetz. Nach diesem Gesetz muß er sterben, weil er behauptet, er sei Gottes Sohn.»

Als Pilatus das hörte, bekam er noch mehr Angst. Er ging in den Palast zurück und fragte Jesus: «Woher kommst du?» Aber Jesus antwortete ihm nicht. Pilatus sagte zu ihm: «Willst du nicht mit mir reden? Denke daran, daß ich die Macht habe, dich freizugeben, aber auch die Macht, dich ans Kreuz nageln zu lassen!» Jesus antwortete: «Du hast nur Macht über mich, weil sie dir von Gott gegeben wurde. Darum haben die, die mich dir ausgeliefert haben, eine größere Schuld auf sich geladen.» Wegen dieser Worte versuchte Pilatus noch einmal, ihn freizulassen. Aber die Juden schrien: «Wenn du ihn freiläßt, bist du kein Freund des Kaisers! Wer sich als König ausgibt, stellt sich gegen den Kaiser!»

Als Pilatus das hörte, nahm er Jesus mit nach draußen. Er setzte sich auf den Richterstuhl an der Stelle, die Steinpflaster heißt, auf hebräisch: Gabbata. Es war der Tag vor dem Passafest und fast zwölf Uhr mittags. Pilatus sagte zu den Juden: «Hier habt ihr euren König!» Sie schrien: «Fort mit ihm! Ans Kreuz!» Pilatus fragte sie: «Euren König soll ich kreuzigen lassen?» Die führenden Priester antworteten: «Unser einziger König ist der Kaiser in Rom!» Da übergab Pilatus ihn den Soldaten, damit sie ihn kreuzigten. (Johannes 18 und 19)

«Mein Herr und mein Gott!»

(Am Ostermorgen steht Maria von Magdala vor dem leeren Grab Jesu und weint.) Sie beugte sich vor und schaute hinein. Da sah sie zwei weißgekleidete Engel. Sie saßen an der Stelle, wo Jesus gelegen hatte, einer am Kopfende und einer am Fußende. «Warum weinst du, Frau?» fragten die Engel. Maria antwortete: «Sie haben meinen Herrn fortgetragen, und ich weiß nicht, wohin sie ihn gebracht haben!»

Als sie sich umdrehte, sah sie Jesus dastehen. Aber sie wußte nicht, daß es Jesus war. Er fragte sie: «Frau, warum weinst du? Wen suchst du?» Sie dachte, er sei der Gärtner, und sagte zu ihm: «Wenn du ihn fortgenommen hast, so sage mir, wohin du ihn gebracht hast. Ich möchte hingehen und ihn holen.» «Maria!» sagte Jesus zu ihr. Sie wandte sich ihm zu und sagte: «Rabbuni!» Das ist hebräisch und heißt: Mein Herr! Jesus sagte zu ihr: «Berühre mich nicht! Ich bin noch nicht zu meinem Vater zurückgekehrt. Aber geh zu meinen Brüdern und sag ihnen von mir: Ich gehe zu dem zurück, der mein und euer Vater ist, mein Gott und euer Gott.» Maria aus Magdala ging zu den Jüngern und sagte: «Ich habe den Herrn gesehen!» Und sie berichtete ihnen, was er ihr aufgetragen hatte.

Es war spät abends an jenem Sonntag. Die Jünger hatten Angst vor den Juden, deshalb hatten sie die Türen abgeschlossen. Da kam Jesus und trat in ihre Mitte. «Ich bringe euch Frieden!» sagte er. Dann zeigte er ihnen seine Hände und seine Seite. Sie freuten sich sehr, als sie den Herrn sahen. Noch einmal sagte Jesus zu ihnen: «Ich bringe euch Frieden! Wie der Vater mich gesandt hat, so sende ich nun euch.» Dann hauchte er sie an und sagte: «Empfangt Gottes heiligen Geist! Wem ihr die Schuld erlaßt, dem ist sie erlassen. Wem ihr sie nicht erlaßt, der bleibt schuldig.»

Als Jesus kam, war Tomas, genannt der Zwilling, einer der zwölf Jünger, nicht unter ihnen. Später erzählten ihm die anderen: «Wir haben den Herrn gesehen!» Tomas sagte zu ihnen: «Ich glaube es nicht, solange ich nicht die Spuren von den Nägeln an seinen Händen sehe. Ich will erst mit meinem Finger die Spuren von den Nägeln fühlen und meine Hand in seine Seitenwunde legen.»

Eine Woche später waren die Jünger wieder im Haus versammelt, und Tomas war bei ihnen. Die Türen waren abgeschlossen. Aber Jesus kam, trat in ihre Mitte und sagte: «Ich bringe euch Frieden!» Dann wandte er sich an Tomas: «Leg deinen Finger hierher und sieh dir meine Hände an! Streck deine Hand aus und lege sie in meine Seitenwunde! Hör auf zu zweifeln und glaube, daß ich es bin!» Da antwortete Tomas: «Mein Herr und mein Gott!» Jesus sagte zu ihm: «Bist du jetzt überzeugt, weil du mich gesehen hast? Freuen dürfen sich alle, die mich nicht sehen und mir trotzdem vertrauen!» (Johannes 20)

Die Berufung des Petrus

Vor der «Begegnung am See», mit der das Johannes-Evangelium schließt, wird hier eine Geschichte aus dem Lukas-Evangelium eingeschoben, die manches mit ihr gemeinsam hat. Die erste und die letzte Begegnung Jesu mit Petrus verweisen deutlich aufeinander.

Eines Tages stand Jesus am Ufer des Sees Gennesaret. Die Menschen drängten sich um ihn und wollten Gottes Botschaft hören. Da sah er zwei Boote am Ufer liegen. Die Fischer waren ausgestiegen und reinigten ihre Netze. Er setzte sich in das eine der Boote, das Simon gehörte, und bat ihn, ein Stück vom Ufer abzustoßen. Dann sprach er vom Boot aus zu der Menschenmenge.

Als er seine Rede beendet hatte, sagte er zu Simon: «Fahre noch weiter hinaus, dorthin, wo das Wasser tief ist, und wirf mit deinen Leuten die Netze zum Fang aus!» Simon erwiderte: «Wir haben uns die ganze Nacht abgemüht und nichts gefangen. Aber weil du es sagst, will ich die Netze noch einmal auswerfen.» Sie taten es und fingen so viele Fische, daß die Netze zu reißen begannen. Sie mußten die Freunde im anderen Boot zur Hilfe herbeiwinken. Schließlich waren beide Boote so überladen, daß sie fast untergingen.

Als Simon Petrus das sah, fiel er vor Jesus auf die Knie und sagte: «Herr, geh fort von mir! Ich bin ein sündiger Mensch.» Denn ihn und alle Fischer, die dabei waren, hatte die Furcht gepackt, weil sie einen so gewaltigen Fang gemacht hatten. So ging es auch seinen beiden Freunden Jakobus und Johannes, den Söhnen des Zebedäus. Jesus sagte zu Simon: «Hab keine Angst! In Zukunft wirst du Menschen fischen.» Da zogen sie die Boote ans Ufer, ließen alles zurück und gingen mit Jesus. (Lukas 5)

Später zeigte sich Jesus seinen Jüngern noch einmal am See Tiberias. Das geschah so: Simon Petrus, Tomas, der auch Zwilling genannt wurde, Natanael aus Kana in Galiläa, die Söhne des Zebedäus und zwei andere Jünger waren zusammen. Simon Petrus sagte zu den anderen: «Ich gehe fischen!» «Wir kommen mit», sagten sie zu ihm. Sie gingen hinaus und stiegen ins Boot; aber während der ganzen Nacht fingen sie nichts.

Als die Sonne aufging, stand Jesus am Ufer. Die Jünger wußten aber nicht, daß es Jesus war. Er redete sie an: «Kinder, habt ihr nichts gefangen?» «Nicht einen Fisch!» antworteten sie. Er sagte zu ihnen: «Werft euer Netz an der rechten Bootsseite aus! Dann werdet ihr Erfolg haben.» Sie warfen das Netz aus und fingen so viele Fische, daß sie das Netz nicht ins Boot ziehen konnten. Der Jünger, den Jesus liebte, sagte zu Petrus: «Es ist der Herr!» Als Petrus das hörte, warf er sich das Oberkleid über und sprang ins Wasser. Er hatte nämlich zum Arbeiten sein Oberkleid ausgezogen.

Sie waren etwa hundert Meter vom Land entfernt. Die anderen Jünger ruderten das Boot an Land und zogen das Netz mit den Fischen hinter sich her. Als sie an Land gingen, sahen sie ein Holzkohlenfeuer mit Fischen darauf, auch Brot lag dabei. Jesus sagte zu ihnen: «Bringt ein paar von den Fischen, die ihr eben gefangen habt!» Simon Petrus stieg ins Boot und zog das Netz an Land. Es war voll von großen Fischen, hundertdreiundfünfzig im ganzen. Aber das Netz riß nicht, obwohl es so viele waren. Jesus sagte zu ihnen: «Kommt her und eßt!» Keiner von den Jüngern wagte zu fragen: «Wer bist du?» Sie wußten, daß es der Herr war. Jesus trat zu ihnen, nahm das Brot und verteilte es unter sie, ebenso die Fische.

Nachdem sie gegessen hatten, sagte Jesus zu Simon Petrus: «Simon, Sohn des Johannes, liebst du mich mehr als die anderen hier?» Petrus antwortete: «Ja, Herr, du weißt, daß ich dich liebe.» Jesus sagte zu ihm: «Sorge für meine Lämmer!» Ein zweites Mal sagte Jesus zu ihm: «Simon, Sohn des Johannes, liebst du mich?» «Ja, Herr, du weißt, daß ich dich liebe», antwortete er. Jesus sagte zu ihm: «Führe meine Schafe!» Ein drittes Mal fragte Jesus: «Simon, Sohn des Johannes, liebst du mich?» Petrus wurde traurig, weil er ihn ein drittes Mal fragte: «Liebst du mich?» Er sagte zu ihm: «Herr, du weißt alles, du weißt auch, daß ich dich liebe.» Jesus sagte zu ihm: «Sorge für meine Schafe! Ich versichere dir: Als du jung warst, hast du deinen Gürtel selbst festgezogen und bist gegangen, wohin du wolltest; aber wenn du einmal alt bist, wirst du deine Hände ausstrecken, und ein anderer wird dir den Gürtel umlegen und dich dorthin führen, wohin du nicht gehen willst.» Mit diesen Worten deutete Jesus an, mit was für einem Tod Petrus einst Gott ehren werde. Dann sagte Jesus zu ihm: «Komm mit mir!» (Johannes 21)

DER SIEGESZUG DER GUTEN NACHRICHT

Lukas hat als einziger seinem Evangelium eine Fortsetzung folgen lassen. Gewidmet ist sie einem sonst nicht weiter bekannten, aber offenbar angesehenen Mann, vielleicht einem hohen Staatsbeamten.

Die Geburtsstunde der Kirche

Verehrter Theophilus, im ersten Bericht habe ich alles beschrieben, was Jesus tat und lehrte, von Anfang an bis zu dem Tag, an dem er in den Himmel aufgenommen wurde. Für die Zeit nach seinem Abschied gab er den Männern, die er als Apostel ausgewählt hatte, durch den heiligen Geist genaue Anweisungen. Nach seinem Tod hatte er sich ihnen während vierzig Tagen wiederholt gezeigt und ihnen eindeutig bewiesen, daß er lebte. Sie sahen ihn, und er sprach mit ihnen darüber, wie Gott sein Werk vollenden werde.

Als Jesus wieder einmal mit ihnen zusammen war, gab er ihnen die Anweisung: «Bleibt in Jerusalem und wartet auf das Geschenk von meinem Vater, das ich euch angekündigt habe. Johannes hat mit Wasser getauft, aber ihr werdet schon bald mit dem Geist Gottes getauft werden.»

Da fragten sie ihn: «Herr, wirst du jetzt das Reich Israel wiederherstellen?» Jesus antwortete: «Den Zeitpunkt dafür hat mein Vater selbst festgelegt; ihr braucht ihn nicht zu kennen. Aber ihr werdet von Gottes Geist erfüllt werden. Der wird euch fähig machen, überall als meine Zeugen aufzutreten: in Jerusalem und ganz Judäa,

in Samarien und bis in den letzten Winkel der Erde.»
Während er das sagte, wurde er vor ihren Augen empor-
gehoben. Eine Wolke nahm ihn auf, so daß sie ihn nicht
mehr sehen konnten.

Als sie noch nach oben starrten, standen plötzlich zwei
weißgekleidete Männer neben ihnen. «Ihr Galiläer», sagten sie, «warum steht ihr hier und schaut nach oben?
Dieser Jesus, der von euch weg in den Himmel aufgenommen wurde, wird auf dieselbe Weise wiederkommen, wie ihr ihn habt weggehen sehen.» Danach kehrten
die Apostel vom Ölberg, der etwa eine halbe Stunde vor
der Stadt liegt, nach Jerusalem zurück.

Zusammen mit den Aposteln sind etwa 120 Menschen, die an
Jesus glauben, in Jerusalem versammelt. Durch Zuwahl eines
Apostels anstelle des Verräters Judas wurde die Lücke im Kreis der
Zwölf geschlossen.

Am jüdischen Pfingstfest waren alle versammelt. Plötzlich rauschte es vom Himmel wie bei einem Sturm. Das
Rauschen erfüllte das ganze Haus, in dem sie waren.
Dann sahen sie etwas, das sich wie Feuerzungen verteilte
und sich auf jeden von ihnen niederließ. Alle wurden
von Gottes Geist erfüllt und begannen in verschiedenen
Sprachen zu reden, jeder wie es ihm der Geist Gottes
eingab.

Nun lebten in Jerusalem fromme Juden aus aller Welt.
Als sie den Sturm hörten, strömten sie in großer Zahl zusammen. Sie staunten; denn jeder hörte die Apostel in
seiner eigenen Sprache reden. Voller Verwunderung riefen sie: «Die Leute, die da reden, sind doch alle aus Galiläa! Wie kommt es, daß wir sie in unserer Muttersprache
reden hören? Unter uns sind Parther, Meder und Elami-
ter, Leute aus Mesopotamien und Kappadozien, aus Pontus und aus der Provinz Asien, aus Phrygien und Pamphylien, aus Ägypten, dem libyschen Zyrene und aus
Rom, aus Kreta und Arabien, Menschen jüdischer Her-

kunft und solche, die sich der jüdischen Religion angeschlossen haben. Und trotzdem hört jeder sie in seiner
eigenen Sprache von den großen Taten Gottes reden!»

Erstaunt und verwirrt fragten sie einander, was das zu
bedeuten habe. Andere machten sich darüber lustig und
meinten: «Die Leute sind doch betrunken!»

Da standen Petrus und die elf anderen Apostel auf, und
Petrus rief laut: «Ihr Landsleute und alle Bewohner Jerusalems! Hört mir zu und laßt euch erklären, was hier vorgeht. Diese Leute sind nicht etwa betrunken. Es ist ja erst
neun Uhr früh. Hier geschieht vielmehr, was Gott durch
den Propheten Joel angekündigt hat:

‹So soll es in den letzten Tagen sein, sagt Gott:
Da werde ich allen Menschen meinen Geist geben.
Eure Söhne und Töchter werden Botschaften von Gott
    empfangen,
eure jungen Leute werden Visionen haben
und eure alten Leute Träume.
Allen, die mir dienen, Männern und Frauen,
werde ich meinen Geist geben,
und sie werden wie Propheten reden.
Wunderbare Zeichen will ich erscheinen lassen,
am Himmel und auf der Erde:
Blut, Feuer und dichten Rauch.
Die Sonne wird sich verfinstern
und der Mond so rot werden wie Blut,
bevor der große, strahlende Tag des Herrn kommt.
Wer dann den Herrn bei seinem Namen ruft,
der wird gerettet.›

Ihr Leute von Israel, hört zu, was ich euch sage: Jesus von
Nazaret kam im Auftrag Gottes; das konntet ihr an den
Zeichen und Wundern sehen, die Gott durch ihn geschehen ließ. Ihr habt alles miterlebt, und doch habt ihr
ihn durch Menschen, die das Gesetz Gottes nicht kennen,
ans Kreuz schlagen lassen. Aber so hatte Gott es vorher-
bestimmt.

Diesen Jesus hat Gott vom Tod erweckt, das können wir alle bestätigen. Gott hat ihn an seine Seite geholt und hat ihm die versprochene Gabe anvertraut, den heiligen Geist, damit er ihn an uns weitergibt. Was ihr hier seht und hört, sind die Wirkungen dieses Geistes. Alle Menschen in Israel sollen daran erkennen, daß Gott diesen Jesus, den ihr gekreuzigt habt, zum Herrn und Retter gemacht hat.»

Die Zuhörer waren betroffen und fragten Petrus und die anderen Apostel: «Brüder, was sollen wir tun?» Petrus antwortete: «Ändert euch und laßt euch alle auf den Namen Jesu Christi taufen! Dann wird Gott euch eure Schuld vergeben und euch seinen heiligen Geist schenken. Was Gott versprochen hat, ist für euch und eure Kinder bestimmt und überhaupt für alle nah und fern, die der Herr, unser Gott, rufen wird.»

Petrus beschwor und ermahnte sie noch weiter: «Rettet euch vor dem Verderben, das über diese schuldbeladene Generation hereinbricht!» Viele nahmen seine Botschaft an und ließen sich taufen. Etwa dreitausend Menschen schlossen sich an diesem Tag der Gemeinde an.

Sie alle ließen sich von den Aposteln unterrichten und lebten brüderlich zusammen, feierten miteinander das Mahl des Herrn und beteten gemeinsam. Durch die Apostel geschahen viele Zeichen und Wunder, und jedermann spürte, daß Gott hier am Werk war. Alle, die zum Glauben gekommen waren, taten ihren ganzen Besitz zusammen. Wenn sie etwas brauchten, verkauften sie Grundstücke und Wertgegenstände und verteilten den Erlös unter die Bedürftigen. Täglich versammelten sie sich im Tempel, und in ihren Häusern feierten sie in unbekümmerter Freude das gemeinsame Mahl. Sie lobten Gott und waren überall gern gesehen. Der Herr führte ihnen jeden Tag Menschen zu, die er retten wollte. (Apostelgeschichte 1 und 2)

Einmal gingen Petrus und Johannes in den Tempel. Es war drei Uhr nachmittags, die Zeit für das Gebet. Am Schönen Tor saß ein Mann, der seit seiner Geburt gelähmt war. Jeden Tag ließ er sich zum Tempel tragen und bettelte die Leute an, die in den Tempel gingen.

Als Petrus und Johannes vorbeikamen, bat er sie um eine Gabe. Sie wandten sich ihm zu, und Petrus sagte: «Sieh uns an!» Er tat es und erwartete, daß sie ihm etwas geben würden. Aber Petrus sagte: «Geld habe ich nicht! Doch was ich habe, will ich dir geben: Im Auftrag Jesu Christi aus Nazaret befehle ich dir: Steh auf!» Er faßte den Gelähmten bei der Hand, um ihn aufzurichten. Im gleichen Augenblick erstarkten seine Füße und Gelenke; mit einem Sprung war er auf den Beinen und machte ein paar Schritte. Dann folgte er Petrus und Johannes in den Tempel, lief umher, sprang vor Freude und lobte Gott.

Alle sahen, wie er umherging und Gott lobte. Als die Leute in ihm den Bettler erkannten, der sonst immer am Schönen Tor gesessen hatte, waren sie betroffen und ganz außer sich über das, was mit ihm geschehen war. Die Menschen im Tempel sahen den Geheilten ständig hinter Petrus und Johannes hergehen und kamen verwundert zu ihnen in die Salomohalle gelaufen. Petrus sagte zu ihnen:

«Leute von Israel, warum staunt ihr? Was starrt ihr uns so an? Denkt nur nicht, wir hätten aus eigener Kraft oder mit unserer Frömmigkeit erreicht, daß der Mann wieder gehen kann! Der Gott unserer Vorfahren Abraham, Isaak und Jakob hat durch diese Heilung die Herrlichkeit seines Sohnes Jesus sichtbar gemacht. Ihr habt ihn den Römern ausgeliefert und vor Pilatus gegen ihn gehetzt, selbst als der ihn schon freilassen wollte. Er war heilig und schuldlos, aber ihr habt euch gegen ihn entschieden und lieber die Freilassung eines Mörders verlangt. So habt ihr den, der das Leben gebracht hat, getötet. Doch Gott hat ihn vom Tod erweckt, das können wir bezeugen. Das Vertrauen auf den Namen Jesus hat den Mann, der hier steht und den ihr alle kennt, gesund gemacht. Der Name Jesus hat in ihm Glauben geweckt und ihm die volle Gesundheit geschenkt, die ihr an ihm seht.»

Während Petrus und Johannes noch zu der Menge sprachen, traten ihnen die Priester und die Sadduzäer mit dem Kommandanten der Tempelwache entgegen. Sie waren aufgebracht, weil die Apostel dem Volk verkündeten: «Die Auferstehung Jesu zeigt, daß die Toten wieder leben werden!» Darum nahmen sie die beiden fest und sperrten sie über Nacht ins Gefängnis; es war nämlich schon Abend. Aber viele, die sie gehört hatten, ließen sich überzeugen, und die Gemeinde wuchs auf fünftausend Mitglieder an.

Am nächsten Tag kamen in Jerusalem die führenden Juden, die Ratsältesten und die Gesetzeslehrer zusammen, dazu der Oberste Priester Hannas mit Kajafas, Johannes, Alexander und allen, die sonst noch den Kreisen der führenden Priester angehörten. Sie ließen die Apostel vorführen und fragten sie: «Woher habt ihr diese Kraft? In wessen Namen habt ihr das getan?» Petrus antwortete ihnen, vom heiligen Geist erfüllt:

«Anführer und Älteste des Volkes! Wir stehen hier vor Gericht, weil wir Gutes getan und diesem Kranken geholfen haben. Ihr hier und alle Leute in Israel sollt wissen: Dieser Mann steht gesund vor euch, weil der Name Jesu Christi aus Nazaret eine Macht ist. Ihr habt Jesus gekreuzigt, aber Gott hat ihn vom Tod erweckt. Auf diesen Jesus bezieht sich das Wort in den heiligen Schriften: ‹Der Stein, den die Maurer – das seid ihr! – für unbrauchbar hielten, hat sich als der wichtigste erwiesen.› Jesus Christus und sonst keiner kann die Rettung bringen. Nirgends auf der ganzen Welt hat Gott einen anderen

Namen bekanntgemacht, durch den wir gerettet werden könnten.»

Die Mitglieder des jüdischen Rates waren überrascht, wie mutig Petrus und Johannes sich verteidigten, obwohl sie ganz offenkundig einfache Leute ohne Bildung waren. Sie wußten, daß die beiden mit Jesus zusammengewesen waren, und sie sahen den Geheilten neben ihnen. So konnten sie ihre Aussage nicht anfechten. Schließlich schickten sie die beiden aus dem Sitzungssaal und berieten miteinander: «Was sollen wir mit ihnen machen? Ganz Jerusalem hat inzwischen erfahren, daß sie diese Heilung vollbracht haben; das können wir nicht leugnen. Aber damit die Sache nicht noch weiter bekannt wird, wollen wir ihnen mit Nachdruck verbieten, zu irgend jemand über diesen Jesus zu sprechen.» Sie riefen also die beiden wieder herein und verboten ihnen streng, in Zukunft öffentlich von Jesus zu sprechen.

Aber Petrus und Johannes erwiderten ihnen: «Entscheidet doch selbst, ob es vor Gott recht ist, euch mehr zu gehorchen als ihm! Wir können nicht verschweigen, was wir gesehen und gehört haben.» Da drohten sie ihnen noch einmal und ließen sie dann gehen. Sie wagten nicht, sie zu bestrafen; denn das ganze Volk dankte Gott für das, was geschehen war. Der Mann, der auf so wunderbare Weise geheilt wurde, war nämlich über vierzig Jahre lang gelähmt gewesen. (Apostelgeschichte 3 und 4)

Der Rat des Gamaliel

Die ganze Gemeinde war ein Herz und eine Seele. Wenn einer Vermögen hatte, betrachtete er es nicht als persönlichen Besitz, sondern als Eigentum aller. Mit großer Überzeugungskraft verkündeten die Apostel, daß Jesus vom Tod auferstanden sei, und Gott beschenkte alle reich mit seiner Gnade. Niemand aus der Gemeinde brauchte Not zu leiden. Von Zeit zu Zeit verkaufte einer sein

Grundstück oder sein Haus und brachte den Erlös zu den Aposteln. Jeder bekam davon so viel, wie er zum Leben brauchte.

Vor aller Augen vollbrachten die Apostel viele wunderbare Taten. Die Glieder der Gemeinde waren einmütig in der Salomohalle beisammen. Die Außenstehenden scheuten sich, zu ihnen hineinzugehen; aber alle sprachen mit Achtung von ihnen. Immer mehr Männer und Frauen nahmen Jesus als Herrn an und wurden Glieder der Gemeinde. Man trug die Kranken auf die Straße und legte sie dort auf Betten und Matten. Wenn Petrus vorbeiging, sollte wenigstens sein Schatten auf den einen oder anderen von ihnen fallen. Aus der Umgebung von Jerusalem brachten viele Leute Kranke und Besessene, und alle wurden gesund.

Der Oberste Priester und die Partei der Sadduzäer, die auf seiner Seite stand, wurden neidisch und beschlossen einzugreifen. Sie ließen die Apostel verhaften und ins Gefängnis werfen. Doch in derselben Nacht öffnete ein Engel des Herrn die Gefängnistore, ließ die Apostel heraus und sagte zu ihnen: «Geht in den Tempel und verkündet allen die Botschaft von dem Leben, das Jesus gebracht hat.» Die Apostel gehorchten, gingen früh am Morgen in den Tempel und redeten zu den Menschen.

Der Oberste Priester und seine Parteigänger hatten inzwischen alle Ratsmitglieder zu einer großen Sitzung des jüdischen Rates zusammengerufen. Sie schickten in das Gefängnis, um die Apostel holen zu lassen. Aber die Beauftragten kamen unverrichteter Dinge zurück und berichteten: «Wir fanden das Gefängnis gut verschlossen, und die Wachen standen auf ihrem Posten. Aber als wir aufmachten, war niemand mehr da.» Der Kommandant der Tempelwache und die führenden Priester fragten sich erstaunt, was mit den Aposteln geschehen sei. Da kam ein Mann und berichtete: «Die Männer, die ihr ins Gefängnis gesperrt habt, sind im Tempel und sprechen zum

Volk!» Da ging der Kommandant mit der Tempelwache hin und holte die Apostel. Die Soldaten vermieden es aber, Gewalt anzuwenden; denn sie fürchteten, von den Leuten gesteinigt zu werden.

Sie brachten die Apostel vor den jüdischen Rat, und der Oberste Priester warf ihnen vor: «Wir haben euch deutlich genug befohlen, nicht mehr öffentlich von diesem Mann zu sprechen. Und was macht ihr? Ganz Jerusalem ist voll von euren Reden, und uns wollt ihr für seinen Tod verantwortlich machen!» Aber Petrus und die anderen Apostel antworteten: «Man muß Gott mehr gehorchen als den Menschen. Ihr habt Jesus ans Kreuz geschlagen; doch der Gott unserer Vorfahren hat ihn vom Tod erweckt und als Herrscher und Retter an seine Seite gerufen. Auf diese Weise gibt er dem Volk Israel Gelegenheit, sich zu ändern und Vergebung für seine Schuld zu erhalten. Wir können es bezeugen und auch der heilige Geist, den Gott allen gegeben hat, die ihm gehorchen.»

Als die Ratsmitglieder das hörten, wurden sie zornig und beschlossen, die Apostel zu töten. Aber da meldete sich ein Pharisäer namens Gamaliel zu Wort, ein sehr angesehener Gesetzeslehrer. Er ließ erst die Apostel hinausführen und sprach dann vor dem Rat: «Ihr Männer von Israel, überlegt euch euren Beschluß noch einmal genau. Vor einiger Zeit war da ein gewisser Theudas und gab sich als etwas Besonderes aus. Er fand etwa vierhundert Anhänger; aber nach seinem gewaltsamen Tod liefen sie wieder auseinander, und alles war aus. Danach trat zur Zeit der Volkszählung der Galiläer Judas auf, und die Leute liefen ihm nach. Aber auch er kam um, und alle seine Anhänger zerstreuten sich. Darum rate ich euch auch in diesem Fall: Laßt die Männer in Ruhe! Laßt sie laufen! Denn wenn ihr Vorhaben nur von Menschen kommt, löst sich alles von selbst wieder auf. Steht aber Gott dahinter, dann seid ihr machtlos, und am Ende zeigt es sich, daß ihr euch Gott selbst in den Weg gestellt habt.»

Der Rat mußte Gamaliel recht geben. Man rief die Apostel wieder herein, peitschte sie aus und ließ sie frei, verbot ihnen aber, weiterhin öffentlich von Jesus zu sprechen. Die Apostel verließen den Rat voll Freude, weil Gott sie für wert gehalten hatte, für Jesus zu leiden. Unbeirrt verkündeten sie Tag für Tag im Tempel und in den Häusern die Gute Nachricht, daß Jesus der versprochene Retter ist. (Apostelgeschichte 4 und 5)

Der erste Blutzeuge

Einige Zeit später, als die Gemeinde immer größer wurde, kam es zu einem Streit zwischen ihren griechischsprechenden Gliedern und denen mit hebräischer Muttersprache. Die griechische Gruppe beschwerte sich darüber, daß ihre Witwen bei der täglichen Verteilung von Lebensmitteln zu kurz kamen. So riefen die zwölf Apostel die ganze Gemeinde zusammen und sagten: «Liebe Brüder! Wir müssen die Botschaft Gottes verkünden und dürfen uns davon nicht durch Verwaltungsaufgaben abhalten lassen. Darum wählt aus eurer Mitte sieben vertrauenswürdige Männer, denen Gott seinen heiligen Geist und Weisheit gegeben hat; ihnen wollen wir diese Aufgabe übertragen. Wir können uns dann ganz dem Gebet und der Verkündigung widmen.»

Alle waren mit dem Vorschlag einverstanden. Sie wählten Stephanus, einen Mann mit festem Glauben, erfüllt vom heiligen Geist; außerdem Philippus, Prochorus, Nikanor, Timon, Parmenas und Nikolaus, einen Fremden aus der Stadt Antiochia, der zum Judentum übergetreten war. Die Gemeinde brachte diese sieben Männer zu den Aposteln. Die beteten für sie und legten ihnen die Hände auf.

Unterdessen breitete sich die Botschaft Gottes weiter aus. Die Zahl der Christen in Jerusalem stieg von Tag zu Tag, auch viele Priester nahmen die Botschaft an und unterstellten sich dem Herrn.

Gott aber war mit Stephanus und schenkte ihm Kraft, so daß er öffentlich erstaunliche Wundertaten vollbringen konnte. Einige Männer aus der jüdischen Gemeinde der «Freigelassenen», zu der sich auch Juden aus Zyrene und Alexandria und aus Zilizien und der Provinz Asien hielten, diskutierten mit Stephanus und wollten ihn widerlegen; aber sie waren der Überzeugungskraft der Worte, die Gottes Geist ihm eingab, nicht gewachsen.

Darum bestachen sie ein paar Leute, sie sollten behaupten, daß er Mose und sogar Gott beleidigt habe. Damit brachten sie schließlich das Volk, die Ratsmitglieder und die Gesetzeslehrer gegen Stephanus auf. Sie packten ihn und schleppten ihn vor den jüdischen Rat. Dort ließen sie falsche Zeugen auftreten, die behaupteten: «Dieser Mann hält dauernd Reden gegen unseren heiligen Tempel und gegen das Gesetz. Wir haben selbst gehört, wie er sagte: ‹Jesus von Nazaret wird den Tempel einreißen und die Vorschriften ändern, die uns Mose gegeben hat.›»

Alle im Rat blickten gespannt auf Stephanus. Sie sahen, daß sein Gesicht leuchtete wie das eines Engels. Der Oberste Priester fragte ihn: «Stimmt das, was diese Männer dir vorwerfen?»

Stephanus holt in seiner Verteidigungsrede weit aus. Er weist nach, wie Israel, das erwählte Volk, in seiner Geschichte nur zu oft auf den Ruf Gottes mit Undank und Ungehorsam geantwortet hat. Ganz zuletzt kommt er auf den Tempel und das Gesetz zu sprechen und zeigt damit, in welchem Sinn die Anklage zu Recht besteht:

«Der höchste Gott wohnt nicht in Häusern, die von Menschen gebaut sind. Der Prophet Jesaja sagt:

‹Der Himmel ist mein Thron, spricht Gott,
und die Erde ist mein Fußschemel.
Und da wollt ihr mir ein Haus bauen, in dem ich wohnen soll?
Habe ich nicht die ganze Welt gemacht?›

Ihr Starrköpfe, eure Ohren und euer Herz sind verschlossen für Gottes Botschaft. Genau wie eure Vorfahren widersetzt ihr euch stets dem Geist Gottes. Gibt es einen einzigen Propheten, den sie nicht verfolgt haben? Sie haben die Boten Gottes umgebracht, die das Kommen seines gerechten Dieners im voraus angekündigt hatten. Und den habt ihr nun ermordet! Ihr habt das Gesetz bekommen, das Gott euch durch seine Engel gab, aber ihr habt euch nicht danach gerichtet.»

Als sie das hörten, gerieten die Mitglieder des jüdischen Rates in solche Wut, daß sie gegen Stephanus mit den Zähnen knirschten. Stephanus aber war vom Geist Gottes erfüllt. Er blickte nach oben und sah Gott in seiner Herrlichkeit und Jesus an seiner rechten Seite. «Schaut her», rief er, «ich sehe den Himmel offen, und an der rechten Seite Gottes steht der Menschensohn!» Als sie das hörten, schrien sie laut und hielten sich die Ohren zu. Sie stürzten sich alle zugleich auf ihn, schleppten ihn vor die Stadt und steinigten ihn. Die Zeugen gaben ihre Kleider einem jungen Mann namens Saulus in Verwahrung. Während sie ihn steinigten, betete Stephanus: «Herr Jesus, nimm meinen Geist auf!» Er fiel auf die Knie und rief laut: «Herr, strafe sie nicht für diese Schuld!» Dann starb er.

An diesem Tag begann für die Gemeinde in Jerusalem eine harte Verfolgung. Mit Ausnahme der Apostel flohen alle nach Judäa und Samaria. Ein paar fromme Männer hielten eine Trauerfeier für Stephanus und begruben ihn.

Saulus aber hatte seine Freude an der Steinigung des Stephanus. Er wollte die Gemeinde des Herrn vernichten. Er durchsuchte die Häuser und ließ Männer und Frauen ins Gefängnis werfen. (Apostelgeschichte 6–8)

Die Gute Nachricht breitet sich aus

Die Geflüchteten verbreiteten überall die Gute Nachricht von Jesus. Unter ihnen war auch Philippus. Er kam in die

Hauptstadt Samariens und verkündete dort Jesus als den versprochenen Retter. Alle hörten ihm aufmerksam zu; denn sie sahen ja auch die Wunder, die er tat. Böse Geister verließen mit lautem Geschrei die Besessenen, und viele Gelähmte und Verkrüppelte wurden geheilt. In der Stadt herrschte große Freude.

Die Apostel in Jerusalem hörten davon, daß man in der Stadt Samaria Gottes Botschaft angenommen hatte, und schickten Petrus und Johannes hin. Die beteten für die Getauften um den Geist Gottes. Denn die Leute in Samaria waren zwar auf den Namen des Herrn Jesus getauft worden, aber noch keiner von ihnen hatte den heiligen Geist empfangen. Dann legten Petrus und Johannes ihnen die Hände auf, und sie wurden von Gottes Geist erfüllt.

Philippus aber erhielt durch einen Engel des Herrn den Auftrag: «Auf und geh nach Süden, bis du auf die einsame Straße kommst, die von Jerusalem nach Gaza führt!» Er machte sich sofort auf den Weg. Nun war gerade ein Eunuch aus Äthiopien auf der Heimreise, der Finanzverwalter der Königin von Äthiopien, die den Titel Kandake führt. Er war in Jerusalem gewesen, um dort am jüdischen Gottesdienst teilzunehmen, und fuhr jetzt wieder zurück. Unterwegs in seinem Wagen las er im Buch des Propheten Jesaja.

Der Geist Gottes sagte zu Philippus: «Lauf zu dem Wagen und geh neben ihm her!» Philippus tat es und hörte, wie der Mann aus dem Buch des Propheten Jesaja las. Da fragte er ihn: «Verstehst du denn, was du da liest?» Der Äthiopier sagte: «Wie kann ich es verstehen, wenn mir niemand hilft!» Und er forderte Philippus auf, zu ihm in den Wagen zu steigen. Die Stelle, die er gelesen hatte, lautete:

‹Er war wie ein Schaf, das geschlachtet wird;
er war wie ein Lamm, das sich ruhig scheren läßt;
er sagte kein Wort.

Er wurde verurteilt, aber das Urteil ist wieder aufgehoben worden.
Niemand kann seine Nachkommen zählen,
denn er ist von der Erde weggenommen.›

Der Äthiopier fragte: «Bitte, sag mir doch: um wen geht es denn hier? Meint der Prophet sich selbst oder einen anderen?» Philippus begann zu sprechen. Er ging von dem Prophetenwort aus und verkündete dem Äthiopier die Gute Nachricht von Jesus.

Unterwegs kamen sie an einer Wasserstelle vorbei, und der Äthiopier sagte: «Da gibt es Wasser! Spricht etwas dagegen, daß ich mich taufen lasse?» Philippus sagte: «Du kannst getauft werden, wenn du von ganzem Herzen glaubst.» «Ja», antwortete der andere, «ich glaube, daß Jesus Christus der Sohn Gottes ist.» Er ließ den Wagen anhalten und stieg mit Philippus ins Wasser. Philippus taufte ihn. Als sie aus dem Wasser kamen, wurde Philippus vom Geist des Herrn weggenommen. Der Äthiopier sah ihn nicht wieder, doch er setzte seine Reise fröhlich fort.

Philippus fand man in Aschdod wieder. Von dort bis nach Cäsarea verbreitete er überall die Gute Nachricht von Jesus. (Apostelgeschichte 8)

Der Verfolger wird zum Apostel

Unterdessen ging Saulus noch immer heftig gegen die Anhänger des Herrn vor und tat alles, um sie auszurotten. Er ließ sich vom Obersten Priester Empfehlungsbriefe an die jüdische Gemeinde in Damaskus geben. Auch dort wollte er nach Anhängern des neuen Glaubens suchen und sie gefangen nach Jerusalem bringen, Männer wie Frauen.

Auf dem Weg nach Damaskus, nicht mehr weit von der Stadt, umstrahlte ihn plötzlich ein Licht vom Himmel. Er stürzte zu Boden und hörte eine Stimme: «Saul,

Saul, warum verfolgst du mich?» «Herr, wer bist du?» fragte er. «Ich bin Jesus, den du verfolgst», sagte die Stimme. «Steh nur auf und geh in die Stadt! Dort wirst du erfahren, was du tun sollst.»

Den Männern, die Saulus begleiteten, verschlug es die Sprache. Sie hörten zwar die Stimme, aber sie sahen niemand. Als Saulus aufstand und die Augen öffnete, konnte er nicht mehr sehen. Da nahmen sie ihn an der Hand und führten ihn nach Damaskus. Drei Tage lang war er blind. Während dieser Zeit aß und trank er nichts.

In Damaskus lebte ein Christ namens Hananias. Dem erschien der Herr und sagte: «Hananias!» «Ja, Herr, hier bin ich», antwortete er. Der Herr sagte: «Geh in die Gerade Straße und frage im Haus des Judas nach Saulus aus Tarsus. Er ist dort und hat im Gebet gesehen, wie ein Mann namens Hananias zu ihm kommt und ihm die Hände auflegt, damit er wieder sehen kann.» Hananias antwortete: «Herr, ich habe schon von vielen Seiten gehört, wie dieser Mann deine Anhänger in Jerusalem grausam verfolgt hat. Er ist mit der Vollmacht der führenden Priester nach Damaskus gekommen und will alle verhaften, die sich zu dir bekennen.» Der Herr sagte zu ihm: «Geh nur hin, ich habe ihn als mein Werkzeug ausgesucht. Er soll meinen Namen bei allen Völkern und ihren Herrschern und ebenso bei den Juden bekanntmachen. Ich werde ihm zeigen, was er alles für mich ertragen muß.»

Da ging Hananias in jenes Haus und legte Saulus die Hände auf. «Bruder Saulus», sagte er, «der Herr hat mich geschickt – Jesus selbst, den du unterwegs gesehen hast. Du sollst wieder sehen können und seinen heiligen Geist erhalten.» In diesem Augenblick fiel es Saulus wie Schuppen von den Augen, und er konnte wieder sehen. Er stand auf und ließ sich taufen. Dann aß er etwas und kam wieder zu Kräften.

Saulus blieb ein paar Tage bei der Gemeinde in Damaskus. Er ging sofort in die Synagogen und verkündete dort: «Jesus ist der Sohn Gottes!» Alle, die ihn hörten, fragten erstaunt: «Ist das nicht der Mann, der in Jerusalem alle umgebracht hat, die sich zu diesem Namen bekannten? Er ist doch eigens hergekommen, um auch hier diese Leute festzunehmen und den führenden Priestern auszuliefern!» Aber Saulus ließ sich nicht irremachen und wies noch überzeugender nach, daß Jesus der versprochene Retter ist. Die Juden in Damaskus waren bestürzt.

Nach einiger Zeit beschlossen sie, Saulus zu töten. Aber er erfuhr von ihrem Anschlag. Weil sie ihm Tag und Nacht an den Stadttoren auflauerten, brachten ihn seine Freunde eines Nachts an die Stadtmauer und ließen ihn in einem Korb hinunter.

Saulus ging nach Jerusalem und wollte sich dort der Gemeinde anschließen. Aber sie hatten noch immer Angst vor ihm; denn sie konnten es nicht glauben, daß er wirklich ein Anhänger Jesu geworden war. Da verwendete sich Barnabas für ihn und brachte ihn zu den Aposteln. Er erzählte ihnen, wie der Herr auf dem Weg nach Damaskus dem Saulus erschienen war und zu ihm gesprochen hatte, und wie mutig Saulus dann in Damaskus für Jesus eingetreten war. Da durfte Saulus bei ihnen aus und ein gehen. Auch in Jerusalem bekannte er sich offen zum Herrn. Insbesondere sprach und diskutierte er mit den griechisch-sprechenden Juden. Die aber wollten ihn umbringen. Als die Brüder das erfuhren, brachten sie Saulus nach Cäsarea und schickten ihn von dort nach Tarsus.

Die Gemeinden in Judäa, Galiläa und Samarien erlebten nun eine friedliche Zeit. Sie festigten sich und lebten im Gehorsam gegenüber Gott. Der heilige Geist führte ihnen immer mehr Menschen zu, so daß sie neuen Mut faßten. (Apostelgeschichte 9)

Die Schranken fallen

In Cäsarea lebte ein römischer Offizier namens Kornelius, der zum Italienischen Regiment gehörte. Er war fromm und ehrte Gott mit seiner ganzen Familie. Er tat viel für arme Juden und betete regelmäßig. An einem Nachmittag gegen drei Uhr hatte er eine Erscheinung. Er sah deutlich, wie ein Engel Gottes zu ihm kam und seinen Namen rief. Erschrocken starrte er den Engel an und fragte: «Was willst du, Herr?» Der Engel antwortete: «Gott hat deine Gebete und deine guten Taten wohl bemerkt. Schicke Boten nach Jafo und laß einen gewissen Simon Petrus zu dir bitten. Er ist zu Gast beim Gerber Simon, der sein Haus unten am Meer hat.» Als der Engel verschwunden war, rief Kornelius zwei Diener und einen frommen Soldaten aus seinem persönlichen Gefolge. Er erzählte ihnen, was geschehen war, und schickte sie nach Jafo.

Am nächsten Tag, als sie Jafo schon fast erreicht hatten, ging Petrus gegen Mittag auf das flache Dach des Hauses, um zu beten. Da bekam er Hunger und wollte gerne etwas essen. Während man es zubereitete, geriet er in einen traumartigen Zustand. Er sah, wie sich der Himmel öffnete und etwas herabkam, das wie ein großes Tuch aussah, das an den vier Ecken zur Erde heruntergelassen wird. Darin waren alle Arten von vierfüßigen Tieren, Kriechtieren und Vögeln. Eine Stimme rief: «Petrus, schlachte und iß!» Aber Petrus antwortete: «Das geht doch nicht! Ich habe noch nie etwas Verbotenes oder Unreines gegessen.» Doch die Stimme ertönte noch einmal: «Du sollst nicht für unrein halten, was Gott rein gemacht hat.» Das geschah dreimal, dann verschwand alles wieder im Himmel.

Während Petrus ratlos darüber nachdachte, was diese Erscheinung bedeuten sollte, hatten die Boten des Kornelius das Haus Simons gefunden und standen nun vor dem Tor. Sie riefen: «Ist hier ein Simon Petrus zu Gast?» Petrus grübelte noch immer über die Erscheinung, da sagte ihm der Geist Gottes: «Drei Männer wollen zu dir. Geh hinunter und folge ihnen ohne Bedenken; ich habe sie geschickt.» Da ging Petrus hinunter und sagte zu den Männern: «Ihr wollt doch zu mir? Worum handelt es sich?» «Wir kommen vom Hauptmann Kornelius», sagten sie. «Er lebt vorbildlich und verehrt Gott; die Juden reden nur das Beste über ihn. Ein Engel Gottes hat ihm aufgetragen, dich in sein Haus einzuladen und zu hören, was du zu sagen hast.»

Petrus bat die Männer ins Haus, und sie blieben über Nacht da. Am nächsten Tag machte er sich mit ihnen auf den Weg; einige Brüder aus Jafo begleiteten ihn. Am Tag darauf kamen sie in Cäsarea an. Kornelius hatte seine Verwandten und Freunde zusammengerufen und erwartete Petrus. Er ging ihm bis an die Tür entgegen, warf sich vor ihm nieder und begrüßte ihn ehrfürchtig. Doch Petrus hob ihn auf und sagte: «Steh auf, ich bin auch nur ein Mensch!» Während er mit ihm sprach, ging er hinein und sah die vielen Leute. Er sagte zu ihnen: «Ihr wißt doch, daß ein Jude eigentlich keinen Nichtjuden besuchen oder mit ihm verkehren darf. Aber Gott hat mir klargemacht, daß ich keinen Menschen als unrein oder unberührbar betrachten soll. Deshalb habe ich eure Einladung ohne Bedenken angenommen. Jetzt sagt mir, warum ihr mich gerufen habt!»

Kornelius antwortete: «Es war vor drei Tagen, ungefähr zur selben Zeit wie heute, etwa um drei Uhr nachmittags. Ich betete hier im Haus, als plötzlich ein Mann in leuchtendem Gewand vor mir stand und sagte: ‹Kornelius, Gott hat deine Gebete und deine guten Taten wohl bemerkt. Schicke Boten nach Jafo und laß einen gewissen Simon Petrus zu dir bitten! Er wohnt beim Gerber Simon unten am Meer.› Ich habe sofort zu dir geschickt, und du warst so freundlich zu kommen. Nun sind wir alle hier vor Gott versammelt und warten darauf, zu hören, was dir der Herr aufgetragen hat.»

Petrus begann zu sprechen: «Jetzt begreife ich, daß es bei Gott keine Unterschiede gibt. Er liebt alle Menschen, ganz gleich, zu welchem Volk sie gehören, wenn sie ihn nur fürchten und nach seinem Willen leben. Er hat den Juden seine Botschaft gesandt; durch Jesus Christus ließ er ihnen die Gute Nachricht vom Frieden sagen. Dieser Jesus ist der Herr über alles.»

Während Petrus noch sprach, kam der heilige Geist auf alle, die ihm zuhörten. Die jüdischen Gemeindeglieder, die mit Petrus aus Jafo gekommen waren, wunderten sich, daß Gott auch den Nichtjuden den heiligen Geist schenkte. Denn sie hörten, wie die Leute in unbekannten Sprachen redeten und Gott lobten. Petrus aber sagte: «Diese Leute haben genau wie wir den heiligen Geist bekommen. Wer kann ihnen dann die Taufe verweigern?» Und er befahl, sie auf den Namen Jesu Christi zu taufen. Sie aber baten ihn, noch ein paar Tage bei ihnen zu bleiben.

Die Apostel und die Brüder in Judäa hörten, daß auch Nichtjuden die Botschaft Gottes angenommen hatten. Als nun Petrus nach Jerusalem zurückkam, machten sie ihm Vorwürfe: «Du bist zu Leuten gegangen, die nicht zu unserem Volk gehören. Du hast sogar mit ihnen gegessen!» Da erzählte ihnen Petrus ausführlich, was geschehen war. (Zum Abschluß berichtet er:) «Als ich mit ihnen sprach, kam der heilige Geist über sie, genau wie damals am Anfang bei uns. Da fiel mir ein, daß der Herr gesagt hatte: ‹Johannes taufte mit Wasser, aber ihr werdet mit dem Geist Gottes getauft werden.› Es ist klar: Gott hat ihnen das gleiche Geschenk gegeben wie uns, nachdem sie genau wie wir Jesus Christus als ihren Herrn angenommen haben. Mit welchem Recht hätte ich mich da Gott in den Weg stellen können?»

Als die in Jerusalem das hörten, gaben sie ihren Widerstand auf. Sie lobten Gott und sagten: «Also hat Gott auch den Nichtjuden die Möglichkeit gegeben, sich zu ändern und das Leben zu gewinnen.» (Apostelgeschichte 10 und 11)

Auch in Antiochia haben sich Nichtjuden der Christengemeinde angeschlossen. Von hier aus werden Barnabas und Paulus (so der griechische Name des Saulus) von der Gemeinde auf eine «Missionsreise» durch Zypern und das mittlere Kleinasien ausgesandt. Nach ihrer Rückkehr bleiben sie eine Zeitlang in Antiochia.

Nach längerer Zeit kamen Christen aus Judäa nach Antiochia und erklärten den Brüdern: «Ihr könnt nicht gerettet werden, wenn ihr euch nicht beschneiden laßt, wie es das Gesetz des Mose vorschreibt.» Paulus und Barnabas hatten deswegen eine heftige Auseinandersetzung mit ihnen. Schließlich wurde beschlossen, die beiden sollten mit einigen anderen aus Antiochia nach Jerusalem gehen und den Aposteln und Gemeindevorstehern die Streitfrage vortragen.

Die Gemeinde verabschiedete Paulus und Barnabas feierlich. Sie zogen durch Phönizien und Samarien und erzählten überall, wie auch die Nichtjuden Jesus als ihren Herrn angenommen hatten. Darüber freuten sich alle Brüder. Bei der Ankunft in Jerusalem wurden Paulus und Barnabas von der ganzen Gemeinde, den Aposteln und den Gemeindevorstehern herzlich begrüßt. Sie berichteten ihnen, was Gott durch sie getan hatte. Aber einige Pharisäer, die Christen geworden waren, meldeten Bedenken an: «Man muß sie beschneiden und von ihnen fordern, daß sie das Gesetz des Mose befolgen!»

Die Apostel und die Gemeindevorsteher traten zusammen und berieten über die Frage. Nach einer langen Diskussion stand Petrus auf und sagte: «Liebe Brüder! Wie ihr wißt, hat Gott mir schon vor langer Zeit den Auftrag gegeben, auch den anderen Völkern die Gute Nachricht zu verkünden, damit sie Jesus als ihren Herrn annehmen. Gott, der die Herzen aller Menschen kennt, hat uns gezeigt, daß er auch die Nichtjuden annimmt; denn er hat ihnen genauso seinen Geist gegeben wie uns. Er hat keinen Unterschied zwischen beiden gemacht.

Weil sie ihm vertrauten, hat er sie von ihrer Schuld befreit. Warum fordert ihr nun Gott heraus und legt ihnen eine Last auf, die weder unsere Vorfahren noch wir selbst tragen konnten? Wir selbst vertrauen doch darauf, daß wir durch die Gnade des Herrn Jesus gerettet werden. Das gilt auch für sie!»

Als Paulus und Barnabas dann von den Wundern berichteten, die sie mit Gottes Hilfe bei den Nichtjuden vollbracht hatten, hörten alle aufmerksam zu. Am Ende ihres Berichtes stand Jakobus auf und sagte:

«Hört mir zu, liebe Brüder! Simon Petrus hat uns erzählt, wie Gott selbst damit begann, sich auch aus den Nichtjuden ein Volk zu sammeln. Das stimmt mit den Worten der Propheten überein, denn dort heißt es:

‹Danach will ich zurückkommen, sagt der Herr,
und das zerfallene Haus Davids wieder herrichten.
Aus den Trümmern will ich es neu aufbauen,
damit auch die übrigen Menschen nach Gott fragen,
alle Völker, die ich zu meinem Eigentum erklärt habe.
Ich werde tun, was ich seit Urzeiten beschlossen habe.›

Darum bin ich der Ansicht, wir sollten die anderen Völker, die sich Gott zuwenden, nicht mit dem ganzen jüdischen Gesetz belasten. Wir wollen ihnen nur vorschreiben, daß sie kein Fleisch von Tieren essen, die als Opfer für die Götzen geschlachtet worden sind, denn es ist unrein; weiter sollen sie sich vor Blutschande hüten, kein Fleisch von erwürgten Tieren und kein Tierblut genießen. Diese Vorschriften des Mose sind seit alten Zeiten in jeder Stadt bekannt. Sie werden jeden Sabbat überall in den Synagogen vorgelesen.» (Apostelgeschichte 15.)

Der Sinn dieser Vorschrift ist wahrscheinlich der, den Juden in der Gemeinde die Gemeinschaft mit den nichtjüdischen Christen zu ermöglichen. Paulus gibt im Galaterbrief – siehe Seite 411 – allerdings eine andere Darstellung: Nach ihm wurden den nichtjüdischen Christen überhaupt keine Einschränkungen auferlegt.

Der Ruf nach Europa

Zusammen mit Silas begibt sich Paulus auf eine neue Reise. Der Weg führt durch Syrien ins südöstliche Kleinasien. In Lystra gewinnt Paulus Timotheus als weiteren Begleiter.

Danach zogen sie weiter durch Phrygien und Galatien. Der heilige Geist erlaubte ihnen nicht, in der Provinz Asien (d. h. im westlichen Kleinasien) die Gute Nachricht zu verkünden. An der Grenze von Mysien wollten sie nach Bithynien, aber auch daran hinderte sie der Geist Jesu. So wanderten sie durch Mysien und kamen nach Troas. Dort hatte Paulus in der Nacht eine Erscheinung: Er sah einen Mann aus Mazedonien vor sich, der ihn bat: «Komm nach Mazedonien herüber und hilf uns!» Nachdem Paulus diese Erscheinung gehabt hatte, machten wir uns sofort bereit, um nach Mazedonien abzufahren. Denn wir waren sicher, daß Gott uns gerufen hatte, den Menschen dort die Gute Nachricht zu bringen.

Wir stiegen in Troas auf ein Schiff und fuhren nach Samothrake. Am nächsten Tag erreichten wir Neapolis. Von dort zogen wir landeinwärts nach Philippi, einer Stadt im ersten Bezirk Mazedoniens. Sie ist außerdem eine römische Kolonie. Wir hielten uns einige Tage in der Stadt auf. Am Sabbat gingen wir vor das Tor an den Fluß. Wir vermuteten, daß das Gebäude dort eine Synagoge sei. Wir setzten uns und sprachen mit den Frauen, die sich versammelt hatten. Eine von ihnen hieß Lydia. Sie war eine Purpurhändlerin aus Thyatira und war zum Judentum übergetreten. Der Herr hatte ihre Aufmerksamkeit geweckt, und sie hörte genau zu, als Paulus sprach. Sie ließ sich mit allen ihren Leuten taufen. Dann lud sie uns in ihr Haus ein und sagte: «Seid doch meine Gäste, wenn ihr überzeugt seid, daß ich Jesus als meinen Herrn angenommen habe!» Und sie drängte uns, mitzukommen.

Eines Tages trafen wir auf dem Weg zur Synagoge

eine Sklavin. Aus ihr redete ein Geist, der die Zukunft wußte. Mit ihren Prophezeiungen brachte sie ihren Besitzern viel Geld ein. Das Mädchen lief hinter Paulus und uns anderen her und rief: «Diese Leute sind Diener des höchsten Gottes! Sie können euch sagen, wie ihr gerettet werdet.» Das ging einige Tage so, bis Paulus es nicht länger anhören konnte. Er drehte sich um und sagte zu dem Geist: «Ich befehle dir im Namen Jesu Christi, sie zu verlassen!» Im gleichen Augenblick verließ sie der Wahrsagegeist.

Als die Besitzer der Sklavin entdeckten, daß ihnen das Mädchen kein Geld mehr einbringen konnte, packten sie Paulus und Silas. Sie schleppten sie auf den Marktplatz vor das römische Gericht und verklagten sie: «Diese Juden hier stiften Unruhe in der Stadt. Sie wollen Sitten einführen, die gegen unsere Ordnung sind und denen wir als Römer nicht zustimmen können.» Auch das Volk verlangte ihre Bestrafung. Da ließen die römischen Beamten Paulus und Silas die Kleider vom Leib reißen, sie auspeitschen und ins Gefängnis werfen. Der Gefängniswärter bekam Befehl, sie sicher zu verwahren. So kamen sie in die innerste Zelle, und ihre Füße wurden in den Holzblock eingeschlossen.

Gegen Mitternacht beteten Paulus und Silas und sangen Gott Loblieder. Die anderen Gefangenen hörten zu. Plötzlich erschütterte ein heftiges Erdbeben das Gefängnis. Die Türen sprangen auf, und allen Gefangenen fielen die Fesseln ab. Der Gefängniswärter fuhr aus dem Schlaf. Als er die Türen offen sah, dachte er, die Gefangenen seien geflohen. Er zog sein Schwert und wollte sich töten.

Da rief Paulus, so laut er konnte: «Tu dir nichts an! Wir sind alle noch hier.» Der Aufseher rief nach Licht, stürzte in die Zelle und warf sich zitternd vor Paulus und Silas nieder. Dann führte er sie hinaus und fragte: «Ihr Herren, was muß ich tun, um gerettet zu werden?» «Verlaß dich auf Jesus, den Herrn», sagten sie, «dann wirst du gerettet und deine Angehörigen mit dir!» Sie sagten ihm und allen anderen im Haus die Botschaft des Herrn. Der Gefängniswärter führte Paulus und Silas sogleich aus der Zelle und wusch ihre Wunden. An Ort und Stelle ließ er sich mit seiner ganzen Familie taufen. Dann führte er die beiden hinauf in seine Wohnung und gab ihnen zu essen. Er und alle seine Leute waren glücklich, daß sie den wahren Gott gefunden hatten.

Am nächsten Morgen schickten die Richter den Befehl, die Männer freizulassen. Der Gefängniswärter sagte zu Paulus: «Ich habe Befehl bekommen, dich und Silas freizulassen. Ihr könnt also unbehelligt gehen.» Aber Paulus wandte sich an die Boten: «Man hat uns ohne Urteil öffentlich ausgepeitscht, und das, obwohl wir römische Bürger sind. Dann hat man uns ins Gefängnis geworfen. Und nun will man uns heimlich abschieben. Das kommt nicht in Frage! Ich verlange, daß die Verantwortlichen persönlich kommen und uns freilassen.»

Die Boten meldeten das weiter. Als die Richter hörten, daß Paulus und Silas römische Bürger seien, erschraken sie. Sie kamen selbst und entschuldigten sich. Dann führten sie die beiden aus dem Gefängnis und baten sie, die Stadt zu verlassen. Paulus und Silas gingen vom Gefängnis noch einmal zu Lydia. Sie trafen dort die Brüder und machten ihnen Mut. Danach reisten sie weiter. (Apostelgeschichte 16)

In Athen und Korinth

In Thessalonich gründet Paulus eine Gemeinde. Hier wie schon an anderen Orten stößt er auf den Widerstand der Juden. Ähnlich geht es in Beröa, so daß Paulus nach Athen ausweichen muß.

Paulus wartete in Athen auf Silas und Timotheus. Als er die vielen Götterbilder sah, packte ihn der Zorn. Er redete in der Synagoge mit den Juden und den zum Judentum übergetretenen Griechen und sprach jeden Tag zu den Leuten auf dem Marktplatz. Einmal kam es zu einer Aus-

einandersetzung mit Philosophen der epikureischen und stoischen Richtung. Einige von ihnen meinten: «Was will dieser Schwätzer eigentlich?» Andere sagten: «Er scheint von irgendwelchen fremden Göttern zu reden.» Paulus hatte nämlich von Jesus und der Auferstehung gesprochen. Sie nahmen ihn mit sich auf den Areopag und wollten Näheres erfahren. «Uns interessiert deine neue Lehre», sagten sie. «Manches klingt sehr fremdartig, und wir würden gern genauer wissen, worum es sich handelt.» Denn für die Athener und die Fremden in Athen ist es das größte Vergnügen, den ganzen Tag Neuigkeiten zu hören und sie weiterzuerzählen.

So stellte sich Paulus mitten auf den Areopag und sagte zu ihnen: «Männer von Athen! Ich habe wohl gemerkt, daß ihr die Götter hoch verehrt. Ich bin durch eure Stadt gegangen und habe mir eure heiligen Stätten angesehen. Dabei habe ich einen Altar entdeckt mit der Inschrift: ‹Für den unbekannten Gott›. Diesen Gott, den ihr verehrt, ohne ihn zu kennen, will ich euch jetzt bekanntmachen. Gott, der die Welt geschaffen hat und alles, was darin lebt, ist Herr über Himmel und Erde. Er wohnt nicht in Tempeln, die ihm die Menschen gebaut haben. Er ist auch nicht darauf angewiesen, von den Menschen versorgt zu werden, denn er selbst gibt ihnen das Leben und alles, was sie zum Leben brauchen. Er hat den ersten Menschen geschaffen und damit die ganze Menschheit, die nun die Erde bevölkert. Er hat im voraus bestimmt, wie lange und wo die Menschen leben sollten. Er wollte, daß die Menschen ihn suchen und sich bemühen, ihn zu finden. Er ist jedem von uns nahe; denn durch ihn leben, handeln und sind wir. Oder wie es eure Dichter ausgedrückt haben: ‹Von ihm stammen auch wir ab.› Wenn wir nun seine Kinder sind, dürfen wir nicht meinen, er lasse sich durch Bildwerke aus Gold, Silber oder Stein darstellen. Gott bleibt für menschliche Kunstfertigkeit und menschliche Vorstellung unerreichbar. Er hatte Geduld und Nachsicht, solange die Menschen noch nichts von ihm wußten. Aber jetzt fordert er alle Menschen überall auf, einen neuen Anfang zu machen. Er hat einen Tag festgesetzt, an dem er die ganze Menschheit gerecht richten will, und zwar durch einen Mann, den er dazu bestimmt hat. Zum Beweis dafür hat er ihn vom Tod erweckt.»

Als sie Paulus von der Auferstehung reden hörten, lachten einige ihn aus. Andere sagten: «Darüber mußt du uns das nächste Mal mehr erzählen.» Darauf verließ Paulus die Versammlung. Ein paar Männer schlossen sich ihm an und wurden Christen, darunter Dionysius, der dem Stadtrat angehörte, auch eine Frau namens Damaris war dabei und noch einige andere.

Danach verließ Paulus Athen und ging nach Korinth. Dort traf er einen Juden aus Pontus. Er hieß Aquila und war mit seiner Frau Priszilla gerade aus Italien angekommen, denn Kaiser Klaudius hatte alle Juden aus Rom ausweisen lassen. Paulus besuchte die beiden. Weil er wie Aquila Zeltmacher war, blieb er bei ihnen, und sie arbeiteten zusammen. An jedem Sabbat sprach er in der Synagoge und versuchte, Juden und Griechen zu überzeugen.

Als Silas und Timotheus aus Mazedonien nachkamen, konnte Paulus seine ganze Zeit für die eigentliche Aufgabe verwenden. Er verkündete den Juden, daß Jesus der versprochene Retter ist. Als sie ihm aber widersprachen und ihn beschimpften, trennte er sich von ihnen und sagte: «Es ist eure eigene Schuld, wenn ihr zugrunde geht. Ich trage keine Verantwortung dafür. Von jetzt an werde ich mich an die Nichtjuden wenden.» Er wohnte nun bei dem Griechen Titius Justus, der zur jüdischen Gemeinde gehörte und sein Haus gleich neben der Synagoge hatte. Der Synagogenvorsteher Krispus nahm mit seiner ganzen Familie Jesus als Herrn an. Viele Korinther, die die Botschaft hörten, kamen ebenfalls zum Glauben und ließen sich taufen.

Eines Nachts hatte Paulus eine Erscheinung. Der Herr sagte zu ihm: «Hab keine Angst, sondern rede unbeirrt weiter. Gib nicht auf; ich bin bei dir! Keiner kann dir etwas anhaben, denn viele Menschen in dieser Stadt gehören mir.» So blieb Paulus noch anderthalb Jahre dort und sagte den Menschen die Botschaft Gottes. (Apostelgeschichte 17 und 18)

Unruhen in Ephesus

Paulus ist nach Antiochia zurückgekehrt; aber schon bald macht er sich auf eine dritte Reise, die ihn quer durch Kleinasien nach Ephesus führt. Dort wirkt er zwei Jahre lang. Dann beschließt er, über Mazedonien und Griechenland nach Jerusalem und von dort nach Rom zu reisen.

In dieser Zeit kam es wegen der neuen Lehre zu schweren Unruhen in Ephesus. Es gab dort nämlich einen Silberschmied namens Demetrius, der silberne Nachbildungen vom Tempel der Göttin Artemis verkaufte; das brachte ihm und den anderen Handwerkern einen schönen Gewinn. Dieser Demetrius rief alle Zunftgenossen zusammen, die an diesem Geschäft verdienten, und sagte: «Männer, ihr wißt, daß unsere Arbeit uns allerhand einbringt. Ihr werdet aber auch erfahren haben, daß dieser Paulus den Leuten einredet: ‹Götter, die man mit Händen macht, sind gar keine richtigen Götter.› Er hat mit seinen Reden nicht nur hier in Ephesus Erfolg, sondern fast überall in der Provinz Asien. Deshalb besteht die Gefahr, daß er unseren Handel in Verruf bringt. Und nicht nur das. Es könnte so weit kommen, daß der Tempel der großen Göttin Artemis seine Bedeutung verliert und die Göttin selbst vergessen wird, die heute überall in unserer Provinz und in der ganzen Welt verehrt wird.»

Als sie das hörten, wurden sie wütend und riefen: «Groß ist die Artemis von Ephesus!» Die Unruhe breitete sich in der ganzen Stadt aus. Die Menge packte Gaius und Aristarch, die sich Paulus in Mazedonien angeschlossen hatten, und schleppte sie mit zum Theater. Paulus selbst wollte vor die Menge treten, aber die Brüder ließen ihn nicht gehen. Auch einige hohe Beamte der Provinz, die mit ihm befreundet waren, schickten ihm die Warnung, er solle sich lieber nicht im Theater sehen lassen. Unter den Versammelten herrschte die größte Verwirrung. Alle schrien durcheinander, und die meisten wußten nicht einmal, warum sie mitgelaufen waren. Die Juden schickten Alexander nach vorn. Einige aus der Menge erklärten ihm den Anlaß. Da winkte er mit der Hand und wollte vor dem Volk eine Verteidigungsrede für die Juden halten. Aber als sie merkten, daß er Jude war, schrien sie ihn nieder und riefen zwei Stunden lang im Chor: «Groß ist die Artemis von Ephesus!»

Schließlich gelang es dem Geschäftsführer der Stadtverwaltung, die Menge zu beruhigen. «Epheser», rief er, «jeder weiß doch, daß Ephesus die Stadt mit dem berühmten Tempel der Artemis ist und daß wir hier ihr vom Himmel gefallenes Bild verehren. Das kann niemand bestreiten. Beruhigt euch also und laßt euch zu nichts hinreißen. Ihr habt diese Männer hergeschleppt, obwohl sie weder den Tempel beraubt noch unsere Göttin beleidigt haben. Wenn Demetrius und seinen Handwerkern Unrecht geschehen ist, dann gibt es dafür Gerichte und Behörden. Dort können sie ihre Klage vorbringen. Wenn ihr andere Forderungen habt, dann muß das auf einer ordentlichen Volksversammlung geklärt werden. Denn was heute geschehen ist, kann uns leicht als Rebellion ausgelegt werden. Es gibt keinen Grund für diesen Aufruhr, und wir können ihn durch nichts rechtfertigen.» Mit diesen Worten löste er die Versammlung auf.

Als der Tumult sich gelegt hatte, rief Paulus die Christen zusammen. Er machte ihnen noch einmal Mut und verabschiedete sich von ihnen. Auf der Reise durch Mazedonien besuchte er überall die Gemeinden und stärkte sie durch seine Worte. (Apostelgeschichte 19 und 20)

Auf der Durchreise verabschiedet sich Paulus in Milet von den Vorstehern der Gemeinde in Ephesus:

«Ihr wißt, wie ich von dem Tag an, als ich die Provinz Asien betrat, bei euch gelebt habe. Mit ganzer Hingabe habe ich für den Herrn gearbeitet, manchmal unter Tränen oder in großer Notlage, wenn mich die Juden verfolgten. Ihr wißt, daß ich euch nichts verschwiegen habe, was für eure Rettung wichtig war, wenn ich vor der Gemeinde oder in euren Häusern sprach. Die Juden wie die Nichtjuden habe ich ernsthaft ermahnt, zu Gott umzukehren und Jesus als ihren Herrn anzunehmen. Jetzt gehorche ich dem heiligen Geist und gehe nach Jerusalem, und ich weiß nicht, was dort mit mir geschehen wird. Ich weiß nur, daß mir der heilige Geist in jeder Stadt, in die ich komme, Verfolgung und Gefangenschaft ankündigt. Aber was liegt schon an meinem Leben! Wichtig ist nur, daß ich bis zum Schluß den Auftrag erfülle, den mir der Herr Jesus übertragen hat: die Gute Nachricht zu verkünden, daß Gott sich über die Menschen erbarmt.

Ich weiß, daß ich jetzt zum letztenmal bei euch bin. Ihr alle, denen ich die Botschaft Gottes gebracht habe, werdet mich nicht wiedersehen. Deshalb erkläre ich euch heute feierlich, daß es nicht meine Schuld ist, wenn einer von euch verlorengeht. Ich habe euch den Willen Gottes verkündet, ohne auch nur das geringste zu verschweigen. Hütet euch selbst und die Herde, die euch der heilige Geist anvertraut hat. Seid Hirten der Gemeinde, die Gott sich durch das Blut seines eigenen Sohnes erworben hat. Denn ich weiß, wenn ich weg bin, werden gefährliche Wölfe zu euch kommen und unter der Herde wüten, und aus eurer Mitte werden Männer auftreten und mit verlogenen Reden unter den Glaubenden Anhänger für sich werben. Gebt acht und denkt immer daran, daß ich mich drei Jahre lang Tag und Nacht, oft unter Tränen, um jeden einzelnen von euch bemüht habe.

Nun stelle ich euch unter den Schutz Gottes und unter die Botschaft seiner Liebe. Er kann euren Glauben stärken und euch alles geben, was er seinem Volk versprochen hat. Ihr wißt, daß ich nie einen Menschen um Geld oder Kleidung gebeten habe. Mit eigenen Händen habe ich verdient, was meine Begleiter und ich zum Leben brauchten. Ich habe euch immer gezeigt, daß man arbeiten muß, um den Armen helfen zu können. Denkt an die Worte des Herrn Jesus. Er hat selbst gesagt: ‹Geben macht mehr Freude als nehmen.›»

Danach kniete er mit ihnen nieder und betete. Als sie ihn zum Abschied umarmten und küßten, brachen sie in lautes Weinen aus. Am meisten bedrückten sie seine Worte: «Ihr werdet mich nicht wiedersehen.» Dann begleiteten sie ihn zum Schiff.

(In Cäsarea, der letzten Station vor Jerusalem, ist Paulus im Haus des Predigers Philippus zu Gast.) Nach einigen Tagen kam aus Judäa ein Prophet namens Agabus zu uns, nahm den Gürtel des Paulus, fesselte sich Hände und Füße damit und sagte: «Das verkündet der heilige Geist: So werden die Juden den Besitzer dieses Gürtels in Jerusalem fesseln und den Menschen ausliefern, die Gott nicht kennen.» Als wir das hörten, baten wir und unsere Gastgeber Paulus, nicht nach Jerusalem zu gehen. Aber er sagte: «Warum weint ihr und macht es mir schwer? Ich bin bereit, mich in Jerusalem nicht nur fesseln zu lassen, sondern auch für den Herrn Jesus zu sterben.» Da Paulus sich nicht überreden ließ, gaben wir nach und sagten: «Was der Herr will, soll geschehen!» Danach brachen wir auf und reisten nach Jerusalem. (Apostelgeschichte 20 und 21)

Paulus wird verhaftet

Schon kurz nach der Ankunft des Paulus in Jerusalem zeigt sich, daß sein Besuch Konflikte heraufbeschwört. Jakobus und die Vorsteher der Gemeinde eröffnen ihm, daß er bei den Jerusalemer Christen, die nach wie vor das jüdische Gesetz befolgen, als ein Verräter gilt, der die Juden im Ausland zum Abfall von Mose verleite. Um die Grundlosigkeit dieses Vorwurfs zu beweisen, soll sich Paulus an einem Opfer beteiligen, das vier Männer aus der Gemeinde aufgrund eines Gelübdes darzubringen haben. Da Paulus aus dem Ausland kommt und daher als «unrein» gilt, kann das Opfer jedoch erst nach sieben Tagen stattfinden.

Als die sieben Tage fast um waren, sahen Juden aus der Provinz Asien Paulus im Tempel. Sie hetzten das Volk auf, packten Paulus und schrien: «Männer von Israel, zu Hilfe! Das ist er, der überall gegen das Volk Israel, gegen das Gesetz des Mose und gegen diesen Tempel spricht! Jetzt hat er sogar Griechen in den Tempel mitgebracht und diesen heiligen Ort entweiht!» Sie hatten nämlich Paulus in der Stadt mit Trophimus aus Ephesus gesehen und dachten, er hätte ihn auch in den Tempel mitgenommen. Die ganze Stadt geriet in Aufregung; die Leute liefen zusammen, packten Paulus und schleppten ihn aus dem Tempel. Hinter ihnen wurden die Tore sofort geschlossen.

Die Menge stürzte sich auf Paulus und wollte ihn umbringen. Da wurde dem römischen Stadtkommandanten gemeldet: «Ganz Jerusalem ist in Aufruhr!» Er rief sofort Offiziere und Soldaten und eilte zu der Volksmenge. Als die Leute die Truppen sahen, ließen sie davon ab, auf Paulus einzuschlagen. Der Kommandant nahm Paulus fest und ließ ihn mit zwei Ketten fesseln. Dann fragte er die Umstehenden: «Wer ist der Mann, und was hat er getan?» Aber die Leute schrien so wild durcheinander, daß er sich kein genaues Bild von den Vorgängen machen konnte. So befahl er, Paulus in die Kaserne zu bringen. Am Aufgang zur Kaserne kam die Menge Paulus gefährlich nahe, so daß die Soldaten ihn tragen mußten. Denn alle liefen hinterher und riefen: «Schlagt ihn tot!»

Bevor er in die Kaserne geführt wurde, wandte sich Paulus an den Stadtkommandanten: «Darf ich dir etwas sagen?» «Du sprichst griechisch?» fragte der Kommandant. «Dann bist du also nicht jener Ägypter, der vor einiger Zeit eine Verschwörung angezettelt und viertausend bewaffnete Terroristen in die Wüste hinausgeführt hat?» Paulus erwiderte: «Ich bin ein Jude aus Zilizien, ein Bürger der bekannten Stadt Tarsus. Laß mich bitte zu der Menge reden.» Der Kommandant war damit einverstanden.

Paulus stand auf der Freitreppe und bat die Menge mit einer Handbewegung um Ruhe. Als der Lärm sich gelegt hatte, begann Paulus auf hebräisch zu reden: «Ihr Männer, Brüder und Väter, hört zu, was ich zu meiner Verteidigung zu sagen habe!»

Als sie hörten, daß er hebräisch sprach, wurden sie noch stiller, und Paulus konnte weiterreden: «Ich bin ein Jude aus Tarsus in Zilizien, aber aufgewachsen hier in Jerusalem. Mein Lehrer war Gamaliel. Er prägte mir das Gesetz unserer Vorfahren genau ein, und ich trat ebenso leidenschaftlich für Gott ein, wie ihr es heute tut. Ich bekämpfte diesen neuen Glauben bedingungslos. Männer und Frauen nahm ich fest und ließ sie ins Gefängnis werfen. Der Oberste Priester und der ganze jüdische Rat können das bestätigen. Ich ließ mir von ihnen Empfehlungsbriefe an die jüdische Gemeinde in Damaskus geben. Ich wollte auch dort die Anhänger Jesu festnehmen und sie in Ketten zur Bestrafung nach Jerusalem bringen.»

(Paulus schildert seine Bekehrung und kommt dann auf seine Berufung zur Heidenmission zu sprechen.) Bis dahin hatten die Leute Paulus ruhig zugehört. Aber nun fingen sie an zu schreien: «Weg mit ihm, schlagt ihn tot! Er darf nicht am Leben bleiben!» Sie tobten und schwenkten ihre Mäntel, daß der Staub aufgewirbelt wurde.

Der Stadtkommandant befahl, Paulus in die Kaserne zu bringen. Er wollte ihn auspeitschen lassen, um zu erfahren, warum die Juden so wütend auf ihn waren. Als die Soldaten ihn schon festgebunden hatten, sagte Paulus zu dem dabeistehenden Offizier: «Dürft ihr denn einen römischen Bürger auspeitschen, noch dazu ohne ein ordentliches Gerichtsverfahren?» Der Offizier meldete es dem Stadtkommandanten: «Was hast du da vor? Der Mann hat das römische Bürgerrecht!» Die Männer, die Paulus verhören sollten, ließen sofort von ihm ab, und auch der Kommandant bekam es mit der Angst zu tun, weil er einen römischen Bürger hatte fesseln lassen.

Der Stadtkommandant wollte den Anklagen der Juden gegen Paulus auf den Grund gehen. Darum ließ er Paulus am anderen Tag die Fesseln abnehmen, rief die führenden Priester und den ganzen jüdischen Rat zusammen und brachte Paulus vor die Versammlung.

Als Paulus merkte, daß unter den Versammelten sowohl Sadduzäer als auch Pharisäer waren, erklärte er vor dem Rat: «Brüder, ich bin ein Pharisäer und komme aus einer Pharisäerfamilie. Ich stehe hier vor Gericht, weil ich glaube, daß die Toten auferstehen.» Damit spaltete er den Rat in zwei Lager, denn Sadduzäer und Pharisäer fingen sofort an, miteinander zu streiten. Die Sadduzäer glauben nämlich im Gegensatz zu den Pharisäern weder an die Auferstehung noch an Engel und andere unsichtbare Wesen. Das Geschrei wurde immer lauter. Einige Gesetzeslehrer aus der Gruppe der Pharisäer sprangen schließlich auf und erklärten: «Wir können dem Mann nichts vorwerfen. Vielleicht hat er tatsächlich einen Geist oder Engel gehört!»

Der Streit wurde am Ende so heftig, daß der Stadtkommandant fürchtete, sie könnten Paulus in Stücke reißen. So ließ er ihn von seinen Soldaten herausholen und wieder in die Kaserne bringen. In der folgenden Nacht erschien der Herr dem Paulus und sagte zu ihm:

«Nur Mut! Du bist hier in Jerusalem für mich eingetreten; das sollst du auch in Rom tun.»

Um Paulus vor einem Anschlag der Juden zu bewahren, läßt der Stadtkommandant ihn unter militärischem Geleit zum römischen Gouverneur nach Cäsarea bringen. In einem Schreiben informiert er den Gouverneur:

«Klaudius Lysias an den hochverehrten Gouverneur Felix: Ich grüße dich! Den Mann, den ich dir sende, hatten die Juden ergriffen und wollten ihn töten. Als ich hörte, daß er römischer Bürger ist, ließ ich ihn durch meine Wache in Sicherheit bringen. Da ich erfahren wollte, weshalb sie ihn verfolgen, brachte ich ihn vor ihren Rat. Aber es stellte sich heraus, daß er nichts getan hat, worauf Todesstrafe oder Gefängnis steht. Ihre Vorwürfe beziehen sich nur auf Fragen des jüdischen Gesetzes. Da ich von einer Verschwörung gegen ihn erfahren habe, schicke ich ihn zu dir. Ich habe die Kläger angewiesen, ihre Sache gegen ihn bei dir vorzutragen.»

Die Soldaten brachten Paulus befehlsgemäß noch in der Nacht bis nach Antipatris. Am nächsten Tag kehrten die Fußtruppen nach Jerusalem zurück, während die Reiter Paulus weitergeleiteten. Sie brachten ihn nach Cäsarea und übergaben den Brief und den Gefangenen dem Gouverneur Felix. Der las den Brief und fragte Paulus, aus welcher Provinz er stamme. «Aus Zilizien», sagte Paulus. Felix erklärte: «Ich werde dich verhören, wenn deine Ankläger auch hier sind.» Dann befahl er, Paulus im Palast des Herodes zu bewachen. (Apostelgeschichte 21–23)

Paulus kommt nach Rom

Zwei Jahre bleibt Paulus in Haft, ohne daß es zu einer Entscheidung kommt. Dann wird Felix durch einen neuen Gouverneur, Porcius Festus, abgelöst.

Drei Tage nach seinem Amtsantritt reiste Festus von Cäsarea nach Jerusalem. Die führenden Priester und die angesehensten Juden sprachen wegen Paulus bei ihm vor und baten ihn, den Gefangenen nach Jerusalem bringen zu lassen. Sie planten nämlich einen Anschlag und wollten ihn unterwegs töten. Doch Festus erklärte: «Paulus bleibt in Cäsarea. Ich selbst kehre bald wieder dorthin zurück. Eure Bevollmächtigten können ja mitkommen und ihre Anklage vorbringen, wenn der Mann das Recht verletzt hat.»

Festus blieb noch eine gute Woche in Jerusalem und reiste dann nach Cäsarea zurück. Gleich am nächsten Tag eröffnete er die Gerichtsverhandlung und ließ Paulus kommen. Als er erschien, umringten ihn die Juden aus Jerusalem und brachten viele schwere Anklagen gegen ihn vor. Sie konnten aber keine einzige beweisen. Paulus verteidigte sich: «Ich habe weder das Gesetz des Mose noch den Tempel oder den römischen Kaiser angegriffen.» Festus wollte sich bei den Juden beliebt machen und fragte Paulus: «Ist es dir recht, wenn ich den Prozeß nach Jerusalem verlege?» Paulus erwiderte: «Ich stehe hier vor dem kaiserlichen Gericht, das für meinen Fall zuständig ist. Du weißt genau, daß ich mich gegen die Juden in keiner Weise vergangen habe. Wenn ich etwas getan habe, worauf die Todesstrafe steht, dann bin ich bereit zu sterben. Aber wenn ihre Anklagen falsch sind, dann darf ich auch nicht an sie ausgeliefert werden. Ich verlange, daß mein Fall vor den Kaiser kommt!»

Festus besprach sich mit seinen Beratern und entschied dann: «Du hast an den Kaiser appelliert, darum sollst du vor den Kaiser gebracht werden.»

Als unsere Abreise nach Italien beschlossen war, übergab man Paulus und noch einige Gefangene einem Offizier namens Julius aus dem Kaiser-Regiment. Wir gingen an Bord eines Schiffes aus Adramyttium, das die Häfen an der Küste der Provinz Asien anlaufen sollte, und fuhren ab. Der Mazedonier Aristarch aus Thessalonich begleitete uns. Am nächsten Tag erreichten wir Sidon. Julius war sehr entgegenkommend und erlaubte Paulus, seine Glaubensgenossen dort zu besuchen und sich bei ihnen zu erholen. Als wir von dort weiterfuhren, hatten wir Gegenwind; darum segelten wir an der Ostseite Zyperns entlang. Zilizien und Pamphylien ließen wir rechts liegen und erreichten schließlich Myra in Lyzien. Dort fand der Offizier ein Schiff aus Alexandria, das nach Italien fuhr, und brachte uns an Bord.

Viele Tage lang machten wir nur wenig Fahrt und kamen mit Mühe bis auf die Höhe von Knidos. Dann zwang uns der Wind, den Kurs zu ändern. Wir hielten auf Kreta zu, umsegelten Kap Salmone und erreichten mit knapper Not einen Ort, der «Guter Hafen» heißt, nicht weit von der Stadt Lasäa. Wir hatten inzwischen viel Zeit verloren. Das Herbstfasten war vorbei, und die Schiffahrt wurde gefährlich. Deshalb warnte Paulus die Soldaten und Seeleute. «Ich sehe voraus», sagte er, «daß eine Weiterfahrt zu großen Schwierigkeiten führen wird. Sie bringt nicht nur Ladung und Schiff in Gefahr, sondern auch das Leben der Menschen an Bord.» Aber der römische Offizier hörte mehr auf den Kapitän und den Schiffseigentümer als auf das, was Paulus sagte. Außerdem war der Hafen zum Überwintern nicht sehr geeignet. So waren die meisten dafür, wieder in See zu stechen und zu versuchen, noch bis nach Phönix zu kommen. Dieser Hafen auf Kreta ist nach Südwesten und Nordwesten hin offen, und man konnte dort den Winter zubringen.

Als ein leichter Südwind einsetzte, nahm man es für ein günstiges Zeichen. Die Anker wurden gelichtet, und das Schiff segelte so dicht wie möglich an der Küste Kretas entlang. Aber bald brach aus der Richtung der Insel ein Sturm los, der gefürchtete Nordost, und riß das Schiff mit. Da es unmöglich war, das Schiff mit dem Bug gegen den Wind zu drehen und so zu verankern, ließen wir uns einfach treiben. Im Schutz der kleinen Insel Kauda war der Sturm etwas weniger heftig, und wir konnten mit einiger Mühe das Beiboot einholen. Danach legte man zur Sicherung ein paar Taue fest um das ganze Schiff. Um nicht in die Große Syrte verschlagen zu werden, ließen sie den Treibanker ins Wasser und trieben so dahin. Der Sturm setzte dem Schiff stark zu, deshalb warf man am nächsten Tag einen Teil der Ladung ins Meer. Am Tag darauf warfen die Seeleute eigenhändig die ganze Schiffsausrüstung über Bord. Tagelang zeigten sich weder Sonne noch Sterne am Himmel. Der Sturm ließ nicht nach, und so verloren wir am Ende jede Hoffnung auf Rettung.

Niemand wollte mehr etwas essen. Da erhob sich Paulus und sagte: «Ihr hättet auf meine Warnung hören und in Kreta bleiben sollen. Dann wäre uns dies erspart geblieben. Aber jetzt bitte ich euch: Laßt den Mut nicht sinken! Alle werden am Leben bleiben, nur das Schiff geht verloren. In der vergangenen Nacht erschien mir nämlich ein Engel des Gottes, dem ich gehöre und dem ich diene, und sagte zu mir: ‹Hab keine Angst, Paulus! Du mußt vor den Kaiser treten, und auch alle anderen, die mit dir auf dem Schiff sind, wird Gott deinetwegen retten.› Also seid mutig, Männer! Ich vertraue Gott. Es wird alles so kommen, wie er zu mir gesagt hat. Wir werden an einer Insel stranden.»

Wir trieben nun schon die vierzehnte Nacht im Sturm auf dem Mittelmeer. Gegen Mitternacht vermuteten die Seeleute Land in der Nähe. Sie warfen ein Lot aus und kamen auf 36 Meter Wassertiefe. Etwas später waren es nur noch 27 Meter. Sie fürchteten, auf ein Küstenriff aufzulaufen, darum warfen sie vom Heck aus vier Anker aus und flehten zum Himmel, daß es bald Tag werde. Aber noch ehe es Tag wurde, versuchten die Seeleute, das Schiff zu verlassen. Unter dem Vorwand, vom Bug aus Anker auszuwerfen, brachten sie das Beiboot zu Wasser. Aber Paulus warnte den Offizier und die Soldaten: «Wenn die Seeleute das Schiff verlassen, habt ihr keine Aussicht auf Rettung mehr.» Da hieben die Soldaten die Taue durch und ließen das Beiboot davontreiben.

Beim Morgengrauen forderte Paulus alle auf, doch etwas zu essen: «Ihr wartet nun schon vierzehn Tage auf Rettung und habt die ganze Zeit über nichts gegessen. Ich bitte euch deshalb, eßt etwas; das habt ihr nötig, wenn ihr überleben wollt. Keiner von euch wird auch nur ein Haar von seinem Kopf verlieren.» Dann nahm Paulus Brot, dankte Gott vor allen und begann zu essen. Da bekamen auch sie wieder Mut und aßen ebenfalls etwas. Wir waren insgesamt zweihundertsechsundsiebzig Leute auf dem Schiff. Als alle satt waren, warfen sie die Getreideladung über Bord, um das Schiff zu erleichtern.

Bei Tagesanbruch sahen die Seeleute eine Küste, die ihnen unbekannt war. Aber sie entdeckten eine Bucht mit einem flachen Strand und wollten versuchen, das Schiff dort auf Grund zu setzen. Sie kappten die Ankertaue, ließen die Anker im Meer zurück und machten zugleich die Steuerruder klar. Dann hißten sie das Vordersegel, und als das Schiff im Wind wieder Fahrt machte, hielten sie auf die Küste zu. Aber sie liefen auf eine Sandbank auf. Der Bug rammte sich so fest ein, daß das Schiff nicht wieder flott zu machen war. Das Hinterdeck zerbrach unter der Wucht der Wellen.

Die Soldaten wollten alle Gefangenen töten, damit keiner durch Schwimmen entkommen könne. Aber der römische Offizier wollte Paulus retten und verhinderte es. Alle sollten versuchen, das Land zu erreichen. Auf seinen Befehl sprangen zuerst die Schwimmer über Bord. Die übrigen sollten sich Planken und anderen Wrackteilen anvertrauen. So kamen wir alle unversehrt an Land.

Nach unserer Rettung erfuhren wir, daß die Insel Malta hieß. In der Nähe hatte der höchste Beamte der Insel, Publius, seine Besitzungen. Er nahm uns freundlich auf, und wir waren für drei Tage seine Gäste. Der Vater des Publius hatte die Ruhr und lag mit Fieber im Bett. Paulus ging zu ihm ins Zimmer, betete, legte ihm die Hände auf und machte ihn gesund. Darauf kamen alle anderen Kranken der Insel und ließen sich heilen. Sie gaben uns viele Geschenke, und bei der Abfahrt brachten sie uns alles, was wir für die Reise brauchten.

Nach drei Monaten fuhren wir mit einem Schiff aus Alexandria weiter, das in einem Hafen Maltas überwintert hatte und «Die Dioskuren» hieß. Wir kamen nach Syrakus, wo wir drei Tage blieben. Von dort ging es weiter nach Regium. Am Tag darauf kam Südwind auf, und wir brauchten bis Puteoli nur zwei Tage. In der Stadt fanden wir Christen, die uns einluden, eine Woche bei ihnen zu bleiben.

Und dann kam Rom. Die Christen dort hatten von uns gehört und kamen uns bis nach Tres Tabernae, einige sogar bis nach Forum Appii entgegen. Als Paulus sie sah, dankte er Gott und faßte neuen Mut.

In Rom bekam Paulus die Erlaubnis, sich eine Privatunterkunft zu suchen. Er hatte nur einen Soldaten als Wache.

Nach drei Tagen lud er die führenden Juden der Stadt ein. Als alle beisammen waren, sagte er: «Liebe Brüder! Obwohl ich nichts gegen unser Volk oder das Gesetz unserer Vorfahren getan habe, wurde ich in Jerusalem festgenommen und an die Römer ausgeliefert. Die Römer haben mich verhört und wollten mich freilassen, weil sie keinen Grund fanden, mich zum Tod zu verurteilen. Doch weil die Juden dagegen protestierten, blieb mir nur der Ausweg, an den Kaiser zu appellieren. Ich hatte dabei aber nicht die Absicht, mein Volk anzuklagen.

Das wollte ich euch sagen, und darum habe ich euch hergebeten. Ich bin gefangen, weil ich dem diene, auf den das Volk Israel wartet.»

Sie antworteten ihm: «Uns hat niemand aus Judäa über dich geschrieben; es ist auch kein Bruder gekommen, der uns offiziell oder privat etwas Belastendes über dich mitgeteilt hätte. Wir würden aber gern deine Ansichten hören, denn wir haben erfahren, daß die Glaubensrichtung, zu der du gehörst, überall auf Widerspruch stößt.» Sie verabredeten sich für ein andermal.

Am festgesetzten Tag kamen noch mehr von ihnen zu Paulus in seine Unterkunft. Vom Morgen bis in die späte Nacht erklärte und bezeugte er ihnen, daß Gott angefangen hat, seine Herrschaft aufzurichten. Mit Worten aus dem Gesetz des Mose und den Schriften der Propheten versuchte er, sie von Jesus zu überzeugen. Einige ließen sich auch überzeugen, andere wollten ihm nicht glauben. Untereinander uneinig trennten sie sich schließlich.

Da sagte Paulus: «Ich sehe, es ist wahr, was der heilige Geist durch den Propheten Jesaja zu euren Vorfahren gesagt hat:

‹Geh zu diesem Volk und sage:

Ihr werdet hören und doch nichts verstehen.

Ihr werdet sehen und doch nichts begreifen.

Denn dieses Volk ist im Innersten verstockt.

Sie halten sich die Ohren zu und schließen die Augen.

Sonst müßten sie ja sehen, hören und begreifen.

Sie würden zu mir kommen, und ich würde sie retten.›»

Paulus fügte hinzu: «Ich muß euch sagen, daß Gott die versprochene Rettung jetzt zu den anderen Völkern geschickt hat. Und die werden hören!»

Zwei Jahre lang blieb Paulus in seiner Wohnung und konnte dort jedermann empfangen. Er sprach offen und unbehindert darüber, wie Gott sein Werk vollendet, und lehrte sie alles über Jesus Christus, den Herrn. (Apostelgeschichte 25; 27; 28)

AUS DEN BRIEFEN DES APOSTELS PAULUS

Paulus schreibt an die Gemeinde in Rom

Als Gefangener kam Paulus nach Rom, wo er vermutlich während der Neronischen Christenverfolgung den Märtyrertod erlitt. Anders, als er gehofft, hatte sich damit sein Wunsch erfüllt, nach Rom zu kommen. Sein Plan war es gewesen, die Christen in Rom zu besuchen und von dort aus eine Missionsreise nach Spanien, dem äußersten Westen der damaligen Welt, anzutreten. Noch von Korinth aus hatte Paulus sich in einem ausführlichen Schreiben, dem sogenannten «Römerbrief», der ihm unbekannten Gemeinde vorgestellt. Auf eine sehr grundsätzliche Weise entfaltet er hier sein Verständnis des christlichen Glaubens. Martin Luther hat am Römerbrief seine reformatorische Einsicht gewonnen, und auch die Erneuerung der evangelischen Theologie durch Karl Barth im 20. Jahrhundert nahm von diesem Dokument ihren Ausgang.

Paulus, der Jesus Christus dient, schreibt diesen Brief an die Gemeinde in Rom.

Gott hat mich, Paulus, zum Apostel berufen. Er hat mich dazu ausgewählt, die Gute Nachricht bekanntzumachen, daß er nun erfüllt hat, was er durch seine Propheten in den heiligen Schriften versprochen hatte. Denn alle seine Zusagen hat er durch seinen Sohn, unseren Herrn Jesus Christus, erfüllt. Von ihm bekennen wir: Er war von Geburt ein Nachkomme des Königs David; durch die Erweckung vom Tod aber hat Gott selbst ihn als den Sohn bestätigt, dem er seine Macht übertragen hat. In seiner Gnade hat Gott mich zum Apostel berufen. Zur Ehre seines Namens soll ich Menschen aus allen Völkern dafür gewinnen, daß sie die Gute Nachricht annehmen und sich ihm unterstellen. Zu diesen Menschen zählt auch ihr; denn er hat euch dazu berufen, daß ihr Jesus Christus gehört.

Ich grüße alle in Rom, die von Gott geliebt und dazu berufen sind, sein Volk zu sein. Ich bitte Gott, unseren Vater, und Jesus Christus, den Herrn, euch Gnade und Frieden zu geben.

Als erstes wende ich mich unter Berufung auf Jesus Christus an meinen Gott und danke ihm für euch alle; denn in der ganzen Welt erzählt man von eurem Glauben. Jedesmal, wenn ich bete, denke ich an euch. Gott kann bezeugen, daß ich damit die Wahrheit sage! Ihm diene ich mit ganzem Herzen, indem ich die Botschaft von seinem Sohn bekanntmache. Ich bitte ihn immer darum, daß er mir endlich die Möglichkeit gibt, euch zu besuchen. Ich würde euch gerne persönlich kennenlernen, um euch etwas von dem weiterzugeben, was mir Gottes Geist geschenkt hat. Damit möchte ich euch Mut machen; oder besser: wir wollen uns gegenseitig durch unseren Glauben Mut machen, ihr mir und ich euch.

Ich kann euch versichern, Brüder: ich hatte schon oft einen Besuch bei euch geplant, aber bis jetzt ließ Gott es nicht dazu kommen. Wie bei den anderen Völkern wollte ich auch bei euch Römern Menschen für Christus gewinnen. Ich bin allen verpflichtet: den Menschen auf hoher Kulturstufe und den zurückgebliebenen, den Gebildeten und den Unwissenden. Darum liegt mir daran, auch euch in Rom die Gute Nachricht Gottes zu verkünden.

Zu dieser Guten Nachricht bekenne ich mich ohne jede Furcht; denn in ihr wirkt Gottes Macht. Sie bringt allen Menschen Rettung, die ihr glauben; den Juden zuerst, aber ebenso den Menschen aus anderen Völkern. Durch die Gute Nachricht zeigt Gott allen, wie er selbst dafür sorgt, daß sie vor ihm bestehen können. Der Weg dazu ist vom Anfang bis zum Ende bedingungsloses Vertrauen auf Gott. Denn es heißt ja: «Wer Gott vertraut, kann vor ihm bestehen und wird leben.» (Römer 1)

Die ganze Menschheit ist vor Gott schuldig

Paulus schildert zunächst ausführlich, daß die Menschen den Geboten Gottes nicht gehorcht haben und deshalb Gottes Verdammungsurteil verdienen. Davon sind auch die Juden, Gottes erwähltes Volk, nicht ausgenommen.

Ich habe gesagt, daß die Juden genauso wie die anderen Völker in der Gewalt der Sünde sind. In den heiligen Schriften heißt es:

«Kein einziger Mensch kann vor Gott bestehen;
keiner ist verständig und fragt nach dem Willen Gottes.
Alle sind vom rechten Weg abgekommen;
einer wie der andere sind sie zu nichts zu gebrauchen.
Nicht ein einziger tut, was recht ist.
Ihre Kehle ist wie ein offenes Grab;
und von ihrer Zunge kommen bösartige Lügen.
Ihre Worte sind tödlich wie Schlangengift;
ihr Mund ist voll zorniger Flüche.
Wenn es gilt, jemand umzubringen, sind sie gleich
    dabei;
wo sie gehen, hinterlassen sie Verwüstung und Elend.
Sie kümmern sich nicht um das, was zum Frieden
    führt.
Sie haben keinerlei Achtung vor Gott.»

Nun kennen wir die Regel: Was im Gesetzbuch Gottes steht, gilt für die, denen das Gesetz gegeben ist. Keiner soll sich herausreden können. Die ganze Menschheit ist vor Gott schuldig. Denn durch die Befolgung des Gesetzes findet niemand Gottes Anerkennung. Durch das Gesetz wird nur die Macht der Sünde sichtbar. (Römer 3)

Menschliche Leistung und Gottes Erbarmen

Aber jetzt ist eingetreten, was das Gesetz selbst und die Propheten im voraus angekündigt hatten: Gott hat so gehandelt, wie es seinem Wesen entspricht. Er hat selbst dafür gesorgt, daß die Menschen vor ihm bestehen können. Er hat das Gesetz beiseite geschoben und will die Menschen annehmen, wenn sie sich nur auf Jesus Christus verlassen.

Das gilt ohne Ausnahme für alle, die Christus vertrauen. Vor Gott gibt es keinen Unterschied. Alle sind schuldig geworden und haben den Anteil an Gottes Herrlichkeit verscherzt, der ihnen zugedacht war. Aber Gott hat mit ihnen Erbarmen und nimmt sie wieder an. Das ist ein reines Geschenk. Durch Jesus Christus hat er uns aus der Gewalt der Sünde befreit.

Ihn hat Gott als Versöhnungszeichen vor aller Welt
    aufgerichtet.
Sein Blut, das am Kreuz vergossen wurde, bringt allen
    den Frieden mit Gott,
allen, die dieses Friedensangebot bedingungslos
    annehmen.
Früher hatte Gott Geduld mit den Menschen und ließ
    ihre Sünden ungestraft.
Jetzt aber vergibt er ihnen die Schuld.
So zeigt er, daß seine Treue unwandelbar ist.

Ja, in unserer gegenwärtigen Zeit wollte Gott zeigen, wie er zu seinen Zusagen steht. Er bleibt sich selbst treu, indem er alle annimmt, die sich bedingungslos auf Jesus verlassen.

Hat also noch irgend jemand einen Grund, vor Gott stolz zu sein? Bestimmt nicht! Und warum nicht? Weil es vor Gott nicht auf die eigenen Leistungen ankommt, sondern auf das bedingungslose Vertrauen. Wir wissen ganz sicher: Gott nimmt einen Menschen nur an, wenn er sich auf Jesus Christus verläßt. Die Leistungen, die einer aufgrund des Gesetzes vollbracht hat, zählen bei ihm nicht. Oder ist Gott nur für die Juden da? Ist er nicht ebenso der Gott der anderen Völker? Ganz gewiß ist er das. Es gibt nur einen einzigen Gott. Juden wie Nichtjuden nimmt er ohne Unterschied an, wenn sie sich auf Jesus Christus verlassen.

Man wirft mir vor, daß ich damit das Gesetz außer Kraft setze. Das Gegenteil ist richtig! Gerade so bringe ich das Gesetz zur vollen Geltung.

Wie war es denn mit unserem Vorfahren Abraham? Lag es etwa an seinen Taten, daß er vor Gott bestehen konnte? Dann hätte Abraham stolz sein können; aber dazu hatte er Gott gegenüber keinen Grund. In den heiligen Schriften heißt es: «Abraham vertraute auf die Zusage Gottes, und gerade so fand er Gottes Anerkennung.» Ein Arbeiter bekommt seinen Lohn nicht als Geschenk, sondern weil er einen Anspruch darauf hat. Vor Gott ist das anders. Wer nicht auf seine Leistung pocht, sondern dem vertraut, der den Schuldigen freispricht, der findet durch sein Vertrauen bei Gott Anerkennung. Das sagte auch David, als er von der Freude derer sprach, die Gott ohne Rücksicht auf ihre Leistungen annimmt:

«Freuen dürfen sich alle, denen Gott ihr Unrecht vergeben und ihre Sünden zugedeckt hat!

Freuen darf sich, wem der Herr seine Schuld nicht anrechnet!»

Gilt das nur für die Beschnittenen oder auch für die, die nicht beschnitten sind? Ich habe schon gesagt: Weil Abraham sich auf die Zusage Gottes verließ, fand er Gottes Anerkennung. Unter welcher Voraussetzung geschah das? War Abraham schon beschnitten, oder war er es noch nicht? Er war es noch nicht! Die Beschneidung erhielt Abraham als Bestätigung. Man sollte daran erkennen, daß Gott ihn schon vor seiner Beschneidung um seines Vertrauens willen angenommen hatte. So ist Abraham der Vater aller geworden, die Gott vertrauen, ohne beschnitten zu sein. Genau wie Gott Abraham angenommen hat, so nimmt er auch sie an. Gewiß ist Abraham auch der Vater der Beschnittenen. Aber nicht alle Beschnittenen sind Abrahams Kinder, sondern nur die, die Gott ebenso vertrauen wie unser Vater Abraham, als er noch nicht beschnitten war.

Gott versprach Abraham, daß seine Nachkommen die ganze Welt als Besitz erhalten sollten. Abraham erhielt dieses Versprechen nicht deshalb, weil er das Gesetz befolgt hatte, sondern weil er Gott vertraute. Wenn Gottes Zusage für die bestimmt wäre, die sich auf das Gesetz verlassen, dann hätte Gott das Vertrauen entwertet und sein Versprechen widerrufen.

Das Gesetz ruft nur Gottes Zorn hervor; denn erst durch das Gesetz kommt es zu Übertretungen. Darum hat Gott sein Versprechen an das Vertrauen gebunden. Was er zugesagt hatte, sollte ein reines Gnadengeschenk sein. Auf diese Weise gilt allen Nachkommen Abrahams, was Gott versprochen hat; nicht nur denen, die das Gesetz haben, sondern auch denen, die wie Abraham auf Gottes Zusage vertrauen. Wir alle haben Abraham zum Vater. Denn Gott hat zu ihm gesagt: «Ich habe dich zum Vater von vielen Völkern gemacht.»

Gott sagte auch zu ihm: «Deine Nachkommen werden so zahlreich sein wie die Sterne.» Und Abraham vertraute dem, der die Toten lebendig macht und aus dem Nichts alles ins Dasein ruft. Er hoffte, obwohl es keinen Grund zur Hoffnung gab, und vertraute darauf, daß Gott ihn zum Vater vieler Völker machen werde. Abraham war damals fast hundert Jahre alt. Es war ihm klar, daß er keine Kinder mehr zeugen konnte; auch seine Frau Sara konnte keine Kinder mehr bekommen. Trotzdem zweifelte er nicht an Gottes Versprechen, sondern ehrte ihn mit unerschütterlichem Vertrauen. Er verließ sich darauf, daß Gott auch tun kann, was er verspricht. Darum heißt es von Abraham: «Er fand Gottes Anerkennung.» Dieses Wort gilt nicht nur für Abraham selbst, sondern auch für uns. Auch uns will Gott annehmen, wenn wir uns auf ihn verlassen. Er hat ja auch Jesus, unseren Herrn, aus dem Tod zum Leben erweckt. Er ließ ihn sterben, um unsere Schuld zu tilgen, und er hat ihn zum Leben erweckt, damit wir vor ihm bestehen können. (Römer 3 und 4)

Jesus Christus, der Versöhner

Gott hat uns also angenommen, weil wir uns ganz auf ihn verlassen. Jetzt ist Friede zwischen ihm und uns. Das verdanken wir Jesus Christus, unserem Herrn; denn er brachte uns die Gnade Gottes, die jetzt unser Leben bestimmt. Nun sind wir voll Freude, weil wir fest damit rechnen, daß Gott uns an seiner Herrlichkeit teilnehmen läßt. Sogar daß wir jetzt noch leiden müssen, ist für uns ein Grund zur Freude. Denn wir wissen, daß das Leiden zur Standhaftigkeit führt. Darin bewährt sich unser Vertrauen, und unsere Hoffnung festigt sich. Das gibt uns die Gewißheit, daß wir auch vor dem Gericht Gottes bestehen werden. Gott hat uns ja seinen Geist geschenkt und uns dadurch gezeigt, wie sehr er uns liebt.

Als wir noch zu schwach waren, um das Gute zu tun, ist Christus für uns gottlose Menschen gestorben. Das geschah zu der Zeit, die Gott selbst bestimmt hatte. Wer ist schon bereit, auch nur für einen schuldlosen Menschen zu sterben? Allenfalls könnte sich einer entschließen, für einen besonders guten Menschen den Tod auf sich zu nehmen. Christus aber starb für uns, als wir noch Gottes Feinde waren. Damit hat Gott uns bewiesen, wie sehr er uns liebt. Wenn wir aber schon jetzt durch den Opfertod Christi bei Gott angenommen sind, dann werden wir erst recht durch Christus vor Gottes zukünftigem Zorn bewahrt werden. Als wir noch Gottes Feinde waren, hat Gott durch den Tod seines Sohnes unsere Feindschaft überwunden. Jetzt, wo wir Gottes Freunde geworden sind, wird uns das neue Leben seines Sohnes erst recht vor dem Gericht Gottes schützen. Aber schon jetzt sind wir von der Gewißheit erfüllt, daß wir Gott auf unserer Seite haben. Das verdanken wir Jesus Christus, unserem Herrn, der uns den Frieden mit Gott gebracht hat.

Die Sünde kam durch einen einzigen Menschen in die Welt, und sie brachte den Tod mit sich. Alle Menschen gerieten unter seine Herrschaft; denn sie haben ohne Ausnahme selbst gesündigt. Schon bevor das Gesetz erlassen wurde, gab es Sünde in der Welt. Aber wo kein Gesetz ist, wird die Sünde nicht angerechnet. Trotzdem hatte der Tod schon in der Zeit von Adam bis Mose alle Menschen in seiner Gewalt, auch die, die nicht wie Adam einem ausdrücklichen Befehl Gottes zuwidergehandelt hatten.

Adam ist das Gegenbild zu dem anderen, der kommen sollte. Aber das, was Gott uns durch diesen anderen schenkt, steht in keinem Verhältnis zu der Verfehlung Adams. Alle mußten sterben, weil einer Gott nicht gehorcht hatte. Aber durch den einen Menschen Jesus Christus schenkt Gott uns seine Gnade, die so reich ist, daß sie die Folgen von Adams Schuld mehr als aufwiegt. Durch das Urteil über die Verfehlung dieses einen kam es zur Verurteilung aller; aber Gottes unverdientes Geschenk überwindet eine Unzahl von Verfehlungen und bringt allen den Freispruch. Durch den Ungehorsam des einen Menschen begann der Tod zu herrschen. Aber wieviel mehr ist durch den einen Menschen Jesus Christus geschehen! Alle, die Gott um seinetwillen annimmt und mit seiner reichen Gnade beschenkt, werden mit ihm zusammen leben und herrschen.

Also: Durch den Ungehorsam des einen Menschen kam es dazu, daß alle verurteilt wurden. Ebenso bringt der Gehorsam des einen für alle Freispruch und Leben. Weil einer ungehorsam war, wurden alle vor Gott schuldig. Ebenso werden alle von Gott freigesprochen, weil der eine gehorsam war. Das Gesetz ist nachträglich hinzugekommen, damit die Sünde sich entfalten konnte. Aber wo die Sünde ihr volles Maß erreicht hat, dort übersteigt Gottes Liebe alles Maß. Am Tod zeigt sich, wie mächtig die Sünde ist. Wie mächtig Gottes Liebe ist, zeigt sich am Leben, das keinen Tod mehr kennt. Dieses Leben verdanken wir unserem Herrn Jesus Christus, durch den wir von unserer Schuld freigeworden sind. (Römer 5)

Freiheit von Sünde und Gesetz

Was folgt daraus für uns? Sollen wir ruhig weitersündigen, damit die Liebe Gottes sich um so mächtiger erweisen kann? Nein, ganz gewiß nicht! Für die Sünde sind wir tot. Wie können wir dann weiter unter ihrer Herrschaft leben? Durch die Taufe sind wir alle mit Jesus Christus verbunden worden. Wißt ihr nicht, was das bedeutet? Die Taufe verbindet uns mit seinem Tod. Als wir getauft wurden, wurden wir mit ihm begraben. Aber wie er durch die wunderbare Macht Gottes, des Vaters, aus dem Tod zurückgerufen wurde, so können auch wir jetzt ein neues Leben führen.

Wie wir mit Christus im Tod vereint waren, sollen wir auch zusammen mit ihm leben. Wir wissen ganz sicher: Was wir früher waren, ist mit Christus am Kreuz gestorben. Unser von der Sünde beherrschtes Ich ist damit tot, und wir müssen nicht länger Sklaven der Sünde sein. Denn von einem Toten hat die Sünde nichts mehr zu fordern. Wenn wir aber zusammen mit Christus gestorben sind, werden wir auch mit ihm zusammen leben; davon sind wir fest überzeugt. Wir wissen ja, daß Christus wieder lebendig wurde und nie mehr stirbt. Der Tod hat keine Macht mehr über ihn. Ein für allemal starb Christus für die Sünde. Jetzt lebt er für Gott. Genauso müßt ihr von euch selbst denken: Ihr seid tot für die Sünde, aber weil ihr mit Jesus Christus verbunden seid, lebt ihr für Gott.

Laßt also euren vergänglichen Körper nicht von der Sünde beherrschen. Gehorcht nicht euren Leidenschaften. Liefert auch nicht den kleinsten Teil eures Körpers der Sünde aus, damit sie ihn nicht als Waffe gegen das Gute benutzen kann. Stellt euch vielmehr Gott zur Verfügung als Menschen, die aus dem Tod ins neue Leben gelangt sind. Gott soll euch mit all euren Fähigkeiten als Waffe im Kampf für das Gute benutzen können. Die Sünde hat künftig keine Macht mehr über euch. Denn ihr lebt nicht unter dem Gesetz, sondern unter der Gnade Gottes.

Können wir also ruhig sündigen, weil wir ja unter der göttlichen Gnade und nicht unter dem Gesetz leben? Auf keinen Fall! Ihr wißt doch: Wem ihr euch als Sklaven unterstellt, dem müßt ihr auch gehorchen. Entweder stellt ihr euch auf die Seite der Sünde; dann werdet ihr sterben. Oder ihr stellt euch auf die Seite des Gehorsams; dann werdet ihr vor Gottes Gericht bestehen können. Gott sei Dank! Früher wart ihr Sklaven der Sünde. Aber jetzt gehorcht ihr von ganzem Herzen der Wahrheit, wie sie euch gelehrt worden ist. Ihr seid vom Dienst der Sünde befreit und steht nun im Dienst des Guten.

Ich gebrauche das Bild vom Sklavendienst, damit ihr besser versteht, worauf es ankommt. Früher hattet ihr euch der Unreinheit und dem Unrecht zur Verfügung gestellt. Das führte zu einem Leben, an dem Gott keine Freude haben konnte. Ebenso müßt ihr euch jetzt dem Guten zur Verfügung stellen; denn das führt zu einem Leben, das Gott gefällt. Solange ihr Sklaven der Sünde wart, wart ihr dem Guten gegenüber frei und unabhängig. Was kam dabei heraus? Ihr schämt euch jetzt, wenn ihr daran denkt; denn am Ende stand der Tod. Aber jetzt seid ihr von der Sünde frei geworden und gehört Gott. So kommt es, daß ihr tut, was Gott gefällt. Am Ende erwartet euch ewiges Leben. Die Sünde zahlt ihren Lohn: den Tod. Gott dagegen macht uns ein unverdientes Geschenk: durch unseren Herrn Jesus Christus schenkt er uns ein Leben, das keinen Tod mehr kennt.

Brüder, ihr kennt euch ja alle im Gesetz aus und wißt: es hat für einen Menschen nur Geltung, solange er lebt. Eine verheiratete Frau zum Beispiel ist durch das Gesetz an ihren Mann gebunden, solange dieser lebt. Wenn der Mann stirbt, hat das Gesetz, das sie an ihn gebunden hatte, keine Gültigkeit mehr für sie. Wenn sie sich also zu Lebzeiten ihres Mannes mit einem anderen einläßt, ist sie eine Ehebrecherin. Stirbt aber der Mann, dann ist das Gesetz für sie nicht mehr verbindlich. Sie begeht keinen Ehebruch, wenn sie mit einem anderen Mann zusammenlebt.

So steht es auch mit euch, Brüder. Weil ihr mit Christus gestorben seid, seid ihr dem Gesetz gegenüber tot. Jetzt gehört ihr einem anderen, nämlich dem, der vom Tod erweckt worden ist. Darum können wir so leben, daß Gott dadurch geehrt wird.

Als wir noch nach unseren eigenen Wünschen lebten, war unser Körper in der Gewalt von Leidenschaften, die zur Sünde führen. Gerade das Gesetz hatte diese Leidenschaften wachgerufen. So taten wir, was zum Tod führt. Aber jetzt sind wir vom Gesetz befreit. Für das, was uns früher gefangen hielt, sind wir tot. Wir dienen Gott darum nicht mehr auf die alte Weise nach den Vorschriften des Gesetzes. Sein Geist macht uns fähig, ihm auf eine neue Weise zu dienen. (Römer 6 und 7)

Der Mensch unter dem Gesetz

Folgt daraus, daß das Gesetz auf die Seite der Sünde gehört? Das kann nicht sein! Aber ohne das Gesetz hätten wir Menschen die Macht der Sünde nie kennengelernt. Die eigensüchtigen Wünsche wären nicht in uns erwacht, wenn das Gesetz nicht gesagt hätte: «Du sollst nicht eigensüchtig sein!» Die Sünde benutzte die Gelegenheit und stachelte mit Hilfe dieses Verbots alle nur möglichen Leidenschaften in uns an. Wo es kein Gesetz gibt, ist die Sünde tot. Es gab eine Zeit, da kannten wir noch kein Gesetz. Erst als das Verbot kam, lebte die Sünde auf, und wir mußten sterben. Die Vorschrift, die uns Leben schenken sollte, brachte uns den Tod. Denn die Sünde benutzte das Verbot, um uns zu überlisten und zu töten.

Es steht aber fest, daß das Gesetz von Gott kommt. Seine Vorschriften sind heilig, gerecht und gut. Folgt daraus, daß das Gute uns den Tod brachte? Auf keinen Fall! Vielmehr benutzte die Sünde das Gute, um uns zu töten. Es sollte nämlich dahin kommen, daß die Sünde ganz eindeutig als Sünde zu erkennen ist. Gott wollte sie durch das Verbot dazu bringen, ihre ganze Sündigkeit zu entfalten. Es steht außer Zweifel, daß das Gesetz von Gott kommt. Aber wir sind schwache Menschen, als Sklaven an die Sünde verkauft. So kommt es, daß wir mit unserem eigenen Tun nicht einverstanden sind. Wir tun nicht, was wir gerne möchten, sondern was uns zuwider ist. Wenn wir aber das Schlechte, das wir tun, gar nicht wollen, dann erkennen wir damit an, daß das Gesetz gut ist.

Wir selbst sind es also gar nicht, die das Schlechte tun. Vielmehr tut es die Sünde, die von uns Besitz ergriffen hat. Wir wissen genau: in uns selbst ist nichts Gutes zu finden. Wir bringen es zwar fertig, das Rechte zu wollen, aber wir sind zu schwach, es auch auszuführen. Wir tun nicht das Gute, das wir gerne tun möchten, sondern das Schlechte, das wir verabscheuen. Wenn wir aber tun, was wir nicht wollen, dann verfügen nicht mehr wir über uns, sondern die Sünde, die von uns Besitz ergriffen hat.

Wir sehen also, daß sich alles nach folgender Regel abspielt: Wir wollen das Gute tun, aber es kommt nur Schlechtes dabei heraus. Innerlich stimmen wir dem Gesetz Gottes mit Freuden zu. Aber wir sehen, daß unser Tun einem anderen Gesetz folgt. Dieses Gesetz liegt im Streit mit dem Gesetz, dem unsere Vernunft zustimmt.

Es macht uns zu Gefangenen der Sünde, deren Gesetz uns beherrscht. Wir stimmen zwar mit der Vernunft dem Gesetz Gottes zu, aber mit unserem Tun folgen wir dem Gesetz der Sünde.

Es ist zum Verzweifeln! Wir haben nur noch den Tod zu erwarten. Wer kann uns aus dieser ausweglosen Lage retten? (Römer 7)

Nichts kann uns von Gottes Liebe trennen

Wir danken Gott durch unseren Herrn Jesus Christus: Er hat es getan! Darum muß keiner das Urteil Gottes fürchten, wenn er sich an Jesus Christus hält. Denn dann gilt für ihn ein ganz anderes Gesetz als das, das durch die Sünde in den Tod führt: nämlich das Gesetz des Geistes, der durch Jesus Christus zum Leben führt und uns von jenem Gesetz befreit hat. Wo das Gesetz versagen mußte, weil wir schwache Menschen sind, da griff Gott selbst ein. Er sandte seinen eigenen Sohn als einen Menschen, der wie wir der Versuchung zum Ungehorsam ausgesetzt war, und verurteilte die Sünde dort, wo sie ihre ganze Stärke entfaltet: in der menschlichen Natur. So hat er die Sünde überwunden. Nun können wir so leben, wie das Gesetz es verlangt. Denn unser Leben wird jetzt vom Geist Gottes bestimmt und nicht mehr von unserer eigenen Natur. Wenn jemand nach seiner Natur lebt, wird er ganz von seinen eigensüchtigen Wünschen beherrscht. Wenn dagegen der Geist Gottes in ihm lebt, ist er ganz von diesem Geist bestimmt. Die eigenen Wünsche führen zum Tod. Der Geist Gottes dagegen schenkt Leben und Frieden.

Der Mensch, so wie er von sich aus ist, lehnt sich gegen Gott auf. Er gehorcht nicht dem Gesetz Gottes, ja er kann es gar nicht. Denn es ist völlig ausgeschlossen, daß einer den Willen Gottes erfüllt, wenn er seinem eigenen Willen folgt. Ihr aber steht nicht mehr unter der Herrschaft eures eigenen Willens, sondern unter der Herrschaft des Geistes. Sonst hätte ja der Geist Gottes nicht wirklich von euch Besitz ergriffen. Wer nicht den Geist hat, den Christus schenkt, der gehört nicht zu ihm. Wenn Christus in euch wirkt, dann seid ihr zwar wegen eurer Sünde dem Tod verfallen, aber weil Gott euch angenommen hat, schenkt sein Geist euch das Leben. Denn wenn der Geist dessen in euch lebt, der Jesus vom Tod erweckt hat, dann wird Gott durch diesen Geist auch eure Körper, die dem Tod verfallen sind, lebendig machen.

Brüder! Wir stehen also nicht mehr unter dem Zwang, unserer menschlichen Natur zu folgen. Wenn ihr nach eurem eigenen Willen lebt, werdet ihr sterben. Leben werdet ihr nur, wenn ihr Gottes Geist in euch wirken laßt, damit er euren Eigenwillen tötet.

Alle, die sich von Gottes Geist leiten lassen, sind Gottes Kinder. Ihr müßt euch also nicht mehr vor Gott fürchten. Daß er euch seinen Geist gegeben hat, zeigt euch, daß ihr nicht seine Sklaven, sondern seine Kinder seid. Weil sein Geist in uns lebt, sagen wir zu Gott: «Vater!» Und Gottes Geist bestätigt unserem Geist, daß wir wirklich Gottes Kinder sind.

Wenn wir das sind, dann wird Gott uns auch schenken, was er seinen Kindern versprochen hat. Er will uns dasselbe geben, was er Christus gab. Wenn wir wirklich mit Christus leiden, dann sollen wir auch seine Herrlichkeit mit ihm teilen.

Ich bin überzeugt: Die künftige Herrlichkeit, die Gott für uns bereithält, ist so groß, daß alles, was wir jetzt leiden müssen, in gar keinem Verhältnis dazu steht. Alle Geschöpfe warten sehnsüchtig darauf, daß Gott diese Herrlichkeit an seinen Kindern sichtbar macht. Er hat ja die ganze Schöpfung der Vergänglichkeit preisgegeben, nicht weil sie selbst schuldig geworden war, sondern weil er sie in das Gericht über den Menschen miteinbezogen hat.

Er hat aber seinen Geschöpfen die Hoffnung gegeben, daß sie eines Tages vom Fluch der Vergänglichkeit erlöst werden. Sie sollen dann nicht mehr Sklaven des Todes sein, sondern am befreiten Leben der Kinder Gottes teilhaben. Wir wissen, daß die ganze Schöpfung bis jetzt noch vor Schmerzen stöhnt wie eine Frau bei der Geburt. Aber auch wir, denen Gott doch schon als Anfang des neuen Lebens – gleichsam als Anzahlung – seinen Geist geschenkt hat, warten sehnsüchtig darauf, daß Gott uns als seine Kinder bei sich aufnimmt und uns von der Vergänglichkeit befreit.

In der Hoffnung ist unsere Rettung schon vollendet – aber nur in der Hoffnung. Wenn wir schon hätten, worauf wir warten, brauchten wir nicht mehr zu hoffen. Wer hofft denn auf etwas, das schon da ist? Also hoffen wir auf das, was wir noch nicht sehen, und warten geduldig darauf.

Der Geist Gottes kommt uns dabei zu Hilfe. Wir sind schwach und wissen nicht einmal, wie wir im Gebet zu Gott sprechen sollen. Darum tritt der Geist bei Gott für uns ein. Sein Bitten läßt sich nicht in Worten ausdrücken. Aber Gott, der unser Herz kennt, kennt auch die Gedanken des Geistes. Er weiß, daß der Geist so, wie es Gott gefällt, für das Volk Gottes eintritt.

Wir wissen: Wenn einer Gott liebt, muß alles dazu beitragen, daß er das Ziel erreicht, zu dem Gott ihn nach seinem Plan berufen hat. Er hat alle, die er ausgewählt hat, dazu bestimmt, genauso wie sein Sohn das neue Leben zu bekommen. Denn Christus soll der erste unter vielen Brüdern sein. Die, die Gott dazu bestimmt hatte, die berief er auch, und er hat dafür gesorgt, daß sie vor seinem Urteil bestehen können. Ja, er hat ihnen an seiner Herrlichkeit Anteil gegeben.

Was sollen wir sonst noch sagen? Gott ist auf unserer Seite, wer kann uns dann noch etwas anhaben? Er schonte nicht einmal seinen eigenen Sohn, sondern ließ ihn für uns alle sterben. Wird er uns dann mit ihm nicht alles schenken? Niemand kann die, die Gott ausgewählt hat, anklagen. Denn Gott selbst spricht sie frei. Niemand kann sie verurteilen. Jesus Christus ist ja für sie gestorben. Mehr noch: er ist vom Tod erweckt worden. Er sitzt an Gottes rechter Seite und tritt für uns ein. Kann uns dann noch jemand von Christus und seiner Liebe trennen? Etwa Leiden, Not, Verfolgung, Hunger, Entbehrung, Gefahr oder Tod? Es heißt ja:

«Deinetwegen sind wir den ganzen Tag in Todes-
gefahr.
Wir werden wie Schafe behandelt, die man zum
Schlachten treibt.»

Nein, mitten in all dem triumphieren wir mit Hilfe dessen, der uns seine Liebe erwiesen hat. Ich bin gewiß, daß uns nichts von dieser Liebe trennen kann: weder Tod noch Leben, weder Engel noch andere Mächte, weder Gegenwärtiges noch Zukünftiges, weder etwas im Himmel noch etwas in der Hölle. Durch Jesus Christus, unseren Herrn, hat Gott uns seine Liebe geschenkt. Darum gibt es in der ganzen Welt nichts, was uns jemals von der Liebe Gottes trennen kann. (Römer 8)

Brief nach Korinth: Die Botschaft vom Kreuz

In der Gemeinde von Korinth, die Paulus auf seiner zweiten Missionsreise gegründet hatte, gab es ein besonders reiches geistliches Leben. Die Kehrseite war, daß sich rivalisierende Gruppen bildeten und daß die grundlegende christliche Botschaft von tiefsinnigen Auslegungen überwuchert wurde – ebenso wie das wichtigste Geschenk des Geistes, die Liebe, über der Freude an den wunderbaren Geisteskräften in Vergessenheit zu geraten drohte.

Brüder, im Namen unseres Herrn Jesus Christus rufe ich euch auf: Seid einig! Bildet keine Gruppen, die sich gegenseitig bekämpfen! Haltet in gleicher Gesinnung und Überzeugung zusammen! Die Leute der Chloë haben mir erzählt, liebe Brüder, daß es unter euch Streitigkeiten gibt. Ihr wißt, was ich meine. Der eine sagt: «Ich gehöre zu Paulus!» Der andere: «Ich zu Apollos!» Der dritte: «Ich zu Petrus!» Und wieder ein anderer: «Ich zu Christus!» Christus läßt sich doch nicht zerteilen! Ist vielleicht Paulus für euch am Kreuz gestorben? Oder wurdet ihr auf den Namen des Paulus getauft? Ich bin froh, daß ich außer Krispus und Gaius keinen von euch getauft habe; sonst würdet ihr am Ende noch sagen, daß *ich* durch die Taufe zu eurem Herrn geworden sei! Halt, ich habe auch noch Stephanas und seine Familie getauft. Aber sonst weiß ich wirklich niemand mehr, den ich getauft hätte.

Christus hat mich nicht beauftragt zu taufen, sondern die Gute Nachricht zu verkünden. Wenn ich die Gute Nachricht aber mit tiefsinnigen Erkenntnissen vermenge, wird der Tod, den Christus gestorben ist, um seine ganze Wirkung gebracht. Denn es kann nicht anders sein: Für die, die verlorengehen, muß die Botschaft vom Kreuzestod als Unsinn erscheinen. Wir aber, die gerettet werden, erfahren darin Gottes Macht. Gott hat doch gesagt:

«Ich will die Weisheit der Weisen zunichte machen und den Verstand der Klugen verwerfen.»

Wo bleiben da die Philosophen? Wo die Kenner der heiligen Schriften? Wo die gewandten Diskussionsredner? Was Menschen als letzte Weisheit bewundern, das hat Gott zu Unsinn gemacht!

Gewiß, Gott gab den Menschen die Möglichkeit, ihn mit Hilfe ihrer Vernunft zu erkennen. Aber sie haben davon keinen Gebrauch gemacht und haben es verschmäht, mit ihrer eigenen Weisheit Gott in seiner Weisheit zu erkennen. Darum beschloß Gott, die Menschen durch das zu retten, was die Weisen für Unsinn halten: die Botschaft vom Kreuzestod. Wer sie annimmt, der ist gerettet. Die Juden verlangen Wunder, die Griechen Erkenntnis. Wir aber verkünden, daß Christus, der Gekreuzigte, der Retter ist. Für die Juden ist das eine Gotteslästerung, für die Griechen Unsinn. Aber alle, die berufen sind, Juden wie Nichtjuden, erfahren in Christus Gottes Macht und sehen in ihm Gottes Weisheit. Gott scheint hier gegen alle Vernunft zu handeln – und ist doch weiser als alle Menschen. Gott scheint schwach – und ist doch stärker als alle Menschen.

Schaut doch euch selbst an, Brüder! Wen hat Gott denn da berufen? Kaum einer von euch ist ein gebildeter oder mächtiger oder angesehener Mann. Gott hat sich vielmehr die Einfältigen ausgesucht, weil er die Klugen demütigen wollte. Er hat sich die Machtlosen ausgesucht, weil er die Mächtigen demütigen wollte. Er hat sich die Geringen und Verachteten ausgesucht, die nichts gelten, denn er wollte die zu nichts machen, die vor den Menschen etwas sind. Niemand soll vor Gott mit irgend etwas auftrumpfen können.

Euch aber hat Gott zur Gemeinschaft mit Jesus Christus berufen. Der ist unsere Weisheit, die von Gott kommt. Durch ihn können wir vor Gott bestehen. Durch ihn hat Gott uns zu seinem Volk gemacht und von unserer Schuld befreit. Es sollte geschehen, wie es schon in den heiligen Schriften heißt: «Wer auf etwas stolz sein will, soll stolz sein auf das, was der Herr getan hat.» (1.Korinther 1)

Nichts geht über die Liebe

Es gibt verschiedene Gaben; doch sie werden alle von demselben Geist ausgeteilt. Es gibt verschiedene Dienste; doch der Auftrag kommt stets von demselben Herrn. Es gibt verschiedene Fähigkeiten; doch derselbe Gott schafft sie alle. Was nun der Geist in jedem einzelnen von uns wirkt, das ist zum Nutzen aller bestimmt. Einer erhält vom Geist die Gabe, göttliche Weisheit zu verkünden, der andere, Erkenntnis Gottes zu vermitteln. Derselbe Geist gibt dem einen Menschen besondere Glaubenskraft und dem anderen die Kraft zu heilen. Der Geist ermächtigt den einen, Wunder zu tun; den anderen macht er fähig, Weisungen von Gott zu empfangen. Wieder ein anderer kann unterscheiden, was aus dem Geist Gottes kommt und was nicht. Den einen befähigt der Geist, in unbekannten Sprachen zu reden; einem anderen gibt er die Fähigkeit, das Gesagte zu übersetzen. Aber das alles bewirkt ein und derselbe Geist. Aus freiem Ermessen gibt er jedem seine besondere Fähigkeit.

Man kann die Gemeinde Christi mit einem Leib vergleichen, der viele Glieder hat. Obwohl er aus so vielen Teilen besteht, ist der Leib doch einer. Denn wir alle, Juden und Nichtjuden, Sklaven und Freie, sind in der Taufe durch denselben Geist zu einem einzigen Körper verbunden worden, und wir haben alle an demselben Geist Anteil bekommen.

Ein Körper besteht nicht aus einem einzigen Teil, sondern aus vielen Teilen. Wenn der Fuß erklärt: «Ich gehöre nicht zum Leib, weil ich nicht die Hand bin» – hört er damit auf, ein Teil des Körpers zu sein? Oder wenn das Ohr erklärt: «Ich gehöre nicht zum Leib, weil ich nicht das Auge bin» – hört es damit auf, ein Teil des Körpers zu sein? Wie könnte ein Mensch hören, wenn er nur aus Augen bestünde? Wie könnte er riechen, wenn er nur aus Ohren bestünde? Gott hat bestimmt, daß jeder Teil in das Ganze des Körpers eingefügt ist. Wenn alles nur ein einzelner Teil wäre, wo bliebe da der Leib? Aber nun gibt es viele Teile, und alle an einem einzigen Leib.

Das Auge kann nicht zur Hand sagen: «Ich brauche dich nicht!» Und der Kopf kann nicht zu den Füßen sagen: «Ich brauche euch nicht!» Gerade die Teile des Körpers, die schwächer scheinen, sind besonders wichtig. Die Teile, die als unansehnlich gelten, kleiden wir mit besonderer Sorgfalt, und genauso machen wir es bei denen, die Anstoß erregen. Die anderen Teile haben das nicht nötig. Gott hat unseren Körper zu einem Ganzen zusammengefügt und hat dafür gesorgt, daß die geringeren Teile besonders geehrt werden. Denn er wollte, daß es keine Uneinigkeit im Körper gibt, sondern jeder Teil sich um den anderen kümmert. Wenn irgendein Teil des Körpers leidet, dann leiden alle anderen mit ihm. Und wenn irgendein Teil geehrt wird, freuen sich die anderen mit.

Ihr alle bildet zusammen den Leib Christi. Jeder einzelne von euch ist ein Teil davon. Jedem hat Gott seinen bestimmten Platz zugewiesen. Zuerst kommen die Apostel, dann die Propheten und die Lehrer. Dann kommen die, die Wunder tun oder heilen können, die helfen oder verwalten oder in unbekannten Sprachen reden. Nicht alle sind Apostel, Propheten oder Lehrer. Nicht jeder kann Wunder tun, Kranke heilen, in unbekannten Sprachen reden oder diese Sprachen übersetzen. Bemüht euch um die höheren Gaben!

Ich kenne aber etwas, das weit wichtiger ist als alle diese Fähigkeiten.

Wenn einer alle Sprachen der Menschen und sogar der Engel spricht, aber keine Liebe hat, ist er doch nur ein dröhnender Gong oder eine lärmende Pauke. Wenn einer göttliche Eingebungen hat und alle Geheimnisse Gottes kennt, wenn er den Glauben hat, der Berge versetzt, aber ohne Liebe ist, hat das alles keinen Wert. Wenn einer seinen ganzen Besitz verteilt und den Feuertod auf sich nimmt, aber die Liebe nicht hat, ist alles umsonst.

Wer liebt, hat Geduld. Er ist gütig und ereifert sich nicht; er prahlt nicht und spielt sich nicht auf. Wer liebt, ist nicht taktlos, selbstsüchtig und reizbar. Er trägt keinem etwas nach. Er freut sich nicht, wenn der andere Fehler macht, sondern wenn er das Rechte tut.

Wer liebt, gibt niemals jemanden auf. In jeder Lage vertraut und hofft er für ihn. Alles nimmt er geduldig auf sich.

Liebe behält ihren Wert. Die Eingebungen der Propheten werden einmal aufhören. Das Reden in Sprachen des Geistes wird ein Ende haben. Das Wissen um die Geheimnisse Gottes hat seine Zeit. Denn unser Wissen und Reden erfaßt von der Wahrheit nur einen Teil. Damit ist es vorbei, wenn sich die ganze Wahrheit zeigt.

Als ich ein Kind war, redete, fühlte und dachte ich wie ein Kind. Jetzt bin ich ein Mann und habe die kindlichen Vorstellungen abgelegt. Wir sehen jetzt nur ein Bild wie in einem Spiegel und können es nicht deutlich erkennen. Dann aber stehen wir Gott selbst gegenüber. Jetzt kennen wir ihn noch nicht ganz. Dann aber werden wir ihn so kennen, wie er uns jetzt schon kennt.

Alles wird aufhören; nur Glaube, Hoffnung und Liebe nicht. Diese drei bleiben; aber die Liebe steht am höchsten. (1.Korinther 12 und 13)

Von der Auferstehung der Toten

Brüder, ich möchte euch an die Gute Nachricht erinnern, die ich euch verkündet habe. Ihr habt sie angenommen. Euer Glaube ist darauf gegründet, und ihr werdet durch sie gerettet, wenn ihr sie Wort für Wort bewahrt, wie ich sie euch übermittelt habe. Ihr seid doch nicht ohne Grund zum Glauben gekommen!

Ich habe an euch weitergegeben, was ich selbst erhalten habe. Dies war das erste, was ich euch gesagt habe: Christus ist für unsere Sünden gestorben, wie es in den heiligen Schriften vorausgesagt war. Er ist begraben und am dritten Tag vom Tod erweckt worden, so wie es in den heiligen Schriften vorausgesagt war. Darauf hat er sich Petrus gezeigt, dann dem ganzen Kreis der Jünger. Später sahen ihn über fünfhundert Brüder auf einmal. Einige sind inzwischen gestorben, aber die meisten leben noch. Dann erschien er Jakobus und schließlich allen Aposteln.

Ganz zuletzt aber ist er auch mir erschienen, obwohl ich das am allerwenigsten verdient hatte. Ich bin der geringste unter den Aposteln; denn ich habe die Gemeinde Gottes verfolgt. Deshalb verdiene ich eigentlich gar nicht, ein Apostel zu sein. Aber durch Gottes Erbarmen bin ich es dennoch geworden, und sein gnädiges Eingreifen war nicht vergeblich. Ich habe sogar mehr gearbeitet als alle anderen Apostel zusammen. Doch das war nicht meine eigene Leistung: Gott selbst hat durch mich gewirkt.

Mit den anderen Aposteln bin ich in dieser Sache völlig einig. Wir alle geben die Gute Nachricht so weiter, wie ich es eben angeführt habe, und so habt ihr sie auch angenommen.

Das also ist unsere Botschaft: Gott hat Christus vom Tod erweckt. Wie können dann einige von euch behaupten, daß die Toten nicht wieder lebendig werden? Wenn es keine Auferstehung gäbe, dann wäre auch Christus nicht auferstanden. Und wenn Christus nicht auferstanden wäre, dann hätte weder unsere Verkündigung noch euer Glaube einen Sinn. Wir wären dann als falsche Zeugen für Gott aufgetreten; denn wir hätten gegen die Wahrheit gesagt, daß er Christus vom Tod erweckt hat. Stimmt es also, daß Gott die Toten nicht wieder ins Leben rufen wird, dann hat er auch Christus nicht vom Tod erweckt. Wenn die Toten nicht lebendig werden, wurde Christus es auch nicht. Wenn aber Christus nicht lebt, ist euer Glaube vergeblich. Eure Schuld ist dann nicht von euch genommen, und wer im Vertrauen auf Christus starb, ist dann verloren. Wenn wir nur für das jetzige Leben auf Christus hoffen, sind wir bedauernswerter als irgend jemand sonst auf der Welt.

Aber Christus ist tatsächlich vom Tod erweckt worden, und das gibt uns die Gewähr dafür, daß auch die übrigen Toten auferstehen werden. Wie der Tod durch einen Menschen in die Welt kam, so auch das neue Leben. Alle Menschen gehören zu Adam, darum sterben sie. Aber zusammen mit Christus kommen sie zum neuen Leben.

Das alles geschieht nach der vorbestimmten Ordnung. Als erster wurde Christus zum Leben erweckt. Wenn er wiederkommt, sind die an der Reihe, die zu ihm gehören. Danach kommt das Ende, wenn Christus alle gottfeindlichen Mächte vernichtet hat und Gott dem Vater die Herrschaft übergibt. Denn Christus muß so lange herrschen, bis Gott ihm alle Feinde unterworfen hat. Als letzter Feind wird der Tod vernichtet. Es heißt ja von Gott: «*Alles* hat er unter seine Füße gelegt.» Nun ist aber klar, daß Gott selbst, der ihm diese Macht gegeben hat, davon ausgenommen ist. Wenn der Sohn Gottes über alles Herr sein wird, dann ordnet er sich dem unter, der ihn zum Herrn über alles gemacht hat. Dann ist Gott allein der Herr, der alles und in allen wirkt.

Überlegt euch doch einmal: Es gibt in eurer Gemeinde Menschen, die sich für die ungetauft Verstorbenen taufen lassen. Was wollen sie damit erreichen, wenn die Toten nicht auferstehen? Warum lassen sie sich dann für sie taufen? Und warum setze ich mich jede Stunde der Todesgefahr aus? So wahr ich vor unserem Herrn Jesus Christus auf euch stolz bin, Brüder: ich sehe täglich dem

Tod ins Auge. In Ephesus habe ich um mein Leben ge-kämpft. Wenn ich keine Hoffnung hätte, hätte ich mir das ersparen können. Wenn die Toten nicht wieder leben-dig werden, dann halten wir uns doch lieber an das Sprichwort: «Laßt uns das Leben genießen, denn morgen sind wir tot.»

Macht euch nichts vor! «Schlechter Umgang verdirbt den Charakter.» Werdet wieder nüchtern und lebt, wie es Gott gefällt. Ich muß es zu eurer Schande sagen: Einige von euch wissen nicht, wer Gott ist.

Aber vielleicht fragt ihr: «Wie soll denn das zugehen, wenn die Toten wieder lebendig werden? Was für einen Körper werden sie dann haben?»

Wie könnt ihr nur so fragen! Wenn ihr einen Samen aussät, muß er zuerst sterben, damit die Pflanze leben kann. Ihr sät nicht die ausgewachsene Pflanze, sondern nur den Samen, ein Weizenkorn oder irgendein anderes Korn. Gott aber gibt jedem Samen den Pflanzenkörper, den er für ihn bestimmt hat. Jede Samenart erhält ihre be-sondere Gestalt. Es haben ja auch nicht alle Lebewesen dieselbe Gestalt. Menschen haben einen anderen Körper-bau als Tiere, Vögel einen anderen als Fische.

Außer den Körpern auf der Erde aber gibt es auch noch solche am Himmel. Die Himmelskörper haben eine andere Schönheit als die Körper auf der Erde, und auch unter ihnen gibt es Unterschiede: Die Sonne leuchtet an-ders als der Mond, der Mond anders als die Sterne, und auch die einzelnen Sterne unterscheiden sich voneinan-der.

So könnt ihr euch auch ein Bild von der Auferstehung der Toten machen. Der Körper, der begraben wird, ist vergänglich; aber der Körper, der zu neuem Leben er-weckt wird, ist unvergänglich. Was begraben wird, ist schwach und häßlich; aber was zum Leben erweckt wird, ist stark und schön. Im Grab liegt ein Körper, der von natürlichem Leben beseelt war. Als ein Körper, der ganz vom Geist Gottes beseelt ist, wird er zu neuem Leben erweckt. Wenn es einen natürlichen Körper gibt, muß es auch einen vom Geist beseelten Körper geben. Es heißt ja: «Adam, der erste Mensch, wurde von natürlichem Leben beseelt.» Christus dagegen, mit dem Gottes neue Welt beginnt, wurde zum Geist, der lebendig macht. Aber zuerst kommt die Natur, dann der Geist, nicht umgekehrt. Der erste Adam wurde aus Erde gemacht. Der zweite Adam kam vom Himmel. Die irdischen Menschen sind wie der irdische Adam, die himmlischen Menschen wie der himmlische Adam. Jetzt gleichen wir dem Menschen, der aus Erde gemacht wurde. Später werden wir dem gleichen, der vom Himmel gekommen ist.

Brüder, das ist ganz sicher: Menschen aus Fleisch und Blut können nicht in Gottes neue Welt gelangen. Ein vergänglicher Körper kann nicht unsterblich werden. Ich sage euch jetzt ein Geheimnis: Wir werden nicht alle sterben. Aber wenn die Trompete den Richter der Welt ankündigt, werden wir alle verwandelt. Das geht so schnell, wie wenn einer mit der Wimper zuckt. Wenn die Trompete ertönt, werden die Verstorbenen zu unvergänglichem Leben erweckt. Wir aber, die wir dann noch am Leben sind, bekommen einen neuen Körper. Unser vergänglicher Körper, der dem Tod verfallen ist, muß gleichsam einen unvergänglichen Körper anziehen, über den der Tod keine Macht hat. Wenn das geschieht, wird das Prophetenwort wahr:

«Der Tod ist vernichtet!

Der Sieg ist vollkommen!

Tod, wo ist dein Sieg?

Tod, wo ist deine Macht?»

Die Macht des Todes kommt von der Sünde. Die Sünde aber hat ihre Kraft aus dem Gesetz. Wir danken Gott, daß er uns durch Jesus Christus, unseren Herrn, den Sieg schenkt! (1. Korinther 15)

Umkehrung der Werte

Im zweiten Brief an die Gemeinde in Korinth sieht Paulus seine Missionsarbeit in der Stadt von Gegnern bedroht, die ihm sein Apostelamt streitig machen. Das zwingt ihn, sich mit ihnen zu vergleichen.

Womit andere prahlen, damit kann ich auch prahlen. Sie sind Hebräer? Das bin ich auch. Sie sind Israeliten? Das bin ich auch. Sie sind Nachkommen Abrahams? Das bin ich auch. Sie sind Diener Christi? Ich rede im Wahnsinn: ich bin es noch mehr! Ich habe viel härter für Christus gearbeitet. Ich bin öfter im Gefängnis gewesen. Ich bin viel mehr ausgepeitscht worden. Oft bin ich in Todesgefahr gewesen. Fünfmal habe ich von den Juden die neununddreißig Schläge bekommen. Dreimal haben die Römer mich ausgepeitscht. Einmal bin ich gesteinigt worden. Ich habe drei Schiffbrüche erlebt; das eine Mal trieb ich eine Nacht und einen Tag auf dem Meer. Auf meinen vielen Reisen haben mich Hochwasser und Räuber bedroht. Juden und Nichtjuden haben mir nachgestellt. Es gab Gefahren in den Städten und in der Wüste, Gefahren auf hoher See und Gefahren bei falschen Brüdern. Ich habe Mühe und Not durchgestanden. Ich habe oft schlaflose Nächte gehabt; ich bin hungrig und durstig gewesen. Oft habe ich überhaupt nichts zu essen gehabt oder ich habe gefroren, weil ich nicht genug anzuziehen hatte. Dazu bedrückte und bedrückt mich noch täglich die Sorge um alle Gemeinden. Wenn irgendwo einer schwach ist, bin ich es mit ihm. Wenn einer an Gott irre wird, trifft es mich tief.

Wenn ich schon prahlen muß, will ich mit meiner Schwäche prahlen. Gott, der Vater unseres Herrn Jesus, weiß, daß ich nicht lüge. Ihm sei Lob für alle Zeiten! Als ich in Damaskus war, stellte der Stadtkommandant des Königs Aretas Wachen an die Stadttore, um mich zu verhaften. Aber durch eine Maueröffnung wurde ich in einem Korb hinuntergelassen und entkam.

Ich muß mich noch weiter loben, auch wenn es niemand nützt. Ich komme jetzt zu den Visionen und Offenbarungen, die der Herr mir gegeben hat. Ich kenne einen bestimmten Christen, der vor vierzehn Jahren in den dritten Himmel versetzt wurde. Ich weiß nicht, ob er körperlich dort war oder nur im Geist; das weiß nur Gott. Ich bin jedenfalls sicher, daß dieser Mann ins Paradies versetzt wurde, auch wenn ich nicht weiß, ob er körperlich dort gewesen ist oder nur im Geist. Das weiß nur Gott. Dort hörte er geheimnisvolle Worte, die kein Mensch aussprechen kann. Mit diesem Mann will ich angeben. Für mich selbst prahle ich nur mit meiner Schwäche. Wollte ich mit mir selbst angeben, so wäre ich nicht einmal größenwahnsinnig, denn ich hätte ja recht. Trotzdem verzichte ich darauf; denn jeder soll mich nach dem beurteilen, was er von mir hört und sieht, und nicht höher von mir denken.

Ich habe unbeschreibliche Dinge geschaut. Aber damit ich mir nichts darauf einbilde, hat Gott mir ein schweres Leiden gegeben: Der Engel des Satans darf mich schlagen, damit ich nicht überheblich werde. Dreimal habe ich zum Herrn gebetet, daß er mich davon befreit. Aber er hat mir gesagt: «Du brauchst nicht mehr als meine Gnade. Je schwächer du bist, desto stärker erweist sich an dir meine Macht.» Jetzt trage ich meine Schwäche gern, ja ich bin stolz darauf, damit die Kraft Christi sich an mir erweisen kann. Weil er mir zu Hilfe kommt, freue ich mich über mein Leiden, über Mißhandlungen, Notlagen, Verfolgungen und Schwierigkeiten. Denn gerade, wenn ich schwach bin, bin ich stark. (2.Korinther 11 und 12)

In den Gemeinden in Galatien sind Missionare jüdischer Herkunft aufgetreten und haben erklärt, daß auch für Christen Beschneidung und Befolgung des Mose-Gesetzes zum Heil notwendig seien. Offensichtlich haben sie sich auf die Urapostel in Jerusalem und den Herrnbruder Jakobus berufen. Deshalb geht Paulus ausführlich auf sein Verhältnis zu den Jerusalemer Autoritäten ein.

Paulus, der Apostel, schreibt diesen Brief an die Gemeinden in Galatien.

Ich wundere mich über euch! Gott hat euch durch die Gute Nachricht zu einem Leben unter seiner Gnade berufen; aber schon nach so kurzer Zeit kehrt ihr ihm den Rücken und wendet euch einer anderen Guten Nachricht zu. Es gibt in Wirklichkeit gar keine andere; es gibt nur gewisse Leute, die euch verwirren. Sie wollen die Gute Nachricht von Christus verdrehen. Aber nicht einmal ich selbst oder ein Engel vom Himmel darf euch eine Gute Nachricht bringen, die der widerspricht, die ich euch gebracht habe. Wer es tut, soll auf ewig von Gott getrennt sein. Ich habe es euch schon früher eingeschärft und wiederhole es jetzt: Wer euch eine andere Gute Nachricht bringt als die, die ihr angenommen habt, der soll auf ewig von Gott getrennt sein!

Das eine müßt ihr wissen, Brüder: Die Gute Nachricht, die ich verkünde, ist nicht von Menschen erdacht. Auch habe ich sie nicht von Menschen erfahren oder gelernt. Jesus Christus ist mir erschienen und hat sie mir anvertraut.

Ihr wißt doch, was für ein eifriger Anhänger der jüdischen Religion ich früher gewesen bin. Bis zum äußersten verfolgte ich die Gemeinde Gottes und tat alles, um sie zu vernichten. Ich befolgte die Vorschriften des Gesetzes peinlich genau und übertraf darin viele meiner Altersgenossen. Fanatischer als alle setzte ich mich für die überlieferten Lehren ein.

Aber dann hat Gott mir seinen auferstandenen Sohn gezeigt, damit ich ihn überall unter den Völkern bekanntmache. Dazu hatte er mich schon vor meiner Geburt bestimmt, und so berief er mich in seiner Güte zu seinem Dienst. Als das geschah, besann ich mich nicht lange und fragte keinen Menschen um Rat. Ich ging auch nicht nach Jerusalem zu denen, die vor mir Apostel waren, sondern begab mich nach Arabien und kehrte von dort wieder nach Damaskus zurück. Erst drei Jahre später reiste ich nach Jerusalem, um Petrus kennenzulernen, und blieb zwei Wochen bei ihm. Von den anderen Aposteln sah ich nur Jakobus, den Bruder des Herrn. Ich sage euch die reine Wahrheit; Gott weiß es. Dann ging ich nach Syrien und Zilizien. Die christlichen Gemeinden in Judäa kannten mich persönlich nicht. Sie hatten nur gehört: «Der Mann, der uns verfolgt hat, verkündet jetzt den Glauben, den er früher ausrotten wollte!» Darum dankten sie Gott dafür, daß er diese Umwandlung bei mir bewirkt hatte.

Vierzehn Jahre später ging ich aufgrund einer Weisung des Herrn wieder nach Jerusalem, diesmal mit Barnabas. Auch Titus nahm ich mit. Ich legte dort Rechenschaft ab über das, was ich als Gute Nachricht bei den anderen Völkern bekanntmache. Besonders verständigte ich mich mit den maßgebenden Männern; denn ich wollte nicht, daß meine ganze Arbeit vergeblich sei. Aber nicht einmal mein Begleiter Titus, der ein Grieche ist, wurde gezwungen, sich beschneiden zu lassen. Es gab allerdings einige falsche Brüder, die das verlangten. Sie hatten sich eingeschlichen, um herauszufinden, wie weit die Freiheit geht, die wir als Christen haben. Sie hätten uns gerne wieder unter das Gesetz gezwungen. Aber ich habe ihnen nicht einen Augenblick nachgegeben. Die Gute Nachricht sollte euch unverfälscht erhalten bleiben!

Die Männer, die als maßgebend gelten, machten mir keinerlei Vorschriften. – Ich rede so von ihnen, weil es mir gleichgültig ist, was sie früher waren. Bei Gott hat keiner etwas vor dem anderen voraus. – Sie erkannten, daß Gott mich beauftragt hat, die Gute Nachricht den nichtjüdischen Völkern zu bringen, so wie er Petrus beauftragt hat, sie den Juden zu bringen. Denn Gott wirkte durch Petrus bei seiner Arbeit unter den Juden und hat ihn so als Apostel für die Juden bestätigt. Ebenso hat er mich als Apostel für die anderen Völker bestätigt. Die Männer, die als Säulen gelten, Jakobus, Petrus und Johannes, sahen daran, daß Gott mir einen besonderen Auftrag gegeben hat. So gaben sie mir und Barnabas die Hand zum Zeichen der Gemeinschaft. Wir einigten uns, daß Barnabas und ich bei den anderen Völkern arbeiten sollten und sie bei den Juden. Sie baten nur, daß wir die verarmte Gemeinde in Jerusalem unterstützten. Darum habe ich mich auch wirklich bemüht.

Zum Prüfstein für die Anerkennung eines gesetzesfreien Christentums unter den Nichtjuden wird es, ob die Christen aus dem Judentum, die noch das Gesetz befolgen, trotzdem volle Gemeinschaft mit den nichtjüdischen Christen halten. Die Reinheitsbestimmungen des jüdischen Gesetzes verbieten eigentlich die Tischgemeinschaft zwischen Juden und Nichtjuden. Gemeinsame festliche Mahlzeiten bilden jedoch die Mitte des urchristlichen Gemeindelebens.

Als dann Petrus nach Antiochien kam, trat ich ihm offen entgegen, weil er im Unrecht war. Anfangs hatte er zusammen mit den nichtjüdischen Brüdern an den gemeinsamen Mahlzeiten teilgenommen. Als dann aber Leute aus dem Kreis um Jakobus kamen, sonderte er sich ab und wollte aus Furcht vor ihnen nicht mehr mit den Nichtjuden zusammen essen. Auch die anderen Juden blieben gegen ihre Überzeugung den gemeinsamen Mahlzeiten fern, so daß sogar Barnabas angesteckt wurde und genauso wie sie seine Überzeugung verleugnete. Als ich sah, daß sie die Wahrheit der Guten Nachricht preisgaben, sagte ich zu Petrus vor der ganzen Gemeinde:

«Obwohl du ein Jude bist, hast du bisher das jüdische

Gesetz nicht beachtet und wie ein Nichtjude gelebt. Und jetzt willst du auf einmal die nichtjüdischen Brüder zwingen, so wie die Juden nach dem Gesetz zu leben? Es stimmt, daß wir von Geburt Juden sind und nicht Angehörige der Völker, die das Gesetz Gottes nicht kennen. Aber wir wissen, daß niemand dadurch Gottes Anerkennung findet, daß er tut, was das Gesetz vorschreibt. Vor Gott kann nur bestehen, wer auf Jesus Christus vertraut. Auch wir sind deshalb Christen geworden und wollen durch das Vertrauen auf Jesus Christus Gottes Anerkennung finden und nicht dadurch, daß wir tun, was das Gesetz verlangt. Denn damit kann kein Mensch vor Gott bestehen.»

Auch wir als Juden halten uns also an Christus, um vor Gott zu bestehen. Ich jedenfalls bin für das Gesetz tot; jetzt lebe ich für Gott. Ich bin mit Christus am Kreuz gestorben; darum lebe nun nicht mehr ich, sondern Christus lebt in mir. Solange ich noch in dieser Welt lebe, tue ich es im Vertrauen auf den Sohn Gottes, der mir seine Liebe erwiesen und sein Leben für mich gegeben hat. Ich weise Gottes Gnade nicht zurück. Wenn wir vor Gott damit bestehen könnten, daß wir tun, was das Gesetz verlangt, dann wäre ja Christus umsonst gestorben!

Christus hat uns befreit; er will, daß wir auch frei bleiben. Steht also fest und laßt euch nicht wieder zu Sklaven machen!

Hört mich an! Ich, Paulus, sage euch: Wenn ihr euch beschneiden laßt, habt ihr von Christus nichts mehr zu erwarten. Ich sage noch einmal mit Nachdruck jedem, der sich beschneiden läßt: Er ist verpflichtet, das ganze Gesetz zu befolgen. Wenn ihr vor Gott bestehen wollt, indem ihr das Gesetz befolgt, habt ihr die Verbindung mit Christus verloren und die Gnade vertan.

Wir dagegen verlassen uns allein auf das, was Gott für uns getan hat. Weil wir seinen Geist erhalten haben, hoffen wir fest darauf, daß wir vor seinem Urteil bestehen werden. Seit Jesus Christus gekommen ist, geht es nicht mehr darum, ob einer beschnitten ist oder nicht. Es geht nur noch um das Vertrauen zu ihm, das sich in tätiger Liebe auswirkt.

Gott hat euch zur Freiheit berufen, Brüder! Aber mißbraucht sie nicht als Freibrief für Selbstsucht und Lieblosigkeit. Vielmehr soll sich einer dem anderen unterordnen. Das ganze Gesetz ist erfüllt, wenn dieses eine Gebot befolgt wird: «Liebe deinen Mitmenschen wie dich selbst.» Paßt nur auf: Wenn ihr einander wie wilde Tiere beißt und freßt, werdet ihr euch noch alle gegenseitig verschlingen.

Ich will damit sagen: Lebt aus der Kraft, die der Geist Gottes gibt, dann müßt ihr nicht euren eigensüchtigen Wünschen folgen. Der menschliche Eigenwille steht gegen den Geist Gottes, und der Geist Gottes gegen den menschlichen Eigenwillen; die beiden liegen im Streit miteinander, so daß ihr das Gute nicht tun könnt, das ihr doch eigentlich wollt. Wenn aber der Geist Gottes euer Leben bestimmt, steht ihr nicht mehr unter dem Zwang des Gesetzes.

Jeder kann sehen, wohin der menschliche Eigenwille führt. Seine Auswirkungen sind Unzucht, Verdorbenheit und Ausschweifungen, Götzendienst und Zauberei, Streit, Gehässigkeit, Geltungsdrang, Jähzorn, Niedertracht, Uneinigkeit und Spaltungen, Neid, Trunksucht, Orgien und so fort. Ich warne euch, wie ich es schon früher getan habe: Wer solche Dinge tut, für den ist kein Platz in Gottes neuer Welt.

Der Geist Gottes dagegen läßt eine Fülle von Gutem wachsen: Liebe, Freude, Frieden, Geduld, Freundlichkeit, Güte, Treue, Demut und Selbstbeherrschung. Wer so lebt, den kann das Gesetz nicht verurteilen. Denn wer Jesus Christus gehört, hat sein Ich mit allen seinen Wünschen und Leidenschaften ans Kreuz genagelt. (Galater 1; 2; 5)

Paulus befindet sich in Gefangenschaft, wir wissen nicht, wo. Er schreibt an die Gemeinde in Philippi, mit der er besonders eng verbunden war und die ihm durch einen Abgesandten eine Unterstützung geschickt hatte.

Ihr sollt wissen, Brüder, daß mein Prozeß nur noch mehr zur Verbreitung der Guten Nachricht beigetragen hat. Die ganze Palastwache und alle Beteiligten wissen jetzt, daß ich im Gefängnis bin, weil ich Christus diene. Auch hat mein Prozeß die Mehrzahl unserer Brüder in ihrem Vertrauen zu Gott gestärkt. Sie sagen die Botschaft Gottes jetzt noch mutiger weiter.

Manche tun es allerdings auch aus Neid und Streitsucht; aber andere verkünden Christus in der besten Absicht. Sie tun es aus Liebe zu Christus; denn sie wissen, daß er mich dazu berufen hat, für die Gute Nachricht einzutreten. Die anderen freilich verbreiten die Botschaft von Christus in unehrlicher und eigennütziger Absicht. Sie wollen mir in meiner Gefangenschaft Kummer bereiten.

Aber das tut nichts. Auch wenn es mit Hintergedanken geschieht und nicht aufrichtig – die Hauptsache ist, daß Christus auf jede Weise bekanntgemacht wird. Darüber freue ich mich, und ich werde mich auch weiter freuen. Denn ich weiß, daß der Prozeß auf jeden Fall zu meiner Rettung führt. Das verbürgen mir eure Gebete und der Geist Jesu Christi, der mir beisteht. Ich hoffe und erwarte voll Zuversicht, daß Gott mich nicht versagen läßt. Ich vertraue darauf, daß auch jetzt, so wie bisher stets, Christus durch mich in seiner Macht sichtbar wird, ob ich nun am Leben bleibe oder sterbe.

Denn für mich heißt das Leben Christus, darum kann das Sterben mir nur Gewinn bringen. Wenn ich am Leben bleibe, kann ich allerdings noch mehr für Christus tun. So weiß ich nicht, was ich wählen soll. Es zieht mich nach beiden Seiten: Ich möchte am liebsten dieses Leben hinter mir lassen und bei Christus sein; das wäre bei weitem das beste. Aber ich sehe auch, daß ihr mich noch braucht. Deshalb bin ich sicher, daß ich euch allen erhalten bleibe. Dann kann ich euch weiterhelfen, daß ihr die volle Freude erlebt, die der Glaube schenkt.

Vor allem kommt es darauf an, daß ihr mit eurem Verhalten der Guten Nachricht von Christus Ehre macht, ob ich euch nun besuchen und sehen kann oder ob ich nur aus der Ferne von euch höre. Haltet in derselben Gesinnung zusammen! Kämpft einmütig für den Glauben, der in der Guten Nachricht gründet. Laßt euch von den Gegnern nicht einschüchtern. Das ist für sie ein Zeichen, daß sie verloren sind, ihr aber gerettet werdet. Gott hat euch die Gnade erwiesen, daß ihr nicht nur auf Christus vertrauen dürft, sondern auch für ihn leiden. Ihr steht in demselben Kampf, in dem ich stand und noch stehe. Früher saht ihr mich kämpfen, und jetzt hört ihr davon.

Habt alle dieselbe Gesinnung, dieselbe Liebe und Eintracht! Verfolgt alle dasselbe Ziel! Handelt nicht aus Ehrgeiz oder Eitelkeit! Keiner soll sich über den anderen erheben, sondern ihn mehr achten als sich selbst. Verfolgt nicht eure eigenen Interessen, sondern seht auf das, was den anderen nützt. Denkt immer daran, was Jesus Christus für einen Maßstab gesetzt hat:

Er war wie Gott.

Aber er betrachtete diesen Vorzug nicht als unaufgebbaren Besitz.

Aus freiem Entschluß gab er alles auf und wurde wie ein Sklave.

Er kam als Mensch in die Welt und lebte wie ein Mensch.

Im Gehorsam gegen Gott ging er den Weg der Erniedrigung bis zum Tod.

Er starb den Verbrechertod am Kreuz.

Dafür hat Gott ihn über alles erhöht

und hat ihm den höchsten Ehrennamen verliehen,
   den es gibt.
Alle Wesen, die Gott geschaffen hat, müssen vor Jesus
   niederknien und ihn ehren,
ob sie nun im Himmel, auf der Erde oder im Totenreich sind.
Alle müssen feierlich zum Ruhm Gottes, des Vaters,
   bekennen:
«Jesus Christus ist der Herr!»

Liebe Freunde! Ihr habt doch immer auf mich gehört.
Tut es nicht nur, wenn ich bei euch bin, sondern jetzt
erst recht, da ich von euch entfernt bin. Arbeitet mit
Furcht und Zittern an eurer Rettung! Gott gibt euch
nicht nur den guten Willen, sondern auch die Kraft zum
Durchhalten. Es ist ja seine Absicht, euch zu retten.

Ich wiederhole, was ich euch schon früher geschrieben
habe. Mir ist das keine Last, und ihr wißt es dann um so
sicherer. Nehmt euch in acht vor diesen Bösewichten,
diesen falschen Missionaren, diesen Zerschnittenen! Ich
nenne sie so, denn die wirklich Beschnittenen sind wir,
die der Geist Gottes befähigt, Gott in der rechten Weise
zu dienen. Wir verlassen uns nicht auf menschliche Vorzüge, sondern auf Jesus Christus.
   Auch ich könnte mich auf menschliche Vorzüge berufen. Ich hätte dazu sogar mehr Grund als irgendein
anderer. Ich wurde beschnitten, als ich eine Woche alt
war. Ich bin von Geburt ein Israelit aus dem Stamm Benjamin, ein Jude aus einer alten jüdischen Familie. Was die
Stellung zum Gesetz angeht, gehörte ich zur Richtung
der Pharisäer. Mein Eifer ging so weit, daß ich die christliche Gemeinde verfolgte. Gemessen an dem, was das
Gesetz vorschreibt, stand ich vor Gott ohne Fehler da.
   Aber dies alles, was ich früher als Vorteil ansah, habe
ich durch Christus als Nachteil erkannt. Ich betrachte
überhaupt alles andere als Verlust im Vergleich mit dem

überwältigenden Gewinn, daß ich Jesus Christus als meinen Herrn kenne. Durch ihn hat für mich alles andere seinen Wert verloren, ja ich halte es für bloßen Dreck. Nur Christus besitzt für mich noch einen Wert. Zu ihm möchte ich um jeden Preis gehören. Ich will nicht mehr durch die Befolgung des Gesetzes, aufgrund eigener Leistungen, Gottes Anerkennung finden, sondern weil ich mich an Christus halte. Denn wenn ich Christus vertraue, kann ich vor Gott bestehen. Es geht mir nur noch um Christus, denn ich möchte die Kraft seiner Auferstehung erfahren. Ich teile seine Leiden und sterbe mit ihm seinen Tod, damit ich auch an der Auferstehung vom Tod teilhabe.

Ich meine nicht, daß ich es schon geschafft habe und am Ziel bin. Ich laufe aber auf das Ziel zu und hoffe, es zu ergreifen, nachdem Jesus Christus schon von mir Besitz ergriffen hat. Ich bilde mir nicht ein, Brüder, daß ich es schon erreicht habe. Aber ich lasse alles hinter mir liegen und sehe nur noch, was vor mir liegt. Ich halte geradewegs auf das Ziel zu, um den Siegespreis zu gewinnen. Dieser Preis ist das neue Leben, zu dem Gott mich durch Jesus Christus berufen hat.

Lebt nach meinem Vorbild, Brüder! Nehmt euch ein Beispiel an denen, die so leben, wie ihr es an mir seht. Ich habe euch früher schon oft gesagt und wiederhole es jetzt unter Tränen: Es gibt viele, die sich durch ihre Lebensführung als Feinde des Kreuzes Christi erweisen. Sie laufen in ihr Verderben. Ihre Triebe sind ihnen ihr Gott. Sie sind stolz auf das, was ihnen Schande macht. Sie denken nur an das, was zu dieser Welt gehört. Wir dagegen sind Bürger des Himmels. Von dorther erwarten wir auch unseren Retter, Jesus Christus, den Herrn. Er wird unseren schwachen, vergänglichen Körper verwandeln, daß er genauso herrlich wird wie der Körper, den er selbst seit seiner Auferstehung hat. Denn er hat die Macht, alles seiner Herrschaft zu unterwerfen.

Freut euch immerzu, weil ihr mit dem Herrn verbunden seid. Ich sage es noch einmal: Freut euch! Alle sollen sehen, wie freundlich und gütig ihr seid. Der Herr kommt bald! Macht euch keine Sorgen, sondern wendet euch in jeder Lage an Gott und bittet ihn um alles, was ihr braucht. Vergeßt dabei nicht den Dank! Der Friede Gottes, der alles menschliche Begreifen weit übersteigt, wird euer Denken und Wollen im Guten bewahren, weil ihr mit Jesus Christus verbunden seid.

Es war für mich eine große Freude und ein Geschenk vom Herrn, daß ich wieder einmal ein Zeichen eures Gedenkens erhalten habe. Ihr habt ja die ganze Zeit an mich gedacht, aber ihr konntet es nicht zeigen. Ich sage das nicht etwa, weil ich in Not war. Ich habe gelernt, mit dem auszukommen, was ich habe, ob es viel oder wenig ist. Mit Sattsein und Hungern, mit Überfluß und Mangel bin ich in gleicher Weise vertraut. Ich kann alles ertragen, weil Christus mir die Kraft dazu gibt.

Aber es war freundlich von euch, mir jetzt in meinen Schwierigkeiten zu helfen. Ihr in Philippi habt mir ja schon früher geholfen. Ihr wißt: Ganz am Anfang, als ich die Gute Nachricht von Mazedonien aus weitertrug, wart ihr die einzige Gemeinde, mit der ich durch Geben und Nehmen verbunden war. Schon nach Thessalonich habt ihr mir mehrmals etwas für meinen Unterhalt geschickt. Denkt nicht, daß es mir auf euer Geld ankommt. Mir liegt nur daran, daß sich euer eigenes Guthaben vermehrt, nämlich daß euer Glaube Frucht bringt.

Ich bestätige, daß ich durch Epaphroditus den ganzen Betrag erhalten habe. Es ist mehr als genug; ich habe nun alles, was ich brauche. Dieses Geschenk ist wie ein Opfer, dessen Duft zu Gott aufsteigt. Gott hat daran Freude.

Gott, dem ich diene, wird euch alles geben, was ihr braucht. Durch Jesus Christus beschenkt er uns aus seinem unerschöpflichen Reichtum. Ihm, unserem Vater, sei Lob für immer und ewig! Amen. (Philipper 1–4)

GOTT IST LIEBE

Unter den übrigen Briefen des Neuen Testaments ragt der erste Brief des Johannes besonders hervor. Er handelt in immer neuen Variationen von der Liebe zu den Brüdern, die aus der Liebe, die Gott uns erwiesen hat, folgt.

Jesus hat uns die Botschaft gebracht, die wir euch weitergeben: Gott ist Licht; in ihm gibt es keine Spur von Finsternis. Wenn wir behaupten, mit Gott verbunden zu sein, und gleichzeitig im Dunkeln leben, dann lügen wir, und unser ganzes Leben ist unwahr. Leben wir aber im Licht, so wie Gott im Licht ist, dann sind wir miteinander verbunden, und das Blut, das sein Sohn Jesus für uns vergossen hat, befreit uns von jeder Schuld.

Wenn wir behaupten, ohne Schuld zu sein, betrügen wir uns selbst, und die Wahrheit kann nicht in uns wirken. Wenn wir aber unsere Schuld eingestehen, dürfen wir uns darauf verlassen, daß Gott Wort hält: Er wird uns dann unsere Verfehlungen vergeben und alle Schuld von uns nehmen, die wir auf uns geladen haben. Wenn wir behaupten, nie schuldig geworden zu sein, machen wir Gott zum Lügner, und sein Wort kann nicht in uns wirken.

Meine Kinder, ich schreibe euch dies, damit ihr kein Unrecht tut. Sollte aber jemand schuldig werden, so haben wir einen, der ohne Schuld ist und sich beim Vater für uns einsetzt: Jesus Christus. Weil er sich für uns geopfert hat, kann unsere Schuld, ja sogar die Schuld der ganzen Welt vergeben werden.

Wenn wir Gott gehorchen, können wir gewiß sein,

daß wir ihn kennen. Wer behauptet, ihn zu kennen, ihm aber nicht gehorcht, der ist ein Lügner, und die Wahrheit wirkt nicht in ihm. Wer aber Gottes Wort befolgt, bei dem hat die Liebe Gottes ihr Ziel erreicht. Daran erkennen wir, daß wir mit ihm verbunden sind. Wer behauptet, ständig mit ihm verbunden zu sein, muß so leben, wie Jesus gelebt hat.

Meine lieben Freunde, ich verkünde euch kein neues Gebot, sondern das alte. Es ist die Botschaft, die ihr gleich zu Anfang gehört habt und seitdem kennt. Und doch ist es auch ein neues Gebot, weil seine Wahrheit sich an Christus und an euch gezeigt hat; denn die Dunkelheit nimmt ab, und das wahre Licht leuchtet schon.

Wer behauptet, im Licht zu leben, aber seinen Bruder haßt, der ist immer noch im Dunkeln. Nur wer seinen Bruder liebt, lebt wirklich im Licht. In ihm ist nichts, was einen anderen an Gott irrewerden läßt. Wer aber seinen Bruder haßt, der lebt in der Dunkelheit. Er tappt im Dunkeln und hat die Richtung verloren; denn die Dunkelheit hat ihn blind gemacht.

Seht doch, wie sehr uns der Vater geliebt hat! Seine Liebe ist so groß, daß wir Kinder Gottes genannt werden. Und wir sind es wirklich! Die Welt versteht uns nicht, weil sie Gott nicht kennt. Meine lieben Freunde, wir sind schon Kinder Gottes. Was wir einmal sein werden, ist jetzt noch nicht sichtbar. Aber wir wissen: wenn Christus erscheint, werden wir ihm gleich sein; denn wir werden ihn sehen, wie er wirklich ist.

Jeder, der im Vertrauen auf Christus darauf hofft, hält sich von allem Unrecht fern, so wie Christus es getan hat. Ihr wißt, daß Christus gekommen ist, um die Sünden der Menschen wegzunehmen. In ihm hat die Sünde keinen Platz. Wer mit ihm verbunden bleibt, der hört auf zu sündigen. Wer aber weiterhin sündigt, hat ihn weder gesehen noch verstanden.

Wer nicht aufhört zu sündigen, gehört dem Teufel, denn der Teufel hat von Anfang an gesündigt. Der Sohn Gottes aber ist auf die Erde gekommen, um die Werke des Teufels zu zerstören. Wer ein Kind Gottes ist, sündigt nicht mehr, weil Gottes Geist in ihm wirkt. Er kann gar nicht weitersündigen, weil Gott sein Vater ist. Aber wer Unrecht tut oder seinen Bruder nicht liebt, der gehört nicht zu Gott. Daran erkennt man, wer ein Kind Gottes und wer ein Kind des Teufels ist.

Die Botschaft, die ihr von Anfang an gehört habt, lautet: Wir sollen einander lieben! Wir sollen nicht so sein wie Kain, der dem Teufel verfallen war und seinen Bruder ermordete. Warum hat er ihn ermordet? Weil seine eigenen Taten schlecht waren, aber die seines Bruders gut.

Wundert euch also nicht, meine Brüder, wenn die Welt euch haßt. Wir wissen, daß wir die Grenze vom Tod ins neue Leben überschritten haben. Wir erkennen es daran, daß wir unsere Brüder lieben. Wer dagegen nicht liebt, bleibt tot. Wer seinen Bruder haßt, ist ein Mörder. Ihr wißt, daß kein Mörder Anteil am ewigen Leben bekommt. Christus opferte sein Leben für uns; daran haben wir erkannt, was Liebe ist. Auch wir müssen deshalb bereit sein, unser Leben für unsere Brüder zu opfern. Wenn ein reicher Mann seinen Bruder Not leiden sieht und sein Herz vor ihm verschließt, wie kann er dann behaupten, er liebe Gott?

Meine Kinder, unsere Liebe darf nicht aus leeren Worten bestehen. Es muß wirkliche Liebe sein, die sich in Taten zeigt. Daran werden wir erkennen, daß die Wahrheit uns neu geboren hat. Wir werden dann vor Gott keine Angst mehr haben. Auch wenn unser Gewissen uns verurteilt, wissen wir, daß Gott größer ist als unser Gewissen. Er weiß alles. Wenn also unser Gewissen uns nicht mehr verurteilen kann, meine Freunde, dann dürfen wir mit Zuversicht zu Gott aufschauen. Wir erhalten von ihm, worum wir bitten, weil wir seine Befehle achten und tun, was ihm gefällt. Sein Gebot ist: Wir sollen uns auf seinen Sohn Jesus Christus verlassen und einander so lieben, wie Christus es uns befohlen hat.

Liebe Freunde, wir wollen einander lieben, denn die Liebe kommt von Gott. Wer liebt, ist ein Kind Gottes und zeigt, daß er Gott kennt. Wer nicht liebt, kennt Gott nicht, denn Gott ist Liebe. Gottes Liebe zu uns hat sich darin gezeigt, daß er seinen einzigen Sohn in die Welt sandte. Durch ihn wollte er uns das neue Leben schenken. Das Besondere an dieser Liebe ist: Nicht wir haben Gott geliebt, sondern er hat uns geliebt. Er hat seinen Sohn gesandt, der sich für uns opferte, um unsere Schuld von uns zu nehmen. Liebe Freunde, wenn Gott uns so sehr geliebt hat, dann müssen auch wir einander lieben. Niemand hat Gott je gesehen. Aber wenn wir einander lieben, lebt Gott in uns. Dann erreicht seine Liebe bei uns ihr Ziel.

Gott ist Liebe. Wer in der Liebe lebt, der lebt in Gott, und Gott lebt in ihm. Wenn die Liebe ihr Ziel bei uns erreicht, dann können wir am Tag des Gerichts zuversichtlich sein, weil wir in dieser Welt so leben wie Christus. Die Liebe kennt keine Angst. Wahre Liebe vertreibt die Angst. Wer Angst hat und vor der Strafe zittert, bei dem hat die Liebe ihr Ziel noch nicht erreicht.

Wir lieben, weil Gott uns zuerst geliebt hat. Wenn einer behauptet: «Ich liebe Gott», und dabei seinen Bruder haßt, dann lügt er. Wenn er seinen Bruder, den er sieht, nicht liebt, dann kann er Gott, den er nicht sieht, erst recht nicht lieben. Christus gab uns dieses Gebot: Wer Gott liebt, der muß auch seinen Bruder lieben. (1.Johannes 1–4)

EIN BLICK IN DIE ZUKUNFT

Die «Offenbarung an Johannes» enthält in ihrem ersten Teil sieben Sendschreiben an Gemeinden im südwestlichen Kleinasien. Was hier als Warnung und Verheißung ausgesprochen ist, bleibt wegweisend für die Gemeinde Jesu Christi zu jeder Zeit. Dann weitet sich der Blick: Der Seher schaut das Ziel der Wege Gottes und die Schrecken, die der Vollendung vorangehen müssen.

Die Offenbarung an Johannes

In diesem Buch sind die Geheimnisse aufgeschrieben, die Jesus Christus von Gott erfahren und uns enthüllt hat. Damit sollte er den Dienern Gottes zeigen, was sich sehr bald ereignen muß.

Christus schickte seinen Engel zu seinem Diener Johannes und machte ihm diese Geheimnisse bekannt. Johannes ist Zeuge für das, was Gott gesagt und was Jesus Christus bestätigt hat; denn er hat es selbst gesehen. Freude ohne Ende ist dem gewiß, der dieses Buch liest, und allen, die diese prophetischen Worte hören und sie beherzigen; denn alle diese Dinge werden bald geschehen.

Johannes schreibt an die sieben Gemeinden in der Provinz Asien: Ich wünsche euch Gnade und Frieden von Gott, der ist, der war und der kommt, und von den sieben Geistern vor seinem Thron und von Jesus Christus, dem treuen Zeugen, der als erster von allen Toten neu geboren worden ist und über die Könige der Erde herrscht.

Christus liebt uns. Er hat sein Blut für uns vergossen, um uns von unseren Sünden zu befreien. Er hat uns zu Mitherrschern in seinem Reich gemacht. Als Priester dürfen wir Gott, seinem Vater, dienen. Darum gehört ihm die Ehre und die Macht für alle Zeiten. Das ist gewiß!

Gebt acht: er kommt mit den Wolken! Alle werden ihn sehen, auch die, die ihn durchstochen haben. Alle Völker der Erde werden seinetwegen jammern und klagen, das ist ganz gewiß! Ich bin der Erste und der Letzte, sagt Gott, der Herr. Ich bin der, der ist und der war und der kommt, der Herr über alles.

Ich bin Johannes, euer Bruder, der mit Jesus verbunden ist wie ihr. Darum lebe ich bedrängt wie ihr, darum kann ich mit euch durchhalten und werde zusammen mit euch in Gottes neuer Welt sein. Ich bin auf die Insel Patmos verbannt worden, weil ich Gottes Wort und die Wahrheit, die Jesus ans Licht gebracht hat, öffentlich verkündet habe. An einem Sonntag nahm der Geist Gottes von mir Besitz. Ich hörte hinter mir eine laute Stimme, die wie eine Trompete klang. Sie sagte: «Schreib das, was du siehst, in ein Buch, und schicke es an die sieben Gemeinden in Ephesus, Smyrna, Pergamon, Thyatira, Sardes, Philadelphia und Laodizea.»

Ich wandte mich um und wollte sehen, wer zu mir sprach. Da erblickte ich sieben goldene Leuchter. In ihrer Mitte stand jemand, der wie ein Mensch aussah. Er trug einen langen Mantel und hatte ein goldenes Band um die Brust. Das Haar auf seinem Kopf war weiß wie Wolle, ja wie Schnee. Seine Augen glühten wie Feuer. Seine Füße glänzten wie Golderz, das im Schmelzofen glüht, und seine Stimme klang wie ein rauschender Wasserfall. Er hielt sieben Sterne in seiner rechten Hand, und aus seinem Mund kam ein scharfes zweischneidiges Schwert. Sein Gesicht leuchtete wie die helle Sonne.

Als ich ihn sah, fiel ich wie tot vor seinen Füßen zu Boden. Er legte seine rechte Hand auf mich und sagte: «Hab keine Angst! Ich bin der Erste und der Letzte. Ich bin der Lebendige! Ich war tot, doch nun lebe ich in alle

Ewigkeit. Ich habe Macht über den Tod und sein Reich. Schreib auf, was du siehst – zuerst die Lage, wie sie jetzt ist, und dann, was später geschehen wird. Du siehst die Sterne in meiner rechten Hand und die sieben goldenen Leuchter. Ich sage dir, was sie bedeuten: Die sieben Sterne sind die Engel der sieben Gemeinden, und die sieben Leuchter sind die Gemeinden selbst.» (Offenbarung 1)

Botschaft an die sieben Gemeinden

Die sieben Sendschreiben richten sich jeweils an den «Engel» der Gemeinde. Dahinter steht der Glaube, daß jede Gemeinde vor Gott durch einen himmlischen Repräsentanten, ähnlich dem Schutzengel, vertreten wird. Die Botschaft wird durch diesen Adressaten noch gewichtiger: Es geht hier nicht nur um zeitliches Wohlergehen, sondern ums ewige Heil.

«Schreibe an den Engel der Gemeinde in Ephesus:

Diese Botschaft kommt von dem, der die sieben Sterne in seiner rechten Hand hält und zwischen den sieben goldenen Leuchtern umhergeht. Ich kenne euer Tun. Ich weiß, wieviel Mühe ihr euch gegeben habt und wie geduldig ihr gewesen seid. Ich weiß, daß ihr keine schlechten Menschen duldet. Die, die sich als Apostel ausgeben, aber keine sind, habt ihr geprüft und ihre Lügen aufgedeckt. Ihr habt Ausdauer. Um meinetwillen habt ihr gelitten und doch nicht den Mut verloren. Aber eins habe ich an euch auszusetzen: Ihr liebt mich nicht mehr wie am Anfang. Denkt darüber nach, von welcher Höhe ihr herabgestürzt seid! Kehrt um und handelt wieder so wie zu Beginn! Wenn ihr euch nicht ändert, werde ich zu euch kommen und euren Leuchter von seinem Platz stoßen.

Wer hören kann, der achte auf das, was der Geist den Gemeinden sagt!

Den Siegern gebe ich das Recht, vom Baum des Lebens zu essen, der im Garten Gottes wächst.»

«Schreibe an den Engel der Gemeinde in Smyrna:

Diese Botschaft kommt von dem, der der Erste und der Letzte ist, der tot war und wieder lebt. Ich weiß, daß ihr verfolgt werdet und daß ihr arm seid. Aber in Wirklichkeit seid ihr reich! Ich kenne die üblen Nachreden, die von Leuten über euch verbreitet werden, die sich als Juden ausgeben. Aber sie sind keine Juden, sondern gehören zum Satan. Habt keine Angst wegen der Dinge, die ihr noch erleiden müßt. Der Teufel wird einige von euch ins Gefängnis werfen, um euch auf die Probe zu stellen. Zehn Tage lang wird man euch verfolgen. Haltet durch, auch wenn es euch das Leben kostet. Dann werde ich euch als Siegeszeichen ewiges Leben schenken.

Wer hören kann, der achte auf das, was der Geist den Gemeinden sagt!

Den Siegern wird der zweite Tod nichts anhaben.»

«Schreibe an den Engel der Gemeinde in Pergamon:

Diese Botschaft kommt von dem, der das scharfe zweischneidige Schwert in der Hand hält. Ich weiß, daß ihr dort wohnt, wo der Thron des Satans (wahrscheinlich der berühmte Zeus-Altar) steht. Ihr seid mir treu geblieben und habt euer Bekenntnis zu mir nicht widerrufen, nicht einmal, als mein treuer Zeuge Antipas bei euch getötet wurde, dort, wo der Satan wohnt. Trotzdem habe ich einiges an euch auszusetzen: Unter euch gibt es Anhänger der Lehre Bileams. Der stiftete Balak an, die Israeliten zur Sünde zu verführen. Da aßen sie Fleisch vom Götzenopfer und trieben Unzucht. Kehrt um! Sonst komme ich bald zu euch und werde gegen diese Leute mit dem Schwert aus meinem Mund Krieg führen.

Wer hören kann, der achte auf das, was der Geist den Gemeinden sagt!

Den Siegern werde ich von dem verborgenen Manna geben. Sie erhalten von mir auch einen weißen Stein.

Auf ihm steht ein neuer Name, den nur der kennt, der ihn bekommt.»

«Schreibe an den Engel der Gemeinde in Thyatira:
Diese Botschaft kommt von dem Sohn Gottes, dessen Augen wie Feuer glühen und dessen Füße wie Golderz glänzen. Ich kenne euer Tun. Ich kenne eure Liebe, euren beständigen Glauben, euren Dienst und eure Ausdauer. Ich weiß, daß ihr jetzt noch mehr tut als früher. Aber eins habe ich an euch auszusetzen: Ihr duldet die Isebel, diese Frau, die sich als Prophetin ausgibt. Mit ihrer Lehre verführt sie meine Diener, Unzucht zu treiben und Fleisch zu essen, das als Götzenopfer geschlachtet worden ist. Ich habe ihr Zeit gelassen, sich zu ändern; aber sie will ihr zuchtloses Leben nicht aufgeben. Darum werde ich sie aufs Krankenbett werfen. Alle, die sich mit ihr eingelassen haben, werden Schreckliches aushalten müssen, wenn sie nicht den Verkehr mit dieser Frau abbrechen. Ich werde auch ihre Kinder töten. Dann werden alle Gemeinden wissen, daß ich die Gedanken und Wünsche der Menschen kenne. Ich werde mit jedem von euch nach seinen Taten verfahren. Aber ihr anderen in Thyatira seid dieser falschen Lehre nicht gefolgt. Ihr habt die sogenannten tiefen Geheimnisse des Satans nicht kennengelernt. Dafür will ich euch keine weitere Prüfung auferlegen. Aber haltet fest, was ihr habt, bis ich komme!
Den Siegern, die bis zuletzt meinen Willen tun, werde ich Macht über die Völker geben, dieselbe Macht, die ich von meinem Vater erhalten habe: sie werden die Völker mit eisernem Stab regieren und zerschlagen wie Tontöpfe. Als Zeichen der Macht werde ich ihnen den Morgenstern geben.
Wer hören kann, der achte auf das, was der Geist den Gemeinden sagt!»

«Schreibe an den Engel der Gemeinde in Sardes:

Diese Botschaft kommt von dem, dem die sieben Geister Gottes dienen und der die sieben Sterne hält. Ich kenne euer Tun. Ich weiß, daß man euch für eine lebendige Gemeinde hält; aber in Wirklichkeit seid ihr tot. Werdet wach und stärkt das, was noch Leben hat, bevor es abstirbt. Ich habe euch geprüft und gefunden, daß euer Tun vor den Augen meines Gottes noch nicht bestehen kann. Denkt an die Gute Nachricht, die ihr gehört habt! Erinnert euch, wie eifrig ihr sie aufgenommen habt! Bleibt ihr treu und lebt wieder wie damals! Wenn ihr nicht wach seid, werde ich euch wie ein Dieb überraschen; ihr werdet nicht wissen, in welcher Stunde ich komme. Aber einige von euch in Sardes haben sich nicht beschmutzt. Sie sind es wert, weiße Kleider zu tragen und immer bei mir zu sein.

Die Sieger werden weiße Kleider tragen. Ich will ihre Namen nicht aus dem Buch des Lebens streichen. Vor meinem Vater und seinem himmlischen Gefolge werde ich offen bekennen, daß sie zu mir gehören.

Wer hören kann, der achte auf das, was der Geist den Gemeinden sagt!»

«Schreibe an den Engel der Gemeinde in Philadelphia:

Diese Botschaft kommt von dem, der heilig und wahr ist. Er hat den Schlüssel Davids. Wo er öffnet, kann keiner mehr zuschließen, und wo er zuschließt, kann keiner mehr öffnen. Ich kenne euer Tun und weiß, daß eure Kraft klein ist. Trotzdem seid ihr meinen Anweisungen gefolgt und habt zu mir gehalten. Ich habe euch eine Tür geöffnet, die keiner mehr zuschließen kann. Hört gut zu! Ich werde Menschen zu euch schicken, die zum Satan gehören. Diese Lügner werden sich für Juden ausgeben; aber sie sind es nicht. Ich werde dafür sorgen, daß sie sich vor euch niederwerfen und euch ehren. Sie werden erkennen, daß ich euch liebe. Ihr habt mein Wort beherzigt, mit dem ich euch zum Durchhalten aufrief. Darum werde ich euch in der Zeit der Versuchung bewahren, die bald über die ganze Erde kommen und alle Menschen auf die Probe stellen wird. Ich bin schon auf dem Weg. Haltet fest, was ihr habt, sonst bekommen andere den Siegeskranz!

Die Sieger werde ich zu Pfeilern im Tempel meines Gottes machen, und sie werden immer dort bleiben. Ich werde den Namen meines Gottes auf sie schreiben und den Namen der Stadt meines Gottes. Diese Stadt ist das neue Jerusalem, das von meinem Gott aus dem Himmel herabkommen wird. Ich werde auch meinen eigenen neuen Namen auf sie schreiben.

Wer hören kann, der achte auf das, was der Geist den Gemeinden sagt!»

«Schreibe an den Engel der Gemeinde in Laodizea:

Diese Botschaft kommt von dem, der Amen heißt. Er ist der wahrhaftige und treue Zeuge, von dem alles kommt, was Gott geschaffen hat. Ich kenne euer Tun. Ich weiß, daß ihr weder warm noch kalt seid. Wenn ihr wenigstens eins von beiden wärt! Aber ihr seid weder warm noch kalt; ihr seid lauwarm. Darum werde ich euch aus meinem Mund ausspucken. Ihr sagt: ‹Wir sind reich und gut versorgt; uns fehlt nichts.› Aber ihr wißt nicht, wie unglücklich und bejammernswert ihr seid. Ihr seid arm, nackt und blind. Ich rate euch, von mir reines Gold zu kaufen; dann werdet ihr reich. Ihr solltet euch auch weiße Kleider kaufen, damit ihr nicht nackt dasteht und euch schämen müßt. Kauft Salbe und streicht sie auf eure Augen, damit ihr sehen könnt! Wen ich liebe, den erziehe ich mit Strenge. Macht also Ernst und kehrt um! Hört gut zu: Ich stehe vor der Tür und klopfe an. Wenn jemand meine Stimme hört und öffnet, werde ich bei ihm einkehren. Ich werde mit ihm essen und er mit mir.

Den Siegern gebe ich das Recht, mit mir auf meinem Thron zu sitzen, so wie ich als Sieger nun mit meinem Vater auf seinem Thron sitze.

Wer hören kann, der achte auf das, was der Geist den Gemeinden sagt!» (Offenbarung 2 und 3)

Das Lamm vor Gottes Thron

Danach blickte ich auf und sah: die Tür zum Himmel stand offen.

Die Stimme, die vorher zu mir gesprochen hatte und die wie eine Trompete klang, sagte: «Komm herauf! Ich werde dir zeigen, was nach diesen Ereignissen geschehen muß.» Sofort nahm der Geist von mir Besitz. Im Himmel stand ein Thron, darauf saß einer. Sein Gesicht glänzte wie die kostbaren Edelsteine Jaspis und Karneol. Über dem Thron stand ein Regenbogen, der leuchtete wie ein Smaragd. Um den Thron standen im Kreis vierundzwanzig andere Throne. Darauf saßen vierundzwanzig Älteste. Sie trugen weiße Kleider und goldene Kronen. Von dem Thron gingen Blitze, Rufe und Donnerschläge aus. Vor dem Thron brannten sieben Fackeln, das sind die sieben Geister Gottes. Dem Thron gegenüber war etwas wie ein gläsernes Meer, so klar wie Kristall.

In der Mitte rings um den Thron waren vier mächtige Gestalten, die ringsum voller Augen waren. Die erste sah wie ein Löwe aus, die zweite wie ein junger Stier, die dritte hatte ein Gesicht wie ein Mensch, und die vierte glich einem fliegenden Adler. Jede hatte sechs Flügel, die innen und außen mit Augen bedeckt waren. Tag und Nacht singen sie unaufhörlich:

«Heilig, heilig, heilig
ist der Herr, der allmächtige Gott,
der war und der ist und der kommt!»

Die vier mächtigen Gestalten singen Lieder zum Lob, Preis und Dank für den, der auf dem Thron sitzt und in alle Ewigkeit lebt. Jedesmal, wenn sie das tun, werfen sich die vierundzwanzig Ältesten nieder vor dem, der auf dem Thron sitzt, und beten den an, der ewig lebt. Sie legen ihre Kronen vor den Thron und sagen:

«Du bist unser Herr und Gott!

Du hast alle Dinge gemacht.

Weil du es gewollt hast, wurden sie geschaffen und sind da.

Darum bist du würdig, daß alle dich preisen, dich ehren und dir gehorchen!»

Ich sah eine Buchrolle in der rechten Hand dessen, der auf dem Thron saß. Sie war innen und außen beschrieben und mit sieben Siegeln verschlossen. Und ich sah einen mächtigen Engel, der mit lauter Stimme fragte: «Wer ist würdig, die Siegel aufzubrechen und die Rolle zu öffnen?» Aber man fand keinen, der sie öffnen und hineinsehen konnte, weder im Himmel, noch auf der Erde, noch unter der Erde. Ich weinte sehr, weil keiner würdig war, das Buch zu öffnen und hineinzusehen. Da sagte einer der Ältesten zu mir: «Hör auf zu weinen! Der Löwe aus Judas Stamm und Nachkomme Davids hat den Sieg errungen. Er kann die sieben Siegel aufbrechen und die Rolle öffnen.»

Da sah ich mitten vor dem Thron, umgeben von den vier mächtigen Gestalten und den Ältesten, ein Lamm stehen. Es sah aus, als ob es geschlachtet wäre. Es hatte sieben Hörner und sieben Augen; das sind die sieben Geister Gottes, die in die ganze Welt gesandt worden sind. Das Lamm ging zu dem, der auf dem Thron saß, und nahm die Rolle aus seiner rechten Hand. Da warfen sich die vier mächtigen Gestalten und die vierundzwanzig Ältesten vor dem Lamm nieder. Jeder Älteste hatte eine Harfe und eine goldene Schale mit Weihrauch, das sind die Gebete des Volkes Gottes. Sie sangen ein neues Lied:

«Du bist würdig, die Rolle zu nehmen und ihre Siegel aufzubrechen.

Du wurdest getötet,

und mit dem Opfer deines Lebens
hast du Menschen für Gott erworben,
Menschen aus allen Stämmen und Sprachen,
allen Völkern und Nationen.
Du hast sie zu einem Volk von Priestern gemacht, die
Gott dienen,
und sie werden über die Erde herrschen.»
Dann sah und hörte ich Tausende und aber Tausende von
Engeln, eine unübersehbare Zahl. Sie standen mit den
vier mächtigen Gestalten und den Ältesten um den
Thron und sangen mit lauter Stimme:
«Das Lamm, das geopfert wurde, ist würdig,
Macht, Reichtum, Weisheit und Kraft,
Ehre, Herrlichkeit und Lob zu empfangen.»
Und ich hörte alle Geschöpfe im Himmel, auf der Erde,
unter der Erde und im Meer laut mit einstimmen:
«Lob und Ehre, Herrlichkeit und Macht
gehören dem, der auf dem Thron sitzt,
und dem Lamm, für immer und ewig.»
Die vier mächtigen Gestalten antworteten: «Amen!»
Und die Ältesten fielen nieder und beteten an. (Offen-
barung 4 und 5)

Die sieben Siegel

Zu Beginn der End-Ereignisse werden die vier «apokalyptischen
Reiter» losgelassen: Krieg, Bürgerkrieg, Hunger und Pest. Zwischen dem sechsten und siebten «Siegel» schaut der Seher das
vollendete Gottesvolk, zum Zeichen, daß Gott die Seinen bis zum
Ende bewahrt. Die Zahl 144000 ist nicht wörtlich zu verstehen,
sondern Symbol für die Vollzahl der Erwählten.

Dann sah ich, wie das Lamm das erste von den sieben
Siegeln aufbrach. Und ich hörte, wie eine der vier mächtigen Gestalten mit Donnerstimme sagte: «Los!» Ich
blickte um mich und sah ein weißes Pferd. Sein Reiter
hatte einen Bogen und erhielt eine Krone. Als Sieger zog
er aus, um abermals zu siegen.

Dann brach das Lamm das zweite Siegel auf. Ich hörte, wie die zweite der mächtigen Gestalten sagte: «Los!» Diesmal kam ein rotes Pferd. Sein Reiter erhielt ein großes Schwert. Er wurde ermächtigt, Krieg in die Welt zu bringen, damit sich die Menschen gegenseitig töten sollten.

Dann brach das Lamm das dritte Siegel auf. Ich hörte, wie die dritte der mächtigen Gestalten sagte: «Los!» Ich blickte um mich und sah ein schwarzes Pferd. Sein Reiter hielt eine Waage in der Hand. Da hörte ich eine Stimme aus dem Kreis der vier mächtigen Gestalten rufen: «Zwei Pfund Weizen oder sechs Pfund Gerste für den Lohn eines ganzen Tages. Aber Öl und Wein sollst du verschonen!»

Dann brach das Lamm das vierte Siegel auf. Ich hörte, wie die vierte der mächtigen Gestalten sagte: «Los!» Da sah ich ein leichenfarbenes Pferd. Sein Reiter hieß Tod, und die Totenwelt folgte ihm auf den Fersen. Ein Viertel der Erde wurde in ihre Hand gegeben. Durch das Schwert, durch Hunger, Seuchen und wilde Tiere sollten sie die Menschen töten.

Dann brach das Lamm das fünfte Siegel auf. Da sah ich unterhalb des Altars die Seelen der Menschen, die man getötet hatte, weil sie an Gottes Wort festgehalten hatten und als Zeugen Gottes treu geblieben waren. Sie riefen mit lauter Stimme: «Herr, du bist heilig und hältst, was du versprichst! Wie lange müssen wir noch warten, bis du die Völker der Erde vor Gericht rufst und sie bestrafst, weil sie uns getötet haben?» Jeder von ihnen erhielt einen weißen Mantel, und es wurde ihnen gesagt: «Wartet noch eine kurze Zeit, denn eure Zahl ist noch nicht voll. Von euren Brüdern, die so wie ihr Gott dienen, müssen noch so viele getötet werden, wie Gott bestimmt hat.»

Ich sah, wie das Lamm das sechste Siegel aufbrach. Da gab es ein gewaltiges Erdbeben. Die Sonne wurde so dunkel wie ein Trauerkleid, und der Mond verfärbte sich blutrot. Wie unreife Feigen, die ein starker Wind vom Baum schüttelt, fielen die Sterne vom Himmel auf die Erde. Der Himmel verschwand wie eine Buchrolle, die man zusammenrollt. Weder Berg noch Insel blieben an ihren Plätzen. Alle Menschen versteckten sich in Höhlen und zwischen den Felsen der Berge: die Könige und Herrscher, die Heerführer, die Reichen und Mächtigen und alle Sklaven und Freien. Sie riefen den Bergen und Felsen zu: «Fallt auf uns und verbergt uns vor dem Zorn des Lammes und vor dem Blick dessen, der auf dem Thron sitzt! Der Tag, an dem sie abrechnen, ist gekommen. Wer kann da bestehen?»

Danach sah ich an den vier äußersten Enden der Erde vier Engel stehen. Sie hielten die vier Winde zurück, damit kein Wind auf der Erde, auf dem Meer und in den Bäumen wehte. Von dorther, wo die Sonne aufgeht, sah ich einen anderen Engel mit dem Siegel des lebendigen Gottes in der Hand in den Himmel heraufsteigen. Er wandte sich mit lauter Stimme an die vier Engel, denen Gott die Macht gegeben hatte, das Land und das Meer zu schädigen, und sagte: «Verwüstet weder das Land, noch das Meer, noch die Bäume! Erst müssen wir die Diener unseres Gottes mit einem Siegel auf der Stirn kennzeichnen.» Und ich hörte, wieviele mit dem Siegel gekennzeichnet wurden. Es waren hundertvierundvierzigtausend aus allen Stämmen des Volkes Israel; je zwölftausend aus den Stämmen Juda, Ruben, Gad, Ascher, Naftali, Manasse, Simeon, Levi, Issachar, Sebulon, Josef und Benjamin.

Danach sah ich eine Menschenmenge, die so groß war, daß keiner sie zählen konnte. Es waren Menschen aus allen Nationen, Stämmen, Völkern und Sprachen. Sie standen in weißen Kleidern vor dem Thron und dem Lamm und hielten Palmzweige in den Händen. Sie riefen mit lauter Stimme: «Unsere Rettung kommt von unserem Gott, der auf dem Thron sitzt, und von dem

Lamm!» Alle Engel standen im Kreis um den Thron, um die Ältesten und um die vier mächtigen Gestalten. Vor dem Thron warfen sie sich zu Boden und beteten Gott an. Sie sprachen: «Das ist gewiß: Lob und Herrlichkeit, Weisheit und Dank, Ehre, Macht und Stärke gehören unserem Gott für immer und ewig. Amen!»

Einer der Ältesten fragte mich: «Wer sind diese Menschen in weißen Kleidern? Woher kommen sie?» Ich antwortete: «Herr, ich weiß es nicht. Das mußt du wissen!» Er sagte zu mir: «Diese Menschen haben die große Verfolgung durchgestanden. Sie haben ihre Kleider im Blut des Lammes weiß gewaschen. Darum stehen sie vor dem Thron Gottes und dienen ihm Tag und Nacht in seinem Tempel. Der, der auf dem Thron sitzt, wird sie schützen. Sie werden niemals wieder Hunger oder Durst haben. Weder die Sonne noch irgendeine Glut werden sie versengen. Das Lamm in der Mitte des Throns wird ihr Hirt sein und sie an die Quellen führen, deren Wasser Leben spendet. Und Gott wird alle ihre Tränen abwischen.» (Offenbarung 6 und 7)

Die neue Erde

Die Öffnung des siebten Siegels bringt nicht etwa das erwartete Ende, sondern leitet zwei weitere Siebener-Reihen ein: sieben Posaunen künden weltweite Plagen an; sieben Schalen, gefüllt mit dem Zorn Gottes, werden über die Erde ausgeschüttet. Ganz zuletzt, nachdem Christus den Satan und sein Heer besiegt hat, kommt die Stunde des Gerichts und der Vollendung.

Ich sah einen großen weißen Thron und den, der darauf sitzt. Die Erde und der Himmel flüchteten vor seiner Gegenwart und verschwanden für immer. Ich sah alle Toten, Große und Kleine, vor dem Thron stehen. Die Bücher wurden geöffnet, in denen alle Taten aufgeschrieben sind. Dann wurde noch ein Buch aufgeschlagen: das Buch des Lebens. Den Toten wurde das Urteil gesprochen. Es richtete sich nach ihren Taten, die in den Büchern aufgeschrieben waren. Auch das Meer hatte seine Toten herausgegeben, und der Tod und sein Reich hatten ihre Toten freigelassen. Alle empfingen das Urteil, das ihren Taten entsprach. Der Tod und sein Reich wurden in den See von Feuer geworfen. Dieser See von Feuer ist der zweite Tod. Wessen Name nicht im Buch des Lebens stand, der wurde ebenfalls in den See von Feuer geworfen.

Dann sah ich einen neuen Himmel und eine neue Erde. Der erste Himmel und die erste Erde waren verschwunden, und das Meer war nicht mehr da. Ich sah, wie die Heilige Stadt, das neue Jerusalem, von Gott aus dem Himmel herabkam. Sie war festlich geschmückt wie eine Braut, die auf den Bräutigam wartet. Vom Thron her hörte ich eine starke Stimme: «Dies ist Gottes Wohnung bei den Menschen! Er wird unter ihnen wohnen, und sie werden sein Volk sein. Gott selbst wird als ihr Gott bei ihnen sein. Er wird alle ihre Tränen abwischen. Es wird keinen Tod mehr geben und keine Traurigkeit, keine Klage und keine Quälerei mehr. Was einmal war, ist für immer vorbei.»

Dann sagte der, der auf dem Thron saß: «Jetzt mache ich alles neu!» Zu mir sagte er: «Schreib diese Worte auf, denn sie sind wahr und zuverlässig.» Und er fuhr fort: «Ja, sie sind in Erfüllung gegangen! Ich bin der Erste und der Letzte, der Anfang und das Ende. Wer durstig ist, dem gebe ich umsonst zu trinken. Ich gebe ihm Wasser aus der Quelle des Lebens. Wer den Sieg erlangt, wird dieses Geschenk von mir erhalten. Ich werde sein Gott sein, und er wird mein Sohn sein. Aber die Feiglinge und Treulosen, die Abgefallenen, Mörder und Ehebrecher, die Zauberer, die Götzenverehrer und alle, die sich nicht an die Wahrheit halten, finden ihren Platz in dem See von Feuer und Schwefel. Das ist der zweite Tod.»

Einer von den sieben Engeln, die die sieben Schalen mit den sieben letzten Katastrophen getragen hatten, näherte sich mir und sagte: «Komm her! Ich werde dir die Braut zeigen, die Frau des Lammes.» Der Geist nahm von mir Besitz, und der Engel trug mich auf die Spitze eines sehr hohen Berges. Er zeigte mir die Heilige Stadt Jerusalem, die von Gott aus dem Himmel herabgekommen war. Sie strahlte die Herrlichkeit Gottes aus und glänzte wie ein kostbarer Stein, wie ein kristallklarer Jaspis. Sie war von einer sehr hohen Mauer mit zwölf Toren umgeben. Die Tore wurden von zwölf Engeln bewacht, und die Namen der zwölf Stämme Israels waren an die Tore geschrieben. Nach jeder Himmelsrichtung befanden sich drei Tore, nach Osten, nach Süden, nach Norden und nach Westen. Die Stadtmauer war auf zwölf Grundsteinen errichtet, auf denen die Namen der zwölf Apostel des Lammes standen.

Der Engel, der zu mir sprach, hatte einen goldenen Meßstab, um die Stadt, ihre Tore und ihre Mauern auszumessen. Die Stadt war viereckig angelegt, ebenso lang wie breit. Der Engel maß die Stadt mit seinem Meßstab. Sie war über zweitausend Kilometer lang und ebenso breit und hoch. Er maß auch die Stadtmauer. Nach dem Menschenmaß, das der Engel gebrauchte, war sie siebzig Meter hoch. Die Mauer bestand aus Jaspis. Die Stadt selbst war aus reinem Gold erbaut, das so durchsichtig wie Glas war. Die Grundsteine der Stadtmauer waren mit allen Arten von kostbaren Steinen geschmückt. Der erste Grundstein ist ein Jaspis, der zweite ein Saphir, der dritte ein Chalzedon, der vierte ein Smaragd, der fünfte ein Sardonyx, der sechste ein Sardis, der siebte ein Chrysolith, der achte ein Beryll, der neunte ein Topas, der zehnte ein Chrysopras, der elfte ein Hyazinth und der zwölfte ein Amethyst. Die zwölf Tore waren zwölf Perlen. Jedes Tor bestand aus einer einzigen Perle. Die Hauptstraße war aus reinem Gold, so durchsichtig wie Glas.

Einen Tempel sah ich nicht in der Stadt. Der allmächtige Herr und Gott ist selbst der Tempel, und das Lamm mit ihm. Die Stadt braucht weder Sonne noch Mond, damit es hell in ihr wird. Die Herrlichkeit Gottes erleuchtet sie, und das Lamm ist ihre Sonne. In dem Licht, das von der Stadt ausgeht, werden die Völker leben. Die Könige der Erde werden ihren Reichtum in die Stadt tragen. Ihre Tore werden den ganzen Tag offenstehen. Noch mehr: sie werden nie geschlossen, weil es dort keine Nacht gibt. Pracht und Reichtum der Völker werden in diese Stadt gebracht. Aber nichts Unwürdiges wird Einlaß finden. Wer Schandtaten verübt und lügt, kann die Stadt nicht betreten. Nur wer im Lebensbuch des Lammes aufgeschrieben ist, wird in die Stadt eingelassen.

Der Engel zeigte mir auch den Fluß mit dem Wasser des Lebens, der wie Kristall funkelt. Der Fluß entsprang am Thron Gottes und des Lammes und floß in der Mitte der Hauptstraße durch die Stadt. An beiden Seiten des Flusses wuchs der Baum des Lebens. Er bringt zwölfmal im Jahr Frucht, jeden Monat einmal. Mit seinen Blättern werden die Völker geheilt. In der Stadt wird es nichts mehr geben, was unter dem Fluch Gottes steht.

Der Thron Gottes und des Lammes wird in der Stadt stehen, und seine Diener werden ihn anbeten. Sie werden Gott sehen, und sein Name wird auf ihrer Stirn stehen. Es wird keine Nacht mehr geben, und sie brauchen weder Lampen- noch Sonnenlicht. Gott der Herr wird ihr Licht sein, und sie werden für immer und ewig als Könige herrschen.

Der Engel sagte zu mir: «Diese Worte sind wahr und zuverlässig. Gott der Herr, der den Propheten seinen Geist gibt, hat seinen Engel gesandt, um seinen Dienern zu zeigen, was bald geschehen muß.»

Jesus sagt: «Gebt acht! Ich bin schon auf dem Weg! Freude ohne Ende ist dem gewiß, der die prophetischen Worte dieses Buches beherzigt.»

Ich, Johannes, habe das alles gehört und gesehen. Als es vorüber war, warf ich mich vor dem Engel, der mir diese Dinge gezeigt hatte, nieder, um ihn anzubeten. Aber er sagte: «Tu das nicht! Ich bin ein Diener Gottes wie du und deine Brüder, die Propheten, und wie alle, die auf das hören, was in diesem Buch steht. Bete Gott an!»

Und Jesus fuhr fort: «Verheimliche nichts von den prophetischen Worten, die in diesem Buch stehen; denn bald ist es soweit. Wer Unrecht tut, soll es weiterhin tun. Wer den Schmutz liebt, soll sich weiter beschmutzen. Wer aber recht handelt, soll auch weiterhin recht handeln. Und wer heilig ist, soll sich noch mehr um Heiligkeit bemühen. Gebt acht! Ich bin schon auf dem Weg! Ich werde euren Lohn mitbringen. Jeder empfängt das, was seinen Taten entspricht. Ich bin der, der alles erfüllt, der Erste und der Letzte, der Anfang und das Ende.»

Der Geist und die Braut antworten: «Komm!» Jeder, der dies hört, soll sagen: «Komm!» Wer durstig ist, soll kommen, und wer von dem Wasser des Lebens trinken möchte, wird es geschenkt bekommen.

Der, der dies alles bezeugt, sagt: «Ganz gewiß, ich bin schon auf dem Weg!»

Ja, Herr Jesus, komm! (Offenbarung 20–22)

Nachweis der ausgewählten Bibelstellen

Seite 22: Ein alter Beduine im Negev, dem Steppenland im Süden Palästinas (Foto Rupert Leser).

Seite 26: Beduinenfrau vor ihrem Zelt (Foto Farkas).

Seite 43: Hirtenjunge mit Flöte (Farkas).

Seite 66: Ramses II. gilt als der Pharao, der die Israeliten aus dem Frondienst entlassen mußte. Im Felsentempel von Abu Simbel ließ er sich mit seiner Gemahlin in Riesengröße aus dem Stein hauen (IFA-Bildarchiv/Eugen Kusch).

Seite 94: Ähnlich wie Mose, aber nicht vom Nebo, sondern vom Berg Tabor im Norden blickt ein Mönch ins weite Land Israel (IFA-Bildarchiv/van de Poll).

Seite 127: In einer Gegend wie dieser im Bergland im Südwesten Judas suchte David vor Saul Zuflucht (Jörg Zink).

Seite 133: Auch andere Städte waren wie Jerusalem durch einen unterirdischen Gang mit einer Quelle im Tal verbunden. Das Bild zeigt den Felstunnel der Stadt Gibeon aus dem 8. Jahrhundert v. Chr. (James B. Pritchard).

Seite 146: Mittelpunkt des sogenannten Felsendoms, der kuppelgekrönten Moschee auf dem alten Tempelplatz in Jerusalem, ist der «Heilige Fels». Über der Felsplatte erhob sich das Allerheiligste des von Salomo erbauten Tempels (IFA-Bildarchiv/Jordan Tourist Department).

Seite 163: Ruine an der Stelle des alten Heiligtums Bet-El. Hier stand einer der beiden offiziellen Tempel des Nordreichs Israel (Rupert Leser).

Seite 174: Das Relief zeigt den assyrischen König Asar-Haddon, den Nachfolger Sanheribs, mit zwei Gefangenen, die unterworfene Völker symbolisieren (Staatliche Museen Berlin).

Seite 198: Frauen an der Klagemauer in Jerusalem. Seit der Zerstörung des zweiten Tempels 70 n. Chr. beklagen hier Juden aus aller Welt den Verlust des Heiligtums und damit das Ende des Opfergottesdienstes (IFA-Bildarchiv/Gerhard Grau).

Seite 214: Harfenspieler auf einem ägyptischen Relief (Rijksmuseum Leiden).

Seite 241: Die Wüste Juda zwischen Jerusalem und dem Toten Meer (Jörg Zink).

Seite 245: Fischer am See Gennesaret (Jörg Zink).

Seite 260: Platanen am Ufer des Sees Gennesaret (Hirmer).

Seite 270: Luftaufnahme der Festung Masada am Toten Meer. Herodes der Große hatte das Land mit einer Anzahl von Festungen überzogen. Auf einer von ihnen wurde der Täufer Johannes gefangengehalten (Jörg Zink).

Seite 285: Kreuzprozession am Karfreitag in Jerusalem (Terra magica/Hanns Reich).

Seite 291: Die Altstadt von Jerusalem mit Felsendom und Tempelplatz, von der Seite des Ölbergs her gesehen (Jörg Zink).

Seite 305: Der Garten Getsemani mit der Kirche der Franziskaner (IFA-Bildarchiv/Gerhard Grau).

Seite 309: Die Via dolorosa in Jerusalem, nach der Tradition der Weg, auf dem Jesus zur Hinrichtung geführt wurde (IFA-Bildarchiv/Rudi Herzog).

Seite 319: Eine Frau schöpft Wasser. Das Bild zeigt nicht den Jakobsbrunnen bei Sychar, sondern die Marienquelle in Ein Karim, das als Geburtsort des Täufers Johannes gilt (IFA-Bildarchiv).

Seite 325: Ein in den Felsen gehauenes Grab in der Nähe Jerusalems. Rechts bemerkt man den Rollstein, mit dem das Grab verschlossen werden konnte (Jörg Zink).

Seite 363: Der Tempel der Athene auf der Akropolis von Athen (IFA-Bildarchiv/Krause-Willenberg).

Seite 379: Die Via Appia, die vom Forum (Markt) des Appius nach Rom führte (IFA-Bildarchiv/Manfred Storck).

447

Seite 413: In den Ruinen des Kolosseums, der großen römischen Arena, wurde zum Gedächtnis der christlichen Märtyrer ein Holzkreuz errichtet. In den Verfolgungszeiten mußten hier verurteilte Christen mit Raubtieren kämpfen (KNA).

Anmerkung zu Seite 250: Die in der evangelischen und katholischen Kirche für den gottesdienstlichen Gebrauch eingeführte gemeinsame Fassung des Vaterunsers lautet:

Vater unser im Himmel!
Geheiligt werde dein Name.
Dein Reich komme.
Dein Wille geschehe,
wie im Himmel, so auf Erden.
Unser tägliches Brot gib uns heute.
Und vergib uns unsere Schuld,
wie auch wir vergeben unsern Schuldigern.
Und führe uns nicht in Versuchung,
sondern erlöse uns von dem Bösen. –
Denn dein ist das Reich und die Kraft
und die Herrlichkeit in Ewigkeit. Amen.